兒童遊戲

——遊戲發展的理論與實務

Play and Early Childhood Development

[第二版]

James E. Johnson

James F. Christie　◎著

Thomas D. YawKey

吳幸玲、郭靜晃　◎譯

俞　序

　　中國人是個勤奮的民族，因此素以勤爲美德，「業精於勤荒於嬉」是自古有的明訓。也有很多成人視兒童的遊戲爲一種無所事事的行爲，不是什麼「正經事」，我國舊觀念的人都持有這種錯誤的觀念。

　　但科技發達之後，各種學術知識蓬勃發展，讓人們不僅對大自然的奧妙能一探究竟，也對自身的生、老、病、死多所瞭解。於是，人們瞭解到人的發展是連續的，是環環相扣的；更經過許多的研究探討後，發現童年的生活經驗往往對個人的一生有很大的影響。因此，童年期極受重視，兒童的身心特質、發展狀態成爲許多學者研究的重心，期望能因此造就一代優於一代的世界公民。

　　在諸多的研究當中，以往讓大人一笑置之的兒童遊戲行爲漸漸受到重視，有些學者（如Parten）發展出社會遊戲的概念，而有些學者（如Piaget、Vygotsky, Smilansky），則對發展認知遊戲的模式更感興趣。

　　從這些作者的研究，很多人開始瞭解孩子其實是在遊戲中成長，在遊戲中學習的。藉著遊戲，幼兒學到如何運用大小肌肉，學習手眼協調，得到主宰自己身體的能力；也透過遊戲來瞭解自己、他人以及周遭環境的關係；兒童更在遊戲中抒發自己的情緒，學習到解決衝突的能力。

　　經深入研究遊戲的類型與內容之後，人們瞭解兒童的遊戲發展跟兒童在身心方面的發展及認知的發展有密不可分的關係。也就是說，兒童遊戲的性質與型式也受到兒童身心發展的影響，如隨著年齡的成長，幼兒可以由單人遊戲發展到平行遊戲、聯合遊戲，以及與人玩合作式的遊戲；另一方面，兒童的遊戲也可以促進幼兒身心的發展，如玩推球遊戲可以幫助幼兒肌肉的發展等等。

　　遊戲對兒童既是如此重要，於是什麼是遊戲？遊戲的意義在哪裡？如何觀察兒童遊戲？兒童遊戲的類型及內容為何？大人在兒童遊戲中應扮演何種角色等問題，都是現代父母及幼兒有關的教育或工作人員所急需瞭解的。然而本國的相關研究及資料闕如，讓許多有心探究兒童遊戲的人士常扼腕。

　　郭教授有鑑於此，特將《兒童遊戲》（*Play and Early Childhood Development*）之名著翻譯整理，讓國內讀者在探討相關問題時，有一可靠性高的參考資料。郭教授以鑽研兒童發展的背景，針對發展與遊戲的關係來做論述，在國內不多見。此書的出版當可協助我國父母澄清一些錯誤的觀念，因而協助他們在育兒之道上走得更沈穩、更有自信。

文化大學前代校長

俞筱鈞

序於華岡

張　序

　　任何一個與兒童稍有接觸的人，都不免發現遊戲是兒童生活的重心。但是在成人主宰的世界裡，遊戲卻始終受到許多爭議。歷史上，無論中外，成人對「遊」、「玩」、「戲」，總是負面的評價居多。一般人對兒童的遊戲不是抱著一種不得不忍受的態度，就是想儘量排除或壓抑這種活動。

　　給予遊戲正面的評價，大約始於十八世紀的盧梭（Rousseau）。浪漫傾向極強的盧梭，把遊戲視為原始高貴情操的源頭與表現。他認為每一個兒童皆應盡情的發揮這種天性。承繼了盧梭對遊戲的肯定，之後的斐斯秦洛齊十九世紀末期的幼教創始人福祿貝爾（Froebel）及稍後的蒙特梭利（Montessori），皆大力提倡遊戲。不過他們對遊戲，在精神上到底不同於盧梭的浪漫主義。盧梭是鼓勵兒童發揮遊戲的天性，而福氏與蒙氏則有意藉遊戲達到教育的目的。所以對福氏、蒙氏而言，遊戲只是達到其他目的的工具。

　　邁入第二十一世紀，自本世紀迄今已有一百多年了，其間雖然兒童心理學的發展極為快速，但對兒童遊戲的探討卻呈現十分不平衡的狀態。一方面在應用的領域（如臨床兒童心理與幼教），遊戲有其不可忽視的重要性；但另一方面，理論的研究卻明顯的落後。一九六〇年代以後，情形稍有好轉，各方面對遊戲的理論及其實證的探討都明顯的增加。尤其是由認知發展的角度

來剖析遊戲的研究，成爲近二十年的主流趨勢。不過即使在現今知識較爲充裕的九〇年代，遊戲仍然不能擺脫許多不實的偏見。一方面我們看到許多熱心提倡遊戲的人士，把遊戲當作解決一切兒童問題的萬靈丹，這些人的浪漫情操似乎還超過二百年前的盧梭。一方面我們也看到另一批人士，把遊戲看作是兒童過渡到成人式工作的一個無可避免，但也沒有什麼貢獻的過渡行爲（Piaget即傾向此種看法）。

　　現階段，最重要的課題，是以客觀中立的立場，以科學的態度，實實在在的去瞭解遊戲的起源、功能、發展、變化，及遊戲與其他行爲之間的關聯。遊戲行爲，可能隱含著人類創造性的原動力。由演化的過程，我們看到動物界的遊戲行爲，在越高等的動物中越明顯。到了人類，遊戲的變化、種類和所占的時間，都達到了最高峰。由演化的邏輯而言，沒有功能的行爲是會被淘汰的。遊戲的演化趨勢反映了它對高等動物有重要的功能。這個功能，很可能就是創新、發明和創造。不過這一切都有賴更進一步的研究證明。

　　在更進一步探尋遊戲的意義之前，初學者卻急需一本深入淺出、中立、客觀、踏實的教材。Johnson的《兒童遊戲》就是這麼一本好書。Johnson本身從事遊戲研究多年，並且於書中不但兼顧理論（如遊戲的發展變化、遊戲與情緒、人格的關係）與實用（如玩具及教材的問題），而且文字清晰易懂。如此一本教材，卻因文字的障礙而不能廣爲國內有興趣的讀者所知。

　　現今郭教授作了我們都想作而又沒有決心堅持的翻譯工作。不但以清晰流利的文筆，介紹Johnson的看法，更以他自己多年研

究遊戲的心得，溶入翻譯某些概念上艱深的句子。如此不但造福後學，更爲他自己增加了一份心得。本書的推出，將成爲國內遊戲研究的一個重要里程碑。

　　我們希望這只是一個開始，此後能看到郭教授在這方面更多的貢獻，成爲國內遊戲研究的重鎮。

　　　　　　　　　　　　　　　張欣戊　謹識

作者序

　　本書的目的是在於對兒童遊戲文獻中相關主題的理論和研究知識加以重組並將於研究所得的結果應用於幼教實務。此領域將擴及學齡兒童，不過主要是集中在三至六歲幼兒。

　　成人在遊戲的角色是本教科書的主題。當成人介入幼兒的遊戲世界，他們需要將介入行為根源於對幼兒及幼兒遊戲的瞭解。準此，筆者企圖提供一完整在兒童遊戲文獻中所發現理論、研究及實務概念的呈現；在這種努力之下，我們將討論著重於我們所熟悉的兒童發展及幼兒教育。同時，我們也將從相關在人類學、社會學、歷史及童話中相關訊息應用到兒童發展及幼兒教育的理論及研究。之後，我們將不斷考慮應用相關在兒童發展及幼兒教育之相關研究及理論，以建立更精深的研究及理論的基礎。

　　適齡發展實務（developmentally appropriate practice, DAP）是由美國幼教協會（National Association for the Education of Young Children, NAEYC）所提倡，也一直是我們所力行的準則（Bredekamp & Copple, 1997）。準此，我們期待成人身為一決策者，當他們為幼兒工作之時，需要三種訊息來指引其實務工作：一、兒童的發展層次；二、兒童的個別差異及三、兒童的文化背景。因此，本書的另一主題將聚集於多樣性及個別差異。這些主題將影響成人觀察幼兒或促進幼兒遊戲時，成人應扮演的角色，不僅在提供情境或直接行為介入策略時。

　　第一章專門介紹「何謂遊戲」，並討論不同的遊戲理論。很明顯地，遊戲如同愛情般是光芒四射。接下來的幾章將以第一章兒童遊戲理論為主來加以延伸。第二章介紹遊戲對幼兒發展及幸福感之影響的相關理論及實務研究。第三及第四章處理幼兒期中遊戲的發展進展及個別差異，尤其，討論性別及人格的差異。第五章討論文化多元性，第六章則著重特殊教育及治療需求兒童的遊戲，包括兒童在醫院提供整體生活的遊戲方案。

　　本書後半段的主題主要在回答下列問題：好的遊戲的本質是什麼？成人如何影響幼兒遊戲並從中獲得成長的改善？第七及第八章專門提供成人如何成功地介入兒童的遊戲：第七章討論成人之輔助策略；第八章則著重兒童遊戲觀察。第九及第十章則涉列遊戲的應用文獻，特別是有關幼兒遊戲環境（包括戶內及戶外）及遊戲玩物，也包括電子化遊戲玩物，如電視及電腦。最後第十一章則專章討論遊戲與相關課程和學術內涵，著重於（1）幼兒讀寫能力及數概念發展及（2）學齡兒童的讀寫能力，其它表徵能力的增加及技巧知識的專精。

　　雖然本書在各章的主題各有千秋，但它們之間皆是互有關聯。首先，我們嘗試提供過去已相當討論過的矛盾主題，如電視對幼兒遊戲品質之影響，我們也加增不少相關文獻來對其正反效果的討論。

　　其次，本書內容也大大加增今日社會很重要的兒童的差異性及包容性，特別是多元文化教育提供對兒童。雖然如此，特殊教育及相關領域也強調所有兒童的基本相似性及共通性。我們堅信所有兒童根本上是相同的強調在平衡兒童之個別差異是有其重要

性。

　　透過本書我們在相關兒童遊戲的研究及應用文獻中已採取相對的觀點：教育遊戲VS.休閒遊戲、理論VS.實務、社會情緒VS.認知、社會整合VS.個別差異、及聚斂思考VS.擴散思考。這些對照代表不同觀點並可整合成為一完形的整體。我們建議這些兩極化的建構觀念或區分應該被解構，如此一來兒童遊戲之差異性才能有效地被鑑賞及討論。

　　自從本書第一版在1987年付梓以來，相關在遊戲、兒童發展及幼兒教育之文獻及研究如雨後春筍般成長。近年來在相關領域中對於遊戲也加以規範並蔚成風潮，如從遊戲治療到職能科學、到兒童生活、到早期療育、及特殊教育到兒童圖書館科學、到兒童照顧、及幼兒和小學教育。我們希望在不同領域的成人在介入兒童遊戲時應知道遊戲是幫助兒童達成特定目標的一種媒介。

　　遊戲可真正地提供兒童達成發展、社會化、文化教養、治療、輔導及教育之目的。但是遊戲也是身為人類的一種行為的表達。所以對兒童及遊戲的尊重是各司其能。撰寫本書之主要目的在於增加對不同專業增加其核心觀念的瞭解與溝通及描述遊戲與兒童發展之間有相互關聯的事實。同時，我們也企圖對兒童遊戲之實務界提供相關研究及理論之建議。我們希望讀者將能從書中獲得寶貴的意見，並從理論、研究及實務獲得遊戲的整合，並冀望已為兒童，或即將為兒童工作的成人更能獲得具體的想法及作法，以期所有的成人可以為兒童許下更美好的未來。

　　下列學者對本書提供一些寶貴的想法及意見，在此一併致謝。

Carol Bersani，肯特州立大學

LaVonne Carlson，明尼蘇達大學

Martha Taylor Dever，猶他州立大學

Jeffery I. Gelfer，拉斯維加斯，內華達大學

Andrew Gunsberg，奧克蘭大學

Joan Isenberg，喬治‧曼森大學

Marilynn M. Jones-Parker，奧克拉荷馬大學

Mona Lane，奧克拉荷馬州立大學

Carol Seefeldt，馬利蘭大學

Kevin J. Swick，南卡羅來納大學

Alice Whiren，密西根州立大學

其它對本書有所貢獻的共同作者及攝影工作，——Francis Wardle及Swan Welteroth，及附錄——Karen McChesney Johnson 及Georgia Mitchell。最後，最感激內人們Karen Johnson及Mary Christie容忍我們長期不在身邊並持續給予我們愛及支持，以讓我們能全力以赴進行本書的進行。非常謝謝你們。

譯者序

　　喜愛遊戲是兒童的天性，對兒童來說，遊戲是一種學習、活動、適應、生活或工作。而由於遊戲是兒童基於內在動機的選擇，是兒童主動參與、沒有固定模式的外顯行為，因此，孩子在玩遊戲時總是充滿了笑聲，歡欣溢於言表，更是百玩不厭。

　　我們常常看到兒童一玩起來就十分帶勁，玩再久也不會厭煩，不會喊累，難怪有人說「遊戲是兒童的第二生命」。至於在兒童的眼中，遊戲到底是一種學習，還是一種工作，他們是不在意的，他們只是自由的、無拘無束的徜徉在他們營造的世界裡，享受與人、玩物之間的互動，從中獲得玩性（playfulness）的最大滿足。

　　此外，進一步探究之後，我們發現：透過遊戲，兒童不僅能獲得大小肌肉的發展、語言的發展、思考、想像、解決問題能力的提升，更能幫助他們瞭解個人與環境的關係、淨化其負向情緒、促進社會行為的發展，而兒童的創意，更是藉著遊戲而發揮得淋漓盡致。遊戲讓兒童身心健康。

　　若以教育發展史觀之，如柯美紐斯（J.A. Comenius）、盧梭（J.J. Rousseau）、斐斯泰洛齊（J. Pestalozzi）、福祿貝爾（F. Frobel）等大師，皆反對以嚴厲的訓練及強迫，填鴨式的記憶為幼兒教育的主體，而強調要以遊戲為兒童學習的媒介，讓幼兒透過遊戲來學習。盧梭更在《愛彌兒》（*Emile*）一書中主張「自由

教育」，並且認為幼兒在遊戲活動中所獲得的知能百倍於教育中的正式學習。此外，杜威（J. Deway）認為遊戲即是兒童生活中的主要活動，強調「寓工作於遊戲」、「從遊戲中學習」（learning by playing）的觀念。足見遊戲對兒童的重要。

本書（*Play and Early Childhood Development*）是我們在美國俄亥俄州立大學修習「兒童遊戲」時，被指定的諸多參考書之一，它最大的特點是從研究、理論及實務三方面來提供家庭及幼教機構在育兒時一些實際的參考。更重要的是，本書作者一直將美國幼教協會（NAEYC）的適齡及適文化的發展實務（developmentally and culturally appropriate practice）奉行不悖，所以本書提及各種不同年齡層、文化及性別差異的相關遊戲主論，除此之外，也提及相關正常與異常兒童的遊戲行為，更值得我們參閱。而且此書易讀、容易瞭解。最重要的，作者在每一章節中皆不忘探討成人在兒童遊戲中的角色，並提出了具體而實用的建議。

回國後，一方面有鑑於傳統上有「業精於勤，荒於嬉」的看法，對兒童遊戲有很不正確的看待；另一方面，由於教學上的需要，希望能為在大學裡修習「兒童發展」或「兒童遊戲」課程的學生提供一本理論與實務兼顧的好書，因此著手將之翻譯出來。希望本書的譯本能給國內的學生、幼教老師，以及父母提供一本實際的幫助，乃是翻譯本書最大的心願。

本書作者James E. Johnson, Thomas D. Yawkey皆任教於美國The Pennsylvania State University，而另一位作者James F. Christie則任教於Arizona State University。本書在1987年第一版付梓時計有十二章，分三部分：（1）遊戲的價值與情感；（2）遊戲與發

展之關係；及（3）遊戲的研究發現、理論概念以及實務觀點。
之後，相關在遊戲、兒童發展及幼兒教育之文獻及研究也陸續提
出，近年來將遊戲及相關領域蔚成顯學。第二版的出版在1999年
付梓，將原先的十二章加以修訂成十一章，內容包括遊戲的定義
與理論、遊戲與發展之關係、遊戲的進展與個別差異、遊戲多元
文化差異、特殊需求兒童與遊戲、成人介入、兒童遊戲觀察、遊
戲環境、遊戲玩物及遊戲與學術課程。雖然臚列十一章，各章皆
有其個別的重要性，但它們之間也是互有關聯，相關之主題內容
不但涉及理論及研究的發現，更也提供實務的建議，對象更涉及
一般幼兒及學齡兒童，也包括特殊需求的兒童。

　　本書的翻譯更要特別感謝Dr. Thomas Yawkey在2000年的初夏
相見於台北，更獲得他本人親自為本書簽名。當然，在揚智文化
葉總經理忠賢先生的熱心支持下，本書才得以順利出版，在此特
申謝意。期望本書的出版，能陪著學生、幼教人員及家長一起來
耕耘兒童遊戲的這塊園地，讓我們下一代能生長的更好！

　　為了便於對國內相關領域的驗證，個人也加上一些歷年來對
遊戲的一些看法，列入各章之附錄。惟本人才疏學淺，恐有疏誤
之處，尚祈先進不吝指正。

　　願將此書獻給愛孩子、喜歡跟孩子一起玩的人！

　　　　　　　　　　　吳幸玲、郭靜晃　謹識
　　　　　　　　　於華岡 中國文化大學　社會福利學系

目　錄

1 兒童遊戲理論

　　我們常看到幼稚園或托兒所階段的小孩在玩社會戲劇遊戲（sociodramatic play）或建構遊戲（constructive play）。所謂社會戲劇遊戲是指當兩個人或兩人以上遵循某一些規則，並執行一想像之狀況或故事。如小明、小華、小英在教室的娃娃家玩扮家家酒，小明當爸爸，小英演媽媽，小華當小嬰兒（但他不願意當嬰兒）。

　　小英：寶寶看起來好像餓了，我們弄點東西給他吃。

　　小明：好。

　　小英：（向小華說）你要哭，並說你餓了。

　　小華：但是我不餓。

　　小英：你要假裝你餓了。

　　小華：（用娃娃似的聲音）我餓了。

　　小英：（向小明）爸爸，我們晚餐吃什麼？

　　小明：吃蛋好嗎？

　　小英：好，我要去冰箱拿蛋（到角落隨意拿一些積木）。

　　小華：啊！我好餓哦！

　　小英：（假裝去責罵小華）不要吵！（假裝在煮蛋）蛋已經　　　　　在煮了。爸爸，你去準備餐具。

　　小明：好的。

　　小華：爸！我來幫忙。

　　小明：不行，小寶寶不能做這些，你應該坐在那裡哭才對！

然後小明利用仿製模型玩具的盤子及杯子來布置餐桌，但這些玩具中沒有刀叉及咖啡壺，所以小明用冰棒棍及飲料空罐

子來代替。小華仍扮演小嬰兒,有時假裝哭鬧著肚子餓,而小英繼續在煮晚餐。最後,小英在每人盤子上放一塊積木(假裝當作蛋),而小明假裝從空罐子倒咖啡。其他幼兒佯裝吃蛋(用積木虛構動作),並喝那看不到的咖啡。

　　大家皆知道幼兒遊戲充滿嬉笑與興奮,遊戲本質上就是歡笑與愉悅的。然而,到底遊戲只是嬉鬧抑或具教育性呢?眾說紛云。有人認為遊戲根本無意義或是人生中的小事一樁;但另外有些人卻認為遊戲可促進幼兒各方面的發展。到底何謂遊戲?

　　所謂建構遊戲則是指在遊戲中使用一些玩物,如大、小積木、組合積木、沙等來塑造排列成某些形體,像小孩用積木搭成一座拱門,如圖1-1。

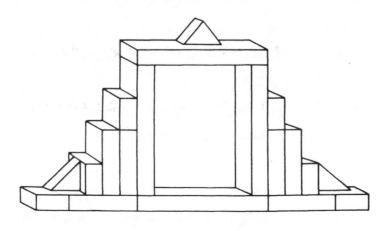

圖1-1　幼兒的積木建構

一位五歲小女孩小茜正在她房裡地板上搭建積木。她首先用較厚的積木做底板，在兩旁用較薄的積木開始搭建一座拱門，在兩旁儘量用對稱的原理，最後在中間門欄上放上一塊小三角形，使得它看起來更美觀。她的拱門除了兩邊對稱外，還用像階梯式的立體觀，完成之後，他花了一些時間做仔細的瀏覽，並露出得意的微笑，再來，她很高興地將積木打散，又重新建構另一完全不同的形體結構。

在這兩個例子中，你認為兒童是在遊戲嗎？這些對他們重要嗎？有些大人認為：小孩玩這些東西是無意義的、浪費時間。第一個例子中他們只是假裝來假裝去；第二個例子呢？小孩排了積木，可是一下子又將它推掉了。這些人的看法是：遊戲是微不足道的小事，認為小孩應多花時間在嚴肅的活動上，如學習算術、才藝等東西，或具有啟迪智慧的有結構的活動上。他們甚至反對學校花時間讓小孩遊戲，因為小孩在課外已花太多時間遊戲了。

另外卻有人認為遊戲可幫助孩子發展。像第一個例子：在社會戲劇遊戲中孩子需要有社會技巧如合作、輪流，使得遊戲情節得以進行下去，而且他們必須要有正確的語言才能溝通，遊戲得以進行，也學習到利用及解釋表徵物體（如積木代表蛋）；再者小孩會有不同的角色，能學習由不同角度來進行此遊戲。在第二個例子中，小孩的積木已有對稱和次序的表現，小孩能建構這樣的形狀，表示其已發展出心智的計畫（mental plan for structure）。這兩個例子中的兒童皆在遊戲中學習相當的技能。你認為呢？

幼兒的童年就是遊戲。

　　過去四十年來，遊戲的研究如雨後春筍般出現。Sutton-Smith（1983）指出在1970年代至少出版200篇以上的學術期刊及無以數計的研究書籍是與遊戲有關。這些期刊及研究學籍可分為下列四大類：（1）定義研究，嘗試區分非遊戲行為與遊戲；（2）相關研究，調查遊戲與幼兒社會、認知及情緒發展之間的關係；（3）個別差異研究，檢驗因不同文化背景、年齡、性別、教育及社經水準之不同對遊戲之影響；及（4）生態研究，如不同情境（如家中、教室、戶外遊戲場）及玩物對幼兒遊戲行為之影響。本書之後的各章會針對這四種不同種類研究提供許多例子。

　　最近，Fein（1997）已形容研究兒童遊戲已蔚成風潮，並陸續發表及出版許多文章。

　　第一波的研究是以科學化方法來調查及測量兒童遊戲；第二波研究側重於遊戲訓練課程如何影響兒童發展；第三波則以一般的兒童遊戲種類（如建構及戲劇遊戲）為效標變項，找尋與兒童

發展之間的相關性。當這些遊戲熱潮漸漸消逝，第四波遊戲風潮則使用較深度觀察的質化研究，包括有個案研究及民族誌法對遊戲內涵及脈絡仔細地記載及登錄，以期瞭解幼兒在與幼兒及成人之間的互動型態中之兒童的遊戲行為之持續性。之後，各個田野的研究紀錄也持續地記載在各相關大學遊戲兒童發展及幼兒教育之用書中，也倍增遊戲的重要性。

　　本章，我們將討論遊戲的概念及其價值。筆者也檢視過去在遊戲的歷史背景及最近相關理論的發展。這些理論的檢閱是相當重要的，因為他們除了瞭解遊戲之外，也提供現代人對遊戲態度的改變，此外，他們也刺激其它相關理論的發展。之後，我們將再檢視遊戲之定義以期更能區分什麼是遊戲，什麼不是遊戲。之後，我們將會再討論現代遊戲理論如何再產生四種當代遊戲的隱喻並將這些隱喻之理論應用到幼兒教育及老師的角色。

遊戲的概念

　　遊戲是一很難定義的概念（Concepts）——在牛津英文字典中至少有116種不同的定義。除了這些外延的遊戲定義之外，遊戲真正的內涵通常是模糊曖昧且不容易抓住真正的意義，甚至是個別化及獨特性。如同愛情一般，遊戲也有其多采多姿的一面。吾人如何捕抓此一多樣且難以捉摸的概念呢？

　　Ludwig Wittgenstein（1958）和Bertrand Russel（1912／1967）一向擅長於對事物之邏輯意義及對事物語意及相關經驗關係之哲

學大師，也已建議吾人應放棄對遊戲（play）、競賽（game）這種具有廣義、多元層面建構的字，用簡略、精確的概念來加以定義。然而，我們應該將遊戲描繪為繩索，其組成許多互為交織的結及纖維。準此，遊戲是無法以單一特定定義來做解釋，取代地則用許多個別化概念交織而成為一整體性的概念。而此完整（wholeness）如同完形心理學之完整更不是部分的總和。在給予遊戲的概念定義時，學者已尋求用聚斂概念（遊戲的重疊概念）及擴散概念（分辨概念）來做一區分。其它部分則以例子來描述遊戲之內容（我不能告訴你遊戲是什麼，不過當我看到，我一定會知道那是遊戲）。

　　許多學者已定義不少的實質與非實質的遊戲特徵，有一些是以外在行為表徵作為遊戲之定義基模；有一些是用內在特質狀態（如玩性）；而有一些則是用情境因素。我們可以說所有的遊戲概念基模皆是有效的，且是重要的，但是我們還是建議用折衷模式來定義遊戲，此種定義很像Wittgenstein的「繩結類推」折衷模式允許我們可從多重角度檢視遊戲，如彈性、俏皮、自發性、難以言傳、自由、過程取向等等。遊戲可能最好被定義成一聚斂性之概念，彼此互為關聯，而不是獨自地個別特徵。而那一因子是最能代表純正遊戲（pure play）呢？你是否也認為遊戲有一核心因子呢？（請參閱專欄1-1）。

　　吾人必須承認知覺遊戲之概念意義及瞭解隱含遊戲意義的困難性。像在美國及其他國家，清教徒的基督工作倫理（在工作之餘才能嬉戲）已駕馭整個社會價值系統。這種工作VS.遊戲的倫理導致個人在下意識中認為遊戲是無意義的且浪費時間。我們也

被教育「業精於勤、荒於嬉」，所以嬉戲無益，相對的，辛勤工作使人覺得有價值。所以嬉戲應在辛勤工作之後，當在辛苦之後，吾人需要休息、調養，才能遊戲。準此，不太驚訝的是贊成及鼓勵遊戲的教育者必遭到反對，因為這些人認為遊戲永遠是在工作之餘才有的活動。

● 專欄1-1　遊戲的言傳表徵

Peter Smith和他的同事在英國Sheffield大學執行區別什麼是最佳的遊戲層面，而且是可以被言傳的表徵（Smith & Vollstedt, 1985）。在他們的研究中，成人首先觀賞三十分鐘幼兒在遊戲行為的錄影帶，並獨自地來評斷何種行為是遊戲。在被詢問何種行為是遊戲之前，這些受試者被訓練使用遊戲的特徵來當作評斷兒童遊戲的標準。這些遊戲行為的特徵包括有內在動機（個人自由地選擇）、正向情感（表現愉悅的情緒及心情），彈性（有行為中很快地改變）、過程導向（重過程，輕結果）及不溢於言傳（在現實中強調假裝，兒童所做的事即是他們現實的表象，而是做即相信）。其他受試者也有給予超過一項特徵來解釋兒童的遊戲行為（如內在動機和不溢於言傳）。

此項研究結果指出不溢於言傳（nonliterality）是最可靠的指標。假如不溢於言傳（幼兒玩假裝遊戲）加上伴隨正性情感及彈性，成人最同意將這些行為列為是幼兒的遊戲；而

內在動機卻是最差的指標。很多行為是由兒童個人所引發的，可以算是內在動機。如到冰箱拿飲料喝，但通常這種行為是我們不將其列入為兒童遊戲。

可能最好的遊戲指標是不足以言傳的標準。在這種遊戲架構中，內在現實超越了外在現實，而且物體及行動產生新的與遊戲有關的意義。

遊戲理論

理論主要是用來解釋行為中的為什麼，甚至在某些狀況下可用來預測遊戲行為。以下理論可幫助我們定義及解釋遊戲行為，我們將之分為兩大派：古典學派與現代學派的遊戲理論。前者起源及發展於19世紀及20世紀初期，後者則在1920年代之後才發展。由於現代遊戲理論的複雜及分化才促使我們更瞭解人類遊戲行為的現象。

古典學派

第一次世界大戰前所倡導的理論，主要解釋遊戲為何存在並且具有哪些目的。Ellis（1973）認為古典學派較屬於不切實際的遊戲理論，比較注重哲學思想，較不注重實驗結果。可分為兩派

表1-1　遊戲的古典理論

理論	倡導者	遊戲目的
能量過剩	Schiller／Spencere	消耗過剩的精力
休養	Lazarus	回復在工作中消耗的精力
重演化論	Hall	原始本能
演練論	Groos	爲日後成人生活所需準備

註：這些理論的詳細介紹請參考Ellis（1973）：《人爲何遊戲？》（*Why People Play？*）。

（見表1-1）：

　　1.能量過剩和休養理論：將遊戲視爲一種能量之調節。

　　2.進化重演和能力練習論：把遊戲解釋爲人的本能。

能量過剩論（surplus energy theory）

　　Spencer認爲生物體具有能量以滿足其生存之需要，當需求滿足之後，若還有剩餘能量，那就變成多餘的能量。過剩的能量累積會造成壓力，必須消耗掉。因此視遊戲爲無目的的行爲，只是人或動物用來消耗能量的方式而已。

　　在今天這理論仍可解釋爲：（1）爲何小孩在上一段長時間的室內課後，他們需在遊戲場內奔跑、追逐；（2）爲何小孩會比大人更有精力（因爲大人需要照顧小孩）；（3）高等動物比低等動物更有精力（因爲其滿足生存需求時，所耗的能力更少也較有效率）。

休養論（recreation theory）

與能量過剩論恰相反。Lazarus認為遊戲的目的是儲存能量以供工作之消耗。根據Lazarus之說法，工作會消耗能量並使能量不足，因此可以用睡眠或遊戲來補充，遊戲與工作是不同的，它是一種儲存能量的理想方式。

誠如能量過剩論，休養論也有一常見的例子。假若某一個人做一件事或活動太久而膩了，換個不同的活動可能有幫助。在成人生活中，休閒活動有其需要，也很有幫助。假如某人在辦公室從事長期且有壓力的工作，休閒活動可能使他精力再生。在幼兒教育中，這理論的應用使學校生活是如此具有結構性，因此在心智活動過久時，需要有一些遊戲來幫助儲存後繼的精力。

重演化論（recapitulation theory）

源於個體胚胎學，認為人的發展過程中，種族發展演化情形

戶外遊戲可幫助幼兒發展體能與社會發展。

會再現。G. S. Hall將這理論應用於兒童遊戲，謂兒童的發展承繼祖先的發展階段：由動物、原始人到族群等等（動物行爲—→野蠻行爲—→原始民族）的進化。兒童遊戲的階段性也是遵循人類歷史之演進，並且在演化中沒被淘汰而保留下來的。因此，兒童爬樹的活動（如同我們原始祖先）會在群體遊戲（族群）之前出現。而遊戲的目的即是消除那些不應呈現於現代生活中的原始本能，如兒童打棒球，可幫助小孩消除原始打獵的本能而用棒球打。

演練論（practice theory）

Groos認爲遊戲不是消除原始本能，遊戲乃是幫助兒童加強日後所需的本能。新生兒或動物在遺傳上承繼了一些不夠完善或部分的本能，這些本能攸關其生存（如反射）的本能。遊戲則提供兒童一種安全方法幫助兒童去練習，使這些本能能更完善，以便日後成人生活使用。最明顯的一個動物的例子是：獅子在小時候，需要練習搏鬥，以後才有能力獵取食物。Groos認爲兒童遊戲，如扮家家酒，也是爲其日後爲人父母技巧的一種練習。

古典遊戲學派之批判

這四個理論皆有缺失，要不就是無邏輯，要不就是不符事實，或兩者兼具。（1）範圍限制太多，且僅就一小部分的遊戲行爲做解釋；（2）每個理論有太多例外，如能量過剩論並未解釋兒童即使是太累了，他們還是要玩；又如依照休養論的說法，

成人工作較多，他們應比小孩做更多遊戲，但事實上卻沒有；又如重演化論未能解釋孩子為何喜歡玩，像車子、太空船這一些現代科技玩具，這些在過去歷史中是沒有的；（3）所有理論都根源於過時的理念，如能量、本能、演化。

雖然有此缺失，但這四個理論仍是很重要的。（1）他們提供歷史上成人對兒童遊戲的看法；（2）這些理論的許多觀點現在還是存於成人心中，如能量過剩；（3）促使日後現代理論的發展。如Hall的重演化論促成Piaget發展出了遊戲發展論；Groos的觀點幫助Bruner（1972）及Sutton-Smith（1998）提出了有關遊戲及演化的理論。

現代遊戲理論

現代遊戲理論不只在解釋為什麼要遊戲，而且嘗試定義遊戲在兒童發展的角色。此外，在某些狀況下，指出遊戲行為的前因後果（Ellis, 1973），詳見表1-2。

心理分析論（psychoanalytic theory）

由心理分析治療及人格發展的心理動力論之先驅Sigmund Freud所提出，認為遊戲可以調節孩子的情緒，具淨化之效果，可幫助兒童治療因創傷情境所帶來負向的感情；遊戲可讓孩子拋開現實，並將孩子從一被動的、不良經驗的角色轉移，淨化其情緒（Freud, 1961）。如小孩被父母打後，可能對玩具或娃娃發火，或假裝要處罰他的玩伴，這是由於因角色的移轉（由被處罰到有主

表1-2 現代遊戲理論

理論	遊戲在兒童發展中的角色
心理分析學	調節受挫經驗；因應挫折。
認知學派	
Piaget	熟練並鞏固所學的技巧及概念。
Vygotsky	由區別意義與實物來提高想像思考；在近似發展區內學習；自我調節。
Bruner／Sutton-Smith／Singer	在思考及行為上產生變通能力；想像及故事敘述；調節內外在刺激的速率。
其它學派	
Arousal modulation	增加刺激使個體保持最佳警覺程度。
Bateson	提升瞭解各層面意義的能力。

權），孩子可以將負向情感轉移至一代替的人或物。

重複性的遊戲是可以幫助孩子處理不愉快事件的機轉。在遊戲中重複不好的經驗，可以將整體的不好情緒與經驗分割成一些小部分，使孩子有能力處理。如此一來，孩子便可以漸次地將外在的事物或經驗跟內在的負向情緒同化。如Brown、Curry和Tittnich（1971）所學的例子：幼童看到一工人從高樓掉下來，流血受傷，然後被救護車帶走。在這之後，許多兒童受到這件事的驚嚇，產生心情上的困擾。他們被安排在一類似意外情境的戲劇遊戲中（墜落、傷亡、救護車和醫院），數週之後，當他們再經歷相似情境的遊戲時，這些小孩不再因這件意外而困擾了。

Erikson（1950）推廣佛洛伊德心理分析理論，用遊戲來檢視兒童的一般個人發展。根據Erikson的說法，兒童透過遊戲來與周遭環境的人產生互動，由於不同階段之發展，促使兒童的心理發展，也就是透過遊戲，兒童創造了可模仿的情境，進而可以幫助

表1-3　Piaget遊戲理論

發展年齡	認知階段	遊戲型態
0～2	感覺運思期	感覺動作／熟練性遊戲
2～7	前操作期	想像性／裝扮遊戲
7～11	具體操作期	有規則的遊戲

自己處理現實中的要求（如家庭中父母對小孩性別角色的要求）。

認知理論（cognitive theories）

　　認知遊戲理論包括有皮亞傑（Piaget）、維加斯基（Vygotsky）、布魯那（Bruner）、桑頓・史密斯（Sutton-Smith）及辛格（Singer）。Piaget理論：瑞士心理學家Jean Piaget（1962）提出一個詳盡的兒童認知發展之順序過程（見表1-3）。依Piaget的看法，由小孩所呈現的遊戲型態可看出其認知發展的能力。如2歲的孩子只能玩熟練性遊戲（重複身體的動作），他們不會玩更進步的想像、虛構或戲劇性遊戲，因為他們沒有形象表達之認知及社會的能力（參考第三章）。

◆Piaget理論

　　Piaget認為，遊戲玩多了不僅可反映小孩的認知發展，更可以促進孩子的認知發展。Piaget認知理論本身即指有機體去適應環境的一種過程，即同化（修正事實以符合原有的認知結構）和調適（改變認知結構以配合實際情況）之間的平衡。而Piaget認為遊戲是一種不平衡之狀態，且同化作用大於調適作用，因為遊戲無所謂適應，所以孩子在遊戲中不用學習新的技巧，然而他們

可以透過遊戲去練習並鞏固最新的技巧，進而達到熟練的程度。如小英用積木當作蛋（想像、表徵的表達），她不是學習到一項新技巧，只是表達了她以前可能在非遊戲情境中聽過或看過別人如此玩而已，對他而言只是一種練習。所以，Piaget認為練習／鞏固的遊戲角色是很重要的，缺乏練習及鞏固技巧，孩子可能很快就失去表徵的技巧。

◆Vygotsky理論

　　蘇俄心理學家Lev Vygotsky（1976）認為遊戲可直接促進兒童的認知發展。他表示兒童沒有抽象的思想，對他們而言，意義與實體是不可分的，兒童沒有看到具體的事物便不瞭解它。如他沒有看過老虎，就不知老虎的意思。直到他們開始進入想像遊戲（約3~4歲）並開始使用物品（如木棍）來代替某些東西（如馬）。此時，意義才開始與實體分離。用木棍來代表其它東西，此時的代用物（木棍）就像個樞軸讓意義能由實物中被分別出來。如此一來，兒童才能具有表徵想像的能力以區別意義與實體。因此，表徵想像性遊戲對兒童的抽象思考是很重要的，認知學派認為遊戲可以促進兒童的創造力和變通力（flexibility）。

　　Vygotsky的遊戲觀是整體性（holistic）。他認為遊戲對幼兒的社會、情緒發展及認知發展有其重要性，而且這三種發展層面還是息息相關。Vygotsky進一步區分兩種遊戲發展層次：實際發展（actual development）是個體的獨立表現及潛在發展（potential development）是個體的協助表現。近似發展區（the zone of proximal development, ZPD）為這兩種發展的差距。在Vygotsky的學說遊戲是自我幫助的工具。兒童參與遊戲常常在他們能力發展之

前，遊戲提升日後發展的鷹架（scaffold），尤其在兒童近似發展區域中，也可幫助兒童獲得更高層次的行為功能。

在近似發展區的潛在發展只是一轉移狀態，在此種情境中兒童需要特別的協助或學習鷹架來捕抓真正的學習空間。通常，我們視鷹架為一支持的支架，來自更精進能力的玩伴，如父母、老師、兄長（姊）或同儕。在遊戲中，兒童可創造他們的鷹架，從自我控制、語言使用、記憶及與他人合作的領域延伸其學習技能（鷹架）（Bodrova & Leong, 1996）。如一位兒童被要求去睡覺時，他大吵大鬧並啼哭起來，但是在玩扮演去睡覺的家家酒時，卻沒有哭。在遊戲中，兒童可以控制自己的行為，因為兒童可以控制遊戲架構及想像情境。兒童可以在遊戲中假裝哭，也隨時可以停止，不像在真實生活情境，從啼哭中停止是有高困難度。更佳的注意、記憶、使用語言及社會合作，皆在兒童遊戲中嶄露無遺，也比其它情境，如真實生活、工作中來得多。Vygotsky認為遊戲可以提升新的潛在發展能力，尤其在學校正式的學習課業中。

◆Bruner理論

其他認知理論學者也強調遊戲提升兒童的創造力及彈性。Jerome Bruner（1972）認為遊戲的方法及過程比遊戲結果來得重要。在遊戲當中，孩子不用擔心目標是否完成，所以他們才能用新的、不尋常的行為來玩；如果為了達到目標而有壓力，那他們就不要玩遊戲了。因此從遊戲當中可以嘗試很多新的行為及玩的方法，以便日後應用到實際生活情境，進而解決生活上的問題。也就是說遊戲因增加兒童行為的自由度而助長了變通力。透過練

習及過度學習的遊戲行為可以加以整合變成日後成熟的行為模式。因此，遊戲提升了行為的彈性並增加兒童行為的選擇性。之後，遊戲提供探索不同可能性的機會並提供緩衝情境以保護兒童避免在真實生活受到傷害。對Bruner來說，遊戲提供在人類發展及演化中的不成熟機會並藉此達到個人行為的適應。

Bruner早期認為遊戲的重要性在於強調它的分化及統整的功能。最近，Bruner強調遊戲的故事思考模式。Bruner提出兩種智力模式（知識及瞭解）是例證的（paradigmatic）同時也是故事形體（narrative）。例證模式處理個人經驗、組織、邏輯、分析及問題解決；故事模式處理意義、經驗重組，及想像能力。皮亞傑理論已詳述較重視智力的例證功能，而較忽略故事模式。Bruner則強調智力的故事模式以對人的發展、教育及一般生活的瞭解（Bruner, 1986, 1996）。而遊戲即提供個人如何呈現其知識和個人之意圖和意識在故事模式中有效的連結（可進一步參考第二章遊戲與兒童發展）。

◆Sutton-Smith理論

Brian Sutton-Smith（1967）認為「假裝是……」遊戲可幫助兒童打破傳統心理聯想而增加新的想法，用新的、不尋常的方法來遊戲，如用木棍來代替（假裝）是「馬」就是在佯裝遊戲的表徵轉換（symbolic transformation）。這種創意的、新的想法可以促進兒童廣收創意及將創意聯結以增加心智的彈性以幫助其日後成人這麼生活的目的，這也就是國外教育哲學常鼓勵孩子打破傳統，用新奇、創意來嘗試不同的情意和物體，以增加探究的科學精神。因此，Bruner和Sutton-Smith皆是以Groos的演練論為基

礎，認為兒童的遊戲是為了日後成人生活的適應。而不只是現代
兒童遊戲理論認為兒童遊戲是發展心理的變通方法或保留變通的
潛能，而不只是純粹熟練特別的技巧。Sutton-Smith在早期強調
遊戲是一種「適應強化」（adaptive potentiation）。適應強化係指
遊戲提供各種可能性的行為，結果造成兒童更能考量各種不同的
選擇或彈性以增加其行為的變通性。

　　最近，Sutton-Smith（1998）提出更新的遊戲理論——適應變
化（adaptive variability），Sutton-Smith應用遊戲與演化的類推，
並從Stephen Jay Gould的神經科學及演化論中的大腦發展研究文
獻演繹而來。這個理論，依Gould（1995）的現代生物論的思
考，認為遊戲的變化性是人類發展的主要功能，正如個人的生理
及行為的變化是演化的基礎。因為一個人不能預測未來環境所需
的技巧和知識，因此，發展中兒童的適應潛能（或演化物種）不
僅需要正確及精準的適應（可導引行為及反應組元的精密度），
而且也需要更大的行為彈性（Gould, 1995：44）。這也是Gould常
用的字眼，如俏皮（quirkiness）、漫不經心（sloppiness）、不可
預測性（unpredictability）及過多重複性（massive redundancy）。

　　遊戲因為可以提供廣大的適應潛在性，所以它對兒童發展，
尤其在提升智力的多樣性是有幫助的。現代神經研究，使用大腦
顯像（brain-imaging）技術指出在嬰兒早期，人類大腦已有了適
應潛能（adaptive potential）（Nelson Bloom，1997）。Sutton-
Smith（1998：333）評斷已有證據指出嬰兒從十個月到10歲間，
大腦突觸（由軸突及樹突之聯結）的數目愈來愈少（大約從1000
兆降到500兆），而且遊戲也具有讓大腦腦神經功能增加突觸之機

會，正如嬰兒早期之腦神經處於高亢的適應潛能發展狀態中。而遊戲也幫助大腦潛能的獲得，並從中儲存以增加大腦及行為以增加個人適應的潛在能力。

◆Singer理論

　　Jerome Singer（1973，同時可參考Singer & Singer, 1990）提出建構認知──情緒遊戲（a constructive cognitive-affective play），以作為過去Freud及Piaget遊戲理論的對照。依Singer的觀點，遊戲（特別是想像遊戲）對兒童發展有其正面及實質的意義，不僅是從Freud的觀點認為遊戲對情緒不成熟的因應機轉（coping mechanism）的媒介，或從Piaget的觀點認為遊戲是對個人不成熟邏輯的同化媒介。Singer對認知與情緒的強調是受Sylvan Tomkin的理論與研究所影響，認為情緒與認知是息息相關的。Singer認為遊戲提供幼兒調節接踵而來之刺激速率，這些訊息來自外在世界及大腦活動的內在世界（此種訊息常在大腦中記錄儲存及不斷再現）。遊戲可以增強個人內外在刺激的流通，因此個體經驗了快樂的情緒──此種情緒不像驚嚇反應，伴隨了太多刺激，也不像無聊，給予個體太少的刺激。例如當一位兒童在飛機場候機時，因為無事可做的無聊，他可能自己伴裝成想像遊戲情節，而從內在導引一些遊戲刺激而導致他的想像遊戲行為。

　　Singer已蒐集一些遊戲的個別差異來支持他的論點──他稱為製造幻想的能力（fantasy-making ability）（請翻閱本書第四章：遊戲之個別差異）。雖然想像能力是一發展現象，並且隨兒童年齡增長，而增加此種能力，而且呈現很大的個別差異，此種差異性在幼兒早期發展也顯現出。遺傳與環境（天生與後天）影響幻

想能力的習性，Singer和其同事（特別是他太太，Dorothy Singer）認為父母是此種能力激發的最大影響者。他們建議孩子需要在早年時即要刺激想像遊戲以增加此種能力。Singer和其他人皆建言，遊戲促進幼兒各層面的發展（包括過程與結果）。如語言、擴散思考、同理心、衝動控制等（請參考本書第二章：遊戲與兒童發展）。但是遊戲（甚至是佯裝遊戲）也無法闡述遊戲與發展之因果關係，但是相對的，遊戲被認為可幫助發展中的兒童影響其一些表徵的能力（symbolic capacity）。

其它理論

◆警覺調節理論（arousal-modulation theory）

警覺調節理論是由Berlyne（1960）發展出來，再由Ellis（1973）修正。不同Singer理論強調個人之認知過程，警覺調節理論強調個體遊戲者（探索者）與玩物之間的關係。Berlyne把遊戲、好奇、創新等行為以一個系統的觀點來探討：在生理上，中樞神經系統需要適當的刺激，但如果刺激太多，使個體所需增加，便必須要減少刺激的活動，以達到恆定。Berlyne認為遊戲就是一種尋找刺激的行為，當刺激不夠，遊戲便開始，反之，則停止，便會開始覺得無聊。遊戲用新的、不尋常的方法運用物體和活動，因而增加了刺激。這理論還將兒童遊戲與成人尋求刺激活動的生活相提並論，對成人而言，遊戲並沒有消失，只是換個方式罷了。

Ellis認為遊戲是一種刺激尋求（stimulus-seeking）的活動，並且可提升刺激激起到適當的水準。遊戲藉著用新鮮方式操作物

體及行動以增加刺激。例如小孩玩溜滑梯，如果以平常方法玩，孩子可能很快就感覺無聊了，如果不換一個新奇的玩法，便不能增加刺激，所以遊戲被認為是可以產生刺激的。最重要的，誠如未來幾章我們將會討論到：這個理論可應用在日後遊戲場和兒童玩具的設計上。

◆Bateson理論

依照Bateson（1955）的說法，遊戲是矛盾的。遊戲中所有的活動並不代表真實生活的活動，所以遊戲中孩子打架的行為與真實打架的行為是不相同的。因此，孩子在玩這一類遊戲之前，必須先發展一套遊戲的「組織」或脈絡關係來讓大夥兒在遊戲時都知道將會發生什麼，且瞭解這只是假裝而不是真的，所以在玩時常是在大笑或微笑的情形下進行。如果遊戲的組織沒有建立，那其他小孩會將遊戲中的嘲弄、打鬥解釋成攻擊而有不同的反應。當兒童遊戲時，他們必須同時操作兩個不同層面：（1）遊戲中的意義：他們溶入所扮演的角色並著重於假裝的活動和物體上；（2）真實生活的意義：他們同時要知道自己的角色、真實身分、其他人的角色及身分，還有遊戲所用的東西及活動在真實生活裡的意思。

Bateson的理論也刺激後來研究者來研究兒童遊戲中的溝通訊息，如Garvey（1977）即研究兒童所使用建立、維持及傳輸並再陳述遊戲對話中所用的訊息。這一方面的研究即在探討裝扮角色和他們實際身分在參與社會戲劇遊戲中角色是如何替換的。當孩子專注於假裝遊戲時，孩子可能會「破壞組織」，用其真實生活的身分，透過溝通和交涉去解決困難。如最早的例子：小華要幫

忙小明去排桌子，但小明告訴小華嬰兒不能做這種事，只能坐在那邊哭。

此外，兒童的社會地位也可能影響遊戲的主題或其中的關係，地位好，可扮演爸爸或媽媽。而遊戲內容也可能與兒童年齡有關，年紀愈大，其所扮演角色的情節則愈複雜（Schwartzman, 1978）。

Bateson所認為本文及與本文有關的前後話題（text／context）的區分，刺激後繼研究者對遊戲話題的興趣，如Fein（1975）及其同僚調查幼兒在虛構遊戲中所使用表徵的轉移情形。而較一致的研究發現有兩歲幼兒必須使用與實物較像的玩物來代替實物（例如小三角形的積木代替梳子），而較大的幼兒可能超越此限制，即可用玩具車或皮球來當作梳子用；Wolf及Grollman（1982）檢視幼兒年齡及其所使用遊戲的故事情節，結果發現年紀愈大的幼兒，其遊戲腳本更能整合及呈現組織及複雜性。這類研究皆指出幼兒遊戲行為皆與其發展年齡有關。

現代遊戲理論的貢獻

現代遊戲理論可由理論的解釋可信度及研究支持來幫助我們更加瞭解遊戲。下一章在遊戲與兒童發展中，我們將檢視現代研究闡述遊戲與兒童發展之中的關係。如Berlyne的警覺調節理論導引各家學者去研究分辨孩子的發展和遊戲。遊戲理論大都環繞著Freud、Erikson、Piaget、Bruner、Sutton-Smith、Vygotsky、Berlyne、Bateson，其中以Freud、Piaget、Berlyne及演化論影響

較大。有關Bateson理論所衍生的研究在後面第九章〈遊戲環境〉及第十章〈遊戲玩物〉將有更詳細的介紹。激起調節理論也導引相當多研究在區分遊戲與探索行為，我們將在下一節有更多的討論。

遊戲的定義

　　大家都很清楚什麼是遊戲，但卻很難為它下定義，大部分的成人皆不難看出幼兒是否在遊戲。Ellis（1973）指出，我們甚至亦可指出其它動物如狗或猩猩正在玩遊戲，但是要給遊戲下定義或解釋「何謂遊戲」卻是很難的事，甚至有些學者認為遊戲太難下定義，因此也就不值得研究（Schlosberg, 1947）。

　　很幸運地，最近有關遊戲的研究增加，對遊戲一詞的定義亦有些進展。下面將討論並區分遊戲與探索行為，以幫助我們瞭解遊戲的特徵。本節的最後，筆者將呈請我們如何將遊戲這名詞貫穿本書。

遊戲與探索行為

　　Hutt（1971）、Weisler及McCall（1976）及其他學者認為遊戲與探索行為（exploration）是相似的，因為遊戲與探索行為皆是自動自發的行為，沒有外在的引發動機，Weisler及McCall甚至認為兩者根本無法明確區分。雖然如此，最近研究（如S. Hutt,

Tyler, C. Hutt & Christopherson, 1989）指出其實遊戲與探索行為有一些重要的差別。探索行為是刺激所導引的行為，主要是要獲得物體的相關訊息，是受欲探索物體特徵的刺激所控制。然而，遊戲是受有機體所導引的行為，但不是要獲得物體的相關訊息，而是因個體之需求及慾望才去遊戲。Hutt（1971）解釋「在遊戲中，幼兒從強調『那物體是做什麼用的』轉至『我可以用這物體來做什麼』（p. 246）」。當幼兒遊戲時，幼兒根本不管物體應被用來做什麼，而是隨其所欲來使用這物體。（表1-4）摘列遊戲與探索行為的主要區別。

　　Hutt（1970）曾觀察過幼兒在實驗室中，面對新奇東西的反應。他發現幼兒對新奇物件的行為可分為兩階段。如（圖1-2）表示，玩弄（遊戲永遠出現在探索之後），而且遊戲在行為上較複雜、不規則；探索行為則呈典型的刻板化，只有觀察及操弄（包括觸摸）兩種行為。

　　探索的功能是為了瞭解一新奇物件，而遊戲的功能與特徵又為何呢？誠如（表1-4）所指，遊戲是發生在探索之後，進一步操弄物件以瞭解新知及熟悉物件，並進而創造訊息（Ellis, 1973）。這也許是遊戲行為能在演化過程中，仍然被保留下來的原因。欲瞭解遊戲行為前須先清楚遊戲的特徵。

遊戲的特徵

　　最近的研究不僅只在區辨遊戲與探索行為，也經由不同的因素探討遊戲的特徵（Garvey, 1977; Rubin, Fein, & Vandenberg,

1983）。這些特徵有不用於言傳、內在動機、過程取向、自由選擇及正性情感，分述如下：

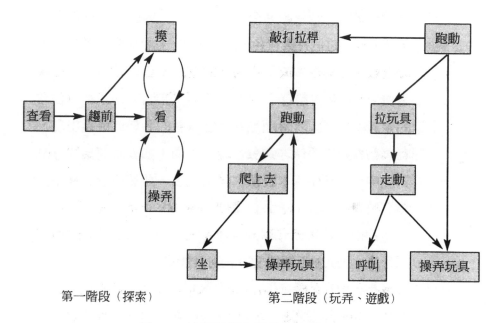

第一階段（探索）　　　　　第二階段（玩弄、遊戲）

圖1-2　幼兒玩新奇玩具所表現的行為

資料來源：摘自 Hutt, 1970。

表1-4　遊戲與探索行為

		探索行為	遊　戲
時	間	發生在前	發生在探索行為之後
內	容	陌生物體	熟悉物體
目	的	獲得訊息	創造刺激
注意焦點		外在的現實	內在的現實
行	為	固定、刻板化	富有變化
心	情	嚴肅	高興、興奮
心	跳	低沈、不具變化	高亢、具變化

資料來源：源自 Hutt（1971）、Hughes & Hutt（1970）及 Weisler & McCall（1976）等人之研究。

1. 遊戲是一種轉借行為，無固定模式，亦不能由外在行為或字義來區分，更不加以言傳（nonliterality）：遊戲事件是根據遊戲的主題或範圍來加以界定的，與固定的日常生活經驗有別。這個特徵在各種遊戲形式──社會戲劇遊戲、拼圖遊戲、建構積木或玩規則性的遊戲中皆可看出。在這些遊戲中內在現實超越了外在現實（外在行為），以往對物體的定義不見了，隨時隨地皆可能有新的名稱或定義出現，行為動作也與平時非遊戲情境中不同。如本章開始的遊戲對話中，幼兒使用木製積木佯裝成蛋，並使用玩具杯子好像在喝咖啡。這「好像」、假裝（as if）可讓幼兒逃離此時此地的限制，進而海闊天空地嘗試其內心所欲嘗試的動作或行為，因此並不期待要有任何具體成果。

2. 遊戲出自內在動機（intrinsic motivation）：遊戲並不受外在驅力如饑餓所控制，也不受目標如權力及財富所激發。相反的，幼兒遊戲完全是有機體的操弄及激發，而所衍生的活動亦是受其個人所激發，並無外在的目的行為。

3. 遊戲是重過程輕結果（process over product）：當幼兒遊戲時，他只注意活動或行為本身，不注重活動的目的。換言之，方法重於結果。由於不用追尋目標，無形中壓力也減少，讓幼兒可嘗試各種行為或方法。因此遊戲是富於變通，而不是一成不變追求目標的行為。

4. 遊戲是一種自由選擇（free choice）：幼兒遊戲中，自由選擇是一很重要的因素。King（1979）發現幼稚園兒童認為玩積木如果是自己所選擇的，那就是遊戲；如果是老師分

派或要他們去玩的,那就變成工作。當幼兒年紀漸長,這因素便不那麼重要了。King(1982)的後繼研究中發現對五年級的國小兒童,是否快樂比是否自由選擇才是區辨工作與遊戲的關鍵。

5.遊戲具正向情感(positive affect):遊戲通常被認為就是「歡笑、愉悅及歡樂」。即使並非如此,幼兒仍然認為其極好而重視之(Garvey, 1977)。有時候,遊戲會伴隨著憂慮、不安或些許恐懼,例如坐雲霄飛車,或從陡峻的滑梯滑下來。但孩子還是一遍又一遍地玩(Rubin, Fein, & Vandenberg, 1983)。

遊戲是主動的而且是動態的。被動的或消極的旁觀行為,無所事事都不能算是遊戲。因此兒童看電視或是看運動比賽均不算是遊戲,只有主動參與活動才算是遊戲(張欣戊,1989)。

不圍於外在規則及主動參與亦是遊戲的特色(Rubin, Fein, & Vandenberg, 1983)。話雖如此,但我們不能否認遊戲中的兩個重要形式:有規則的遊戲及白日夢亦是遊戲,因此,若要說符合這兩項特徵才算是遊戲未免太嚴苛了。有規則的遊戲(games),例如比賽或運動,顧名思義,是在遊戲前已定有規則,此亦是幼兒年紀稍長後所常見的遊戲型態之一,將在第三章解釋。當幼兒成長至青少年時,常見有白日夢的活動,Singer(1973)認為白日夢會漸漸取代戲劇性遊戲,是一種幻想性的活動,青少年常在心中呈現名人的想法,而不是用外在行為或語言將其想法表達出來。

遊戲最大的可能特徵是好玩及愉悅
──正向情感。

各式各樣的遊戲

　　本書將採用廣義的遊戲定義，只要合乎上列五種遊戲特色皆視為遊戲（亦是一種輕鬆氣氛下的活動）。此外，傳統遊戲分類如練習、建構、戲劇、規則遊戲，以及具有自發性、無固定模式的轉換行為、自由選擇或正向影響的藝術及音樂活動，皆算是遊戲。這些活動皆包含有自發性（內在動機），不溢於言表，過程取向、自由選擇，及歡樂的要素。此外，我們也關心教育性遊戲及休閒性遊戲。教育性遊戲大多為成人所監控（如課室活動或情

境設計）所期望的自由遊戲活動；休閒性遊戲是完全不受大人所監控（如在遊戲場休場時間的活動）。Nancy King（1986）也進一步指出在學校遊戲也包括這兩種遊戲：一為工具性遊戲（instrumental play），另一種為真正遊戲（real play）。不管是工具性遊戲或真正遊戲都應提醒與兒童在一起的成人多關心與注意。然而，在另一方面，King也指出學校遊戲的第三種形式——惡劣的遊戲（illicit play）（例如，拋炫風球、笑的很瘋狂、幼稚），這種遊戲很明顯地可以被分辨，常常被成人（父母或老師）所禁止，而且也可看出與工具性及真正的遊戲很大不同，但是在此本書也不想深度去討論此種遊戲的形式，而是著重在教育及休閒遊戲理論與研究的應用。

現代遊戲理論的應用

　　幼兒教育專家一般所探討的問題有：如何布置幼兒中心或幼兒學校、如何組織整個遊戲活動、如何使用一些可利用的玩物、如何建立父母的參與、如何與幼兒互動以及如何配合整個遊戲活動來延伸課程。至於幼兒遊戲方面的理論觀點或提示，對幼教老師來說是否有用呢？在本節我們將為幼教老師一一介紹，並討論四種最新的理論觀點及實際實行時需注意的地方。

轉換理論（play as transformation）

　　此理論的觀點來自於皮亞傑，強調幼兒在遊戲中的表徵特

性。Smilansky在她著名的社會遊戲研究中（以所謂文化貧乏兒童為樣本），認為遊戲的轉換（transformational）是改進遊戲層次所必需的（合作關係、語言行為與遊戲持續力是其它的重要因素）。在評估轉換行為的品質時，須考慮四個問題：（1）幼兒是假裝成另一個人，而不是自己嗎？（2）幼兒所要假裝的角色與他們自己不同嗎？（3）幼兒想要假裝的物體與真實存在的物體不同嗎？（4）幼兒要假裝的情境與真實的情境不同嗎？這些轉換型態進一步的可以在幼兒的具體或相似的經驗間差異的大小程度去獲得。如孩子是藉縮小的真實道具、替代性物品或假裝性物品來做物體的轉換？遊戲的主題和內容，跟幼兒的日常生活是相似的還是差很遠的？

後設溝通理論（play as metacommunication）

溝通、協商等等是幼兒遊戲理論的第二重點。玩在一起的幼兒或獨自玩耍的幼兒都會使用人際間的訊息去建立、維持、打斷、恢復和終止一項遊戲。人種研究學家認為遊戲即指遊戲的架構、腳本或內容及前後關係。遊戲不會平白無故產生，也不能從周圍環境中抽離出來。幼兒很容易的進出他們的遊戲世界，而同時也知道真實世界的存在。也就是說，在遊戲中幼兒能同時意識到真實或虛幻世界的存在。

當幼兒全神貫注投入遊戲時，他們會同時警覺到其他同伴的真實角色──他們是誰以及他們在同儕中的地位──和他們在遊戲中的角色。遊戲本身及遊戲中所做的一些溝通反應或表達出存在於遊戲世界及真實世界中的社會關係。遊戲中通常講的話並不

真實，不過在假裝的世界裡重要的是要玩得逼真，而遊戲的內容亦是真實世界的顯現，可見其兩者關係非常密切，任何真實世界中的事件都可經由溝通的訊息「這是遊戲」而轉變成遊戲。因此，幼兒和成人都可經由這種溝通訊息，不斷的組織與再組織他們的行為和經驗。

表現理論（play as performance）

Sutton-Smith（1979）的相關論點，認為遊戲確實是牽涉到一種四人同時對話的方式。通常一般的對話是二人的，不過在遊戲中卻牽涉到四個談話者的位置——遊戲者與其同伴、導演、製作者、觀眾，即使幼兒所玩的是單獨的遊戲，他還是會假想一些玩伴和觀眾。在社會遊戲中，每一個幼兒對遊戲的意見和想法會不斷的相互調整與溝通，一直到他們對遊戲的進行方式都滿意為止。這種四人對話的理論觀點主要是強調當遊戲者在想像的世界裡為真實或假想的觀眾表演時，遊戲變成一個有多種因素組成的舞台事件。

腳本理論（play as script）

故事腳本或情節理論（narrative or script theory）是幼兒遊戲的另一個新觀點。根據此理論，遊戲的內容顯示兒童希望能將自身的經驗說得通的企圖。由於兒童在智能上的發展，他們漸能根據以往的經驗來組織所有的事件，而遊戲的內容即是幼兒對自身經驗的一種解釋方式。

從記憶導引出來的知識架構就稱之為「腳本」（script），它代

表所有可能行動所牽涉的知識網路,或代表許多的「場景」,由這些場景組成一較大的行為,如上雜貨店購物或到海邊去玩。腳本表現出文化所能接受的行為,而這些行為對兒童來說都是司空見慣的。腳本的內容包括場景、附屬活動、角色與關係、場景中的道具、腳本的變化(如上大型超市或小商店),以及在社交狀況下可以開始或結束腳本的一些情況。

　　被視為腳本的幼兒戲劇或想像遊戲,可以以表演中原著的組織層次所呈現的程度來評斷,因此可以做為幼兒的認知及語言發展的指標。Wolf及Grollman(1982)曾提出三個不同的層次:企劃、事件和插曲。當幼兒顯露出一個或多個簡短的動作,代表了一項很小的單一事件(如把洋娃娃放在床上),這是屬於企劃的層次。在事件腳本的層次上,幼兒則表現出二或三個企劃事件,但其目的則只有一個(如替洋娃娃洗澡,然後把洋娃娃放在床上)。這種層次也可以有四或更多種的企劃事件,全部的目的也只有一個(如假裝製作漢堡、煮咖啡、烘烤蛋糕、做沙拉)。至於插曲式事件的層次,則是當幼兒表現出二或三個相同目標的腳本時稱之(如烘烤一個假裝的蛋糕,然後拿去請同伴吃)。插曲事件也可能是二或三個相關事件的組合(如假裝做很多的菜,拿去請許多同伴吃,吃完後再洗盤子)。因此,遊戲即腳本的這種模式讓旁觀的人可以看到、欣賞到以及粗略的衡量到玩者的人格特質及自我概念,並評估幼兒的智能和語言的成熟度。

老師如何應用現代遊戲理論

　　以上所討論的四種理論都是教師可以多加應用的觀點，遊戲轉換理論是遊戲理論中歷史最久且牽連最廣泛的理論。老師如果能夠認清這種理論，便可以分辨在假裝遊戲中的各種轉換行為，也能衡量幼兒透過與眞實物相像的道具所顯現的語言、想像力，表徵能力的進展，然後道具會愈來愈不像眞的，到最後，幼兒在假裝遊戲中可以根本不用道具了。結果，老師能夠在兒童遊戲當中適時而恰當的給遊戲中心做些改變（如移走或添加一些與眞實相像的道具）。再者，老師須敏感於兒童在想像遊戲中所遭遇的角色等的困難，如幼兒會先選擇與其日常生活較接近的東西來演，其次才是幻想的角色和事件（如超級英雄）。

　　遊戲溝通轉換理論可以讓成人透視整個遊戲的進行。此理論可幫助老師瞭解到在遊戲中幼兒的幾種溝通層次。幼兒的遊戲不只反應出遊戲主題的情節，在內容上也顯示出遊戲的社會層面。就像轉換理論可提醒老師更清楚遊戲的「縱向本質」（在以符號表現的發展過程及能力層次上）一樣，後設溝通理論讓老師更清楚遊戲的「橫向本質」。遊戲當中的社會關係重建，表示了遊戲外的社會關係。從這種方式（溝通轉換理論）來觀察整個遊戲時，老師要能察覺整個課室中或托兒中心的人際關係，如此，這理論便能用來評估每個幼兒的同儕地位和社會發展，並可用來解釋幼兒遊戲時所表現的一些行為。

　　遊戲表現理論以不同的觀點來看幼兒的遊戲。此理論至少有

兩種作用，第一，跟上列理論一樣，使人瞭解整個遊戲的組織架構及內容的組成元素爲何。不論是老師自己想要進入遊戲中或是要幫助其他幼兒加入正在進行中的遊戲，他都必須知道代表遊戲界限在哪裡，否則將會使正在進行中的遊戲被中斷。如控制太嚴會減弱或分散遊戲者、玩伴、導演、製作者和觀眾之間的協調性。如果老師覺得幼兒需要指導，老師可以扮演遊戲中的某一角色來引導幼兒。假如幼兒要扮演一場在商店發生的戲，老師就可以扮演顧客的角色，從扮演中給予幼兒提示和建議。同樣的，幼兒若無法加入團體玩遊戲，老師可以教他適當的社會加入技巧（如從一個小角色開始），而且在團體與團體間的轉換要很和緩。第二、四人對話的模式表示幼兒的遊戲並不像乍看之下的單純，幼兒不但是演員，而且還是導演、製作者和觀眾──不論是眞實或想像的。老師可從不同的角度來觀察幼兒各種技巧的成長。表現得好不好──如因做得適當而感覺滿意──要看孩子是否能從遊戲中學習到新的事物並且願意再從頭玩起而定。孩子對遊戲的主導和處理技巧可視爲孩子成熟度的指標。因此，遊戲行爲是兒童智能和語言發展的另一指標。再者，由於這種技巧的個別差異並不明顯，懂此論點的老師在指導遊戲時就適合去幫兒童增進這些技巧。

　　至於遊戲腳本理論則幫助老師瞭解與分析兒童智力與語言能力的差異以及自我認同與個人人格的差異，因此這些察覺能力使老師以新的眼光來看幼兒，藉由觀察幼兒遊戲中的行爲時，老師評估幼兒的認知程度以及幼兒如何組織其經驗並將之表現出來，以及什麼是幼兒所在意的。老師可以根據幼兒的興趣設計課程，

如安排參觀旅行或課外活動，這些活動的效果在隨後的遊戲中反應出來。舉例來說，老師觀察幼兒進行一場在餐廳中的遊戲，發現幼兒對餐廳人物的角色很模糊時，他便可以安排到附近餐廳參觀旅行，並介紹遊戲中相關的道具（如菜單），旅行之後再觀察孩子，可以知道這趟旅行在兒童的概念上是否有所增進。

◉ 專欄1-2　兒童對遊戲與工作的觀點

在幼兒教育及家庭生活中最常爭議：到底幼兒需要多少時間執行成人所規定的事物與活動，而且要嚴格執行並帶有義務的成分，這叫做工作，當然，執行這種叫工作的活動，是不允許玩或嬉戲。這種爭議假定工作與遊戲是分開的兩件事。有可能這兩件事（工作與遊戲）是指同一活動，而且是同時間所發生？已有研究澄清這個問題並區分何謂工作與遊戲？如雖然傳統式幼教學園可能較鼓勵幼兒接受遊戲即工作而且較學院派的幼教學園可能告訴幼兒：工作即遊戲，但是其它以自我建構主義（constructivism）為教育哲學的幼教學園可以教導孩子工作與遊戲是截然不同的。

某一大學學院派的幼教學園，採取義大利的羅吉歐方案教學模式（Roggio Projects Approach）（Katz & Chard, 1989），在此種方案教學模式中，幼兒與老師共同決定什麼是方案，什麼是遊戲。幼兒分別被老師晤談：當他們正進行不同課室活動時，他們被問及：他們是在遊戲，還是在工作？兒

童針對他們課後的活動給予不同的答案：（1）遊戲與工作是可轉換的，遊戲前是需要「做」一些事（工作），如在沙箱做一些像餅狀的派，然後再玩「麵包店」賣麵包的遊戲；（2）當幼兒拒絕在他們的活動貼上任何標籤，那就變成不是工作，而是遊戲（如我在用積木蓋東西啊）；（3）好玩的工作（如當孩子主動要求要掃把及掃帚並堅持在收拾的時間中打掃15分鐘，直到老師叫停他們才停止打掃）；及（4）同時是工作也是遊戲（如老師要我們做我們本身也想做好玩的事）。看來，要用遊戲與工作來區分孩子的活動似乎不太可行。

　　我們需要更多的研究來區分在不同模式的幼教學園中孩子的遊戲與工作。幼兒可以瞭解教育性遊戲與休閒性遊戲的不同嗎？以及什麼時候他們可以說出這種區分？這些問題仍是未能回答，而且有待未來研究來加以區分。

本章小結

　　在下一章──遊戲與兒童發展中，我們可看到各種不同形式的遊戲是和兒童的認知與社會發展息息相關。相關的研究已證實社會戲劇遊戲及建構遊戲與認知發展的一些變項，如智力分數、創造力和社會發展，如合作能力有正相關存在。實驗及訓練研究也指出社會戲劇遊戲及建構遊戲的確可增進兒童的認知和社會技

巧的成長。

　　但研究同時也指出並非所有的自由遊戲對兒童的發展都有貢獻，像大肌肉動作遊戲，或是非社會形式的戲劇遊戲，與智力或社會技巧並無多大關聯。所以，教育者或父母等成人必須清楚地瞭解：不是所有的遊戲都可以幫助孩子的發展。在遊戲訓練的研究也提出：在社會戲劇遊戲的那一個要素，如成人的參與或同儕的互動造成孩子的認知與社會技巧的成長，不過這些要素皆可以幫助兒童正向能力的成長，如Vygotsky所言的近似發展區（ZPD）的概念。所以說來，不是遊戲本身帶給兒童正向能力的成長，而是成人及同儕的參與，提供他們學習的鷹架。

　　此外，某些遊戲甚至會使孩子覺得無聊或產生挫折，有些遊戲只是父母用來取悅小孩。造成這種情形的原因，主要是父母或教師的過分要求（Smith & Syddall, 1978）。

　　我們對「遊戲是無意義或富教育性？」這問題的答案是某些遊戲是具教育性而且可以增加孩子發展上的能力。值得注意的是：我們應瞭解遊戲可以反映出孩子哪些現有的認知及社會能力，那遊戲才能進一步延伸孩子的經驗並發展其技能。除此之外，有些由成人所設計的遊戲經驗除了娛樂之外，並無太大好處；而有些遊戲甚至使孩子感到無聊或遭受挫折。為了提升孩子的發展與教育，遊戲機會必須是適當且具挑戰性。本書的主要目的是促使成人能熟悉各種策略並加以提供有挑戰性的遊戲。在本書前幾章，我們討論成人如何製造豐富的遊戲，並提供適宜的玩物及情境來延伸孩子的舊經驗。因此，父母及教育者要成為孩子的玩伴，幫助孩子選擇適宜的玩物和處理遊戲情境，以觀察或直

接參與孩子的遊戲，實際從互動中幫助孩子提升能力，也使遊戲
能發揮其最大的助益。

2 遊戲與兒童發展

吳老師是幼兒園的遊戲專家,她在下課(班)之後,常被家長問東問西,並詢問有關課程及課堂活動的目的為何?在她生涯中第一個親師座談日,她在各個角落對所有家長說明教室情境布置的重要性及意義。可是,家長還是問及:到底教室環境設計的目的是什麼?這個問題老是令她難以忘懷,這或許是一個好問題,只是她承認她不喜歡在下課(班)之後,還要被迫回答這個問題,這個問題已在親師會談日之中解釋地很周詳了。在她所設計的情境、環境及課程中,你將看到孩子在這裡可以遊戲、學習與發展。

吳老師很自傲地自己身為一個遊戲專家而且也是一個資深幼兒園老師。在她專業生涯中有關書本的知識及其個人專業的經驗告訴她:真正地,大積木角可以提昇孩子動作協調;圖書角萌發孩子讀寫能力;戲劇角增加孩子社會性角色取替技巧;美勞角培養孩子創造力及想像能力等等。吳老師已嘗試處理/回答所有家長的問題,但是她知道她的答案並沒有完全說服家長。她邊哼1960年代所流行的歌——〝What's It All About , Alfie〞,她愈來愈清楚自己的理念——有關於遊戲對兒童發展及教育的重要性。吳老師喃喃自語並沾沾自喜,她下一次有了很棒的想法並想著下一次親師會談,她一定會好好回答家長這個問題。

我們在第一章已看到最近幾年來遊戲對兒童發展及學習上有其正面功能,此種論點也已獲得相關理論的支持。在第二章,我

們將遊戲在兒童發展上的重要性並提供在此主題上更深層研究的
發現來支持此論點。在過去幾十年中，已有數以百計的研究著手
描述了遊戲與兒童發展之間的關聯。研究內容多針對兒童成長的
不同領域，包括動作發展、認知、語言、社會技巧和情緒適應
等。本章檢閱認知、語言、社會及情緒發展等四個領域之相關研
究文獻，並加以組織、整合與分析，以期能回答吳老師及相關領
域之理論與實務工作人員，能用整合性的遊戲模式來促進幼兒之
教育和社會化目標。

兒童發展與遊戲：基本的觀察

　　至少有三種方式可以思考遊戲與兒童發展之間的關係。第
一，成長中兒童的遊戲行為可視為發展之窗，此種觀點也可說明
遊戲在兒童發展中的地位，換言之，遊戲可反映出兒童的各層面
發展。第二，遊戲可被視為兒童所得技巧之發展與鞏固的脈絡
（context）及媒介（medium），換言之，遊戲增強了兒童發展（在
行為技巧和知覺概念的獲得）。最後，遊戲可視為兒童發展改變
的工具；遊戲可促進有機體功能和結構組織產生質性的改變。換
言之，遊戲造就發展的改變。

　　這三種說辭在某些程度上皆是對的；在遊戲與發展之間它們
不是各自獨立的。在某些情況下要決定何種答案是最好之前，那
是需要更多訊息與條件。我們必須知道是那種遊戲以及何種領域
的發展。如果有牽涉實務層面，我們也必須知道孩子的個別差異

及遊戲的脈絡情境。有時候，遊戲可促進發展；有時候，遊戲也可增加發展與學習；且有時候，遊戲只是反映兒童的發展。我們不應單獨地想像遊戲的角色或個別地歌頌它的偉大。有時候，遊戲是有損及個人發展與福祉，例如禁忌遊戲，那是被社會群體所唾棄的，或甚至更嚴重，黑暗遊戲（dark play）或玩的很卑鄙，還有可能導致個人受傷，甚至死亡。

　　Greta Fein（1997）將遊戲比喻為吃食行為（eating behavior）是非常恰當的隱喻。吾人不會詢問是否吃會對發展有所助益。但我們將進食分為組織的營養物（例如，卡路里、維他命、礦物質）。在這種分析之後，我們可能對吃食行為期望有更具體的答案，例如要吃何種營養物，不同年齡層的人要吃多少食物，什麼時候吃，在何種情況下吃等等。Fein提醒我們遊戲正如人類需要吃食一樣，把「它」（遊戲）作為物質（manner）來回答它與兒童發展之關係。

　　從理論的觀點來看，遊戲對兒童有近程及遠程的利益。近程的利益是遊戲的正面效益，其認為立即性或相當近時間的遊戲經驗。遠程的（延遲）的效益被認為是日後或累積的正面效益，此效益是日積月累的。立即的遊戲是造成（results in）或增強（reinforce）日後的發展，所以遊戲促成的早期經驗，而造成現有行為的出現。

　　Martin及Caro（1985）提出遊戲常也有延遲及遠程的發展效果，而且有機體嘗試會參與更多對日後在發展及演化能有更適應及有用的行為。僅有較長期縱貫研究可以找出遠程效果的趨勢。研究者常只著重近程效果的研究，甚至用單一效果的實驗來宣稱

遊戲的持續效益。許多遊戲干預的研究，皆假定遊戲訓練對兒童發展之立即正面效益，好像兒童暴露在遊戲訓練的干預經驗，並從中獲得發展上的利益。反之，也有利用長期累積的實驗效果研究，例如，有一研究讓幼兒園兒童長期暴露在充實地讀寫與戲劇遊戲的情境中，研究者假定這些兒童可能可以在家獲得更多機會去探索文字並常獲得父母、兄長（姊）及同儕互動中得到有效的回饋。假以一段時日，這些經驗可以增強兒童的讀寫的能力（Christie,1994）。

　　遊戲在了理論上也有支持其近程的利益，此種說法不但橫跨各種不同發展層面，而且也有實務研究支持。例如，在Vygotsky的理論模式中（El'Konin,1978），過去在蘇聯的許多科學家發現與非遊戲兒童相比，在遊戲中的兒童，其似乎有較高操作的認知功能。Manujlenk（在El'Konin,1978著作中引註）發現有一幼兒在玩軍隊打戰時比起在學校中老師要求他注意聽課中，有更高集中化及注意細節的專注力，這顯示出在遊戲中，兒童顯現更高自我調節（self-regulation）能力。

　　在另外的一個例子中，Istomina（1948／1977）在遊戲情境及傳統實驗情境考驗並比較不同兩組幼兒之記憶能力，結果他發現：幼兒在玩商店遊戲時，相對於一般教學記憶測驗（實驗），他們記得商店中商品種類的名稱較多。在遊戲中，兒童似乎可以超越發展上的行為，也就是在「近似發展區」（zone of proximal development）中，兒童較能參與自我鷹架的行為模式，以促進個人認知發展的提昇（參閱第一章）。遊戲在西方研究者似乎不斷地關心在真實時間中，它扮演豐富個人之認知發展過程，藉此也

導致正面的行為結果。

　　遊戲與發展有正相關或因果關係存在時，我們需要關心在此現象之外的議題（epiphenomenon issue）——可能不是僅由遊戲來歸因，而是在遊戲中同儕的互動或衝突等困擾變項所致，再造成兒童正向的發展。我們何時才能知道到底是何種遊戲造成兒童發展的改變，而不是與其它因素共同混和造成遊戲脈絡之影響。之後，甚至當兒童發展與遊戲有關，而且也沒有困擾變項存在，那就是相等結論（equifinality），相等結論意指在開放系統中，同等正面功能可以在不同情況下產生相同的結論（Sackett, Sameroff, Cairns & Suomi, 1981）。例如，如前面所述，幼兒在讀寫能力強調的戲劇遊戲方案中，其日後拼字和寫字能力的提昇也可以在老師說故事或直接教導等不同發展教學模式中也可發現同樣的結果。換言之，並不是只有遊戲造成孩子讀寫能力提昇或其它正面功能。如此一來，我們必須要重新給遊戲定位。

　　然而，如果我們只參考這些沒有結論及有問題之實驗研究的經驗，來推估遊戲在發展的重要性，恐會有低估的錯誤性。廣泛定義的研究應有其學理基礎及系統的調查。例如，S. Brown（1994：9~12）著名精神心理學家著名的證明是不能不相信：

　　　身為一精神心理學家，我長期研究受虐兒童的發展，長大之後，他／她也成為一虐待的父母。我的第一個案例是非常具爆發性。

　　　在1966年8月1日，我在德州休士頓的Baylor醫學院的精神心理系任教時。在中午時分，我彎身於收音機旁，仔細聆聽德

州大學奧斯汀分校的實況轉播一連串的槍聲。一名25歲叫
Charles Joseph Whitman 的學生帶著一大堆槍及彈藥在大學
27層的頂樓，俯瞰著下層並對著任何移動的物體開槍掃射。
最後一位警察及一位義工衝到頂層打死 Charles Joseph
Whitman，此事件造成13人死亡及31人受傷。

Jonn Connoslly的政府官員展開事故調查，是什麼原因造成
Charles Joseph Whitman這種瘋狂行徑。而我就是負責行為研
究的其中一部分，我的研究小組開始訪問過去認識Whitman
的人。在Charles的資料檔案中，他是清白的，曾經參加海軍
陸戰隊。擔任教堂的輔祭，也參與過童子軍，但是他和他的
母親卻常被他父親毆打成傷。

除此之外，在我們的訪問中，我們還發現Charles從沒有遊戲
行為。Charles的老師回憶Charles常是充滿懼怕，從不參與自
發性遊戲，並常常心情消沉獨自在牆角邊，而其他同學都玩
得不亦樂乎。在學校之外，Charles完全受他父親所控制，所
以Charles根本沒時間可以遊戲，即使是Charles獨自一人也是
如此。

在整個訪問調查之後，我一直在想Charles缺乏遊戲的事實。
下一年的1967，我針對德州20個謀殺罪犯執行相關研究，結
果發現90%的受試者顯示出這些年輕人不是沒有遊戲，不然
就是孩提時玩不正常的遊戲。例如，流氓、虐待、極端的嘲
弄或對動物殘忍行為。另一個研究是對25位駕駛者，曾有殺

人記錄或車禍身亡（大部分有酒醉駕車記錄），發現75％的
受試者曾有不正常的遊戲行為。

我不是說有問題的遊戲是犯罪或反社會行為的原因，但是事
實上從相關研究中這些個案卻是如此。這使我不斷思考什麼是有
用、正性的遊戲行為。遊戲促進個人有健康、快樂的童年，而且
遊戲幫助個人有創意及聰明。

認知發展領域

兒童遊戲行為給了我們迷人的線索與提示：兒童在遊戲時，
他們在想什麼以及他們如何思考。我們常常會暫時停止手上的工
作而去觀察在遊戲的兒童，並且很好奇地想知道在遊戲時兒童到
底心在想什麼而且長大成為大人時，這些兒時遊戲的想法又變成
什麼？我們可能記得我們在孩提時遊戲情形並從孩童的觀點來認
知這世界。

在1960年代後期，認知學派學者，例如，Piaget, Bruner,
Vygotsky及其他學者之學說在美國興起並蓬勃發展，主要的興趣
是想瞭解遊戲在認知發展的角色。研究者開始找出遊戲與各項智
能技巧的關係。大部分的研究本質上是以量化為基礎，可分為下
列三種類別：

1.相關研究：這些描述性的研究嘗試找出遊戲與各種認知能

力之間的關係，但是只限於相關性，而不是因果關係。例
如一相關研究指出虛構（佯裝）遊戲與創造力有關，這只
能說假裝遊戲愈多，可能孩子的創造力愈高，但不能說多
玩假裝遊戲就可提高孩子的創造力。

2. 實驗研究：使用研究來控制自變項，以決定遊戲是否為認
   知發展的原因。比如以在遊戲中及不玩遊戲的兩組受試者
   來觀察追蹤其不同型態的認知能力。

3. 訓練研究：這種實驗性研究中，成人嘗試去教兒童從事不
   同的遊戲（多為佯裝或虛構遊戲），假如：訓練有效果，可
   以進行更高的遊戲行為（例如合作遊戲）和促進認知發
   展，那我們可推論增加遊戲行為，可增加其認知能力。

　　遊戲與認知發展的研究在1970及1980年代本質上是以量化為
基礎，並受Piaget理論（綜合性及分析性）所影響。源自Piaget理
論的變項與測量工具是獨立而多量式（例如物體轉移）。他們常
強調兒童遊戲與不受社會遊戲內涵所影響之表徵行為之間的關
係。在1990年代，有愈來愈多研究者使用質性研究方法，並漸漸
成為趨勢，主要是受Vygotsky社會文化理論（互動與折衷）所鼓
舞。質化研究不需大量受試者，只要少數個案及大量對兒童遊戲
行為的注意，有概念分析，個案研究及歷史性探討等範例。與
Vygotsky相符合的建構及評量是較屬於社會及顯著的過程變項為
主。Vygotsky認為遊戲、認知與語言是有共同的連結而在人際與
社會脈絡中展現。

　　在下列的各節，我們將簡潔地檢閱遊戲與六個重要認知變項

之聯結，此六個變項分別為概念發展、智力、操作思考、問題解決技巧、擴散思考及後設認知。如果你想要有更深入的瞭解，請參閱下列作者之文章：Christie and Johnson（1983）；Creasey, Jarvis and Berk（1998）及Johnson（1990），本節最後將簡略討論最近才發展的領域；兒童的心智理論（theory of mind）以作為本節的收尾。

概念發展（conceptual development）

　　相當成人所引導的社會假裝遊戲業已發現和兒童的表徵能力發展有關。社會戲劇遊戲係為兩個或兩個以上之兒童，分別採行不同角色並執行相互影響之故事情節活動。這種高級的假裝遊戲需要相當的表徵思考能力（representational competence）。兒童必須能夠建構腳本及概念網路的能力，以便他們在不同的經驗生活中，建立可預測的遊戲行為模式，使遊戲能有次序的進行。例如，為了想要玩超級市場的販賣遊戲，幼童必須有能力建構買東西（菜）的購物順序——有商店瀏覽、拿手推車、選購食物並將食物置放在車上，付錢，然後回家。

　　Smilansky（1968）辯稱社會戲劇遊戲可幫兒童整合其剛開始看出來不怎麼協調（統整）的個別經驗，例如，拿了食物就隨便要給錢。研究結果證實了她的觀點，Saltz, Dixon and Johnson（1977）和Saltz and Johnson（1974）的研究發現：社會戲劇遊戲和主題幻想遊戲（thematic fantasy play）（例如，成人輔助／訓練兒童瞭解童話故事的情節），可幫助幼兒園兒童從原先支離破碎

的個別概念到統整的概念。相較於其他控制組的幼兒,受社會戲劇遊戲及主題幻想遊戲訓練的幼兒在重視故事情節的圖片測驗中,有較高的理解及排圖片順序之分數;換言之,在經過實驗訓練後,幼兒的表徵思考的能力增加不少。

在學齡前階段,兒童具有商店的知識訊息和概念是呈幾何倍數的增加,其中遊戲更是扮演促進此認知過程及訊息獲得的角色。在遊戲中,兒童不成熟的空間、時間、或然率及因果的概念可再次被驗證與修訂。例如,時間的抽象概念在遊戲脈絡情境中給予了意義。當兒童等待玩玩具或執行腳本的行為表現,像「等一下」、「馬上」、「明天」、甚至「下星期」變成有了意義(Athey, 1988)。雖然時間與空間常在想像遊戲情節中被改變,但是次序與結構卻常常被保留而成為更好的理解力。兒童可以使用他們在遊戲的現實及此時此刻的表徵技巧。

智力(intelligence)

一般智力與認知成長可由下列三種心智技巧來指出:(1)分辨相關與不相關訊息的能力;(2)增加使用最少暗示而得到最多訊息的專長能力;及(3)更高抽象能力。這些認知能力包括有記憶、推理能力、抽象概念及瞭解語言。如同第一章所言,遊戲行為可在某些方式促進上列認知能力的成熟。根據Vygotsky的研究,在佯裝遊戲中使用象徵性事物可幫助孩子的抽象思考能力。Piaget認為遊戲可以幫助小孩去熟練新的心智技巧。

最近的研究也支持遊戲可增進小孩IQ的說法。相關研究也指

出IQ與社會戲劇扮演（團體伴裝）遊戲、建構遊戲之間，有正相關存在（Johnson, Ershler, & Lawton,1982）。研究者也發現遊戲訓練之課程亦可幫助小孩IQ的增長，因此假如兒童在學校中很少參與社會扮演遊戲，老師就應幫助小孩增加一些技巧，以使他們能投入社會戲劇扮演遊戲，進而增加其IQ （Saltz,Dixon, & Johnson,1977）。縱貫研究也指出IQ可藉由遊戲訓練而提高，效果也具持久性（Christie, 1983;Smith,Dalgleish, & Herzmark,1981）。想要瞭解更多有關遊戲訓練的研究或相關資料，請參考第七章〈遊戲之成人參與〉。

操作思考（operational thinking）

保留概念（conservation）指的是對某些物體的特性，如體積、重量的瞭解，知道不會因外在環境改變或知覺的轉換而改變其特性。Piaget 發現大多數學齡前兒童並不具有保留概念，例如，本來兩個相同的球形黏土，將其中一黏土捏成塊狀後，幼兒常會被外型所蒙騙而認為塊狀的黏土來的大且多。

Rubin, Fein及Vandenberg（1983）認為孩子在虛構的遊戲中，角色的扮演可使孩子能有保留概念所需的兩種認知操作：

1.去除自我中心（decentration）：瞭解自己及其所扮演角色之意義。

2.逆轉性（reversibility）：可從所扮演之角色，回到原來之角色。研究指出這種遊戲可以幫助小孩角色的逆轉並察覺

期間的轉換 ，使幼兒在保留概念中表現較好（Golomb & Cornelius, 1977）。

問題解決能力（problem solving）

Bruner（1972）認為遊戲可增加孩子對行為的選擇而促進其對問題解決的能力，孩子在遊戲中可嘗試不同的行為，而這些行為可幫助其日後解決問題的能力。一般研究都支持Bruner的看法。許多實證研究也認為遊戲可增進小孩解決問題之能力（Simon&Smith, 1983;Sylva, Bruner&Genova, 1976），例如，小孩會將木棍接綁起來增加它的長度，挑起他們原先拿不到的彈珠或粉筆。有研究指出：允許孩子自由去玩木棍和繩子所達到的效果，與你去教他們如何解決這種問題的結果是一樣的（參考圖2-1）。

遊戲與解決問題的能力之間的關係是受遊戲本身之種類及特性還有解決何種問題所影響。 Pepler和 Ross（1981）將解決問題方式分為兩種：聚斂性思考（convergent），即只是一種正確的解決方法；擴散式思考（divergent），及有多種解決問題的方式。他們發現小孩玩靜態的拼圖和數卡遊戲，可幫助其解決有關聚斂性的問題；而非工作取向的遊戲，及擴散性遊戲（如將拼圖當積木玩）可讓孩子產生較多解決問題的策略及方法，同時也可直接引導其創造力及解決擴散性問題（例如，用積木搭建一座想像的城市）。

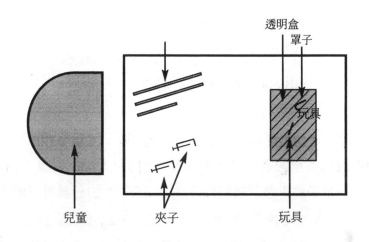

圖2-1　Sylva et al.（1976）工作之主題觀點

資料來源：摘自Sylva, Bruner & Genova（1976），p.246.

　　但是，遊戲與問題解決能力之相關研究也有發現呈現負面效果。例如，Vandenberg（1990）利用一些蠻平常的活動給予孩子有機會觀察這些環境的特質，以驗證遊戲可提升問題解決能力的假設。他比較用兩個目標導向活動當作自由遊戲活動項目，此兩種目標導向活動為：（1）較受限的目標（要孩子完成拼圖）；及（2）較廣泛的目標（要孩子在一房間中不能跨線去拿放在房間另一角落的小布偶）。正確的答案是要孩子利用房間中有一些長棍（可相互連接），並利用他們變成一更長的棍子去勾小布偶。結果顯示：用較廣泛目標導向的實驗組可記得環境中更多事物的景象，並能利用它們來完成目標。Vandenberg一邊批判過去用吸引物件當作勾取物的實驗（Cheyne,1982; Simon & Smith,1985）並為此實驗研究做以下的結論：遊戲增加問題解決

能力之眞正價值 （1990:271）。

擴散思考（divergent thinking）

　　創造力是遊戲與認知發展之間最大的聯結。很多相關研究都
證實遊戲與多項創造力有正向相關，例如，Lieberman（1977）
發現：幼稚園的小孩若在玩性（playfulness）的評量得分較高，
在智力測驗上擴散思考能力也較好。Dansky 及 Silverman
（1973,1975）利用實驗研究發現遊戲與創造力兩者的因果關係。
研究中允許孩子自由玩玩具，隨後發現小孩並不以一定的玩法使
用這些玩具，而賦予更多創造性或非標準化的遊戲方法。此外，
一系列的遊戲訓練研究也支持遊戲可增強幼兒的創造力
（Dansky,1980a）。此外，Dansky （1980b）根據研究結果設計遊
戲課程來刺激小孩的創造力。他同時發現：當孩子在自由遊戲
中，唯有參與伴裝遊戲才對他的創造力有助益。這也支持了
Sutton-Smith（1967）的理論：孩子需要在伴裝遊戲中做象徵性
轉換以增加其創造力。

　　最近有關遊戲與創造力的聯結性的支持卻是正反面效果皆
有。在反面來看，Smith及Whitney（1987）重驗Dansky 和
Silverman（1975）的實驗，並很嚴謹控制實驗偏誤效果，結果卻
不能重現Dansky及Silverman所提出遊戲與創造能力之相關。
Dunn及Herwig （1992）對參加混齡方案的中產階級家庭的幼兒
也沒有發現這些幼兒所玩的戲劇遊戲與其擴散思考能力有正相關
存在。Dunn及Herwig認爲可能生態因素，例如，參加半天或全天

幼兒園之方案課程可能困擾了遊戲與創造力之間的關係。整天的托育中心有較少的同儕互動及社會遊戲機會。這些研究建議往後學者做有關幼兒行為之脈絡關係的研究應用遊戲及學習之生態觀。

　　而從遊戲與創造力之正向關係的觀點來看，Fisher（1992）用後設分析（meta-analysis）（例如，統計方法評估變項之間的關係或差異程度，在相同主題不同研究去分析其相關或差異之程度）來分析遊戲對認知之創造力發展的影響。他查閱46篇從1974年之後所做的研究，探討遊戲與認知、語言及社會——情緒領域之間的關係。在使用Cohen的評量方法，發現整體之相關為0.35（0.2是中度相關，0.40是高度相關）。遊戲對擴散思考的效果，特別是觀念構成的流暢性（ideational fluency）——係指產生彈性及原先能力組合的能力，是0.39。Fisher的分析發現社會戲劇遊戲對擴散思考有最大之影響（r=0.60）。

後設認知（metacognition ）

　　後設認知是認知中的認知。隨著年齡增長，兒童會愈來愈瞭解他們自己的認知過程。Piaget認為後設認知是兒童認知發展的核心。當兒童從他們的記憶中去做推論，他們能推論多少，而且有這種舉一而反三的能力是受那些因素影響（例如，當我媽媽告訴我兩次的話，我會記得更好），這種行為被認為是後設記憶（metamemory）。當小孩討論他們的社會互動，包括社會戲劇遊戲或其它種類的社會遊戲，這些行為被認為是後設溝通（meta-communication）。有相當多研究指出後設認知（特別是後設溝通）在社會假裝遊戲的重要性，此種遊戲需要兒童在認同的遊戲架構中依循所認定的腳本執行、規則及協調其中遊戲情節的角色行為。

　　後設認知與遊戲的聯結有助於兒童參與社會互動中之口語融會貫通。這種聯結也從Goncu及Kessel（1984）的研究所證實。他們用互動──詮釋（interactive-hermeneutic）的研究方法，針對24位來自中產階級家庭中的兒童與同儕互動中的錄影帶的分析。研究者記錄兒童在社會互動中有各種不同後設溝通的行為──計畫、邀請、協商、及接受指令或邀請，這些也是整個遊戲脈絡中的架構，有別於個別的遊戲腳本或內容。

　　後設溝通不可避免地要聯結遊戲者在遊戲時的意圖與行為，而年齡較大的幼兒比年齡較小的幼兒在此方面的能力及技巧要圓融得多。如日後第三章及第八章Carollee Howes所認為後設溝通是同儕互動遊戲及複雜的社會戲劇遊戲中最顯著的特徵　（請參考接下來的專欄2-1，遊戲的後設溝通）。

專欄2-1　遊戲中的後設溝通

　　Garvey等人（1977）所執行的觀察研究顯示：當參與社會戲劇遊戲時，兒童使用兩種語言互換，假裝溝通（pretend communications）和後設溝通（meta-communication）。假裝溝通發生於當兒童履行他／她所扮演的角色或符合他們所扮演角色的溝通。在這些溝通的語言交換中，兒童相互呼喚他們所扮演角色的名字（至少他們會嘗試如此做），例如，有兩個小孩在玩醫院的扮演遊戲，一個扮演病人的幼兒會對另一位扮演醫生的孩童說：「醫生，我生病了，你可以替我看病嗎？」假裝溝通是在符合孩子扮演角色中的遊戲架構下進行。

　　後設溝通發生於當兒童暫時打斷正在玩的遊戲架構並重新評論遊戲角色及流程。當兒童做這種評斷時，他們還是換回原來真正的角色及原來的名字。例如，在一扮演醫院的社會遊戲情節時，假如兒童有做不符合角色情節的行為，例如，醫生做了不符合醫生角色的行為或說了不符合情節的話，另外有一兒童可能當場糾正，「Suzy，醫生不會這麼做」，如此的交換是用來解決角色、規則，對玩物的想像認同及故事流程等的衝突，而這種衝突就像兒童的想像戲劇情境中所引發出來。Rubin（1980）認為這種衝突有助於孩子的社會發展。

Sawyer（1997）指出後設溝通可以是明確的，也可以是隱喻的（P:35），舉例如下：

明確的後設溝通

A：我們來玩神奇寶貝！

B：好啊！

隱喻的後設溝通

A：我是皮卡丘（神奇寶貝的一位主角名）。

B：我是可達鴨（另一主角）。

注意：隱喻的後設溝通也是假設的後設溝通，因為遊戲者也是代表所假裝的角色在說話。然而，因為皮卡丘的角色在他們同儕文化中是家喻戶曉的。B遊戲者認為A遊戲者已扮演神奇寶貝的角色，所以他就參與這個想像遊戲情節。B遊戲者的回應可隱喻地溝通這個想像遊戲情節。因此，有假裝溝通與後設溝通在真實孩子複雜遊戲互動中是很難區別的。

Giffin（1984）之研究記錄到參與社會戲劇遊戲時，所進行隱喻式後設溝通的交換與衝突。在下列的溝通情節，Heather（五歲）、Andy（四歲）、及Kathy（三歲半）正在進行有關婚禮的扮演遊戲（Giffin,1984:96-97）：

「壞媽媽」

Heather（H.），Kathy（K.）Andy（A.）正在幼兒園的裝扮角玩：

H.：（對著K.說）你要在婚禮上哭哦，趕快哭（製造哭聲）
　　（K.「假裝在哭」）

H.：怎麼了呢？你想要結婚，為什麼哭？（對著A.說）他想
　　要結婚，所以她在哭。你應該結婚。我們假裝，你們都
　　已結婚了，好嗎？

A.：才不！我要放音樂。（玩具爐子變成音樂室的唱盤）

H.：A.應該放音樂，然後他要和K.（你）唱歌跳舞！（對A
　　說.）快放音樂。

K.：（對著A說），趕快來和我跳舞。

A.：天啊！...

H.：哈哈，他不會跳舞。你說（對著A說）你怎麼了？
　　（H.「假裝在哭」）

H.：我媽媽對我吼（罵我）假裝（對著K.說.）你打我，Kathy
　　O'Neil

K.：不對，我的名字叫Annie。

H.：Annie假裝打我，我叫你媽媽。（對著A.說）爸爸，我在
　　哭，因為媽媽打我又罵我。

A.：我殺了她！

　　注意：Heather如何使用後設溝通來架構整個故事及促使
其他同伴玩社會戲劇遊戲。Andy及 Kathy皆使用後設溝通來
誘使其他人使用所預設角色的名稱，經由這種社會互動的互
換，幼兒獲得解決社會問題的技巧，而且也學會這類遊戲情
節的角色與規則。

心智理論（theory of mind）

　　遊戲與智力發展之新研究發現後設認知與角色取替（perspective taking）有高度相關存在，這點也在本章的另外一節社會發展領域中將會有更多著墨。人類的意識與思考需要以自己和其他人的心智為典範。在幼兒期，幼兒發展其心智狀況的雛形，叫做心智理論（theory of mind）（Leslie,1987）。這個理論敘說幼兒如何擁有其個人及他人內在心理狀態的隱喻及基本意識。在幼兒四歲以前，他們大部分對於他們獨享的訊息（他們所獨有的知識訊息，但別人卻沒有的）不很敏感及健忘的，因此防止他們瞭解別人是沒有他們所擁有之訊息，是錯誤的想法。而當幼兒發展他們的心智理論，他們開始理解別人也有與他一樣的想法和心智，這種想法是來自孩子個別的觀點。很重要地，當他們參與假裝遊戲時，他們似乎對擁有一些看法而洋洋得意（Lillard, 1998）。假裝變成發展個人心智的工具。

　　Singer及Singer（1990）對Leslie原先的心智理論做了較實用的修正。依Leslie的研究，Singer及Singer發現兒童在智力發展的躍進發生於當幼兒能夠去除原先基本心智表徵，取代另一種假裝表徵（pretense representation），例如能將地板上的電話線當作蛇。當兒童或成人參與這種類假裝的遊戲，他不是歪曲現實，而是毀壞原先的表徵系統，因為他們發展獨自的後設表徵能力（meta-representation），有此能力，幼兒能操弄、修正、扭轉物體以使得他們從實例顯現的現實中彈性應用他們最初的表徵訊息。

如圖2-2，假裝遊戲在後設表徵運用中是不同於現實遊戲。

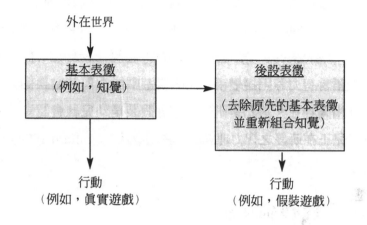

圖2-2　假裝遊戲的一般模式

資料來源：The American psychological Association,1987

　　最近相關研究已檢閱假裝遊戲與心智理論發展之關係，「以通過錯誤信念任務（false-belief task）之測驗為操作定義」。在錯誤信念任務測驗中，給予幼兒叫小惠的娃娃，並稱娃娃將糖果藏在藍色櫥櫃，然後小惠走開，之後，他媽媽進來將糖果從藍色櫥櫃移到隔壁的白色櫥櫃。再來，媽媽離開現場，小惠再回來。櫥櫃的門是關著，所以小孩看不到裡面的糖果。因此小孩確信他們皆相信小惠沒有看到他媽媽移走糖果。當小孩被問及小惠應到哪裡找糖果？正確答案應該是藍色櫥櫃，因為小惠將糖果置放在藍色櫥櫃，而且小惠也不知他媽媽已將糖果移位。此研究結果顯示：還小的幼兒大多傾向回答小惠 應到白色櫥櫃找糖果，他們顯得自我中心而且不能隱藏獨自的認知訊息。Youngblade及Dunn

（1995）的研究一發現當幼兒在33個月玩較多角色扮演遊戲，之後在他們40個月大時，他們較可能通過這個測驗。同樣地，Dockett（1994）當幼兒進行假裝訓練，日後會較多通過心智理論測驗。 Astington 及Jenkins（1995）發現三歲幼兒（控制語言能力及語言智力等困擾變項）的假裝遊戲能力與其錯誤信念的理解有正相關存在。這點新研究支持了假裝是幼兒社會認知發展，也是幼兒正在萌發之智力理論最大影響因素（ Lillard,1998）。

語言發展領域

觀察研究（例如，Weir,1962）也發現，當孩子常玩一些不同形式或規則的語言遊戲，例如：操弄不同的發音（重複一串無意義的音節）、語句（用相同文法結構的語字來代替其它的文字）、語意（用無意義或玩笑性的詞意來曲解原意）時，這種語言遊戲可使小孩熟悉新的語言技巧，並增加對語音規則的瞭解（Cazden,1976）。

有相當多的研究證實學步期幼兒表徵遊戲與語言發展有正相關存在（Bornstein, Vibbert, Tal.&O'Donnell, 1992;Tamis-LeMonda & Bornstein,1991,1993）。2~4歲幼兒在15分鐘的自由遊戲中單獨以及和他媽媽與玩具（例如，小丑娃娃、杯盤、玩具電話、書本、積木及其它玩物）在一起時被觀察。這項研究共用量化（次數及期間）及質化（複雜性）的研究方法。研究結果顯示假裝遊戲是與語言發展有關（特別是造句的複雜性）。 Tamis-

LeMonda及Bornstein（1993a）發現13至21月大幼兒表徵遊戲的次數與其21月大語意的多元性有關，但和字彙多寡及語言卻沒有關聯（平均說話的長度）。Tamis-LeMonda及Bornstein假設遊戲與語言發展之連結反映兒童表徵能力的核心要點。這個研究又將母親的影響當作中介變項控制。

　　當到了3~5歲及幼稚園（5~6歲）時也可發現因參與遊戲而增加語言發展（Garvey,1974）。例如在第一章小明、小華及小英扮演煮飯的家家酒的遊戲情節。這些小孩在社會扮演遊戲中會透過計畫、角色、玩物、規則，而使得遊戲具有練習語言的功能，從中瞭解會話的法則，然後再使用正確語言去溝通，進而計畫遊戲活動的結構，並指出伴裝活動及物品的實體與角色。這在在顯示社會戲劇扮演遊戲可促進兒童的語言發展。

　　Bruner（1983）宣稱「最複雜的文法及實用語言結構最先呈現於遊戲活動中」（P:65）。除了複雜之外，兒童在遊戲所使用的語言是去脈絡化（decontextualized）（Pellegrini&Jones,1994）。去脈絡化之語言是以它所使用的形容詞、代名詞及連接詞來傳輸語言意義而與非語言的目的及情節內容無關。語彙的外顯及內在使用和語言之句型特徵，促使幼兒去記憶假裝遊戲中之代表某人、某物、及某情境之表徵轉換，當他們在遊戲情節中展現遊戲的情境，和深化遊戲主題的情節。遊戲可促進兒童的表徵能力和幫助兒童練習所熟悉之技巧，以幫助增加日後學術閱讀及寫作的理解力和去除脈絡的表徵能力。

　　當孩子到了幼兒期，遊戲與語言、溝通和讀寫能力之萌發的關係持續保持著。例如，除了幼兒園的社會戲劇能力與語言藝術

技巧之相關性已被證實之外，另外相關研究，如：Wolfgang
（1974）、Pellegrini （1980）發現到社會戲劇遊戲與兒童的讀寫能
力有關。也有其它研究提到戲劇遊戲活動可以增加孩子對故事內
容的瞭解（ Pellegrini & Galda ,1982）。從兒童文學的觀點來看，
瞭解故事內容的角色及情節，對小孩的語言及想像力都是有幫助
的。這一類研究迄今仍是熱潮未退（參閱Pellegrini & Galda
,1993; Roskos & Neuman ,1998 ）。例如，Pellegrini , Galda ,
Dresden 及Cox （1991）針對21位參與大學附屬幼兒園的幼兒進
行兩年的研究。研究主要在孩子自由遊戲中，進行觀察記錄及錄
音他們在遊戲時表徵遊戲的轉換及語意的語言使用。這些幼兒被
要求說出他們所瞭解的字彙（ Peabody圖形字彙量表，Peabody
Picture Vocabulary Test）及其它語彙行為（例如，被要求從
〝Daddy Makes the Best Spaghetti 〞及〝Maybe a Bandaid Will
Help〞）這兩本圖畫書的其它兩個圖片說出／描繪其中的故事情
節。表徵遊戲及語言的字彙可以促進日後所萌發的讀寫能力。

　　Sara Smilansky及其同事對幼稚園兒童所做的縱貫研究也發現
社會戲劇遊戲與兒童日後國小二年級學業成就有關。（與標準化
閱讀測驗之相關為0.40及算術成就測驗之相關為0.45）。而社會戲
劇遊戲之中的一個指標，（玩物想像轉換之遊戲）是與相關測驗
之分數中為最相關之指標（r=0.41）。Smilansky（1990）進一步
做了以下結論：幼稚園兒童在社會戲劇遊戲中之玩物與情境之轉
換能力，最能預測（解釋）。其日後國小二年級的閱讀成就測驗
分數（ 解釋力為23％）。雖然Smilansky早期研究（ Smilansky &
Shefatya ,1979）曾指出幼兒園的智力比西量表與其日後一年級的

閱讀成就之相關為0.36，而且這個有關社會戲劇遊戲與閱讀成就之相關研究也沒有控制智力之困擾中介效果（mediated effect），所以她認為此方面的結論有待日後再研究，尤其是泛文化的重驗（replication）。

其它縱貫性研究也指出幼兒園假裝遊戲影響其日後在小學的語言及讀寫能力（Dickinson , 1994）。研究建議在假裝遊戲中玩物轉換，可能對日後寫作成就具有預測效用，但對於閱讀之預測力較低。所以說來，從嚴格的心理計量觀點來看，遊戲與讀寫能力之相關性仍有待再澄清。幼兒之讀寫能力發展，需要從文化或生態及其相互之交互作用的脈絡來加以考量。（Roskos , 付梓中）

社會發展層面

遊戲是幼兒主要活動之一，更是融入在兒童社會文化過程中。遊戲與社會發展之間是雙向的關係，社會環境方面影響了兒童遊戲。兒童從其父母或同伴中學會一些在遊戲所需要的態度和技巧，同時，父母與同伴也可能會鼓勵某種遊戲行為（例如，利社會行為）或反對一些行為（例如，攻擊行為）。因此，遊戲是兒童獲得社會技巧與知識的情境脈絡。兒童藉著與父母、老師及同伴的社會互動，以促進兒童的遊戲。另一方面，遊戲由於可提供兒童獲得重要社會技巧的內涵，例如，輪流、分享、合作及瞭解別人的看法、知覺或者情緒，所以遊戲扮演促進社會發展的重要角色。持平來說，社會環境影響了兒童的遊戲，而遊戲也促進

兒童在社會環境與人相處的能力。

社會能力（social competence）

　　Garvey及其同僚（1974）的研究已詳細敘述孩子在群體遊戲的社會能力，這種能力以瞭解遊戲的規則為最根本。所有社會遊戲皆有其規則性，即使父母與嬰兒玩躲貓貓（peekaboo）也需要遊戲者能相互輪流。在社會戲劇遊戲，這種遊戲規則會變成更複雜，例如，一旦孩童採用某種角色，他的種種遊戲行為角色必須要與此角色行為相符合；而如果他們的行為與所扮演的角色不相符合。例如，小嬰孩扮演小大人，其他一起玩的同伴通常會給予此種行為相當斥責，並要求他／她要符合所扮演角色的行為。不便正式的規則遊戲，角色扮演的遊戲規則不是預先設定，而是臨時起義。這種臨時起義的遊戲規則，可使幼兒們檢討規則的本身特質及規則的制定。因此，遊戲不僅幫助兒童學習特定的規則（如輪流），而且也學會規則的一般性意義。

　　兒童也必須能夠建構及變化他們的遊戲主題（Garvey,1974）。這種共同規則能力對社會戲劇遊戲更為重要。為了能有效及成功地參與團體戲劇遊戲，他們首先要同意誰採取扮演想像遊戲情節中的哪一個角色。例如，他們同意均均為醫生，芬芬為護士，那麼剩下的婷婷就成為病人。然後，鉛筆當作溫度計、小圓柱體積木就當作注射針。再來，他們就這麼決定整個合作的遊戲情節。

　　均均、芬芬與婷婷同意醫生先量病人溫度，護士打針，然後

醫生再為病人動手術。而這種遊戲情節也可能中途生變而喊停或改變情節，例如，在手術前再補打一針。這種共同的規則情節需要合作和施與受之互換行為。如果不能獲得大家的同意，那此兒童就不能和大家一起玩，另一方面，如果能和大家一起合作共同創造情節，那就被同伴所讚許。

　　許多描述性研究已找到一些證據證實：社會遊戲需要一些能力，例如，輪流及合作；這些發現也建議遊戲可以獲得或鞏固社會技巧。這種可能性更加鼓勵研究者在調查遊戲與社會能力之間的關係。許多研究也發現團體戲劇遊戲與其同儕受歡迎程度及社會技巧息息相關（Connolly & Doyle ,1984; Rubin & Hayvern ,1981）。在老師與同伴皆評量哪位兒童常參與社會戲劇遊戲，那他就是受同伴所歡迎，而這些兒童也是被老師評量他們社會技巧佳，此外他們也與同伴有更多社會互動。

　　其它遊戲方式〔例如，狂野嬉鬧的遊戲（rough and tumble play）〕，也被發現與兒童社會能力及同儕地位有正相關存在（Pellegrini ,1995 ），Pellegrini的縱貫研究發現當孩子玩愈多狂野嬉鬧遊戲，他們的認知能力及人望愈高。而平行建構遊戲（ parallel constructive play ）也與同儕受歡迎程度，老師評量社會能力及社會問題能力有正相關存在（Rubin,1982）。

　　由於團體戲劇遊戲需要高度社會互動的要求，所以這種遊戲與社會能力之間的相關是無庸置疑的。而這是雞生蛋、或蛋生雞？到底是社會戲劇遊戲需要高程度的社會技巧，還是這種遊戲幫助兒童獲得社會技巧（注意這兩變項彼此是具相關性，但直線的因果性卻未明白指出）。同樣地，狂野嬉鬧的遊戲與社會能力

之間也是具有相關。社會的彈性、情緒的調節、及角色取替也在
這種遊戲型式常常出現。

　　但是平行建構遊戲與社會技巧之相關是較難於解釋。Rubin
（1982）推想可能是因平行建構遊戲常在幼兒園及小學教室中出
現，而且這種遊戲也需要團體參與。而常參與平行建構遊戲的兒
童，可能對學校適應表現較好，因此也容易被老師評量為社會能
力高或受同伴所歡迎。

　　有一些研究為了調查遊戲與社會能力之因果關係，採用社會戲
劇的訓練方法。結果顯現遊戲訓練不僅造成團體戲劇遊戲的增加，
而且也增加正向同儕互動及合作的情形（Rosen,1974;Smith,Dalgleish
& Herzmark,1981;Udwin,1983）。這些研究同時指出遊戲訓練增強社
會發展，也支持了參與團體戲劇遊戲促進社會技巧。雖然如此，在
下列專欄2-2「訓練遊戲對社會能力是否具有影響效果？」也顯示在
遊戲訓練中的其它因子，例如，成人或同儕的互動，也可能對社會
能力的提昇具有影響力。

● 專欄2-2　訓練遊戲對社會能力是否具有影響效果？

　　過去研究已指出在社會戲劇遊戲的訓練課程，能導致社
會技巧及角色取替能力的增加。但是，至於是哪些遊戲的因
子造成社會發展的改變，仍是錯綜複雜，而也尚未澄清，可
能有三種可能性：

1. 遊戲本身：在社會戲劇遊戲中之玩物及角色轉換，可能會加快兒童去自我中心的過程。

2. 成人教導：在訓練課程中，成人與兒童的互動可能直接或間接教導兒童新技巧。

3. 同儕互動：在社會戲劇遊戲中，兒童與遊戲之間的衝突，可能影響認知失衡而導致新的學習行為。

Peter Smith利用一大型樣本的訓練研究來驗證前面兩種可能性，並嚴格監控成人與兒童之間的互動，以控制困擾變項（Smith,Dalgleish & Herzmark,1981）。結果指出成人的指導可能在訓練研究中，最能幫助兒童的認知成長，例如智力、創造力、及角色取替能力。然而，遊戲本身可以促進幼兒的正向的社會互動。因此，遊戲訓練中──成人指導及遊戲本身此兩種要素，最可能造成孩子認知的成長。成人指導主要地影響孩童的認知成長，而遊戲本身則影響孩童的社會能力。這個假設仍只是推測而已，尚未證實，需要有待日後研究進一步推敲。

Garvey及其同事（1977）所進行的觀察研究也證實孩童在團體戲劇遊戲中常有一些遊戲衝突，例如，為了角色、規則、故事情節、或用來假裝的玩物等。這些衝突，並不發生在正在扮演的情節中，而是在遊戲情節的中斷期間。在中斷時，孩子會暫時脫離所扮演的角色（如醫生）到真實的角色（均均）。一旦此種衝突獲得解決，孩童恢復遊戲並進行他們所扮演的想像角色。

　　此種同儕衝突，對於孩童的角色取替能力及社會發展卻有相當的助益，Rubin進一步解釋為：

　　瞭解規則，理解義務與限制及能夠考量共同的角色關係是來自同儕的高度語言互動及衝突的結果。……當孩童要求一項應對他們有意義的事物，認知不平衡產生。因為心智狀態是不快樂的，所以需要衝突的解決。常常社會衝突喚起不平衡，於是需要妥協。單說妥協本身就是順應（accommodative）及適應（adaptive）。簡言之，衝突能讓小孩瞭解：（1）在社會互動的世界中求生存；（2）同儕的人希望是藉妥協及社會化思考而著稱。（Rubin,1980: 80）

　　因為同儕互動與衝突是整合的團體戲劇遊戲，如果不能與其它遊戲型式加以區別，是難以看出其效果。最好說遊戲訓練當作想像行為表現，同儕互動、成人教導的內涵，加以整合促進兒童社會認知發展。可能假以時日，研究者可能可以解開遊戲訓練各要素之效果，至少現在不能，事實上遊戲訓練似乎對同情角色取替及社會能力是具有成效的。

觀點取替（perspective taking）

　　觀點取替是孩童可從別人觀點來透析事物的能力，包括理解別人所看到的（視覺觀點取替），所思考的（認知觀點取替）及所感受的（情感觀點取替或同理心）。這些能力有助於社會和道德發展及社會能力的發揮。例如，兒童假如能正確地瞭解別人的想法及感覺，那他們更能解決他人際間的問題。利社會行為，如慷慨是受他是否瞭解別人喜、怒、哀、樂的行為所激勵。此外，角色取替能力又發現和孩童的道德推理有正相關存在（Selman,1971）。

　　皮亞傑和其同事的研究也發現幼兒未能發展各種不同角色取替能力，此種困難是因為孩童的自我中心思想。對幼兒而言，自我與非自我之概念尚未分化，而使得他們深信他們的觀點是唯一的觀點。當孩童漸漸成熟，他們的自我漸漸脫離自我中心及其自我也愈來愈與社會情境相分離（不受社會情境所影響）。這種脫離自我中心（decentration）的過程，讓孩童愈來愈可能擁有別人與他們自己的知覺、想法及感受，這種知覺、想法和感受與孩童本身的知覺、想法與感受不同的。

　　社會戲劇遊戲能促進孩童的觀點取替和社會能力的發展。當孩童參與團體戲劇遊戲時，他們執行各種不同角色。在不同情境中，孩童可以扮演嬰兒、父母、祖父母、警察、救生員、以及超級英雄等。為了能成功地扮演這些角色，兒童必須能夠將自己心智行為放在此角色，並從扮演角色為出發點，才能掌握他們的經驗

與行為。這種在意識上將自己的真實角色轉移到所扮演的角色，可以加快孩童脫離自我中心過程，如此一來就可以提昇他們觀點取替能力及其它認知技巧（Rubin, Fein & Vandenberg, 1983）。

　　社會戲劇遊戲與角色取替能力之相互關係已有一些研究支持了這個觀點（Crasey, Jarvis & Berk, 1998）。團體戲劇遊戲層次已證實和兒童之觀點取替能力有關（Connolly & Doyle,1984; Rubin & Maioni,1975）。其它研究也證實社會戲劇遊戲訓練可以增加兒童在視覺、認知和情緒角色取替之測驗項目之表現（Burns & Brainerd,1979）。雖然如此，此種研究結果在社會技巧之方法論上有其限制，例如，評量工具與成人和同儕互動之困擾效果。此種限制也阻止社會戲劇遊戲之訓練研究造成角色取替能力之影響結果（參考專欄2-1）。

　　最近，Sawyer（1997）在幼兒遊戲與其社會認知發展之間的連結中提出較新的理論觀點，Sawyer將團體假裝遊戲隱喻為即席演奏的爵士樂團。社會戲劇遊戲之假裝遊戲的腳本是透過社會脈絡來相互分享，不僅是兒童立即的遊戲脈絡，而且也來自兒童之同儕文化脈絡，幫助進行兒童遊戲之遊戲者從遊戲情節中獲得相互的瞭解。兒童遊戲的主題（通常是由當地兒童同儕文化中集體所分享的，例如，最近迪斯耐電影——獅子王或皮卡丘的角色名稱）是類似爵士音樂家的旋律（riffs）或音形（figures），可以讓演奏者共同分享溝通與瞭解，並且提供機會讓遊戲者在遊戲情節中加以變化，重複與潤飾。

　　在幼兒教育機構中，遊戲者彼此如同成人音樂家演奏爵士樂般，擁有一些心照不宣的常識，遊戲腳本和架構依Sawyer之解

釋：不僅是冰山之頂，在冰山之下（兒童外顯社會行爲之下），
仍有一些由同儕文化所分享之共同遊戲之潛在要素。對遊戲者之
挑戰是整合個人所啓發的行爲表現，融合到所進行的團體行爲表
現。這也是個人有機會在團體遊戲中，一方面做個人的遊戲，滿
足個人的創作表現，又同時能與團體之遊戲相配合。Sawyer 認爲
幼兒團體假裝之遊戲技巧是其未來成爲健談人士的前兆，Sawyer
之概念分析及指述資料，增加我們對遊戲與兒童社會及認知發展
關聯之瞭解。

　　狂野嬉鬧遊戲也被認爲與幼兒之社會能力有所關聯（Creasey
et al.,1998）。而遊戲與社會能力是如何相互關聯呢？Pellegrini
（1995）提議將狂野嬉鬧遊戲分爲幾部分，再將其各個部分來研
究如何和兒童社會能力產生相關，例如，將狂野嬉鬧分爲運動移
位、身體力氣及語言等三要素。彈性（行爲的不同應用）即是狂
野嬉鬧遊戲與個人社會能力之連結，狂野嬉鬧遊戲之各個要素一

在遊戲中，幼兒嘗試以不尋常及有創意的方式來操弄
玩物。

一運動移位、身體力氣及語言，共同分享彈性要素。Pellegrini（1995）所進行的縱貫研究及個別探索狂野嬉鬧之要素與幼兒社會能力之關係，結果Pellegrini 發現孩童之狂野嬉鬧遊戲，如果不是助長孩童社會認知之發展的話，那就是它可以增強孩童社會認知的發展。

情緒發展領域

　　1930至1960年代中期，遊戲理論主要採用心理分析論，大部分研究也以心理分析之觀點來探討，例如以遊戲來作為兒童情緒診斷的工具，也探討遊戲在情緒發展中扮演的角色。在研究方法上主要以非實驗性方式來診斷個人的個案研究。例如，Axline（1964）根據遊戲理論來幫助兒童解決其情緒困擾；國內台大程小危教授也做過這方面的研究。Rubin, Fein 和Vandenberg（1983） 提出：這種方法沒有實驗性的控制，在方法論上太過薄弱，不能達到科學上的有效控制，工具也缺乏信效度。所以這方面的研究結果不一致，眾說紛紜，而且出現前後矛盾的情況。此外有些研究用玩偶遊戲來驗證「取代」防衛機轉的假設（當一個人有負向情緒時，個人會尋求一疏洩口或替代品來發洩），這假設提出當一個人被父母嚴厲的處罰心有不滿，較容易在遊戲中攻擊玩偶。但在Levin和 Wardwell （1971）的報告中發現只有一半支持此假設，而另一半卻不支持。

　　由於過去的研究結果很令人失望，再加上60年代認知理論在

遊戲的影響與重要性日增，造成70年代以後很少人再用遊戲層面去看情緒發展中的一些構念，使得相關研究從1950年代的69篇減至1970年代的5篇了（Sutton-Smith,1983）。

迄今，仍然很少有實證研究資料來支持遊戲在情緒發展中所扮演的重要角色，原因是情緒發展常用心理分析理論來解釋，但卻很少能構成概念，因此缺乏實證性資料。但Guerney（1984）曾發表遊戲治療的研究，會因此愈趨複雜。Barnett 及Storm（1981）已發現遊戲與人類焦慮的產生有關，如用此觀點來建構情緒成長或調節，那麼此類研究仍是十分有前途的。此外，回溯及臨床個案研究，例如，Brown（1994）在德州所做的研究，也在本章開始有引述，建議遊戲對情緒發展的重要。此外，相關的動物實驗研究，例如，Harry Harlow的恆河猴的研究也提出早期幼猴的遊戲剝奪導致日後成猴之社會情緒發展深遠影響。最後，在不同遊戲觀察者（例如，老師、臨床治療師及醫院的兒童專業人士）的軼事記錄中也提及對兒童之情緒發展扮演積極的角色（參見第六章）。例如，在Rosalind Gould（1972）的經典之書選出孩童在幼兒園自由遊戲之案例中，Singer及Singer（1990:151）即提出遊戲對幼兒自我及情緒發展的重要性，其敘述如下：

> 我們相信幼兒缺乏機會，鼓勵及氣質（可能是自閉症兒童）參與一般伴裝遊戲，那他們將不太會發展成為一完整的個體，擁有複雜的自我基模及學會如何表達情緒。

自我概念（self-concept）

　　遊戲與兒童發展之關係一直以來可以區分兩種不同陣營：
⑴遊戲在特定兒童發展領域中扮演正面的意義；及（2）遊戲
僅是兒童行為的一種表達，不會對兒童發展產生直接或正向之影
響。在後者的陣營，遊戲被認為提供兒童一般之自我建立功能，
而不能與其它發展的現象有所相關聯。而按此陣營的說法，瞭解
兒童遊戲有何重要性？遊戲的現象是整合在遊戲者個人的人格及
自我認同中，並需從整體的觀點來分析。支持此論點首推Erikson
（1940）及日後的Peller（1952），Sutton-Smith（1980）和最近
Vandenberg（1998）。例如，Erikson 指出在性心理階段的幼兒將
他們的衝突反映在對玩具遊玩的知覺型態中（spatial configura-
tion）。然而，Erikson的理論略有保留並帶有一些矛盾，他認為幼
兒在玩此類遊戲來增強他們的發展，所以遊戲被視為一種治療可
以幫助幼兒因應情緒和行為的困難。遊戲的概念可幫助兒童更能
因應情緒創傷事件，例如，住院病童的遊戲經驗可以疏離他們因
住院所帶來的焦慮（Lindquist, Lind, & Harvey, 1977）。

　　依據Erikson（1963），心理社會發展自一階段的適應解決
（例如，一歲嬰兒階段的信任vs.不信任的危機）包含了社會性與
生物性功能的成功整合。遊戲扮演整合性的角色將過去、現在與
未來加以調整成一適應良好的模式，例如，遊戲將過去不安焦慮
的經驗解放，呈現並重視於現在，而期望預演於未來（Erikson,
1977：44）。因為遊戲允許這些事件從被戲劇化、遊戲化的方式

再現，遊戲有助於自我（如焦慮）等衝突的解放。例如，幼兒的玩物遊戲是他們探索及減少對能力關注的行為。Erikson進一步提出遊戲的表達性價值。他解釋兒童進行遊戲的主題常與他的創傷經驗有關，但是兒童是以遊戲的方式重新表達。「例如，兒童有溝通的需求，甚至於自白的需求，但是他們是以遊戲的方式，所以他們可以獲得自我表達的歡樂」（Erikson, 1972：131）。

因此，Erikson破除了心理分析論所認為遊戲是一種焦慮解除或補償希望兌現的功能，並從一正向整合性性觀點論述遊戲在兒童期的貢獻。Erikson認為希望之感（sense of hope）為人類發展中的主要提議者（prime mover）。遊戲（特別未來取向的角色扮演遊戲）可增強兒童對未來人種及希望提供內在信心並藉此建立個人認同（personal identities）。

Peller（1952）從較傳統的心理分析觀點解析兒童遊戲，強調兒童遊戲的補償性理由的多元性。Peller與其他佛洛依德學派的人認為遊戲似乎是「有理化之替代物」（a substitute for reasoning），像是「赤裸裸的行為測試」（crude kind of test action）（p.124）。雖然如此，因為遊戲可以使兒童再次經驗過去個人之事件並伴隨當時的情緒及心情，所以遊戲化的重複再現並認為是概念重整（包括自我概念）的最佳步驟與方法。

Sutton-Smith（1980）（知名的遊戲學者，相關遊戲與自我概念之著作等課）也強調遊戲的角色反轉（role reversal）的方式可促進個人控制與自主的感覺（sense of control and autonomy）。假定兒童相對於成人是一種弱勢的觀點，遊戲可幫兒童瞭解並提供機會強調自己和成人般一樣的強勢。所以說來，遊戲可促使「個

人使能」（self-enabling）的媒介。遊戲與幻想讓兒童經驗權威及能控制周遭的環境。

想想看，當一個幼兒在日常生活事件常被成人所控制，而這些成人可能會也可能不會為幼兒設想這些事件的後果，這些幼兒會有什麼感受呢？例如，日復一日，大人急忙趕著去上班，而將孩子置放在幼兒園中，孩子沒有任何選擇權是否要待在幼兒園或是否其依戀關係有充分轉移至保育人員。在這情境，所有控制權操之在成人。然而，在遊戲中，兒童可以互轉真實生活的角色，假裝將娃娃或熊熊寶貝（假裝當作幼兒）安置在幼兒園。因此，重複這些扮演遊戲以捕捉他們在真實情境中所沒有的控制經驗。

遊戲可以擴充個人自由及成為一有功能的個體，藉著遊戲個人可以擴展自我感，並掌握周遭的環境。遊戲幫助個人發展之自我認同。兒童因此獲得安全感，從而發展對別人的同理心。遊戲之相互性對應最早被發現在成人與嬰幼兒之遊戲互動中。以成人與嬰幼兒之互動為基準，及日後成人所導引的同儕角色遊戲，兒童能有機會參與同儕的社會遊戲。此種互動過程回應及去表達兒童瞭解自我及他人，並發展兩者互動之關係。

Vandenberg在1998年的一篇遊戲文章中也指出：兒童隨著年齡成長與發展，他們愈來愈能夠單獨或與他人在一起參與複雜的想像遊戲，然後他們也愈來愈能夠區分複雜的而且愈來愈相像（沒有很大區別）的真實與虛構的情境。Vandenberg（1998）推測幼兒在此種能力（區分真實與虛構）比區分是否在遊戲的經驗來得困難。Vandenberg遊戲之重要性的觀點最能以「存在」（existential）觀點來加以描述。在遊戲中，兒童能操作一些眞實和虛構的情境，並瞭解遊戲的情境是否存在於他的現實世界中。此外，兒童在遊戲中也允許他擁有更多個人的自由及權力。兒童透過遊戲可以學習他們相當流暢及脆弱的社會建構關係。簡單的說，當孩子說：「它是遊戲」，那可以改變個人或參與遊戲對它的詮釋及實質的意義（這也是Bateson學派所指的「這是遊戲」的訊問，已在第一章有討論）。在遊戲中的孩子可以海闊天空地運用各種不同的行動，甚至不用擔心在玩這些行爲有何後果產生。遊戲因應過去的事件也投射未來。與兒童遊戲相輝映是兒童的希望及他們預期要成爲什麼樣的人（如Erikson的自我認同）。

　　Vandenberg提醒我們要小心處理有關教育性的遊戲，尤其有時成人式內隱及外顯的目的。不幸的是，教育性的遊戲很容易將遊戲行爲失去玩性。此種遊戲剝奪了兒童的歡樂、自由、妙趣與熱情。Vandenberg辨稱休閒性與表達性遊戲必須存於兒童生活之中，尤其是他們未進入正式學習／機構生活（例如，幼兒園、小學）之前更爲需要。

壓力與因應（stress and coping）

　　Elkind（1981）闡述遊戲是避免匆促學習的良藥。兒童在遊戲中可疏解壓力，尤其今日在快速變遷社會中，所有兒童的社會化機構（如家庭、學校或媒體）所加諸給兒童成長的壓力。從最近流行的觀點，能承受一些壓力的兒童，成長更快。父母、學校甚至媒體共同對更年小的兒童施加壓力以讓他們執行及完成因年

長所賦予的任務及要求。Elkind將這一代的兒童定義為被「揠苗助長的危機」（The miseducation）或「蕭瑟的童顏」（The hurried child）。兒童在其成長（社會化）過程中，其個人被社會化機構施加壓力（p.195）。換言之，兒童之童年為了被催促成長並被強迫學習而犧牲了寶貴的遊戲童年以讓他們增強或咀嚼過去的經驗。遊戲與工作是雖絕然不同但卻是相輔相成的活動。

Elkind強烈批判「遊戲是兒童的工作」的說辭，因為它常誤解遊戲包含了教導練習（這是工作，不是遊戲）。他嚴厲指出遊戲中不當使用事實代理人的介入策略。例如，一位老師介入孩子在玩不同的恐龍玩具；並要他從大至小做序列排列。結果，孩子不玩了，轉去玩其它玩具。恐龍有很多很棒的表徵意義——它們是孔武有力，但在遊戲的玩具中，它們是渺小而且可被孩子操控。此類遊戲給予孩子安全的方式來操控其實上是巨大的，如同大人一般。Elkind堅信成人應儘量避免干預孩子此類的遊戲（最好要預先觀察，選擇適當時機介入或不介入孩子的遊戲活動，請參考第七章〈遊戲的介入策略〉）。

相似的例子在幼兒園中是不勝枚舉，常常老師或保育員為了配合課程需求而將孩子的遊戲轉移而老師所導引的活動單元課程中。很典型地，在幼兒園中，老師希望孩子能多加學習，少遊戲（業精於勤，荒於嬉的概念）。而且老師會過於運用權力或時間結構來控制孩子的遊戲活動。例如，一位老師容易干預幼兒在自由遊戲中單獨在玩，並要它和別的小朋友一起玩。老師要此小朋友學習拼或寫名字，有關成人如何適當介入孩子的遊戲請參考第七章。

　　從Elkind的觀點，兒童個人的同化不應被溶入社會的調適之中。Elkind辨稱兒童的更正工作不是遊戲，而是要迎合無以數計的社會化要求（記住家中電話與地址，記得如何走回去，學習刷牙、讀、寫、算，及處理意識與潛意識的害怕和關心等）。爲了完成兒童期的更正工作，兒童更需要機會遊戲並使用玩物來達成充分的個人表達。準此，Elkind強調小學的美勞藝術活動的價值，甚至可調節遊戲與工作的平衡。在幼兒園的情境，遊戲是最佳的附加價值，而玩物允許孩子有充分的想像發揮及個人表達。遊戲與玩物不僅讓兒童允許有個人及自主活動和自我詮釋，而且也可增加兒童的認知充實，如此皆有助於他們日後學校與生活的挑戰（參考專欄2-3）。

◉ 專欄2-3　遊戲的益處？（What good is play？）

by Elaine Selfridge

　　當我就讀賓州州立大學部學生，我修了一門遊戲課程，其中有關期中考的一道題目，我寫下：

遊戲的益處？

　　在我指定的文章中，我讀到遊戲本質上是值得一做的事物，它實質地可以充權使能（empowering），整合個人經驗，帶來歡樂及給予人文化之經驗（Fromberg，1997：55），我個人完全地的同意這個看法。更精化的觀點，我更同意Vygotsky所認爲遊戲對兒童而言是「近似發展區」（zone of proximal development）。為了證明這些觀點，容我舉兩個我的學生——小凱和小娟當作例子說明。

小凱是一國小四年級的學生，並附有許多標籤，包括有學習障礙，不聽話的及被動攻擊者。在教室中，小凱拒絕大聲朗讀，也從不回答問題；他很少看著老師和同學，甚至與他們說話。然而，在打籃球時，小凱嘲弄他的同學並喜好對同學開惡意的玩笑。當在等車回家時，這位在教室不大聲朗讀的男孩，可以假裝用高亢的英國腔的語調說話。小凱的老師非常困愕。他爲何有此種說笑話的能力，他從那裡學會這種特殊且複雜的語言能力技巧（對一個學習障礙的學童而言，此種能力太困難了吧？）小凱被標籤爲學習障礙及有行爲問題，可是在玩（遊戲時），他與其他學童一樣是正常無比。

另一學生，小娟才三歲半。她一點也沒有任何標籤。她的語言也有點問題，可能被推測是學習障礙，並有語障。但是在小娟的家中，我發現這段遊戲行爲。小娟抓了一個Barney娃娃並抱他。然後，她大聲說：「哦！不要，哦！不要」，並將Barney娃娃丟到地板上。她彎身拾起娃娃並喃喃自語。我雖然不瞭解她的話語，但我可聽出她的語調柔和。然後，她將手放在額頭上，像似好萊塢的女明星，說：「哦！天啊！哦！天啊！」，然後給Barney娃娃做心肺復甦術，最後，抱起他，抱著他並一

直說他好了。她一直重複此遊戲情節多次。甚至將
Barney娃娃給我看，讓我確信他一點也沒有生病。她媽
媽說她常玩此類遊戲，她也不知小娟從那裡得知這些故
事情節。小娟被視為有語言障礙，可是在遊戲中，她是
有能力溝通及扮演故事情節的戲劇遊戲，遊戲真正是有
益處的。

遊戲不僅彰顯兒童的發展（可從上述兩個例子中闡明），
而且遊戲也可提昇兒童的各個層面發展。遊戲促進身體發
展，包括大小肌肉動作技巧。當兒童在戶外玩，他們練習各
種大動作技巧，例如，跑、跳、丟擲等。當兒童玩玩具時，
他們更使用精細動作技巧，例如堆放拼圖在一起、著色、佯
裝煮東西、穿脫娃娃的衣服。

遊戲也增強兒童認知的發展。豐富的遊戲可提增兒童創
造（擴散式）思考。遊戲增加兒童的想像力及創造力。依
Vygotsky的說法，兒童從遊戲中發展「從行為與物體中分離
思考的能力」。兒童從遊戲中發展表徵思考，亦是Piaget遊戲
理論很重要的要素。遊戲也可以促進記憶及使用記憶策略。
遊戲的確提昇說故事和促進推理能力。

遊戲也助長溝通發展。遊戲的重要成分之一是後設溝通
技巧。後設溝通意指在遊戲中所發生的妥協與規則。兒童學
習如何傳輸他們相繼的想法與意圖並且如何用語言解決爭
執。例如，「給我玩具玩，我就是你的朋友，好嗎？」（The

Boy Who Would Be A Holicopter, Paley, 1990：90）。他們在遊戲中學習如何使用語言。

　　遊戲也強化兒童的社會發展。在遊戲中，兒童練習與人相處，參與團體、分享及輪流等技巧。依Vygotsky的看法，兒童在遊戲中製造或依循他們的規則，而從此學會依循社會規則。就Vygotsky的觀點，在遊戲中，兒童發展「放棄個人的衝動的行為以迎合更適合團體的精化、自我調節行動的能力」。

　　遊戲也幫助兒童情緒得以發展。他們發展自我尊重及自我概念。兒童可在遊戲中發揮自我控制。他們學習在無威脅的情境學習因應害怕與壓力，投射感受及學習認同他們情緒。藉著與別人一同遊戲，或採用不同角色，兒童學會同理及去除自我中心。它們學習從別人的立場採取觀點，而角色扮演導致兒童採取不同角色；兒童從遊戲中學習自己及他人的角色（課堂筆記，2／2）。

　　有關這個題目，我的答案是綜合性，這也是我的軼事奇聞闡述有關遊戲的本質。小凱及小娟讓我們能夠瞭解遊戲的功能。這是很特別及獨一的，為什麼呢？是否在遊戲中，兒童較少受到威脅，限制或心情不安的？而遊戲是否與兒童發展、行為及行為脈絡有密切關聯呢？你認為呢？

本章小結

　　在本章中，我們已探討有關遊戲與兒童發展之間關係的文獻。首先遊戲有三個前提：（1）反映；（2）增強；及（3）導致了兒童的發展。遊戲對兒童發展及幸福感的可能好處在第一個前提中可能被干擾或延遲，甚至被當作「睡眠者效應」（sleeper effects）。這些可能性落入我們的第二及第三的前提——增強及導致。當遊戲與兒童發展相連接，偶發現象（epiphenomenon）及準結果論（equifinality）的原則致使在辨別已證實的關聯性產生困難。偶發現象的原則提示也有可能有不同的因素同時在遊戲中產生，例如，單一形式的遊戲不能意味著就是遊戲的益處；準結果論提示即使當遊戲被說服也顯示與兒童的重要行為結果（例如，讀寫能力的獲得）有關，也可能有其它行為或活動同樣達到相同的結論，到底我們不能澄清遊戲與兒童某一發展之因果關係。

　　本章涵蓋遊戲與兒童認知、語言、社會、及情緒發展領域之相關性。我們也看到遊戲的質化研究愈來愈普遍，如同與量化研究一樣，共同決定遊戲在兒童發展的重要性。相當多的實徵研究證實與第一章所闡述兒童遊戲理論所提遊戲所扮演的角色。至少，遊戲增強孩童的認知發展，例如，個人表徵能力，操作思考及問題解決能力。遊戲似乎與去除自我中心及觀點取替有更大的關聯性，甚至在擴散性思考、後設溝通、其它後設認知能力及心

智理論有更強的因果模式存在。語言發展也與孩童認知發展有緊密的關聯存在。我們也看到遊戲在兒童語言的使用、讀寫能力及故事敘述能力中扮演相當重要的角色。相關研究也建議幼兒的遊戲可促使孩童日後在學校讀與寫能力的發揮。

最後，我們已檢閱相當的文獻驗證遊戲與孩童的社會及情緒發展。遊戲被認為與孩童的社會技巧及社會認知（角色取替與心智理論）有密切關係，尤其是對自我意識，情緒分化及情緒調節。兒童的現實及真實感，信任及對未來有希望感，還有兒童因應壓力的管理同時與兒童遊戲行為及經驗有關。本書貫穿全體，整合性之觀點來談論遊戲與兒童發展之關係，這也使我們能更鑑賞遊戲的重要性，因此提昇我們將理論應用於實務，扮演好成人在遊戲的角色及有效解釋及應用遊戲於兒童日常生活及相關幼教實務中，才是我們對遊戲有正確的認識及發揮最大的效用。

3 遊戲發展

曾如以往般，每一學期結束之後，必須換新老師，雖然往昔
的老師和學生已打成一片。新學期開始，在第一次教務會議
中，新老師羅老師想要知道課程是什麼，該教什麼。當他被
告知，課程是以兒童遊戲為主，老師表示有些困惑及不安，
他不知道在這課程中該教什麼。這位羅老師沒上過兒童遊戲
及幼兒教育，所以他表示非常積極地閱讀相關書籍及參加在
職進修，以使他的課程會上的更好。

在與所長及資深老師分享有關課程哲學及機構目標之後，有
趣的討論因而產生。首先，他們告訴羅老師他們不會對所有
的兒童施行相同的遊戲。這些同事皆是遊戲行家，他們鼓勵
及提倡不同遊戲的價值。羅老師想要知道不知形式的遊戲是
如何決定的，以及老師應如何看待它。他的同事說那就要依
不同孩子、不同情境而定，尤其遊戲對孩子有不同的回應。
羅老師沈思這是什麼意思……思考、思考、再思考，就像小
熊維尼般。羅老師喃喃自語並決定參加有關遊戲的工作坊和
到圖書館找資料，以充實他的遊戲知識。

　　在第一章中，我們討論過遊戲的定義，並用一些傳統及現代
的理論來引證遊戲在兒童發展中的角色。在第二章，我們以理論
和實務之論證討論遊戲與各個兒童發展層面之關係。我們一直在
尋求這些答案，諸如「何謂遊戲」及「遊戲對兒童發展及幼兒教
育有何益處？」。我們已瞭解有不同的方法可以來回答這些重要
的問題。在本章中，我們致力討論有關遊戲文獻的另一主題——

遊戲的發展是兒童行為和成長的現象。顯然地，從實用的角度來看，這也是一個很重要的課題。有關遊戲發展向度及一般發展順序的訊息，幫助我們更鑑賞遊戲對成長中兒童的意義及重要性。老師和父母只有在瞭解幼兒的遊戲發展過程與順序之後，才更能回答「什麼是好的遊戲」及「我們如何做的更好」此類問題。

　　在本章中，我們首先討論遊戲發展的概念，然後再回溯嬰兒到學齡兒童的遊戲行為與發展，共分為四個部分來探討：（1）與人一起玩；（2）與玩物一起玩；（3）表徵遊戲；及（4）動作遊戲。其次，我們將討論幼兒從五歲到小學二年級（八歲）的遊戲發展的變化。在此，我們將針對這四個層面做更延伸的討論，尤其涵蓋針對五至八歲年齡層的遊戲及其相關活動。這些內容也是消費者產品安全委員會（Consumer Product Safety Commission）所宣稱的認知遊戲和創造性遊戲（Goodson & Bronson, 1985）。認知遊戲給予孩子一些方案及活動，助其展現其聚斂性思考和認識學生的心智活動。一般而言，規則性遊戲、教育玩具與玩物的使用及書本和其它吸納形式的遊戲皆是認知遊戲的範例。我們將創造性遊戲定義為強調想像與推理的活動與方案，例如，藝術、工藝、樂高建構玩物、積木、故事與假裝遊戲及音樂的表達等皆是此類遊戲的代表。

遊戲行為的發展說

　　單一事件在任何單一時間中，我們皆可察覺到遊戲行為的系

統變化，例如，我們可從遊戲觀察研究中瞭解兒童常在組成或轉移玩物之前會先探索單一的玩物。行為的速度、強度、變化性及風格皆可能隨時間之推移而產生變化，如同Hutt（1966）的探索研究所展現的特定及擴散的行為改變。當我們連續每天觀察10分鐘，觀察一位兒童在玩一新奇的玩具的反應。我們可看到孩子剛開始的行為模式、姿態及行為表情皆是刻板化及僵硬的，但是在第四天之後，孩子開始表現較放鬆遊戲方式來操弄這新奇的玩物，並且反應開始有變化性。之後Corinne Hutt及其同事在之後的研究，調查幼兒長時期使用不同的學齡前之玩物（例如乾沙或水），並將它將時間加以計量（Hutt, Tyler & Christopherson, 1989）。這個研究指出孩子在短時間的遊戲行為與經驗中有著持續及短暫的變化。微視發生論（microgenesis）這個名詞表示短期的發展變化。

發展的變化意指著遊戲行為會在長時間（例如年齡的發展階段）中有些改變。個體發生論（ontogenesis）這個名詞提供發展變化的最好詮釋。什麼是兒童的遊戲發展階段或次階段，這些階段或次階段會隨時間的推移，而展現不同的兒童生活及遊戲行為？在不同階段中，兒童有不同的層次行為之質性分析也常見於兒童發展之相關理論中，例如，皮亞傑的遊戲發展階段——知覺動作遊戲、表徵遊戲及規則的遊戲。長期發展的改變也同樣發現兒童有此發展順序，例如，表徵遊戲在2~3歲的嬰幼兒時期中就少發現有此行為，而在3~5歲的學齡前兒童期則大大的出現此類行為。遊戲個體發生論也出現在每個遊戲發展階段，然而不同的遊戲形式會隨時間之不同依序出現而形成發展改變的模式。

　　遊戲的微視發生論及遊戲個體發生論的概念是相當重要的，不管是個別的觀念或是將遊戲的發展階段縱向排列以幫助對兒童遊戲行為發展理論的瞭解。遊戲的微視發生論的訊息或在相當短時間內的可能遊戲行為的改變層面（例如，檢查——再檢查——組成——轉移——檢查——……），幫助我們期望兒童有哪些遊戲行為或做一情境布置或調整以期在特定情境中提升兒童的遊戲行為。例如，在遊戲進行中，老師可以明智地介紹新的道具或撤除遊戲道具以協調兒童在微視發生論的探索遊戲周期所產生的行為。

　　相似地，有關遊戲發展的基準與里程碑的訊息對於適齡遊戲環境的創設，及有效預測兒童將如何遊戲是絕對必要的。結合此兩類訊息可加強我們理解及評估，不論在特定發展層次的特定兒童（微視分析層次），或特定年齡層的一群兒童（巨視分析層次），在特定遊戲情節中的遊戲行為產生順序的能力。而兒童經歷微視發生的遊戲層面，或周期與他們在他們的發展階段層次（個體發生論）的功能有何不同。

　　遊戲發展的訊息對與成長的兒童在一起工作及遊戲的成人來說是重要的。雖然如此，目前的知識不足以達成瞭解兒童的遊戲或與孩子一起互動的確信能力。遊戲發展的傳統理論是相當線性、單一向度且去除脈絡關係的。所以他們不能涵蓋兒童遊戲的文化層面。最近有關遊戲發展的思考應用回歸互動及多層面的概念架構來解釋兒童的遊戲發展（Monighan-Nourot, 1997）。例如，Corsaro（Gaskins, Miller & Corsaro, 1992）提出一重建（相對於線性觀點）的社會遊戲發展觀點，在此發展中社會遊戲與孩

子的同儕文化有相互的反饋迴路（feedback loops）的迴歸關係。
在此種迴歸互動關係中，社會遊戲建立了同儕文化，而衍生的文
化也同時影響個體的社會遊戲。此種想法可追溯到法國遊戲理論
學家Chateau，其認為遊戲是幼兒個人的自我確信的媒介（a
means for self-affirmation）（法文為l'affirmation du moi）。當這些
幼兒長大，他們遭遇到「大朋友的挑戰」（challenge of the elder）
（法文為l'appel de l'aine），而且年紀較小的幼兒被鼓勵遊戲，成
為大朋友所能接受的行為方式（或及時修正），以進入大男孩或
女孩的遊戲文化（van der Kooij & de Groot, 1977）。

　　真正過去大部分的遊戲文獻將遊戲發展視為在不同時間中，
單一質與量之遊戲技巧與能力的改變。此外，這些線性遊戲發展
不足解釋孩童日後去除脈絡化及單一層面發展。現在，遊戲學者
日趨對孩子所生長之生態內涵敏感與重視。更普遍的是使用多層
面觀點來看孩童的遊戲發展，如此的觀點允許我們考量發展時段
（developmental time）（Monighan-Nourot, 1997）及許多脈絡因
素，例如，情境、文化、語言和社會關係（請參閱第五章：在不
同文化的遊戲）。

　　此外，有關遊戲行為與改變之發展趨勢的知識也必須整合個
別差異的訊息與知識（參閱第四章）、文化及社會階層之脈絡
（參閱第五章）、特殊兒童（參閱第六章）及不同之環境因子（參
閱第七、九及十章）。針對一在特殊情境中實際與孩童相處的成
人，需要不斷地建構及再建構他們的實務理論，並從本書所提供
的訊息加上你個人的工作實務來加增你對兒童的瞭解。實務對孩
子所瞭解的遊戲理論，最能幫助你瞭解兒童的遊戲發展，而且也

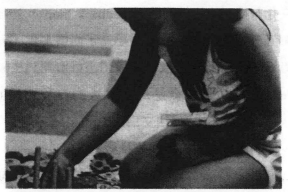

年齡漸長，幼兒遊戲會愈來愈具社會性。但單
獨遊戲對幼兒來說仍是很普遍的活動。

可幫助你鑑賞其他別人的相關訊息。我們需要有多元的實務理
論。不同遊戲行為的品質和發展速率因其社會、生理環境及成熟
度的不同，有很多個人之間的變化性。

脈絡效果占了極大的優勢，而且也存於一般的日常生活觀察
中。雖然遊戲品質改善了兒童的發展，但是在一特定地位的兒童
也顯現在不同社會脈絡中有不同層次的遊戲。

社會遊戲發展

一般說來，幼稚園的兒童已擁有一些社會遊戲技巧，也被期
望在遊戲中會有一些複雜的社會訊息交換。幼兒必須學會以同儕
團體可接受的行為來履行他的意志，達到他個人的目標（這是影
響其往後社會能力感的指標之一）。社會能力需要兒童參與同儕

之正向互動以孕育日益發展的友誼。此時，孩子的第一個社會化系統（親子關係）漸漸溶入了第二個社會化系統（同儕關係），於是家與家庭漸漸整合了學校的托育機構，鄰居與社區而遂成為其微視系統（microsystem）。

　　法國人性學家Hubert Montagner（1984）持續觀察幼兒得知：具有社會能力的幼兒可適當表現下列五種行為：（1）產生依附或平靜的行為，例如，提供玩具、撫慰其他幼兒，或在不具威脅的氣氛中行動或說話：（2）會產生害怕、爭吵或流淚的行為，例如，皺眉、大聲說話、咬牙切齒、舉起手臂似打人狀：（3）攻擊性行為，例如，爭奪玩具、推打、踢別的幼兒；（4）害怕或退卻的姿態或行為，例如，張大眼睛、眨眼、跑走或哭：及（5）孤離的行為，例如，吸吮手指、躺在地上、用力拉頭髮或離群而獨自站在一旁看別人玩。以上這些行為及社會互動方式反應出幼兒最常表現的認知能力及解決問題的技巧。霸道及攻擊性的幼兒是最不具社會性的，事實上這類幼兒較不符合人們的期望。最受人喜歡也是最可能成為領導的乃是那些使用情感及權威去說服別人的幼兒。而社會遊戲到底可以使幼兒的社會能力增進到何種程度呢？社會及遊戲技巧是如何產生呢？這部分在研究上又有什麼樣的支持呢？

　　嬰兒及幼兒方面的社會遊戲發展尚未有長期的縱貫研究（例如，Howes & Matheson, 1992）。此外，我們需仰賴一些橫斷的及短期的研究結果來說明其社會發展的關係，雖然這些研究僅包含有限的年齡層。

　　一般說來，研究者都同意：當孩子愈年長，互動的遊戲愈

多。而互動性的遊戲技巧及其所延伸的社會技巧也隨嬰兒、嬰幼兒、幼兒社會關係的改變而有所改變。當幼兒社會遊戲日愈複雜時,特定的社會行為會愈來愈顯著,常見的這些社會行為有:輪流、主動、維持或終止社會互動。而在社會期望下正確使用語言表達的行為也日益精巧複雜。

對遊戲的社會觀點的研究已發展出兩種不同的領域。(1)主要在檢驗社會遊戲如何發展出特定的社會技巧;(2)主要著重於研究哪種社會遊戲須依賴或反應出這些社會技巧(Strayer, Mosher, & Russel, 1981)。雖然這種區別看來只是學術上的一種分法而已,但事實上,這兩個領域在研究遊戲與發展時所用的方法就全然不同。在「專欄3-1:促進幼兒社會能力的實例」可明顯闡示出這兩種不同學派。

嬰兒的社會環境對其遊戲發展的影響很大。嬰兒透過與重要他人的互動及社會化,學會日後遊戲或玩假裝情境的能力,例如,玩躲貓貓、數腳趾等遊戲。Ross, Goldman及Hay(1979)主持一項計畫,研究嬰兒與成人的社會遊戲特徵和目的,他們指出因為嬰兒與成人的互動包括有相互的參與、輪流,和重複的動作,因此這些語言性或非語言性互動對嬰兒來說特別重要,像滾球、來回推拉玩具、扮鬼臉、捉迷藏等一些日常生活不常見簡單重複的動作,對嬰幼兒來說非常重要。

為什麼這些動作對他們是特別重要的呢?因為嬰幼兒與大人玩這些動作或遊戲時,彼此的社會互動是以一個遊戲的方式在進行,不論是語言表達或非語言表達都是處在愉快、歡笑的氣氛下,因此有一種不帶期望、誇張的或異於日常的一種正向情感的

交流。例如，在玩時可以不用拿握玩物，而是用丟的；不用走路來迎接玩伴，而是用跑的；吃東西時不張大嘴而是閉著口來迎食物以期望對方誇張的反應等等。這種社會互動的交流，假裝是一個很重要的因素。而且，研究（例如，Damast, Tamis-LeMonda & Bornstein, 1996; Fiese, 1990）也發現好玩的孩子常常有一具玩性的母親，他們為了刺激與發展孩子的遊戲技巧會去改變他們的遊戲行為。

●專欄3-1 促進幼兒社會能力之實例

小莉是個五歲的小女孩，媽媽非常關心她的社會能力。當她在公園玩體能遊戲或玩沙時，她非常想和別的小孩一起玩，可是別的孩子都不理她，小莉不知該怎麼辦，她的爸媽也很想幫助她，讓她和別的孩子相處得很好。我們要如何幫這小女孩呢？

老師和父母可以提供機會讓孩子去玩並學習某些技巧，甚至提供更多充裕遊戲時間鼓勵孩子遊戲。當然，另有許多可行的技術來幫助孩子增加社會遊戲及社會技巧。

從遊戲可促進社會技巧的發展這個觀點來看，社會技巧的發展需要機會、鼓勵和遊戲的支持，使孩子對社會情境的處置更有技巧。成人導引的遊戲和成人與孩子一起玩對嬰幼兒的社會發展具有重要的意義，而在刻意安排的氣氛中布置

遊戲情境和玩伴也很重要。Smilansky（1968）論及兩種不同的型態（一般和特定）對幼兒的遊戲發展很重要，因為嬰幼兒早期在家庭中需要與父母或其他重要成人培養正向的依戀行為以建立日後與人之間的基本信賴感。然而，除此之外，嬰幼兒也需要由大人陪伴一同遊戲，並指導社會所期待及可接受方式的玩法。在家中或鄰近的遊戲場內也應多鼓勵孩子與其他幼兒一起玩耍。如此一來，孩子自然能從此社會情境中萌生社會技巧。

　　另一學派指出，社會技巧可能是成為一個遊戲好友伴的先決條件。成人（老師或父母）可能必須模塑並鼓勵孩子的擴散思考能力及增進孩子的社會與語言技巧，以增長孩子的遊戲技巧及幫助孩子和其他幼兒一起遊戲以獲得同儕的接受；孩子的學習及發展需要融合在不同的遊戲型態中。幼兒除遊戲外，如能被教導或問及在任何情境之後可能會發生何事，便可從中獲得溝通及角色取替的能力。例如，利用兩面的紙卡讓幼兒推想或猜測可能會發生何事以幫助幼兒瞭解前後關係。遊戲之外，親子共讀、共同聽卡帶、共同看電視或其它共同分享活動等，都可幫助幼兒在遊戲情境中分享與別人一起玩的樂趣。不過在孩子能夠與別人相處之前，必須自己要有取捨的標準。父母可幫助幼兒瞭解何種行為是好的及社會接受的行為，當幼兒有好的社會行為出現時要持續增強，並且鼓勵這種好的行為繼續產生。例如，招待朋友、分享、在社會情境中有衝突發生時，使用語言代替身體攻擊。

五、六歲前的幼兒要經歷不同階段的社會化以培養其與人之間建立共同的信任感。

雖然如此，以上這兩種學派並不是分別可接受的。不容懷疑地，社會技巧與遊戲的關係是複雜且相關的。正向的遊戲經驗助長了社會技巧的獲得及使用；而擁有社會技巧可使幼兒在遊戲中享受成功及樂趣的經驗。有一點是刻不容緩的，當你認為有負向循環產生時，你要儘速而且僅可能地去改善它，你可以用各種不同的技術幫助幼兒改善不良的社會關係。

因為孩子在發展上年齡、階段差異及個人特性上有個別差異，因此很顯然地並非同一技術對所有幼兒皆有效。在小莉的例子中，她可能需要被教導如何去傾聽及觀察別的幼兒在玩些什麼，然後再教她如何在成功且不干擾別人的情況下和別的幼兒一起玩。當然先要設定一個和別人正進行中的遊戲有關的角色，那麼，共同遊戲的情境可能較容易產生。即小莉應該不要問其他幼兒「我可以和你們一起玩嗎？」，而是該學會一種較有效的方式進入遊戲的情境。例如，當其他幼兒在玩老師與學生的扮演遊戲時，小莉應扮演的是另一學生或園長的角色，以與其他幼兒共同進行此一假裝的遊戲情節。在此之前，小莉可能須先利用人物玩偶遊戲來幫助她描述整個遊戲情節，讓她學會進入遊戲情節的方法。另一方面，小莉可以藉著故事書在親子共讀的活動中瞭解故事情節，父母親在說完故事後可以和小莉討論書中的角色及情節。此外，父母可利用增強或制約來塑造小莉的外顯行為。

在Damast等人及Fiese已證實母親與其幼兒子女玩遊戲會調整遊戲水準至孩子之能力或超越他們能力水準的階段。一般說來，當孩子日益長大，母親愈會調整遊戲至愈複雜的層次（也達教育的功能）。此外，母親也會要求孩子愈用獨立的方式，例如，較少指示及提供較少建議。Damast等人觀察母親（50位）及其幼兒（平均22個月）在家的連續分析，結果發現：母親們似乎在每一個遊戲情節中對其子女的遊戲行為較敏感及有反應；同時，研究者也用表3-1的實徵遊戲量表（Empirical Play Scale, EPS）來評估母親對子女遊戲發展的概念知識。受試母親被要求從發展順序給予排列次序評量，一共有24個嬰幼兒的動作出現順序，出現在表3-1的右手欄中。愈能正確瞭解這些順序的母親們似乎較能正確掌握孩子的遊戲行為，也較能刺激孩子下一階段（順序）的遊戲行為。

Singer及Singer（1973, 1990）重複上述相似概念的實驗，強調親子遊戲中的社會脈絡（social context）對刺激幼兒遊戲發展的重要性。他們強調親子遊戲，例如，躲貓貓或手指謠的遊戲（this little piggy went to market），可以讓嬰兒進入特殊的想像世界的感覺中。親子彼此的社會接觸不僅提升了假裝遊戲技巧，也增強了社會技巧及社會遊戲技巧。這三種互助的技巧是相互關聯的，嬰兒從中學會了在社會遊戲中要如何與人溝通及虛構、假裝的態度，這些能力對其日後的遊戲發展很有助益。

嬰兒期遊戲的社會特徵包含與成人玩伴的社會互動，通常的玩伴是父母、兄長、親戚朋友或鄰居（不很相關的成人或大孩子）。嬰兒與他們的互動包括了彼此對對方的投入、傾聽與回

表3-1 實徵遊戲量表（Empirical Play Scale, EPS）

幼兒遊戲層次	母親在問卷所填的幼兒行為
探索	
1.將玩物放入嘴裡	1.咬、吸吮積木
2.簡單操弄	2.拿湯匙並仔細看著它
非表徵遊戲	
3.單一功能的遊戲	3.用玩具車的滑轉輪子
4.不適當的組合行為	4.將玩具盤子放在車子
5.用知覺來組合遊戲行為	5.堆疊玩具盤子
6.用功能來組合遊戲行為	6.將茶壺蓋子放在茶壺上
表徵遊戲	
7.自我	7.假裝用玩具湯匙餵自己
8.代理的擬人化的行為	8.用玩具海棉幫媽媽清洗
9.代理的非擬人化的行為	9.搖娃娃
10.有持續性的自我	10.用玩具湯匙在茶杯上攪動，並假裝喝東西
11.有持續性的代理擬人化行為	11.用玩具茶壺倒水在杯子上，並給媽媽喝茶
12.有持續性的代理非擬人化的行為	12.用氈子蓋在娃娃身上，拍他入睡
13.替代性	13.要娃娃搖手說Hi
14.自我代替物	14.將積木當作海棉並假裝自己洗臉
15.代理的擬人化代替物	15.將玩具盤子放在媽媽頭上當作帽子
16.代理的非擬人化代替物	16.使用湯匙當作刷子並刷娃娃頭髮
17.持續性的替代性	17.將填充玩具熊假裝走路到車上，將車開走
18.持續性的自我代替性	18.用梳子當作湯匙在玩具鍋上攪動，並假裝用梳子吃東西
19.持續性代理的擬人化代替物	19.用積木清洗媽媽的臉，用玩具海棉擦拭媽媽的臉
20.持續性代理的非擬人化代替物	20.用積木當作海棉幫娃娃清洗，並用毛巾擦乾
21.替代的代替物	21.將玩具假人放在杯子（當作車），將車開走
22.持續性的替代的代替物	22.將娃娃的圍兜當作外套，並要娃娃走路
23.自我移轉	23.要一娃娃去親另一位娃娃
24.訴諸情感	24.讓娃娃跌倒並假裝在哭

資料來源：Infant Behavior and Development （1994），What do mothers know about the developmental natare of play? pp. 341～345. Table 1.

應。輪流（該我做、看別人的反應、換別人做、自己反應）就是
從這種共同的參與互動中學來的。溝通的方法例如，站起來、搖
晃玩具或揮動手臂以等待下一個動作等，皆是在這種社會互動中
所常見的。

　　正如在1996年Damast等人的研究所提議一般，通常跟嬰兒遊
戲要瞭解嬰兒的能力及限制，才能使遊戲安全且平穩地進行。嬰
兒遊戲中重複的動作，持續的互動，共同的參與及集中注意力是
很重要的，如此嬰兒才能模仿及學習正確的互動技巧。這些早期
的社會互動遊戲是提供日後社會發展的基礎，尤其是孩子的社會
遊戲發展。這些早期遊戲、生活常規或與他人交換訊息的主要目
的只是要與他人產生一種社會互動而已。

　　嬰兒在一歲以後，通常以玩具或其它物品作為他的玩物；嬰
兒會在有人陪伴之下獨自的玩或與別人一起玩（Hay, 1980）。而
嬰幼兒遊戲中所使用的社會技巧在孩子二歲左右時會愈來愈多。

　　研究者曾下過如此的結論：玩東西是嬰幼兒時期在社會遊戲
發展中的主要因素之一（Mueller & Lucas, 1975），玩具被稱為是
「社會奶油」（social butter），是用來助長及潤滑同儕間的社會互
動。但嬰幼兒的同儕社會互動又不像成人般可以或願意做一些妥
協、調適以使整個遊戲得以進行下去。因此幼兒可能利用玩具做
為社會互動得以進行下去的機轉。開始時可能是各玩各的玩具
（平行遊戲），然後再進成互動的遊戲。因此，玩具可視為調節社
會互動的工具。此外，幼兒也同時因社會經驗的累積而增加其複
雜的社會互動技巧，與別人一起玩玩具便是這種社會互動的副產
品。最近嬰兒社會遊戲的研究中建議：嬰兒可以藉著與同伴玩玩

平行遊戲常發生在：當幼兒們相毗鄰在
一起玩，參與相似的活動但彼此並沒有
社會互動。

具及彼此互動中獲得更好的社會遊戲技巧（Jacobson, 1981）。

以我們的觀察，學齡前的幼兒因成長及在不同情境中所獲得
的經驗而使其社會技巧不斷增加。雖然大多數遊戲及發展專家同
意Parten（1932）的傳統觀察研究中所指出的：孩子的遊戲行為
可分旁觀的行為、無所事事的行為（以上不是遊戲的型態）、單
獨遊戲（2歲至2歲半）、平行遊戲（2歲半至3歲半）、聯合遊戲
（3歲半至4歲半）及合作遊戲（4歲半以上），但最近的研究卻對
單獨遊戲和平行遊戲的階段存疑，也對Parten的遊戲階段分法的
可行性存疑，提出是否有別的方法可幫助人瞭解幼兒遊戲階段的
改變，並據此提出一個研究特定社會情境中遊戲變化的更好方

法。

Smith（1978）針對學齡前幼兒所做的縱貫研究發現：許多幼兒的確是依循Parten的遊戲發展階段在發展，但有些幼兒則沒有。年齡較大的幼兒不是單獨玩就是選舉互動性的遊戲，很少看到兩人各玩各的平行遊戲。事實上，隨著孩子的發展，策略性運用平行遊戲以開始或終止與某人一起遊戲的能力也跟著增加（Bakeman & Brownlee, 1979）。但其他的研究者卻指出平行遊戲及非單獨遊戲是所有遊戲型態中最不成熟的遊戲方式（Moore, Evertson & Brophy, 1974; Rubin, Maioni & Hornung, 1976; Rubin, 1982）。

Howes及Matheson（1992）執行48位從嬰兒一直到學齡前時期的長期縱貫研究，主要在探討他們的社會遊戲發展及社會假裝遊戲發展。在嬰兒13至15月大開始觀察，每一位嬰兒每六個月在托嬰中心的自由遊戲時皆被二位觀察者，每隔一天就被觀察，每一次（六個月）的觀察中，幼兒總共被觀察四個小時。所用的觀察量表是修改自Carollee Howes的同儕互動量表（Howes Peer Play Scale），主要是觀察嬰幼兒與同儕在一起遊戲的情形。

Carollee Howes（1980）已發展出一套很有用的系統以觀察或登錄幼兒及學齡前兒童的社會遊戲。這套系統將遊戲分為五種型態，老師或研究者每次觀察15秒（每次觀察期間停5秒以便登錄），然後再評斷出孩子社會遊戲的水準。以下即為這五種分法的介紹：

1.層次一：平行遊戲（parallel play）：兩個孩子玩同樣的活

動，但彼此沒有互動（沒有目光接觸及任何社會行為），也是Parten所說的典型的平行遊戲。例如，兩個孩子各自聚精會神地畫自己的圖畫。

2.層次二：共同關係焦點的平行遊戲（parallel play with mutual regard）：除了上述平行遊戲的特性之外，這種平行遊戲還包括幼兒們有目光接觸並且互相熟識。例如，這兩個孩子雖都各自在畫圖，但有時彼此注視，一個人說話時，另一個人聽他說些什麼。

3.層次三：簡單的社會遊戲（simple social play）：當幼兒共同參與相同或類似的活動時，每一幼兒會對其他幼兒發出社會互動的邀請，包括微笑、說話、觸摸肢體、提供玩物等；當別人有挫折時，會安慰他；相互幫助，拿取玩具或彼此同意同伴所玩的事物。例如，兩個幼兒正在畫圖，有一幼兒開口對他的同伴說：「幫我拿畫筆」，而同伴會幫他拿。又例如，兩個幼兒在玩積木，幼兒甲拿了其中一塊積木，而幼兒乙馬上對他尖叫地大聲說：「你怎麼可以這樣玩呢？」

4.層次四：共同意識的互補性和互惠性遊戲（complementary and reciprocal play with mutual regard）：兩個幼兒共同參與互補性或互惠性的活動並且也顯示出彼此有共同的焦點。所謂互補性或互惠性的活動，是一種幼兒們都瞭解彼此的角色的活動，因而使遊戲活動才得以順暢地進行。例如，兩個幼兒正在玩球，將球來回滾動，幼兒甲丟時幼兒乙就接，而乙丟時甲就接，彼此輪換角色。又例如，兩個

人玩溜滑梯，幼兒甲先溜下去，幼兒乙在上面等著幼兒甲
爬上樓梯之後才溜下去，如此動作一直反覆進行。又例
如，兩個幼兒中的一個提供玩具，一個拿玩具。再例如，
兩個幼兒都瞭解幻想遊戲，幼兒甲從幼兒乙所組成的積木
結構中接收一輛卡車，幼兒乙假裝將車子裝了沙，然後幼
兒甲再拿裝好沙的卡車（以積木當作沙）到一旁倒掉。

5.層次五：互補及互惠性的社會遊戲（complementary and
reciprocal social play）：這層次可說是層次三與四的合
併。兩個幼兒參與層次四的活動或遊戲，而且他們都有社
會性的邀請（例如，層次三）。例如，幼兒甲與乙在畫架邊
畫圖，幼兒甲對乙說：「用藍色的水彩畫海。」幼兒乙同
意了並拿這顏料畫海。

　　之後，Howes的同儕互動量表的層次五互補及互惠的社會遊
戲被修訂成兩個社會假裝遊戲的測量項目：合作的社會假裝遊戲
（cooperation social pretend play）及複雜的社會假裝遊戲（com-
plex social pretend play），後者也是日後被定義為後設溝通
（meta-communication）的遊戲類別。

　　Howes及Matheson的研究結果顯示平行遊戲及共同焦點的平
行遊戲（層次一及層次二）在隨著孩子年齡的成長而減少這類遊
戲的次數；互補及互惠的社會遊戲、合作性假裝遊戲及複雜的假
裝遊戲（層次四及五）卻隨著年齡的增長而增加此類遊戲的次
數。然而，層次三：簡單的社會遊戲卻與時間的推移無關。在
Howes的遊戲量表中，高層次的遊戲型態是十分一致的，沒有任

何一位幼兒是有回歸階段（regression）的情形發生。在Howes及Matheson的研究中發現：33％的幼兒直到在四歲之後，才出現有任何複雜的社會假裝遊戲。也有一些穩定的個別差異情形出現；幼兒在年紀小時就出現較高層次社會互動遊戲層次，長大後也有較高的社會互動的遊戲層次。例如，幼兒在30~35月時已有相當的合作性的社會假裝遊戲，在44~60個月時也較早呈現有較高比例的複雜的社會假裝遊戲。

　　Howes的社會遊戲系統比Parten的分類系統更能有效地分辨平行與社會遊戲的層次。**表3-2**是不同作者的社會遊戲的分類，當然也包括Howes的遊戲觀察系統。Howes的同儕社會遊戲系統將在第八章會有更詳細的觀察過程及評量的介紹。

　　在早期同儕社會遊戲發展的先驅者所做的令人刺激的概念分析中，Whaley（1990）倒回來用Howes最早的同儕遊戲量表觀察幼兒在第一年生命中與母親所做的社會遊戲。依Whaley的分析（目前已有研究支持及相關依戀理論所支持，Winnicott, 1971）。剛開始時，母親與嬰兒的互動是在Howes的第五個階段，然後漸漸地，在結束時是在Howes的第一個階段！首先，母親與嬰兒在玩「舞蹈遊戲」（play dance）時相互地高度融合在一起，母親給予嬰兒高度的支持及母親提供遊戲回合的鷹架。母親與嬰兒是處在一個尚未分化的狀態，例如與幼兒與同儕毗鄰在一起共同合作的遊戲般（例如，Howes的層次五：互補及互惠性的社會遊戲）。漸漸地，母親發現孩子有了發展能力及遊戲技巧會漸漸放手給予嬰兒較多的心理空間來分離母親或參與同儕的平行遊戲，這也是Howes較低層次的遊戲行為。Whaley提出嬰兒與成人的社會遊戲

表3-2　社會遊戲的分類

表Parten（1932）發展階段	Erikson（1950）粗略的發展階段的遊戲種類	Seagoe（1970）以結構式訪問孩子的遊戲報告爲主	Iwanaga（1973）用屬於幼兒個人如何分別人來建構遊戲情境來分類	Howes（1980）用彼此互動關係的複雜程度來分類
單獨遊戲： 幼兒單獨一個人玩；幼兒們一起玩不同種類的遊戲活動。 **平行遊戲：** 幼兒在一起各自玩自己的遊戲活動或玩具，彼此沒有互動。 **聯合遊戲：** 幼兒在一起玩，彼此之間有交談，彼此之間有自己玩的主題，誰對別人所玩的主題皆沒有共同去參與，每個人的主題皆是獨自的，誰也不隸屬誰的遊戲伴侶。 **合作遊戲：** 遊戲是有組織的，有做事的情節，其中各人的角色分明，彼此之間有互惠性或互補性的行爲。	**自我** （autocosmic）： 自我的世界 探索自己和母親的身體 有重複的動作 **小我** （microcosmic）： 幼兒融入自己的小世界，自己玩一些操弄性的玩具與玩物。自己單獨地玩；所有的樂趣是由操弄玩具來的 **大我** （macrocosmic）： 可以和別人一起分享自己的世界	**非正式的個人遊戲：** 遊戲是自我導引的，而不是模仿成人的。所玩的模式不是很正式。 **成人所導引的遊戲：** 正式的且由成人引導動作，而不是模仿成人的生活方式。 **非正式的社會遊戲：** 不是正式的，是自我導引模仿成人的生活方式。 **個人—競爭的遊戲：** 是一種自我導引的活動，目的是獲得成功，是一種正式且具有競爭性的活動。 **合作—競爭式的遊戲：** 是一種正式型態的活動，目的是獲得團體的勝利。	**獨自的遊戲：** 在遊戲時沒有同伴一起玩。 **平行遊戲：** 有同伴一起玩，但彼此沒有區分角色；各人扮演自己的角色和別人不相關。大家玩得很近並瞭解別人在玩什麼。 **互補遊戲：** 有分化的角色分配，各人扮演自己應有的角色，有一些合作行爲產生，但每個幼兒玩自己的活動，只是對別人的行動做配合。 **整合遊戲：** 有互動的角色融入遊戲情節，非常瞭解別人的存在，以互惠或互補關係來調整自己的行爲並配合別人的行動。	**平行遊戲：** 幼兒參與類似的活動，但彼此並不注意對方的行動。彼此沒有目光的接觸。 **共同關係焦點的平行遊戲：** 幼兒參與相似的活動且有目光的接觸，瞭解有別的幼兒存在，彼此之間沒有社會性的交談及邀請。 **簡單的社會遊戲：** 彼此之間有交談並相互邀請共同參與活動。例如，談話、笑、分享玩具。 **互補式遊戲：** 溶入共同情節的社會扮演遊戲或活動，但彼此之間沒有社會性的互動或邀請。 **互補且互惠的遊戲：** 彼此間有社會互動的邀請，共同參與情節式的社會扮演遊戲。

資料來源：源自 Frost and Klein（1979）。

順序是與Howes（1980）的同儕遊戲量表剛好相反，也反映這也
是兒童的初級社會化的家庭系統轉變到第二級社會化的同儕系
統。

玩物遊戲發展

　　典型的幼兒園兒童會在遊戲中使用多樣性的玩具。一般說
來，他們能使用工具，在成人監督下參與烹飪的活動（真實的
菜）；用積木或其它類似物做建構遊戲。學齡前幼兒不僅可完成
複雜的拼圖，並在遊戲時使用玩物以有效地解決問題。而這些技
巧是日後在不同社會情境中都必備的。另外，這種技巧或行為也
反映孩子在發展上的認知、社會、情緒、身體及語言的能力。然
而，孩子到底如何獲得使用玩物的技巧呢？正如我們在第一章的
現代遊戲理論中之解釋，依據遊戲的激起調節理論認為外在環境
的因素會促使孩子參與遊戲。這個理論針對幼兒為何在特定時間
內使用特定的玩物提供很好的解釋。刺激的特質例如，好奇、複
雜性及好操弄的特性等，均能促使孩子去操弄玩物。而幼兒與玩
物之間的互動可能有一些不同的型態。例如，Hutt（1976）根據
Berlyne的激起與動機遊戲理論，曾就孩子的探索行為與操弄玩物
的行為做區別。

　　當幼兒問：「這個東西是做什麼的？」這是探索行為。而他
若問：「我可以用這東西做什麼？」這便是遊戲行為。這兩種行
為皆是個體的內在動機促使幼兒學習認識玩物及玩物的使用方

法。六歲以前，幼兒需學會在探索及遊戲行為中使用玩物（具）
的方法。而從探索至遊戲行為間的改變亦是這個時期行為上的重
要改變。

　　到底幼兒一次玩多少玩物較適當呢？怎樣去玩呢？這是發展
學者所注意的兩個焦點。遊戲的品質乃是根據活動是否易分辨及
其關聯性與適切性而定。研究者曾針對幼兒玩物遊戲中表徵能力
的出現與養成作探討，再依此細分出幼兒的前表徵玩物遊戲與表
徵玩物遊戲。

　　在初生的第一個月內，嬰兒對玩物的興趣就有很大的改變。
新生兒具有與生俱來的反射及知覺能力，但不知道如何玩物，遊
戲的動作是後天學來的經驗。大多數學者專家皆同意嬰兒第一年
的玩物遊戲是藉著重複動作和未分化的活動，慢慢發展成為有組
織、有前後順序的動作模式。Piaget（1962）曾應用其認知理論
中知覺動作期（0~2歲）的特徵來探討幼兒前表徵（presymbolic）
／專精（master）／練習（exercise）的遊戲。Piaget認為先是玩
物導引幼兒的動作，而後嬰兒才學會控制玩物，因為玩物提供了
使用動作基模的機會。嬰兒會重複這些玩物的動作基模並進而類
推至其它玩物。Piaget使用再生（reproductive）、類推（general-
izing）及同化（assimilation）的概念來描述這種行為。Piaget進
一步描述此種行為是來自兩種同化種類：（1）再生或功能（對
一個物體重複行為）；及（2）類推（延伸這些行為到別種物
體）。這些早期的行為是唯樂的，沒有外在目標來導引。這也是
Piaget理論中處於知覺動作期幼兒遊戲的本質。在第二年中，幼
兒可根據過去的經驗加以重組以建構新的基模。在嬰兒時期，嬰

兒玩玩物時通常會因襲傳統的使用方法，而且也蠻固執地玩，這些對玩物的習俗玩法頻率很高，而且也很普遍。

Rosenblatt（1977）曾指出嬰兒在一歲及二歲時所使用玩物的方法有很大的不同，嬰兒使用單一玩物的次數會愈來愈少。一歲以前的嬰兒大多一次只玩一個玩物，他們使用的方法是隨自己的意思而非我們成人所期望的方式；而一歲之後，嬰兒就可以玩多種玩物；二歲之後的幼兒就能用我們所預期的遊戲方式來使用玩物，也就是說，兩歲之後的幼兒使用玩物是用較合適且符合刻板化的方式來進行，此時他會較注意玩物的物理特性並知道各個玩物在日常生活的用途。

許多研究者曾調查嬰兒從玩物遊戲轉變成表徵遊戲，或由前表徵動作基模至表徵動作基模的發展。例如，Fenson, Kagan, Kearsley及Zelazo（1976）比較9.5、13.5及18.5個月的幼兒們的玩物遊戲，結果發現9.5個月的幼兒們玩玩物時最喜歡拿到嘴裡及胡亂敲打玩物；13.5個月的幼兒們可以依玩物的功能來使用玩物，例如，將同類型的玩物組合在一起並做簡單自我導引的假裝遊戲。這跟Piaget的理論不謀而合，這些研究者認為：嬰兒的玩物遊戲隨年紀增長，漸漸去除自我中心（decentered）而趨向於整合性（integrated）的玩法。同時他們也發現：年齡愈大，組合性遊戲愈多，型態上也從功能性或動作式的使用玩具到習俗性（社會所期望的）的應用玩物。

在Belsky及Most（1981）對7至21個月大的嬰兒所做的研究也有相似的結論：嬰兒在探索及操作遊戲的行為也有持續及穩定的發展趨勢。當孩子逐漸成熟（長大），嬰兒將玩物放入嘴中，

隨意玩弄玩物等遊戲會減少,隨之增加一些修正的功能遊戲
(correct functional play),例如,將玩具車在地板上來回滑動。然
後,他們會給玩物命名(enacting naming)、自我假裝(pretend-
ing with self)及假裝成別人(pretending with others)。

　　社會環境因素(社會脈絡)影響孩子的遊戲行為。例如,
Tamis-Lemonda及Bornstein(1991)的縱貫研究即檢驗學齡兒童
(13個月及20個月)在家中與媽媽所玩的非表徵及表徵的遊戲行
為。在這些日常的自由遊戲的互動中,母親與幼兒的遊戲行為是
呈現相關存在(N=45),而且行為組型也有一些變化性。大約一
半的幼兒(N=23)伴隨著母親的表徵遊戲行為中,他們的表徵
遊戲行為也增加了。在非表徵遊戲行為到表徵遊戲行為的轉移
(例如,將電話話筒放在耳朵旁,但不答聲),在13個月大時幼兒
是普遍的(44%),在20個月大時為57%。此研究的結論是當他
玩伴有更高的成熟的遊戲行為時,那他的遊戲行為及認知愈不能
被激發出來。

　　學齡前幼兒由於動作技巧的精熟及經驗的擴增,他們愈能在
時間及空間上操弄及排列玩具,因此,其玩物遊戲也從簡單性進
展到較複雜性的玩法。Smilansky(1968)受Piaget(1962)的影
響,將遊戲作成兩種定義:功能性(functional)及建構性(con-
structive)。此兩種型式的遊戲是學齡前幼兒最主要的認知遊戲。
所謂功能性的遊戲乃指操作性的遊戲,有或沒有玩物的動作遊
戲,或利用刻板化模式來操弄玩物。當幼兒年紀漸長,這種功能
性的遊戲遞減,取而代之是建構性的遊戲。所謂建構性的遊戲乃
指有組織之目標導引的遊戲。幼兒年紀愈大愈能玩此種遊戲。例

如，Hutt等人（1989）發現三歲幼兒常常很主動的及用功能式的遊戲形式在玩沙或玩水，而且也常有一些缺乏控制的行爲，例如，相互潑水或撥沙。到四歲之後，他們避免用這種方式玩，取而代之學會玩具生產性的行爲或活動。在一有趣的幼兒畫水彩的遊戲活動中，在某一段美勞活動時間中，三歲的幼兒用水彩畫圖的筆畫是四歲兒童的二倍。在四歲左右，建構遊戲是幼兒最主要的遊戲方式，大約占幼兒園一半的自由活動時間，幼兒大都在玩此種遊戲（Rubin et al., 1983）。

典型的開放式教育的幼兒園空間常運用角落學習中心（角）布置或規劃，以鼓勵較大幼兒能玩更多的想像及建構遊戲，而少玩簡單的功能性遊戲。事實上，學齡前幼兒年齡愈大，其愈能建構一些複雜的結構或模型，他們也藉例如，畫圖、著色、玩樂高或鑲嵌組合積木等活動拼湊或展現一些我們可辨認的產品（例如，汽車、火車、房子、機器人等）。

現在的幼兒園也使用更多的玩具和遊戲設備及電腦相關活動（第十章會討論），以鼓勵幼兒能多與玩物互動，以玩出智慧及創造力。Trageton（1997）提出一從擴散式的遊戲形式到聚歛式的遊戲形式的一般發展轉移模式，當孩子從幼兒園長大至學齡兒童，建構遊戲會轉移至藝術及美勞的創造性遊戲；而社會戲劇遊戲會轉移至話劇等活動。

表徵遊戲發展

　　在兩歲時，幼兒可瞭解對玩物的一般使用方法並且也出現表徵能力，這也是Piaget理論中發展的轉捩點，幼兒會從以功能性的遊戲及練習動作技巧的知覺動作期進入表徵性遊戲的前操作期，嬰兒可以由摹仿活動獲得意象或象徵，使幼兒日後可從事假裝或想像遊戲。這種能力乃是嬰兒期幼兒使用玩物及和成人的日常互動中所得來的（前一節我們已有討論過）（Damast et al., 1996; Tamis-Lemonda & Bornstein, 1991）。表徵遊戲的起源來自其人際脈絡情境（例如，Whaley, 1990），及個人在其物理環境發

幼兒早期表徵轉移與其在日常生活周遭的實物有關。例如，圖中男孩用模型電話假裝打電話。之後，幼兒可用任何玩物（具）來代替真實情境的任何物體。

展個人自主遭遇的脈絡情境中。皮亞傑學派解釋孩童表徵遊戲的源始較強調後者的個人脈絡情境，但有時也強調前者之社會脈絡情境。

Piaget（1962）曾討論專精（精通）遊戲與表徵遊戲的關係：

在專精的遊戲裡，基模在沒有外在目標之下會一個接一個的呈現。此時幼兒對使用玩物或玩法毫無問題，他們僅是用這些玩物當作活動的機會，而這些活動也不用去學，只是他們對知曉的動作之呈現，且是在愉快、歡樂氣氛下進行。在假裝活動中，幼兒是使用他們所熟悉的基模，或是社會所最期待（習慣）的遊戲，但是：（1）為了有效適應這社會，幼兒會同化以前的基模並對新奇情境加以應用（順應），產生新的基模，來取代他們以前在扮演時常用的基模；（2）這些新的玩物不僅是用來延伸其舊有的基模（智力的類化），而是沒有目的的用來模仿或喚起新的基模。這兩種狀況的組合：對於不成熟的基模加以精化及產生愉悅之情，乃是假裝遊戲時的前奏特徵。

Piaget（1962）認為表徵遊戲有三種。第一種是對一些新的玩物做表徵基模的應用。例如，幼兒對洋娃娃說「哭」，並模仿哭的聲音。他所模仿的基模是源自幼兒的經驗，這顯示了表徵遊戲的開始萌芽。第二種仍只有一種表徵基模，但是玩物可由別種物品來取代，或是幼兒可以假裝別人或別的物體，其模仿的行為是由外在學習而來的，例如，幼兒模仿父親刮鬍子。第三種是將表徵基模和一系列或某種模式的行為做有計畫的連結，例如，幼兒將洋娃娃放在推車並帶他去散步，邊走邊告訴娃娃，「這是紅

綠燈，馬路上有好多車哦！」。依Piaget的理論，在學前時期，幼兒有增加一致性及次序性的表徵遊戲之傾向，並且是由現實世界的重複所得來的，最重要的這種表徵遊戲是在社會脈絡中所獲取〔又稱為集體式的表徵主義（collective symbolism）〕。Piaget的報告影響了後繼學者對早期幼兒假裝遊戲的瞭解。表徵遊戲的研究方向又分為假裝行為、玩物和角色履行與主題。Piaget理論刺激後繼研究者瞭解幼兒在非社會及社會假裝遊戲的個人及社會脈絡情境的瞭解（個體發生論及微視發生論）。表徵遊戲又可分為兩個向度：（1）假裝行為與玩物；及（2）角色履行與主題。

假裝行為與玩物

　　嬰幼兒遊戲的研究者例如，Fenson, et al.（1976）、Lowe（1975）、Rosenblatt（1977）和最近的Watson及Jackowitz（1984）都對前表徵行為基模的發展展開研究。假裝遊戲會愈來愈少模仿及增加其自發性。在假裝行為（pretend actions）的順序是以行動者及物品的代替來分析的。12個月大的嬰兒已被發現有簡單的假裝遊戲，此時的嬰兒是以自己做為行動者。

　　上述的前表徵遊戲的例子有嬰兒在假裝喝水、吃東西、講電話或睡覺。在假裝睡覺時，嬰兒不僅會將頭擺在枕頭上，也會擺出平常睡覺的姿勢，而這些行為或動作並不是他真的有何需求，亦不是過度類化或困惑的象徵；相反地，這些行為或動作是有選擇性的，是練習之後的表達，與需求無關。兩歲時的幼兒愈來愈能假裝並可使用不同的代替玩物（例如，以玩具香蕉或積木當作

電話筒）。這些簡單的假裝活動，雖非與其眞正需求或期望有關，但卻是自我引導的行爲。因此，Piaget（1962）並認爲這遊戲是眞正的表徵遊戲。

依Piaget的說法，約在18個月大時，幼兒能參與外在引導的表徵活動，此時幼兒的表徵遊戲正式展開，他會要母親或娃娃假裝拿杯子喝水或講電話，物體的轉換（例如，香蕉、積木、電話）在發展上比人物轉換（例如，自我是行爲者、媽媽是行動者、娃娃是行動者）來得早。在每一個物體的轉換中必須注意到表徵替代物品的層次以判斷複雜的假裝行爲（Watson & Jackowitz, 1984）。以自我爲行爲者及與實際實物相同的玩具，例如，電話組合玩具是最簡單的假裝行爲，當中不需有任何轉移。

探究與眞實物品不同的替代品的形式和功能對進一步瞭解複雜的假裝行爲是很重要的，例如，一個玩具香蕉具有像電話的外形，若當電話用只是功能不同，但外形仍相同。而一輛玩具汽車若被用來假裝成爲電話其複雜性就提高，因爲玩具汽車與電話，不但功能不同而且外形也不相像。第三個決定假裝行爲的困難與否要看物體本身及行爲本身而定。Watson及Jackowitz（1980）說明在家中可能有些幼兒被限制使用眞實的電話，因此以電話來玩假裝遊戲會被禁止，孩子會發現他們玩警察或娃娃的遊戲比較沒有問題。而社會傳統上對孩子使用玩具常有性別刻板化的情況，這可看成是對孩子遊戲發展的一種限制，我們將在第四章做詳盡的介紹。

兩歲時幼兒的假裝行爲因玩物轉移的形式、轉移的層次和遊戲的內容而呈現不同的難度。自我導引或以自己爲行爲者的行爲

是嬰兒最早出現的表徵遊戲的訊號（例如，假裝吃東西、假裝講電話、假裝戴帽子、假裝用杯子喝水）。當其它玩物或人被當做假裝行為的行動者時，這種行為是由重複的動作學來的，那麼由外在所導引的假裝行為便產生了，例如，假裝牛（玩具）在吃草。這種行動者和玩物之間的轉移，幼兒比較容易受真實玩物的外表所影響，外表像實物的較容易獲得假裝的轉移。而想像遊戲的內容及特質是第二種決定幼兒有正向或負向經驗的因素，這種經驗會幫助或限制孩子使用這種想像的遊戲，例如，當孩子假裝扮演三隻小豬中的大野狼，且曾被大野狼的外表嚇過，此時幼兒對此假裝遊戲的內容產生負向經驗，他會較不願意玩這種的遊戲。

目前為止，我們所談的皆是簡單的想像遊戲或簡單的遊戲組合。幼兒在兩歲以後就較能進行複雜的、系列式的假裝遊戲（Piaget的第三種假裝遊戲）。在這種假裝遊戲中，行為會和玩物有所連結且可依習俗的玩法去玩，其玩法也較有連貫性（Fenson et al., 1976）。在兩歲至三歲間，幼兒會用兩個或兩個以上的連續行為來反映相似的主題，例如，讓小熊和娃娃坐在桌子旁邊，並拿茶給娃娃喝，幼兒可能先將茶杯放在托盤上，將湯匙放在杯子裡，然後從茶壺倒茶在茶杯裡再拿給娃娃喝。三歲以後的幼兒，這種一串連續假裝動作愈來愈多，而所玩的假裝遊戲的內容常是孩子所熟悉且喜歡做的事，此時幼兒仍很少和同伴有互惠的交流。雖然如此，這種假裝遊戲常常會將老師、父母或其他願意支持他的假裝遊戲的成人包括進去，而成為支持幼兒假裝遊戲的社會脈絡鷹架。這些經驗被認為是幼兒未來社會能力的基石，對幼

兒日後的心理健康影響很大。

　　有關幼兒早期表徵遊戲發展的相關文獻可以參考Gowen（1995）在（NAEYC）的Young Children雜誌中所寫的文章"Research in Review"。她的文獻檢閱也支持我們的論點：兒童的成熟，個人在其物理環境的個人行為及社會行為皆有促進幼兒表徵能力的出現及精實。Vygotsky（1978）所建構近似發展區（the zone of proximal development）及個人人際的發展皆能被應用來解釋幼兒的表徵遊戲。Gowen在檢閱相關幼兒表徵遊戲發展的文獻之後，提出九個發展階段（請參考表3-3表徵遊戲的發展階段）。

角色履行與主題

　　到目前為止，我們已檢視了假裝行為──玩物之間的發展，也已得知當幼兒年紀愈大，他的遊戲型態會愈來愈精巧，也愈來愈有組織。大多數幼兒在三歲時會有一些重大改變，他會將他熟識的人的角色帶入假裝活動中。一般來說，他會用母親或其他重要的人。採用他人的角色（角色履行）是與以往用玩物的假裝活動不同，幼兒現在可以在假裝行為之後去論斷或想像角色的認同。這種新的技巧（能力）會使幼兒更喜愛假裝活動並使假裝活動產生意義。角色執行的好壞顯示幼兒對行為的控制力的好壞。角色履行（role enactments）引導假裝遊戲，使幼兒的假裝更具有計畫性及持續性。

　　角色履行或角色扮演是很重要的，因為它不但代表幼兒對他

表3-3 表徵遊戲的發展階段

種類	描述	例子
前假裝	幼兒幾乎參與假裝遊戲，但沒有確實的假裝行爲。	幼兒短暫地將電話放在耳朵旁；將奶瓶放在娃娃嘴上。
假裝自己	幼兒參與假裝行爲，以自我爲主是顯而易見的及表面性的假裝。	幼兒將杯子放在嘴唇上，假裝喝水並發出聲音。
假裝別人	幼兒參與假裝行爲，假裝是別人的行爲。	幼兒用玩具奶瓶及杯子來餵娃娃喝奶；在地板推玩具車並發出隆隆的聲音。
代替物	幼兒有創造性或想像性，利用淺顯無意義的物品來假裝任何事物。	幼兒用積木（當作奶瓶）給娃娃餵奶，用黏土當作漢堡。
想像物或人	幼兒假裝成一物品、人或動物。	幼兒假裝用空茶壺倒咖啡（並用語言表示）；假裝開車狀在房間內外開車（並按喇叭）。
主動代理人	幼兒將玩具娃娃或動物虛擬成一個人，如此一來，娃娃已擬人化可以假裝行爲。	幼兒將玩具動物在地毯上跳，假裝他在跑；將娃娃手放在嘴巴中，假裝在吃東西；說話很大聲，假裝娃娃在說話。
有順序但沒有故事情節	幼兒對不同人物施以重複的假裝行爲。	幼兒給媽媽一杯茶喝，再假裝給娃娃喝茶。
有故事情節的順序	幼兒使用超過一個以上的相關假裝活動。	幼兒攪攪杯子，喝一口茶並說：嗯！茶好好喝哦！
計畫	幼兒參與有計畫情節的假裝。	幼兒在放玩具奶瓶到娃娃嘴中前說：我要餵baby。

資料來源：Gowen（1995）。

人的瞭解，而且也是幼兒對角色的分配、角色間的關係及適當角色行為的認同（Garvey, 1979）。角色履行的行為受個人認知發展和人格特質所影響（因為社會性的遊戲是由人所組成的）。Garvey及Berndt（1977）將角色區分成四種：（1）功能性的角色（假性的角色履行），是由玩物或活動所構成的（例如，用仿廚房用具的玩具來煮東西）；（2）關係性的角色，如同家庭中的夫婦、母子等角色；（3）不同造型的特定角色，例如，警察、巫婆、醫生，這種社會刻板化的角色；（4）外圍的角色，是用來討論而非要履行的角色，例如，真正或想像的朋友。

　　角色的履行常成為整個遊戲的主題。學齡前幼兒的表徵遊戲是由極熟悉的主題（例如，醫生、家庭角色、警察）發展到不是日常生活的遊戲主題（例如，童話、神話或卡通）。漸漸地，幼兒對卡通的角色或外形產生興趣，放棄了以前所熟悉的職業角色。當幼兒語文能力愈來愈強，社會認知的能力、社會技巧，或對其真實世界的瞭解（經日常生活及電視媒體的傳播愈來愈多），那他可扮演（假裝）的主題將愈來愈多，孩子的經驗愈來愈豐富。

其它層面考量

　　當幼兒年齡愈大，他可以不用任何玩物就可作想像的行為，也可以用任何玩物來代替任何他想像的事物，善於利用道具，甚至可以用語言來塑造想像情境，至此表徵遊戲的發展即告完成。兒童的高層次的表徵遊戲發展是幼兒可以與同伴合作去扮演任何

一種角色（Goncu, 1993），以創新、歡愉的心情和同伴一起玩社會扮演或幻想的遊戲，而遊戲的主題可從最常發生的到最不常發生的。具耐力、能集中精神、有持續力、會敏感的觀察及注意、瞭解整個遊戲情節是幼兒表徵發展的具體表現。具有這種能力的幼兒便會有能力重複整個遊戲情節，不管是主角或配角都可將整個遊戲情節扮演得很好。

後設溝通、即興的遊戲、多重語音（用不同音調說話），是複雜社會假裝遊戲的要素（Howers & Matheson, 1992; Sawyer, 1997）。在這個層次的幼兒會重複遊戲順序或剛開始玩時會有遊戲計畫。幼兒很普遍討論他們的想像遊戲，對道具及場地的決策、角色妥協等等。兒童徜徉在與同伴的假裝遊戲，他們分派角色、計畫情節，並在真正或想像的觀察中執行遊戲情節。兒童參與複雜的社會假裝遊戲也如同Sawyer（1997）所舉的即興的爵士樂團，為了配合樂團的演奏，每個人要將自己的演奏調合別人，他們在遊戲中，同時扮演導演、編劇、演員，而且也是觀眾。

最後，當幼兒長大進入小學後，由於興趣會轉移至有規則的團體遊戲、運動、美術、工藝和其它適合他們的活動上，因此在現實世界及同儕壓力的焦點下，幼兒漸漸的會減少外顯的想像遊戲。Piaget（1962）及Singer（1973）以及其他學者認為這種外顯的想像遊戲漸漸消逝但卻內化了。另外，也有人認為學齡前幼兒早期的幻想遊戲對日後的創造力、想像力、擴散性及操作性的思考能力影響很大。是否真的如此，我們目前尚未有答案，有待未來研究以澄清這種猜測。去除自我中心，表徵遊戲與操作思考和社會互惠性的二元性常會交織在一起，此部分也在第二章遊戲與

兒童發展那一節已有討論。另外，在本章後面我會將繼續探討在年紀較大的兒童的電動玩具及電腦遊戲也有表徵（虛擬）的遊戲成分存在。兒童外顯的假裝行為的消退（可能的話，進入檯面下），可見於孩童的教室或遊戲場中，然而這些表徵行為固然隨孩童長大會快速地消失或減少，但不會完全絕跡（至少可以在家裡或其周遭鄉里環境仍可見到）。

動作遊戲的發展

　　幼兒在六歲生日後已擁有相當好的動作遊戲技巧，此時他大小肌肉及動作協調方面皆發展得很好，甚至可能是未來奧林匹克十項全能的金牌得主。但這時動作技巧都要從嬰兒出生後慢慢去發展的，這時候幼兒可做追、跑、騎車、拉車、跳繩等動作。什麼是讓幼兒動作發展趨近如此成熟的關鍵呢？

　　新生嬰兒只會作簡單抓握的反射動作、會眨眼及伸展雙臂。反射動作是對特殊刺激的一種固定反應，例如，瞳孔反射、眨眼反射、膝跳反射等。這些動作的特點為：反應與刺激間都比較單純和固定，即同一刺激常引起相同反應；當刺激的強度增強時，若方式不變，反應方式可能有所改變，這是先天遺傳的傾向，而非後天學習來的。此外反射還有保護、防禦及適應外界的功能。新生兒除了上述的反射動作外，還有巴賓斯基反射（Babinski reflexes）、摩羅擁抱反射（Moro reflexes）和達爾文的自動握手反射（Darwinian reflexes）。巴賓斯基反射在嬰兒出生時即已出

現，輕觸嬰兒的腳掌，其腳趾便會向外伸張，腿部也會搖動，這種反射在出生四個月後才逐漸減弱，至兩歲時消失。摩羅反射是當嬰兒被平放在桌上或床上時，由於感覺不舒服，嬰兒身體會蜷曲，雙臂作擁抱狀，初生時反應明顯，而後逐漸舒緩而輕微。達爾文反射即輕觸新生兒的手心，其手掌會蜷曲成握拳狀。新生兒的動作能力可分兩種類型：（1）是以隨機的方式來移動身體的部分而且不具協調性（例如，轉頭或揮動手臂）；（2）自動地，由不隨意肌所控制的反射動作。一個健康的嬰兒對身體的控制會愈來愈好，先使頭能挺直、翻滾、轉身、往後撐再往前爬，對四周環境做出反應。然而，個人的發展雖因個人特質、健康狀況、遺傳因子不同而呈現不同的發展速率（個別差異），但一般動作發展的順序卻是相當一致的。

　　嬰兒在1~3個月時，趴著時可以將下巴和頭挺起。4~6個月時可以控制頭部肌肉，使身體撐起來而成坐姿，這時頭已可直撐著。在6~7個月時，嬰兒約可獨坐一分鐘左右。

當幼兒的身體發展夠成熟，便可以玩新的動作遊戲。

　　六個月之後已有相當的動作發展。許多嬰兒可藉扶著椅子站立起來。他們也會翻滾或做一些重複的動作（正如我們前面所討論，許多遊戲理論皆提及好玩的重複動作對嬰兒是很重要的）。此時嬰兒會自行玩弄身體的部分或玩一些搖籃邊的玩具。七個月之後，嬰兒具有一些行動能力（例如，爬、翻滾、匍匐前進）。一歲時，有些嬰兒可自己站立或走路，坐著時也很容易轉來轉去。過了一歲，嬰兒大多會走路，只是走得搖搖晃晃而常跌倒，因為走路本身是一動作技巧，一歲多的幼兒做任何動作都須十分專心，但他又是很容易分心，因此就容易跌倒。但要不了多久，幼兒即使不專注於走路這個動作，也能走得很好了。這時期的幼兒可以在原有的動作技巧外再加入新的技巧，例如，走到桌邊拿起玩具探索。到了兩歲之後，幼兒可以跑得很好，而不擔心跌倒。出生至二歲的動作發展包括：翻滾、爬、匍匐前進，例如，大熊走路樣的四肢闊步前進、站、走及跑。

　　大肌肉動作包括坐和走，在發展的同時，手指運作技巧也大幅增進，這種精密的小肌肉發展及手眼協調能力可以幫助幼兒正確抓握及操弄小玩物。在出生之時，嬰兒對小肌肉毫無控制能力。在出生至一個月時，四肢與手指不能分別運作，常像魚鰭般一起運作，此時，即使玩物在他們面前，嬰兒也不會抓握玩物。一直到兩個月大時，嬰兒才會短暫的抓握玩物，但時間持續不久。

　　四至六個月大時，嬰兒要很費力才能拾起玩物，通常是用兩手去抓，而小的玩物則以全部指頭去抓。直到七個月大，他才會以大姆指和其他指頭來捏拿。八個月大，嬰兒可換手拿玩物。這

些手與手指的技巧包括抓握及操弄能力使嬰兒可玩玩物，並幫助嬰兒瞭解現實世界（例如，玩物）的特性，以及行動、三度空間，和因果關係。在一歲至兩歲間，嬰兒不僅走路已走路很好，可以跑，甚至可以翻好幾頁的故事書。

　　兩歲至三歲之間，動作仍繼續發展。例如，大肌肉動作發展及使用大型玩物（例如積木）活動能力及小肌肉動作發展和手眼協調的小肌肉活動（例如拼圖、插樁板、樂高等）。此時，孩子可以走得很好，跑步，上下樓梯也不用幫忙，兩手可同時握不同東西，例如，一手拿杯子喝水，另一手拿餅乾。所有的動作發展都需要身體的發展、經驗及練習機會相配合。在玩玩具，和人一起玩或玩表徵遊戲中，嬰兒的動作遊戲漸漸發展完成。

　　三至四歲的學前期在動作（身體）上的技巧和動作遊戲方面也有很大的進展。幼兒不但可以走得很好、跑得很好，可以確信地，他們也有很好的平衡感，可以用腳尖走路，也可以單腳站立。他們非常喜歡騎三輪車。此時，他們爬樓梯時，常是用單腳（左腳或右腳）上下而不是兩腳輪流交替使用。四歲至五歲，幼兒對有些動作技巧已十分熟練，這對他們的遊戲有很大的幫助，他們可以雙腳跳躍、攀爬、單腳跳躍和快跑。因此幼兒非常喜歡玩追逐的遊戲及一些運動或球類遊戲，愈粗野狂鬧的遊戲（rough-and-tumble play），他們愈喜歡。有些幼兒甚至可以騎四輪的腳踏車（例如，捷安特的兩大輪、兩小輪的腳踏車）、可以自己穿衣服、外套，及玩一些積木和建構遊戲。

　　五歲至六歲時，幼兒可發展更精良的動作技巧，例如，跳繩、有氧舞蹈、走平衡木。此時小肌肉發展已更趨成熟，他們可

以切東西、依形狀畫圖、剪貼、黏貼、畫圖、串珠珠及做一些手工。大部分的幼兒會使用刀子，但切東西不一定切得很好。

動作遊戲經常伴隨著其它型式的遊戲一起玩，而且跟玩物遊戲有很大的重疊。單一的動作遊戲在嬰幼兒有很大的不同，只需視其使用身體部分便可辨別，例如，跑、跳躍。這種遊戲形式下，身體被當成玩物。

狂野嬉鬧的遊戲是將身體動作加上社會性的遊戲，讓自己與同伴的身體成為遊戲最主要的焦點玩物。這種遊戲被認為是動作遊戲的一種，同時也是表徵及假裝的遊戲。也就是說，可能幼兒假裝在打架，但不是真正的爭吵。在狂野嬉鬧的遊戲中，幼兒假裝在遊戲，他們的身體及動作皆會與其所扮演的角色配合，此時這種表徵即變成了玩物遊戲了。此種玩攻擊性行為的遊戲型式可能包含例如，相互嬉鬧、摔角、跑、追、逃、踢、打人、疊羅漢、推、搥、戳刺及很吵鬧地玩（Sutton-Smith, Gerstmyer & Meckley, 1988）。在玩攻擊行為的遊戲或狂野嬉鬧的遊戲情節中，典型是許多孩子一起參加，彼此有角色互換——從當壞人、變好人再變成壞人，彼此可以輪流交換擁有權力的角色及當受害者的角色（Pellegrini, 1991）。性別在狂野嬉鬧遊戲中是很區別的（將在第四章會有詳細的討論）。在專欄3-2之「狂野嬉鬧遊戲的議題」中，我們會加以討論其所受到的批判。

● 專欄3-2　有關狂野嬉鬧遊戲的議題

　　為什麼有些老師不喜歡甚至禁止幼兒玩狂野嬉鬧的遊戲呢？有些研究者認為狂野嬉鬧遊戲還是有它的價值存在，至少這種遊戲帶給幼兒們彼此的身體接觸，這對幼兒而言是很重要的。而且幼兒需要運動以釋出多餘的能量。其次，因為狂野嬉鬧的遊戲一定要與其他幼兒一起玩，這是一種社會性的溝通。甚至，有些研究指出這種遊戲可幫助幼兒學會處理自己的情感。幼兒需藉正向的情感以過濾自己的負向情感，並要學會控制自己的衝動，如此才能在團體中立足。此外，假裝是調節個人情感的最佳潤滑劑。狂野嬉鬧的遊戲是玩打架的遊戲而不是真正的打架行為。當他們在玩卻不能控制自己的衝動快要動氣打架時，常會因同儕壓力而抑制打架的衝動。這種遊戲對幼兒而言不是很好嗎？如果是好的遊戲，又為什麼要抑制幼兒玩它呢？原因有下列幾點：

　　第一個原因是，因為不容易對狂野嬉鬧的行為下很好的定義。到底幼兒玩到何種程度才屬於這種遊戲的範圍。許多研究者將好玩式的攻擊行為併入這種遊戲型態。但這種缺乏好的社會技巧又不受同儕所喜愛的身體攻擊行為很容易會混合於這種遊戲中。雖然如此，狂野嬉鬧的遊戲與真正的打架行為或一般的身體運動仍是有分別的。狂野嬉鬧的遊戲較有正向情感的溶入；換句話說，真正的狂野嬉鬧遊戲並不會衍生負向的行為。甚至這種遊戲還有其發展上的優點

（Pellegrini & Perlmutter, 1986）。

　　雖然如此，許多老師仍毫不考慮地否認這種遊戲的價值，除了不鼓勵外，甚至於還抑制孩子玩這種遊戲，為什麼呢？最重要的原因是老師不能容忍幼兒玩打架的遊戲，因為幼兒可能會變成真正的打架行為而發生意外。幼兒可能隨手拿起棒子或硬的物體，雖不是故意卻傷害了別的幼兒。因此，最好不要讓幼兒玩這種狂野嬉鬧的遊戲，以免因意外而擔責任。

　　第二個原因是，許多老師仍堅信閾值理論（threshold theory）。當幼兒彼此挫折或爭吵強度增加時，很快地幼兒便會打起架來。例如，小明、小華和彥均在積木角扭打在一起玩警察抓小偷的遊戲，彥均不小心用手碰到小明的鼻子，小明覺得很痛而哭了起來，小明為了報復彥均不小心打到他而故意用力將彥均撞倒，兩個扭打在一起，而小華也迅速加入一起打，造成一陣混亂，老師只有很快地將他們分開。

　　第三個原因，是這種遊戲可能象徵老師允許幼兒們做攻擊性行為或動作。為了這原因，老師不允許幼兒帶玩具槍和刀到教室裡，也不允許幼兒玩打架的遊戲，認為這種動作或玩物容易造成幼兒的暴力行為（使攻擊性的行為無形中產生），老師當然不希望幼兒受到這種影響，正如老師鼓勵幼兒不要接觸暴力的電視和電影等媒體是相同的理由。

　　本節小結：我們已從相關研究及理論概念中瞭解零至六歲嬰兒及幼兒在遊戲中的發展趨勢，這些改變是現在玩物遊戲、表徵遊戲、社會遊戲，及身體／動作遊戲。表3-4將提供此四大遊戲領域的可能發展順序，以供父母或教師在瞭解孩子在某一特定年齡的發展概況及下一個發展的可能步驟及行為為何。最重要的，我們必須瞭解遊戲發展的最重要機轉及幫助孩子去超越沒有的限制，進而提升遊戲的功能。除此之外，我們還要對孩子整個社會脈絡情境要有所瞭解，更要敏感遊戲對行為之影響，如此一來，才能為孩子提供最佳的環境以提升其遊戲行為。

表3-4　遊戲發展進度量表（Play Development Progress Scale, PDPS）

操弄／建築 （玩物遊戲）	表徵遊戲	社會遊戲	身體／動作遊戲
1.玩自己的身體部位（例如，手指、腳指） 2.用手臂揮打玩物並獲得愉快 3.玩別人的身體部位，例如，摸別人臉或頭髮 4.玩水 5.在遊戲中去拿玩物（或自己拿或從別人處獲得） 6.在玩中放開玩物 7.用雙手去敲打玩物或拍手 8.做影響環境的重複性動作（例如，敲打玩具產生砰砰響） 9.堆放玩物 10.自發性的塗鴉 11.拉玩具 12.將容器（籃）中玩具倒出來 13.可以橫向排列玩具並且是有組織性 14.玩沙（過濾、拍、抹平、倒或堆） 15.玩拼圖 　a.三件式的形狀拼圖（三角形、四方形、圓形） 　b.四件式個別成形的拼圖 　c.四件組成一形體的拼圖 　d.七件組成一形體的拼圖 　e.十二件組成一形體的拼圖	1.在遊戲中模仿 　a.模仿聲音 　b.模仿別人的手勢 　c.模仿別人的臉部表情 　d.延宕模仿（將以前所聽過或看過的聲音或動作模仿出來） 2.在遊戲中可製造聲音 3.在遊戲中可用語言交談或叫喊 4.使用玩物來做假裝、虛構，例如，假裝積木為車，可使玩物具有意義 5.功能性使用表徵玩具（例如，電話、車子、娃娃或茶具組合等） 6.使用成人衣物或裝扮遊戲 7.表現單一的假裝情境遊戲（例如，喝茶、抽煙或開車） 8.表現虛構情境（事件之間有連續或單一角色持續在五分鐘以下，例如，用茶具組合在一起喝茶、吃餅乾，好像開茶會、派對；或開車去逛街或加油等） 9.表現虛構情境（單一角色的遊戲可以持續五分鐘以上） 10.表現虛構情節（有情節、主題但較不具組織性） 11.表現有組織、情節的假裝遊戲	1.模仿鏡中的形象 2.對鏡中的形象微笑 3.在遊戲中嬉笑 4.玩社會遊戲（例如，躲貓貓、玩拍手遊戲） 5.單獨地玩（例如，幼兒自己玩玩具，即使與別的幼兒一起玩，彼此處在很近的距離，也不想與其他幼兒玩在一起） 6.可以獨立自己玩遊戲，持續15～30分鐘 7.平行遊戲（幼兒通常玩在一起，但各自單獨做他們的活動或遊戲；通常玩相似的玩具或活動，除非他搶奪別人的玩具，不然彼此很少有社會性的互動或影響他人的活動） 8.聯合遊戲（幼兒可玩在一起，但各自擁有自己的主題的深度活動。彼此間有溝通交流，通常玩的主題是與玩物有關的活動。彼此之間各自有自己的活動目標與目的，可能彼此有所關聯，但不是一完整組織的活動） 9.兩人的合作遊戲（兩個幼兒參與共同目的的活動，彼此有組織能相互協調以達目的。通常幼兒是玩一些扮演、競爭／非競爭的比賽，或做一些作品，彼此相互支持以達目的）	1.可以不用支撐而坐著玩 2.玩時可以獨立站的很好 3.爬或匍匐前進 4.可以邊走邊玩 5.可以雙手將球從頭上丟出 6.可以從大人椅子爬上爬下 7.踢球 8.聽音樂、做些律動 9.踩（騎）三輪車 10.用雙腳做跳遠狀的動作（腳離地） 11.可以從十英吋處跳下來 12.接大球 13.跑得很好（不會跌倒） 14.可以在矮的玩具和梯子爬上爬下 15.跳繩（至少連續兩次以上） 16.會翻觔斗、跳躍、盪鞦韆，用輪子溜冰、走平衡木等

（續）表3-4　遊戲發展進度量表（Play Development Progress Scale, PDPS）

操弄／建築 （玩物遊戲）	表徵遊戲	社會遊戲	身體／動作遊戲
16.將玩具放入容器或籃子內 17.會將蓋子蓋於有蓋的容器 18.玩黏土 　a.會用手去壓擠、滾及造型 　b.利用工具例如，棒子、形狀加上黏土做造型 　c.利用黏土／沙做表徵的玩物（例如，做所熟識的物品，如電話、車子或茶杯），並能說出其名稱 19.玩積木 　a.沒有表徵意義的建構遊戲 　b.具有表徵意義的建構遊戲 20.用剪刀 　a.用剪刀剪東西 　b.將紙或布剪成碎片 　c.沿線剪不同的形狀 　d.剪成不同的形狀 　e.剪圖案（除了太細小部分之外） 21.用畫圖來表徵事物（大部分畫他所知道的故事並能說出故事中圖畫的名字） 22.遊戲建構的結果成為重要的部分 23.組織工藝技巧 24.使用顏色筆將圖案著色 25.拓印／蓋印畫或用筆做描繪	12.可以與其他幼兒作假裝遊戲（社會扮演遊戲） 13.兒童開始要求要與其他幼兒一起玩 14.要求同伴與他一起玩 15.能叫出同伴的名字並炫耀（自誇其所做的事情） 16.可與特定的玩伴一起玩並可將他當作最好的朋友 17.能對有規則的遊戲或比賽遵守規則，並能輪流共享玩具	10.團體的合作遊戲（兩個以上的幼兒能達到的目標） 11.遊戲中有分享行為 12.玩時可以等待 13.能為他人做事以達成目標的活動	

資料來源：引自 Golden and Kutner, 1980。

六至八歲幼兒的遊戲發展

在幼兒園之後，兒童的社會、玩物、表徵及動作之領域的發展仍持續在成長與改變之中，尤其認知及社會能力在六至八歲之兒童更是有大幅度的發展變化，而這些能力更有助於兒童調節其注意力、活動及情感，也能幫助兒童獨自或與別人一同參與高層次的遊戲情節。在六至八歲時期，最早社會化之家庭的社會生態早已溶入到學校、幼兒園及不同鄰里和社區機構之文化中，繼起的是產生新的遊戲和休閒的機會（請參閱專欄3-3：歐洲在遊戲行為的研究）。

社會領域

在六至八歲的兒童正常來說已擁有相當互動的技巧。他們的社會認知水準可以讓他們瞭解別人的知覺、想法、意圖和感受。衝動控制、有能力規劃及從容滿足已有相當基礎，比起他們在幼兒園時，他們有更分化的自我概念，也使得他們有更多的社會能力及成熟的友誼關係。他們的社會遊戲具有更親密的同儕關係以及更強的團體成員的互動。Thornbarg（1979）宣稱在這所謂「泡泡糖年代」（bubblegum years），同儕互動團體的形成是與日邊增。

兒童終日徜徉在他的複雜社會環境中，與不同人身處。

● 專欄3-3　歐洲在遊戲行為的研究

　　雖然在歐洲相關遊戲的研究與理論如雨後出筍般湧現，但與美國相較，還是如鳳毛麟角般。即使如此，現代的遊戲理論及概念仍深受歐洲傳統所影響。許多現代遊戲理論，例如，佛洛伊德、艾力克遜和皮亞傑是來自歐洲，而且也廣為流傳，但是其他理論者例如，Buhler及Chateau卻少能為美國人所瞭解。由歐洲理論所推論出的遊戲行為種類對美國讀者是陌生的，例如，角色遊戲（role play）的另一名稱是虛構遊戲（fiction play）；而功能遊戲（functional play）的另一名稱是重複性遊戲（repetition play）；建構遊戲（constructive play）的另一名稱是玩物——訊息遊戲（material-information play）；而玩物或其他人的轉換假裝（例如，將填充動物玩物或家庭寵物當作好朋友）也常被歐洲的遊戲學者當作為幻想遊戲（illusion play）。在本章，我們將使用重複遊戲這名詞來代替功能遊戲，雖然在美國是不太普遍，但在歐洲卻是耳熟能詳的用語。

　　在1959年，兒童遊戲的國際學會（the International Council for Children's Play, I.C.C.P）在德國Ulm成立，此學會致力對兒童遊戲和玩具的研究。從1959年之後，每年兩年會議，將研究此領域的相關國際學者聚集在一起研討相關研究成果。下表即是由I.C.C.P一位創辦者（也是領導者）在1998年所進行兒童遊戲發展的研究。

Rimmert Nan der Kooij（1998）對三至九歲兒童所進行的橫斷研究中所記載兒童遊戲和非遊戲的比例（參考表3-5）。在此研究，三至五歲兒童是在家中被觀察，但六至九歲是在Groningen大學的遊戲實驗室中所觀察。在此兩種觀察情境中，兒童可以使用一些標準玩具，以觀察這些兒童最高的遊戲形式。五歲以上的兒童使用時間抽樣方法，以每一分鐘當作時間間隔，觀察時間總數計有45分鐘；五歲以下的幼兒是以三十分鐘為一時間間隔，共觀察30分鐘。不同觀察者在觀察遊戲與非遊戲形式的同意度（評分者間信度）為92%。表3-5顯示兒童遊戲行為是有年齡差異存在。重複（功能）遊戲及建構遊戲是隨年齡增加有降低的趨勢；但是團體（合作）遊戲卻增加了。

表3-5　在不同年齡層次中的個人遊戲行為（遊戲時間的%）

年齡	N	I	II	III	IV	V	VI
3；0	29	0.8	1.6	64.2	29.3	3.9	—
4；4	56	—	7.0	41.5	35.6	10.9	4.8
5；0	31	—	4.3	35.1	36.9	20.0	4.1
6；0	42	—	6.0	27.4	45.5	7.0	14.0
7；0	99	—	7.9	29.2	32.6	8.7	21.8
8；1	80	—	5.1	25.2	40.9	8.1	20.6
9；0	80	—	8.5	26.3	32.9	7.0	25.4

注意：Age＝歲；月。N＝次數。I＝沒有遊戲活動。II＝清理。III＝重複遊戲。IV＝模仿遊戲。V＝建構遊戲。VI＝團體遊戲。

資料來源：R. van der Kooij（1998）. Spiel（Play）. In D. H. Rost, Handwörtenbuch Pädagogische Psychologie（Dictionary of Educational Psychology）.Weionheim: Psychologie Verlags Union.

> 模仿（表徵、幻想、虛構）遊戲或角色遊戲卻不因年齡增加而有大幅改變。注意，此研究與大多數美國的研究發現大異其趣，美國的研究結果顯示模仿遊戲（例如，假想遊戲）是隨年齡增加有減少之趨勢。可能這種差異是由脈絡（context）變項（例如，實驗室情境）或因文化所造成的。

各種角色互動。他們常加入團體或較有組織之與遊戲有關之活動，發展相當動作或藝術能力之班級或課程（例如，芭蕾、打擊樂、冰刀、網球、空手道、游泳或體操）。成人所指望的個人競爭或團體競爭活動雖然在幼兒園已開始了，到了小學更是到達巔峰。少棒、足球、曲棍球、足球及其他成人所指導的團隊比賽也促進兒童的社會發展。

成人參與組織及安排兒童的休閒時間在後現代的社會中是很普遍的事，而且也得到一些嚴厲的批判（例如，Elkind, 1994）。例如，Elkind辨稱成人常以高估兒童的能力及貶低兒童期是一天真無邪及自由的時代來干預兒童的生活。他在《揠苗助長的危機》及《蕭瑟的童顏》的書中提及：今日許多的成人在介入兒童的生活中，是在迎合他們的面子及需求而不是顧及兒童的需求，或以兒童的觀點來思考。當成人將兒童的生活時程排得滿滿地，而且是按表操課式的生活充其量是一種脫離常軌的遊戲形式，此種安排必然影響到兒童的生活及遊戲。不受成人所干擾，兒童遊戲活動需要更多與同儕相處的獨立和生活技巧。

玩物領域

　　幼稚園與學齡兒童在遊戲中使用玩物日趨複雜化及精緻化。在家中、學校或社區的各種活動方案中，即使是單獨或與同儕的社會遊戲中，兒童隨時可展現出高層次的建構遊戲，或以成果為導向的遊戲或其創力的發揮。年齡較大的幼兒（5~8歲）比學前幼兒在建構遊戲的層次是大大的不同，不僅在於操作的複雜性，也在於其社會互動的精緻層次和表徵意念。不但如此，年齡較大的幼兒也會將積木的建構遊戲溶入社會戲劇遊戲的主題，並將玩物當作道具，例如，扮演超級市場或園遊會，而且也會花費更多的時間和心思。

　　積木遊戲也持續受較大的幼兒年齡層所歡迎，他們大都發展良好的操弄技巧，以讓他們能把玩玩物，例如，樂高積木（Lego blocks），以及其它積木（Lincoln Logs）或組合的玩具及零件。幼稚園以上的幼兒已可以玩一些螺絲組合玩具和電動組合的玩物（Goodson & Bronson, 1985）。這時的幼兒愈來愈具科學和實驗精神，也達到Piaget所認為的具體操作期（the stage of concrete operational thinking）及Erikson所稱為的勤奮期（the stage of industry）。他們可各種不同分類組合方法來分組玩物，並用測量及平衡玩物的遊戲方式來磨練其解決問題的能力。他們利用玩物建構、實驗及解決問題，同時也利用此類玩物做角色扮演。

表徵領域

假裝是兒童從二歲起的主要遊戲方式，一直到四、五歲的學齡前期，會增加社會群體的伴裝遊戲，又稱為社會戲劇遊戲。然後，他們在五歲之後，會明顯地在學校教室及戶外遊戲場降低此種社會性的伴裝遊戲。在其他社會脈絡情境，幼兒仍對扮演遊戲保持高度及濃厚的興趣，他們在家裡及鄰居社區分享一些伴裝遊戲並溶入與當代社會文化及媒體所傳遞相關主題及內容的故事活動（詳細內容請參閱第十章：遊戲與電子媒體）。此種伴裝的故事活動在吸引不同年齡層的同伴聚在一起共同活動。

幼稚園與學齡兒童比幼兒園的兒童顯現更多更豐富內容、情節及複雜腳本的假裝扮演遊戲。在此年齡層的兒童，其遊戲情節會更分化及有組織性。他們也在其所扮演的複雜角色中顯現更多的後設溝通；同時他們的扮演遊戲，也會出現更多的層次的角色管理，例如，六至八歲的幼兒扮演布偶遊戲或做一些喜劇扮演或做打戰、馬戲團表演的戲劇遊戲。這些角色的管理會經不同階段的處理，幼兒會經引導及再引導以讓遊戲更豐富化。這時期的幼兒非常喜歡在扮演遊戲活動中加上許多道服及道具，同時他們也會從積木、樂高、卡通玩偶及其它操作玩物中來當作扮演遊戲的道具（Johnson, 1998）。

此外，這年齡層的兒童也會用不同方式來表達其象徵能力，例如，話劇、說故事。這些方式與他們在幼兒時期所說的表徵遊戲有關，且有連續關係；但也有些扮演的表徵遊戲是在此時期所

發展，與前面時期的表徵能力發展無關。更多的討論請參考下一節的認知遊戲與創造性遊戲。

動作領域

當兒童從幼兒轉移至學齡兒童，他們已發展更精緻的大肌肉及小肌肉的動作能力，而且也有助於他們在其他發展領域中有更好的專精（mastery）能力。他們已發展的大肌肉的強度、協調力及平衡感，統和起來更有助於發展小肌肉的技巧及靈巧性（dexterity），及參與更多不同的動作活動。

學齡兒童已發展相當不錯的動作能力，例如，使用小零件的物品、寫字及畫圖以及使用電腦的鍵盤。六至八歲的幼兒對於精細的組合動作也能運用相當自如，例如，組合四驅車或拼組模型玩具。隨著大肌肉的成熟及練習效果，許多幼兒可以騎兩輪的自行車、跳繩、爬樹、跳彈簧床及特技表演。狂野嬉鬧及其它形式的遊戲（例如，冒險遊戲、膽大妄為的遊戲）也處處可見。警察抓小偷、捉迷藏、一二三木頭人等動作遊戲（motor games）也常在此時期的兒童生活中看到，之後，他們將已發展的動作能力運用到運動層面，例如，直排輪、溜冰、跳舞、體操、游泳等活動。

認知遊戲

　　認知遊戲與創造性遊戲常混合在一起，換言之，所有的遊戲皆具認知與創意。認知有兩個重要的指標向度：擴散思考和聚斂思考。這兩種層次的各種要素皆在不同遊戲情節中應用地淋漓盡致。例如，音樂遊戲，學習如何演奏樂器是很高度地聚斂性思考，但是音樂性的表達和即席演奏的活動可能是高度創意及需要相當擴散思考的能力，創造性遊戲和認知遊戲並不是絕然可區分的，而是具相輔相成的效果，而且是唯物辨論關係（dialectical relation）。當聚斂思考獨占一方時，此時遊戲是屬於認知性的：而擴散思考獨占一方時，那遊戲被稱為是創造性遊戲。用此來區分認知及創造性遊戲是有些獨斷的，但我們卻常用此種方法來區分兩者之間的差異性，不過，我們將規則性遊戲、教育玩具之使用及書本圖書視為認知性遊戲。

規則性遊戲

　　運動競賽和其它體能性競賽、大富翁等紙板遊戲、電腦及電動遊戲在小學時期是深受兒童所歡迎的。雖然有時幼兒同幼兒也會參與此類遊戲活動，但是他們常僅使用非常簡單的規則，而且常需要成人之輔助。即使已上小學之六、七歲幼兒，其所玩的遊戲，規則簡單、容易遵循，而且是剛入門的幼兒，其所需要的技巧及策略也相當的簡單。而進入小學中年級（八歲之後），或較小的幼兒，但其思考層次已臻至Piaget所稱的具體操作（邏輯）

思考期，他們可以在遊戲時，呈現更高的認知及社會要素，例如，玩西洋棋。此種遊戲需要策略性的規劃能力及真正的合作技巧，而這種能力也是Piaget所認為具體操作期的主要特徵。

教育性玩具

學齡兒童常會在家裡、學校、社區之托育機構使用教育性和技巧發展性的玩物。在此類的玩具、玩物及規則性遊戲常具有教育性質。而第十章將會介紹有關電子媒體的玩具，它們也具有教育性功用，例如，電腦與教育軟體、電子玩具及遊戲（此種玩具包括了教導性玩具和科學玩具）。適合幼兒的科學玩具例如，磁鐵、手電筒、放大鏡、色紙、石頭和貝殼、時鐘、電子計算機，及其它可助幼兒觀察和操作的玩物。學齡兒童常使用顯微鏡、化學組合玩物、望遠鏡和其它有挑戰性的電腦軟體。這些玩物可鼓勵幼兒探索、觀察、解決問題，而且用較開放、遊戲性及創造性方式來進行玩物操弄，運動及競賽的設備也幫助兒童發展動作技巧。

書籍及繪本

書籍和其它印刷品也可誘引兒童的認知遊戲，此種遊戲在歐洲稱為接收遊戲（reception play）（van der Kooij & de Groot, 1977）。此種遊戲包括看圖畫繪本，當別人在繪圖、建構玩物時，他在一旁觀看或模仿別人的遊戲行為，聆聽或大聲朗讀童話、故事，或歌謠，看錄影帶、電影、電視、玩偶劇等。在此種遊戲活動中，兒童需要運用心智能力，而不需太多的動作活動。

雖然兒童是被動的（有時不被列入遊戲行為），但他需活生生的及智慧溶入活動之中。在此種接收遊戲中，書本扮演很重要的角色。五歲或五歲以下的幼兒很喜歡好玩、幼稚的故事書，狂野冒險、幻想或日常生活故事書；而五歲之後，幼兒則較偏好可信的故事、詩集、節慶故事及漫畫。六至八歲幼兒也對魔法、災難、恐怖、自然及超自然的故事有濃厚的興趣。圖書接收遊戲及其它認知遊戲常也被教育性的遊戲及方案所整合成為學術或才藝課程（請參閱第十一章）。

創造性遊戲

創造性的光環常與兒童遊戲放在一起，尤其此種遊戲是具想像力及擁有直接思考及自我調節的特質。此種遊戲排除自由聯想，或間接思考或隨意或由刺激導向的行為。例如，幼兒的隨意塗鴉並不是溶入創意遊戲的行為，除非他們說他們正在寫或畫東西。

創意隱含原創力和美學與技巧性的用途。不像大人，他們深受社會價值標準所牽引，小孩只受個人價值所牽引，所以，小孩的創意遊戲只受遊戲原創性及其特定個體所導引。當兒童漸漸成熟，社會的規範將施加在小孩的創意中，而此種創意也漸漸取代孩子之個別創意的規範，並決定小孩的作品或活動是否具有創意。有關六至八歲幼兒的創造性不應有所限制，但我們只討論下列三種：（1）美術與工藝；（2）虛擬建構與故事敘說；及（3）音樂表達。

美術與工藝

六至八歲幼兒可以使用各種不同媒介與玩物做出精緻及有創意的作品。像在幼兒園的幼兒一般，他們可以用水彩、串珠、線、蠟筆、剪刀、黏膠等等的美術工藝的用品來創造作品，而他們比幼兒園因更會操控這些用品，所以他們可以將作品做的更好。幼稚園及學齡兒童也會參與更多不同的活動，他們喜歡建構模型，及其它手工藝的製作，例如，十字繡、貝殼貼畫等。

虛擬建構及故事敘說

幼兒園及小學一、二年的幼兒喜歡利用一些建構物品來虛擬他們的想像世界。他們很常使用一些小的建構物品，組合並運用到他們的想像遊戲來玩假裝遊戲，最常的玩物有玩具兵、絨布娃娃，或動物模型等模型玩具，以及一些如積木等非結構性的玩物。通常此類玩具及遊戲常發生在桌子上、床上或地毯上。電腦及電動（參考第十章）也提供一些想像遊戲空間，也可在電腦螢幕上做虛擬想像的遊戲。而在此種二度空間或三度空間的虛擬想像遊戲可使兒童操弄玩物，並從中建構圖像及發展故事敘說來增加遊戲之豐富性。此種遊戲可以單獨地玩，也可與別人一起玩，至少可以消磨一段時間。六至八歲的幼兒更喜歡加一些具體的模型在他們的創造性的遊戲中，而且也會比幼兒園的小朋友玩更複雜的腳本及成品。

音樂表達

　　帶有音調、節奏及歌曲的音樂創意遊戲是幼兒的最愛。弦律和樂器對幼兒來說是適齡的。創意的語言遊戲包括創作歌曲和弦律，有時也包括創作舞蹈和律動。學齡兒童開始學習樂器操作及讀樂譜；他們也做團體唱遊。創意的音樂遊戲可藉用錄音機等視聽設備來幫助遊戲的進行音樂性之創意遊戲常伴隨流行及組合一些故事及假裝的行為成分。

本章小結

　　在本章中，我們將兒童的遊戲發展概念為微視發生論（短期目標）及種族發生論（長期目標），此兩種目標隨著時間的推移而產生個體遊戲的發展行為和經驗。兒童的遊戲發展是在多元架構（例如，文化、性別、生理環境、同儕）下被組織及區分其不同脈絡關係來教化遊戲實務及政策。僅用單一線性的脈絡來解釋兒童的遊戲發展雖是具有重要的根本訊息，但是不足於解釋兒童的遊戲發展。

　　幼兒四種重要遊戲發展的向度（社會、玩物、表徵及動作）已在本章中描述。社會遊戲自嬰兒呱呱落地後，由所照顧成人的互動中發展並由成人補償嬰兒之有限的能力。玩物遊戲是嬰幼兒的啟蒙，但對年齡較大的幼兒較不重要。社會遊戲技巧隨著幼兒與同儕互動之共同順應之經驗之獲得而增加。玩物遊戲是從簡單

重複的動作與功能遊戲轉移到建構遊戲組合。

表徵遊戲從最早對自己的模仿（之後再對別人）轉移到社會脈絡情境，並更具一致及次序的表徵規則與模式。依皮亞傑而言，純正的假裝開始於嬰兒表現從外在導引（非內在導引）的遊戲行為。表徵遊戲的發展順序為：假裝動作→玩物使用→角色溶入→主題。在五歲左右，兒童開始更高度表徵的社會戲劇遊戲及主題幻想遊戲，此兩種遊戲需要更多後設溝通的能力與同儕協調、分享角色的同儕互動、專心、持續力及注意力。動作遊戲發展從出生至六歲也有顯著地改變，例如，身體的動作技巧、行動敏捷、更好的控制、平衡及大小肌肉的協調。

最後，本章也對五至八歲的幼兒在社會、玩物、表徵及動作遊戲的發展。六至八歲幼兒有更好的同儕互動，形成同伴團體並接受大人所監督的活動；他們可以用更精緻的方式來操弄玩物，並運用到他們的假裝活動中；表徵遊戲可以附加玩物來使情節更為複雜；動作遊戲可允許幼兒使用更精緻大小肌肉動作技巧而使動作行為更為靈巧。認知遊戲開始使用規則性遊戲、教育玩具和書籍。創造性遊戲也可從他們他們所喜歡的藝術與工藝，使用虛擬玩物的假裝世界中，視聽媒體之使用（電腦與電動）及音樂性表達的活動漸漸嶄露。

4 遊戲之個別差異

個別差異此議題至少在現在可以獲得解決。在老師的協助之下，男生與女生在大積木角使用大型積木做不同的探索，可以停止彼此之間的爭執與爭吵。在過去，似乎只有男生出現在大積木角進行各種不同大積木的堆疊，正如一位男生所說：「女生不夠強壯」，所以他們不會（不能）玩大型積木。雖然老師們略有保留的，如果他們能解除禁令，讓孩子自己讓他們的喜好去玩，及解決問題，那假以時日，大型積木角就可以充滿男、女性共同在那裡玩，而且也可得知這是一個睿智的決定，不僅如此，男生們也可體認到：女生是夠強壯的，也可以在大積木角玩得很好。老師同時注意到以往在男生們身上所發現到一般：女生也可以很專注地建構圖案（型）。同時，也會將積木帶到戲劇角來增加其扮演情節或充當扮演道具。

在第三章，我們已討論了遊戲發展的概念；並探討了自出生至八歲兒童在社會遊戲、玩物遊戲、表徵遊戲和動作遊戲的發展順序；同時也涵括了在學齡兒童的認知及創作遊戲。在瞭解長時間不同遊戲的發展（遊戲的種族發生論）及短時期在特定脈絡的不同遊戲發展（遊戲的個體發生論），我們更能預期及指引孩子的遊戲行為。然而，遊戲發展本身的概念即使提供了發展的不同速率及差異性，仍然不足於建構充分解釋造成遊戲差異的理論。我們除了瞭解個體遊戲發展變項之外，仍需要其它脈絡或多因子的變項來當作遊戲發展的中介變項，並共同建立解釋孩子之遊戲發展及個別差異的因子模式。

　　遊戲發展和個別差異是需要更充足概念架構的兩個主要建構。發展或發展功能係言指造成兒童在特定領域，例如，遊戲或探索行為的質性改變的順序。發展功能是指在某一母群體之規範性改變的解釋，例如，里程碑或階段論。而個別差異係指在母群體之發展功能的個別成長速率或差異性（Wohlwill, 1973）。例如，Howes（1988）探討單純社會遊戲（simple social play）做泛年齡層之橫斷比較，此種研究即提供瞭解此種建構的發展功能，而在同一年齡層之比較即可反映是個別差異的效果。

　　我們仍維持此認為：發展改變是受先天與後天（遺傳和環境）兩大因素之共同影響。在這些因素之中，例如，環境（未來影響之拉力），情境因素（現在之影響要素）之互動中及個別差異變項（受過去所塑化之因素）共同影響個體之遊戲行為和經驗。這三種向度共同構成了多變項，每個變項皆可提供單一向度及其它向度之複雜互動來影響解釋孩子之遊戲發展功能。建構一概括性及有預測性之兒童遊戲模式，及加上成人在情境因素之角色，會更能解釋兒童之遊戲行為之變化因素。

　　現在，假設我們要預測一兒童在隨機選擇的情境中會做何種遊戲，可是我們對這兒童一無所知。我們將隨便猜測這些因素可能是什麼？如果，我們可以提出兩個有關此兒童的問題，那麼，是那兩個問題最有助於我們來預測孩子的遊戲行為？當你讀過前一章，我們希望你選擇兒童的生理或發展年齡來當作一個預測因子，此外，另一個預測因子又是什麼呢？你是要猜，文化、社經地位、家庭結構，或是否上幼兒園的經驗呢？當然，這些變項也都和孩子的遊戲行為有關。

　　但是，我們仍維持此想法：除了年齡因子之外，性別是預測兒童在隨機選擇情境中之行為反應的最好預測因子。人的一生中，一般行為的差異，絕大多數可歸因於年齡與性別，此兩因素之預測力是勝過其他個人因素。性別是我們成長歷程，包括遊戲的社會標記及個別差異的重要因子。

　　本章，我們將檢視性別及人格此兩個造成個別差異的重要變項，應用到遊戲的理論及實務，加上成人的角色以便用更整合的理論來解釋兒童的遊戲行為。前半部我們將討論遊戲的性別差異；而後半部我們將討論幼兒期遊戲之人格因素。

性別與遊戲行為

　　當兒童進入學齡前機構之教室或兒童托育中心，他們在遊戲行為顯現出廣大的性別差異及相似性。在下列之章節中，我們將從動作或身體遊戲、社會遊戲、玩物遊戲及假裝遊戲四個層面來分別探討性別之相似性與差異性。

動作或身體遊戲

　　身體或動作遊戲（physical or motor play）被界定為大（粗）肌肉動作或小（精細）肌肉動作，或言指在遊戲中身體部位的使用。如在第三章所提到，玩物並非此類型遊戲的重心，但是在進行此類遊戲時，兒童經常會使用戶外或室內遊戲設備，如大墊

子、攀爬架（climbing frames）或彈簧床，此外，環境中的自然景觀特色（如樹、短牆）也可能被加以運用，例如，兒童可沿樹幹行走，跳躍式穿過青草區或自山坡滾下來。

Fagot及O'Brien（1994）指出孩童自四至五歲之後，才有明顯身體活動的性別差異。一旦男生到了四至五歲的年齡層，他們顯現出比女生更具身體活動性及吵鬧的身體活動。Holmes（1992）所進行的參與性觀察及引用民族誌學的深度訪談的質性資料方法（10名男生及11名女生），也同時發現在中產階級家庭的幼稚園教室中，幼兒在吃點心時間中也有明顯的性別差異。研究結果指出所有兒童皆有在吃點心時間中，做假裝性遊戲及說笑話，但唯獨男生（沒有一個女生），會魯莽式鬧晃（例如，使用禁忌的幽默），或調皮搗蛋（例如偷藏別人的牛奶，或將當其他幼童坐好在椅子上，突然將椅子抽走，而讓幼童跌倒的惡作劇）。

在紐西蘭，Smith and Inder（1993）在幼稚園及幼兒托育中心觀察三歲半至五歲的幼兒，發現幼稚園的男童似乎有較多身體接觸的遊戲行為，而在此兩種托育機構中，男孩及混合性別的團體出現較多吵鬧的遊戲；而女孩則出現較多安靜性及被動性的遊戲。從此研究，可以看出遊戲環境的選擇與性別是有關聯的。此外，男孩出現在戶外遊戲玩的頻率較高，而女孩則傾向在室內玩。在澳大利亞也有類似此情形的研究結果（Cunningham, Jones, & Taylor, 1994）。

而且，研究顯示學前男童比學前女童在室內或室外環境中更精力旺盛和活躍。例如，Harper和Sanders（1975）花了二年時間記錄中產階級家庭中，三至五歲男孩和女孩所使用的遊戲時間和

空間。男孩較女孩花更多時間在戶外（穿洋裝和穿牛仔褲的女孩在這方面沒有差別）。男孩通常在戶外遊玩，或在沙堆中，爬攀登架或曳引機，或在配備儲藏室附近遊耍；而女孩在室內手工藝桌旁或廚房玩，是很常見的事。儘管花在校外時間沒有個別差異，男孩使用的空間是女孩的1.2至1.6倍，並且明顯的進入更多遊戲角落玩。

研究文獻一致同意，學前男童比女童玩較多的狂野嬉鬧遊戲（rough-and-tumble play）。狂野嬉鬧遊戲，如在第三章所界定，是玩打鬥遊戲，而非真正打架。男童傾向玩這種遊戲，頻率遠超過女孩。他們互相追逐、角力、爭鬥，通常是在假裝虛構人物時有這種情形。此外，男孩比女孩在遊戲中有更多攻擊性傾向；實驗室和田野研究亦發現，男孩在社會衝突中表現攻擊性較女孩普遍。許多不同的研究中，都描述男孩比女孩主動、活躍、吵鬧、坐不住。Tizard, Philps和Plewis（1976）在對英國十二所服務中產和勞工階級家庭的托兒所的觀察報告中指出，男孩比女孩更常真正打架。Jacklin和Maccoby（1978）以二人為一組，共九十組同性兒童和三十組異性兒童的實驗安排，發現三歲又九個月大的男孩組，即已較女孩組或異性組更常打鬥（tug-of-war）。

而最近的研究（例如，Carlsson-Paige & Levin, 1987；Goldstein, 1992；Humphreys & Smith, 1984；Smith, 1997），也發現男童比女童傾向有較多狂野嬉鬧的遊戲。此種遊戲也包含有超級英雄的攻擊性遊戲，及使用戰爭玩具的遊戲，此外，他們會相互追逐，扭打在一起，或有虛構角色及情節的遊戲行為。綜合上述，這些研究可顯現出幼兒的身體遊戲與狂野嬉鬧的遊戲有關。

　　例如，Peter Smith（1997）在英國應用老師訪談法的一系列的研究，調查狂野嬉鬧及眞正打架的出現頻率。他的實徹調查及文獻檢閱促使下此結論：幼童的眞正打架是相當稀少的。相對地，狂野嬉鬧遊戲所出現的比率爲所有遊戲時間的5％至10％，頂多爲20％；而男生玩眞正打架行爲及玩狂野嬉鬧的遊戲是女生的二至三倍。

　　在男女幼童所玩的遊戲中，在攻擊行爲的形式也有性別差異的有趣發現。一般說來，男童傾向有較多工具性的攻擊行爲（instrumental aggression），例如，打人、搶奪、推人或用武力來獲得喜歡的物品，爭地盤，或在社會衝突中獲取特權；而女童則傾向有較多關係性的攻擊行爲（relational aggression），例如，間接或語言攻擊，或間接性欺凌弱小（排斥他人、不遵守諾言、說別人閒話或企圖傷害別人）。例如，McNeilly-Choque, Hart, Robinson, Nelson及Olsen（1996）針對241所公立啓蒙計畫（Head Start）及大學附屬實驗托兒所，利用大型多重方法的研究發現：女生比男生在戶外遊戲場中有較多關係性攻擊行爲；然而，男生卻比女生有較多的工具性攻擊行爲。而這種攻擊行爲皆與同儕的接受性有負相關存在——換言之，有愈差的同儕接受度（人緣愈差），其工具性攻擊行爲或關係性攻擊行爲愈高。Crick及Grotpeter（1995）進一步整理這些研究，卻發現這些攻擊行爲指的是眞實的攻擊行爲，而不是指遊戲的攻擊行爲。然是否女生比男生有更多的語言及關係性的遊戲的打架（攻擊）行爲嗎？可能是如此，但對男生而言，在日後幼兒時期，他們傾向有較多的身體性遊戲攻擊行爲。

　　從幼兒園到小學階段，幼兒從原先與性別有關的身體和動作遊戲轉移到小學的運動、競賽和其它的活動。在男生中，也呈現在攻擊、冒險、速度與力量上有連續發展的趨勢；而女生則較少玩吵雜的遊戲，並在體能遊戲中會較合作，注意美學及動作的優雅性。例如，男生傾向參加曲棍球，而女生則參加舞蹈課程。性別相連並不意含排除性別，有些女生也會參加多數男生玩的活動，而男生也會參加多數女生喜歡玩的活動。

　　總之，大多數研究支持學齡前男童比女童更常玩狂野嬉鬧的遊戲，也常在遊戲中產生真正的打架行為（工具性，而不是關係性的攻擊行為），甚至於男孩似乎比女孩會使用更多的遊戲空間，也會常待在戶外。但對於幼兒階段的體能活動，研究結果在性別差異中較沒有那麼決斷性（Fagot & O'Brien, 1994）。關於4、5歲以前的幼兒，在身體活動之性別差異沒有那麼明顯（McCall, 1994）。每個年齡層都有顯著地個別差異存在，這也使得研究的類化（generalization）有其困難性（請參考專欄4-1：男孩與女孩的遊戲，真的大不相同嗎？）。

　　在小學階段，性別相關連的趨勢呈現在運動、競賽及其它有組織的體能活動中。男童比女童從事較大遊戲團體及有較多競爭、獨立、不同角色及較堅持規則的團隊遊戲。

◉ 專欄4-1　男孩與女孩的遊戲，真的大不相同嗎？

　　雖然許多研究認為男孩與女孩的遊戲方式在許多方面全然不同，重要的是，這些研究都避免作出簡單的類化或誇大其實的結論。家長和教師（有時候，有點擔心地）提到兒童的遊戲方式與其性別期望全然相反的事亦也比比皆是。例如：

　　在一所都市學校，三樓頂層被使用作為戶外活動場地。由於地面堅硬，雖然常有人玩三輪車或其它大型模型汽車的遊戲，但會有人玩狂野嬉鬧遊戲。這裡也有攀爬架和其它戶外遊戲設施。活潑的三歲小孩敏敏，最喜歡玩大肌肉活動的遊戲，而且她也是最精力充沛的小傢伙之一。她也經常玩超人英雄主題的遊戲，當超人英雄和大壞蛋互相追逐時，玩具汽車就被當作用來攻擊的物品。敏敏總是熱切期盼遊戲時間到來，並經常是這類遊戲的一份子。

　　敏敏也是攀爬和盪鞦韆高手。有一天，趁老師沒注意，她爬上環繞遊戲場的溜滑梯的梯子，藉此爬上牆的頂端，即離地面三層樓高處。想想看，老師看到會有多驚恐呀！幸好這位老師還知道不要大叫，不要迅速朝向她跑去。老師平靜地走向敏敏，慢慢伸出雙臂，敏敏平安地跳進她的懷中。之後敏敏很快又投入其它活動量很大的遊戲。因這次事件也嚇壞了的老師，馬上和警衛討論如何防止這種事的發生。

社會遊戲

大致來看，小男孩和小女孩表現在遊戲中的社交性，並沒有很大的差異。Parten（1933）所發展的遊戲量表，顯示出社會遊戲的差異性與兒童的年齡差異有關，卻與性別無關。然而，她發現三分之二的兒童遊戲團體是同性團體，而且通常是同性的玩伴較受歡迎。在社會遊戲中，性別不會造成顯著差異已有翔實的研究紀載（Johnson & Roopnarine, 1983），然而在英國一項大型研究樣本的報告指出，學前階段，女孩在社會遊戲的層次領先男孩（Tizard et al., 1976）。

其他學前兒童社會遊戲的選擇也與Parten的觀察一致，同性玩伴較異性玩伴來得普遍且容易相處。兒童喜歡和同性的同伴一起玩的事實業已被許多研究證實（Fishbein & Imai, 1993；Hartle, 1996；Powlishta, Serbin & Moller, 1993；Ramsey, 1995；Shell & Eisenberg, 1990；Urberg & Kaplan, 1989）。例如，Serbin, Tonick 和Sternglanz（1977）的報告就指出：同性兒童平行遊戲和合作遊戲之頻率，分別是異性兒童平行遊戲和合作遊戲的二倍和四倍。兒童傾向和同性友伴遊玩，可能是能力、性別角色刻板化，以及興趣合得來等因素混合而成的結果（Hartup, 1983）。而這些研究的發現也有一些類化的推論性存在。

第一，性別之差異約開始在兒童四歲時。此種性別差異之偏誤很明顯地是出現在自陳報告的研究（例如，說明玩伴的喜好），而不是出現在實際的行為觀察（Ramsey, 1995）。很明顯

地，即使孩童在自陳報告中表示較偏好某一性別的玩伴，在眞實情境中會因對某活動的吸引而減少此性別喜好的偏誤。此發現之另一種可能解釋：幼童在訪問調查中過度陳述此種性別差異性，以順從在他生活的社會規範〔例如，不喜歡異性（不和異性玩）是一種酷事〕。第二，女生比男生較早傾向與同性同伴一起玩，而一旦此種性別偏誤之觀念建立，對男生而言，則較具一致性及嚴格（Powlishta, et al., 1993；Shell & Eisenberg, 1990）。第三，此種性別偏好普遍存在歐裔、亞裔及非裔美國兒童中（Fishbein & Imai, 1993）。第四，建構遊戲比其它遊戲行爲有較少的性別偏好（Hartle, 1996；Urberg & Kaplan, 1989）。可能，建構遊戲通常較具結構性，而且需要老師在旁輔導與監導。

在一個從一歲至六歲幼童的三年縱貫研究中，樣本抽自十五所托兒所的同儕團體，共計98名女童及95名男童，LaFreniere, Strayer及Gauthier（1984）發現當幼兒年紀較小，女孩一般來說較男孩喜歡與同性同伴一起玩，但自三歲之後，男孩的同性間的互動增加，但女孩卻維持原狀（見圖4-1）。最近的研究也證實在幼兒階段，幼兒喜歡與同性同儕一起玩的頻率有增加之趨勢（Diamond, LeFurgy & Blass, 1993；Maccoby, 1990；Ramsey, 1995）。

兒童較傾向於與同性別玩伴一起玩，可能原因爲能力、性別角色刻板化及興趣合得來等因素混合而成的結果（Hartup, 1983）。最近，在對照男女孩之行爲與社會互動模式中，也發現在幼兒階段之社會遊戲已有性別分化現象，例如，女生在社會與建構遊戲中，除非有老師居中調節，不然女生較不喜歡在課室中

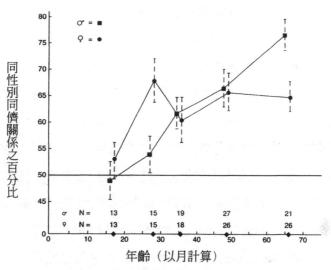

圖4-1　同性別同儕平均關係活動之年齡與性別之函數

資料來源：LaFreniere, P., Strayer, F., & Gauthier, R. （1984）·

有較指使或攻擊行爲，而且也不歡迎男生一起玩。

　　同時，研究也從現象觀點、及解釋幼兒爲何開始性別隔離，來探討幼兒社會互動型態之性別差異，這研究的發現將有助於教師瞭解課室中孩子的自然互動行爲。在紐西蘭，Smith及Inder（1993）所做的田野研究，比較在兒童照顧中心幼兒的自由遊戲，及在幼稚園的幼童遊戲。研究採用觀察方法，結果發現有三分之二的觀察時間中，幼童進行同性別的遊戲活動，而只有三分之一的時間中，他們進行混合性別的遊戲活動，而在混合性別的遊戲活動中，團體中的兒童人數較多。Smith及Inder推測原因：可能是兩種同性別的遊戲團體相混合所造成的結果，也許是說男生的團體夾雜著女生的團體一起玩。男生在混合團體中傾向主導

遊戲，而且較會產生衝突與拒絕的事件發生，相對於在純男生的團體，則較少有這種情形出現。在幼稚園情境中，有較高的身體衝突事件，而在托兒所則出現較多的拒絕及退縮的行為。研究者從此研究結論：男女生在團體互動中有絕然不同的互動風格。

Black（1989）觀察一大學所附屬的實驗托兒所的三、四歲幼童與同齡同性別的幼童遊戲互動，結果發現在不同玩物選擇的自由遊戲中，遊戲行為及技巧依性別之不同而產生有不同的遊戲行為。一般說來，女生在社會互動中有較多的輪流的社會互動，而社會行為與不同遊戲主題與互動情形也有不同，女生似乎相互期盼，彼此間比男生有較緩和的社會互動，遊戲主題較一致、且玩的時間較長。男生似乎在團體中較個人導向且會向玩伴建議如何玩，遊戲行為較不一致，呈現片斷性的遊戲情節，常有創新的玩法出現。Black的研究也支持Carol Gilligan（1982）的研究發現：女生在社會遊戲中較採取教養的角色，而男生則較採取支配的角色。

其它研究則進行遊戲互動的指引（directness）中之性別差異。例如，A童：我們來玩醫生的遊戲。B童：好啊！（這是外顯性的遊戲策略）。而另一內隱性的策略則是，A童：我現在假裝是護士；B童：我的孩子生病了，他在那邊睡覺。Sawyer（1997）的觀察研究，觀察幼兒在室內自由遊戲，利用自然情境觀察幼童八個月（參考第二章），結果顯示：男生較會使用直接式語言策略來進入遊戲情境，時間是女生的二倍之多，但男女生在間接語言策略則不分軒輊。Sach（1987）同時也有類似的研究發現，她比較在24個月至64個月的男女幼童在玩醫生的扮演遊戲，並利用

醫院遊戲的道具（例如，聽筒、針管、醫生服裝等）來刺激幼童玩此類的主題遊戲。結果發現：在時間上，男女生沒有差異，但男生採取支配的控制角色占79％的時間量，女生採取支配的控制角色則只占33％的遊戲時間。在遊戲協商中，當需要有新的角色進入遊戲情節中，男女生在策略使用上沒有太多差別；基本上，他們會使用命令式（你是病人），或邀請語氣（你可不可以當病人？）。然而，男生似乎會用較多命令式的語氣，占72％的遊戲對話，而女生只占70％。

雖然沒有太多研究指出孩童的社會遊戲，或社會互動中的性別差異，但是研究的發現皆指出幼童在社會互動及社會遊戲中，有明顯的性別偏好及互動行為也有所不同。幼童似乎比較偏好相同性別的玩伴，尤其在四歲之後。在遊戲互動中，衝突時有發生而且有其複雜性：女童較少用直接性或明確性的方式，男童則較常使用自我肯定性及支配性的互動模式。當進入小學之後，男女童的遊戲世界則格外分明，不互相分享各自的遊戲玩伴。男童的社會互動較延伸式、個別化及競爭性，女童則較具內在性、關係性及主觀性。

玩物遊戲

在幼兒遊戲中，幼兒使用玩物之性別差異，已有許多研究者有類似發現：幼兒在遊戲中使用玩物有性別的差異存在。男生幼童傾向喜歡在地板上玩，使用玩物有：推拉的玩物、積木或帶有輪子的玩具；而女生則傾向在桌上畫圖著色、玩拼圖或玩娃娃

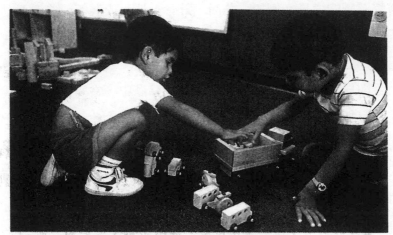

積木和有輪子的玩具幾乎是男生最喜歡的玩具。

（Wardle, 1991）。幼童使用玩物的方式與其性別有關。學齡前女性幼童較喜歡玩建構遊戲，而男性則較喜歡玩功能性遊戲。換句話說，女性幼童較喜歡他們的玩物能配合他們的計畫或目標，例如，完成拼圖建構或在圖畫紙著色，而男生幼童則喜歡依刻板化或重複性動作來完成他們的玩物，例如，推小汽車、吹泡泡、或扭動機械性玩具（Johnson & Roopnarine, 1983）。

　　造成性別差異傾向的因素，可能是遊戲時所需活動量的程度。研究亦指出：學齡前女孩較不會移動玩物，使用玩物也較具有教育意義，並較溫和安靜（Moore, Evertson, & Brophy, 1974）。有益於建構遊戲的桌上活動，參與者大多以女性為主（教師與兒童皆然），這類活動需要一直保持坐姿，而功能遊戲，則有更多的身體活動及姿勢的轉移。

　　儘管關於功能遊戲和建構遊戲中之性別差異的報告很多，但關於男孩和女孩早期在使用玩物上顯著不同的報告卻少得驚人。

在遊戲領域相關研究中，如洞察問題的解決能力或工具使用
（Vandenberg, 1981）、探索行為（Hutt, 1966），或玩物操弄
（Fenson, Kagan, Kearsley, & Zelazo, 1976）等研究主題，可能因
參與研究的兒童人數很少，資料中沒有分析性別因素
（Vandenberg, 1981），或者在玩物使用的研究中未發現有性別差
異。然而，Hutt（1966）的報告中說，從對超級玩具的反應中，
學前的女孩較可能被歸類為非探索者，而男孩則為別出心裁的探
索者；而在一追蹤研究中，Hutt和Bhavnani（1972）報告說，男
孩探索心不足，似乎與其早期童年缺乏好奇心與冒險性有關；而
女孩則與其童年中期人格和社會調適問題有關。

　　在進小學低年級時（約六至八歲），幼童會進行較多美勞藝
術活動，對於玩物使用的經驗與學齡前炯然不同。這些活動雖有
一些重疊性，也與性別非常相關。在幼兒期，不同性別在如何使
用玩物雖然不怎麼區別，但使用玩物的種類卻大異其趣，尤其在
扮演遊戲的主題內容，這可以呈現在下一節所談的假裝遊戲，至
於建構遊戲的內容則差別不大。

假裝遊戲

　　一般說來，研究（例如，Connolly, Doyle, & Reznick, 1988；
Sachs, 1987）皆指出：在幼兒時期，男孩與女孩在假裝遊戲的時
間量及一般幻想遊戲能力並沒有差異存在。然而，在其它假裝遊
戲的層面上卻有性別差異。男女生除了在遊戲互動風格有所不
同，在扮演遊戲的主題與內容卻有大大的不同，例如，男生喜歡

扮演超級英雄,女生則喜歡扮演家居的角色。但在假裝遊戲的結構,例如,假裝遊戲之組織複雜性、主題的豐富性或假裝轉變品質。

玩物轉換 (object transformations)

甲兒童可能在假裝遊戲中使用真實的或具代表性玩具——洋娃娃、迷你農莊動物模型、玩具兵、或玩具超級英雄(具體玩物轉換)。乙兒童可能玩與想像中玩物鮮少具體相似的替代玩物——小圓筒積木當做口紅、大矩形積木當做電腦(替代性玩物轉換)。丙兒童可能空想出一個玩物,並以語言和內心形象使假裝遊戲情節繼續進行(假裝性玩物轉換)。三名兒童的性別可能分別是什麼?

男孩和女孩有很大的一致性,每個性別中也有極大的個別差異。研究提出,學齡前的女孩在玩物轉換能力上領先男孩,此研究是在半控制實驗情境中進行,而非在自由活動情境或正式測驗情況下觀察(Johnson & Roopnarine, 1983)。Matthews(1977)報告說,四歲女孩在毋需憑藉玩物帶頭幻想遊戲方面,領先四歲男孩。經過一連串嘗試,男孩逐漸在假裝遊戲中對玩物減少依賴,女孩開始的層次較男孩低,而且對三種玩物轉換的喜好亦不相上下,但是稍後,會偏好替代性玩物轉換和假裝性玩物轉換。McLoyd(1980)在其對低收入黑人學齡前兒童的研究中發現,女孩做替代性玩物轉換和假裝性玩物轉換顯著地多於男孩。Fein, Johnson, Kosson, Stork和Wasserman(1975)發現在學時期,女孩似乎比男孩更常玩假裝遊戲,也比男孩提早減少對真實具體的

道具的依賴。

　　Lowe（1975）針對幼兒在自由活動行為做了研究，發現在假裝遊戲中，男孩較常使用男性刻板化玩具（如汽車、拖車），女孩也是常使用女性刻板化玩具（如洋娃娃、刷子）。但Johnson，Ershler和Bell（1980）在另一項自由活動觀察研究中，卻未發現男孩和女孩在假裝遊戲中使用玩物上有這種顯著差別。事實上，Black（1989）的研究卻指出：學齡前男童在假裝想像的遊戲互動中比起女童有較少依賴玩物道具的傾向。

　　總之，很難確切地說女孩在玩物轉變技巧上領先男孩。女孩早期的領先可能反應出女孩在語言與認知方面的加速發展。然而，在學前的後半段（三至六歲）及在所謂吹泡泡糖的年齡層中（六至十歲），在假裝遊戲模式方面的差異，可能是因為偏好，而非認知成熟度形成了這種差異。在此年齡階段中，在假裝遊戲的轉換品質並沒有明顯的差異。換言之，男女童有相同表徵呈現容量（symbolic representational capacities），及相等表徵認知結構（cognitive parity）及整合（integration）能力（Goncu & Kessel, 1984）。

角色扮演和遊戲主題（role enactments and play themes）

　　有些研究與軼聞記錄提出，在假裝遊戲中，女孩表現出對以家庭為中心的偏好，如洋娃娃、禮服、化粧品；而男孩則傾向於反派和較危險的主題與情節，而且更常使用汽車和槍（Sutton-Smith, 1979）。換句話說，女孩傾向扮演家庭角色並根據日常生活經驗來選擇主題，男孩則傾向參加冒險主題並扮演英雄角色。

後者的活動量似乎也較大（Levin & Carlsson-Paige, 1994；Paley, 1984）。

Matthew（1981）在對十六名四歲兒童，由同性別的兩人自成一組的幻想遊戲觀察中研究其性別角色概念、扮演和偏好。發現最常被扮演的兩個角色是父親與母親。根據孩子如何扮演角色來看，似乎男孩視母親為待在家裡，並是關心家事和照顧兒童的人。對妻子的角色，男孩似乎認為妻子沒有能力並且無助。對父親或丈夫的角色，男孩扮演領袖角色，而且家事只占其內容的百分之三十。在女孩的遊戲中，母親是養育者、慷慨，並有高度管理能力。但是，同樣的，妻子被扮演成無助和沒有能力。顯然，母親角色被視為正向，對於妻子角色就不以為然。女孩也視男性角色為養育者，雖然她們扮演的意願不高，而且其角色扮演內容的75%，爸爸或丈夫是在做家事。

若任其自由選擇角色，學期時期兒童通常偏好扮演符合性別刻板化的角色。Grief（1976）發現，幾乎所有個案中的男孩都扮演父親、丈夫、兒子和消防隊員，而女孩則通常扮演母親、女兒、妻子、寶寶和新娘。Parten（1933）發現學前階段男孩在扮家家酒時只扮演男性角色，而且，如果托兒所的扮演角有洋娃娃，男孩就不會進去。但另一項研究（Bergman & Lefcourt, 1994）卻發現幼兒在角色扮演遊戲中嘗試整合男性與女性的認同角色。一位三歲小男孩在扮演一位修理工人（他父親在建築公司上班），他所使用的工具是吸塵器（這是他媽媽常使用的家庭用具）。常常，幼童並不是在扮演角色遊戲中以一完全男性或完全女性的二分法，而是他在所扮演的角色中夾雜著男女性的特質。

　　男孩和女孩在假裝遊戲中選擇不同活動，部分是因為興奮、氣質、可分配角色上的差異。男孩很快越過家庭、醫生和學校等熟悉的或與生活相近的主題，並選擇諸如太空人、超人和幻想性角色等較不熟悉或偏離生活的主題；女孩似乎挺滿足於一般孩子都普遍熟悉的主題和角色。

　　例如，Howe, Moller, Chambers及Petrakos（1993）研究在大學附屬兒童托育中心三至五歲幼兒遊戲。此研究目的在於檢驗幼兒在娃娃角及其它扮演角中的社會及假裝遊戲行為，這些角落也常是美國幼兒教育的主流，常扮演的角色遊戲有醫院、公司、麵包店、藥局、私人遊艇，及水果雜貨店等。此研究發現女童喜歡在娃娃角玩，而男童則喜歡在這些與家庭較無關的新鮮角色的角落玩。可惜的是，這項研究只有觀察數天而已，可能女童需要較多時間才會去玩這些新奇的角色扮演。Weinberger及Starkey（1994）也有類似女童較喜歡玩家庭角色的扮演遊戲。Weinberger及Starkey是在美國公立托兒所〔啓蒙計畫（Head Start）〕用觀察法來觀察美國非裔幼童在幼兒園不同角落的遊戲行為。除了在家居娃娃角外，女童比男童呈現有較多的遊戲外，其餘的各個角落則沒有發現有明顯（統計的顯著性）的性別差異。

　　儘管遊戲內容的一般發展方向，是從接近日常生活經驗的主題開始，再進入距離現實生活遙遠的主題（見第三章），如因男孩對偏離生活的角色和主題，顯現較大興趣而認為他們在這方面較女孩進步，這種想法是錯誤的。遊戲品質永遠不能只根據單獨某一方面來做評估。組織力、不依賴玩物道具、語言的使用，和創造力都是遊戲中認知成熟度的重要指標，同時，正如我們已討

論過的，在這些方面，女孩的表現水準如果未超過男孩，往往也和男孩相當。

　　幻想攻擊遊戲（fantasy aggression play）常被認為是暴力和攻擊的形象與主題有關，而與所玩的玩物無關。戰爭遊戲發生於想像的戰爭情節和戰爭玩具的使用，戰爭的玩物常是商業性的戰爭玩具和孩子所建構成（例如，用積木當作手槍）。這類遊戲似乎在孩童二歲時就出現了，而一直持續到學齡期，甚至於到青春期，更有的在成人期也喜歡玩此類的遊戲。但是似乎很明顯地，在不同時期中，男生都比女生較偏好此類遊戲。

　　在未來第十章：遊戲與電子媒體中，我們會討論更多有關此類的遊戲行為。在幼兒階段中，幼兒的幻想攻擊遊戲常是直接從電視媒體的攻擊性節目及廣告的商品的攻擊玩具中模仿而來的。Levin（1995）覺得這類遊戲較狹隘並具刻板化，而且會限制孩子的創造力；甚至也可能會由電視節目的想像情節中提昇性別主義、種族主義和仇視外來人種，此外也可能會增加暴力和不能容忍人的差異。

　　Goldstein（1995）與其他學者站在不同觀點辯稱；雖然玩具與媒體被用在兒童的幻想遊戲，但是這些玩物與媒體並不是決定兒童攻擊行為的因素——因為戰爭玩具與媒體並不是遊戲腳本，而兒童也不是純粹的錄影機。在兒童攻擊性的幻想遊戲，兒童超越了玩具及攻擊性的電視節目的表層意義，他們甚至創造了新的遊戲內含，因此，藉這些玩物與電視節目，兒童進入其不同的內在心理世界。

　　不管你對此議題的看法如何，請記住我們之前的討論：女生

在遊戲中較堅守家居情節。正如男生喜愛幻想的攻擊遊戲，事實上，這類遊戲不會讓男生覺得略遜別人，也正如女生喜歡做家居的角色扮演也不會讓她們的遊戲輸人一等般。從上述有關兒童遊戲之文獻資料，反覆訴說同一主題並做出結論是：如同研究者選擇一些偏誤的研究文獻，而使得研究結果帶著研究者偏好的色彩，不能一窺此主題宏觀面。然而這些局限的研究結果不幸地可能獲得某些人的青睞，並成為學術或社經文化的議題，並成為日後教育或菁英所採取的政策之一。保有——全面性及脈絡分析兒童遊戲之奧祕，並保有——科學、求眞的態度才能更清楚有關兒童性別之遊戲行爲。當日後面對這引起爭論的議題時，我們應少用附會文藻的修辭與口誅筆伐，而是多一些高品質的科學實徹研究——尤其是長期的縱貫研究來支持其所提倡的論點。

　　當兒童進入小學二、三年級時，其外顯式的戲劇遊戲漸漸轉換至較符合小學年齡層內隱式的想像或創造性遊戲表達，而且男女是絕然有別的。假裝遊戲整體的熟練及複雜性是隨年齡增長而增加，但是在性別上卻不呈現此種差異，雖然如此，但假裝遊戲的內容與主題，卻隨著男女性別之不同發展及社會化目標而呈現差異。女生的假裝遊戲在主題與內容上有其連續性，呈現與家居、照顧及其個人內在情感連結有關，而男生則較呈現追求自主及權力。在錄影帶、書本、玩具或電影及電視，男女的遊戲主題也是涇渭分明的，男女兩性嘗試要選擇一邊靠，有其專門符合其性別的活動、歌曲、藝術與美勞等工藝或習慣。

　　此外，六至八歲的學齡兒童是略帶情感的說故事好手，他們的故事也有性別差異的。Tarullo（1994）使用個案研究方法加以

分析七歲孩子之故事主題，結果發現在此年齡的兒童之基本發展任務是平衡：（1）親密與認同；（2）與人相關及追求獨立自主和（3）與團體導向及個人導向。Tarullo使用Eddy和Maggie的個案研究中發現，兒童在故事中嘗試要迎合男女兩性化數線中的性別基模。Eddy的故事敘說有關他的鄉里惡霸，而Maggie敘說他對朋友發牢騷。Eddy害怕承認他有焦慮，就像他害怕因應其惡鄰，表示著他沒有男子氣慨，他潛在擔心他受到傷害；Maggie害怕如果她沒有抱怨他的朋友而是公然指責她，那不知會如何？她是否會失去她的朋友。依Tarullo的觀點，Maggie的潛在與別人之關係中存有自我肯定及團體認同的趨避衝突。

Singer（1995）同樣地也辯稱男女生在其不同型式的假裝遊戲中也緊扣著與生俱來的男生與女生的兩分數線。不管男生與女生或男人與女人，我們所有經常在關係需求VS.自主需求的數線中掙扎。幼兒與學齡期兒童在其伴裝遊戲之內涵及主題中，嘗試努力去精通其成就或權力相關的需求或關係需求。實際人際互動中，成就與關係需求必須迎合其人類發展脈絡中，然而在理論上，此種男女性別差異在人際互動上，應該設在成就需求和關係需求上兩條分別的向度（數線）來加以衡量，而不是設在成就VS.關係的需求的單一向度（數線）來加以衡量。

Singer仍保有下列想法：所有人被激勵於將其生活意義化或分派意義於事物中。假裝遊戲的結構特徵（例如，各種轉移、腳本的複雜度、遊戲的組織等），將有助於將既存的知識（例如，同化與順應）整合熟悉和新的知識於陌生情境以達成目標。另一方面，假裝遊戲的內容反映：兒童嘗試去因應關於與他人連結

VS.個人之權力和自我肯定之性連（Sex-linked）有關的焦慮。關於戰爭（原始的男性本質之焦慮）和生兒育女（原始之女性本質焦慮）的遊戲主題，可能從遠古時代自有人類以來即有的兩極化之心理型態〔榮格之集體潛意識（Jung's collective consciousness）〕。基於此，人類可能在其人生歷程中，常常在幻想或假裝遊戲中反映個人私自的內心層面，而在實際生活上卻要嘗試迎合外在事實的期望。而這些嘗試在男女兩性極端中尋求平衡之發展前兆，可以在男女兒童成長中的遊戲及其故事主題加以發現。

其它遊戲相關行為中的性別差異

男孩與女孩性別差異不僅僅只在身體運動遊戲、社會遊戲、玩物遊戲和假裝遊戲等一般遊戲型式，他們對於玩具的偏好、小組或團體活動和想像的同伴等方面，也顯現出差異。

玩具的偏好（toy preference）

在我們的社會中，許多物品和玩具是設定了性別類型的。性別角色刻板化或對材料和活動貼上性別的標籤，這是要為許多幼兒在三歲之前就表現出對玩具的偏好情形負部分責任的——而最早出現這種偏好的年齡是在十二個月大（Sutton-Smith, 1979）。早在五十多年前的遊戲研究文獻中，不斷地有報告指出，發現某些玩具材料更一致地受男性或女性的偏好。女孩較常玩洋娃娃和藝術材料，而且玩的時間也較長，男孩則偏好積木和汽車。然而，Parten（1933）五十年前就指出（至今似乎仍然如此），儘管

女孩較常玩洋娃娃,當男孩不需玩洋娃娃時,男孩和女孩玩娃娃家的次數也差不多。

　　文獻亦指出,由於男孩和女孩在玩具選擇中所帶來的「性別不對稱感」(gender asymmetry),女孩似乎較能從許多種類的遊戲材料和活動中得到樂趣。女孩使用所謂的「男生玩具」和「女生玩具」,至少達到某個程度,男孩卻往往避開所謂的「女生玩具」。這項「類化」證明反映在Liss(1981)最近對幼稚園兒童玩傳統女性、男性、無性別或中性玩具的研究。觀察兒童在玩具的使用、享樂程度、攻擊、動作、養育(nurturance)的評估中,男孩似乎在玩男性和中性玩具時較熟悉、愉快、舉止合宜;女孩則玩男性、女性或中性玩具皆呈現熟悉、愉快而且舉止合宜的行為。但女孩比男孩表現出更多養育行為,而男孩在玩時所製造的聲音較大(請參閱專欄4-2:假裝遊戲過程之分析)。

　　性別不對稱之假設存在於性連玩具的選擇和活動偏好,並已獲得許多研究證實。例如,Carter及Levy(1988)曾問幼兒對下列玩具圖案——廚房、娃娃、縫紉機、槍、球棒、卡車、汽球、鼓及電話等來加以選擇以視為兒童對玩物選擇的彈性測量。結果發現:男生對玩物的選擇較符合性別刻板化且有一致性。Powlishta, Serbin及Moller(1993)觀察三歲幼兒在幼兒園對玩物之喜好,男性化的玩具被分類有車子、球、操弄玩具;而女性化的玩具則為娃娃、扮演玩具及畫圖玩具等。結果發現男生選擇較多男性化的玩具,行為也較穩定;而女生則較不穩定,有時也會選擇男性化玩具。很有趣的是女生偏向與同性一起玩男性化的玩具,而不是與男生一起玩,此原因可能是異性可能會對於選擇不

適合其性別的玩具加以禁止。此種有關玩具與遊戲主題之性別偏好趨向（例如，Smith & Inder, 1993）已在幼兒時期逐漸明朗化（Sutton-Smith, 1979）。

◉ 專欄 4-2　假裝遊戲過程之分析

在評估假裝遊戲為一個遊戲過程時，老師可以使用 Smilansky（1968）的分類基模或其它分析轉換（transformation）、溝通（communication）、表現（performance）及腳本（script）的基模。

老師需要用兩種獨立的向度來分辨兒童的遊戲腳本及主題，以辨別其遊戲的複雜度。第一個向度是：使用兒童日常的生活內涵VS.儘量遠離兒童熟悉及實際的經驗；另一個向度是：兒童刻板化和重複性VS.富變化及非尋常性的體驗。老師可以預先利用正確判斷的道具，及明確介入的環境規劃來提昇不同主題（冒險性及家居性主題）的遊戲和提昇不同歷程（創新而不是刻板化方式來使用玩物）的高品質遊戲。藉著兒童在不同遊戲腳本及參考兒童能力、人格和情境的遊戲行為，成人可以鼓勵兒童儘量少利用真實或結構性高的玩物，並利用不用太多花費的玩物來刺激其想像及表徵的動作與主題的假裝遊戲。

小組或團體活動（team or group activities）在學前時期，男孩和女孩在對遊戲和團體活動的興趣和參與上似乎相

似。這也許是因為遊戲和團體活動通常由一位老師帶領，男孩和女孩受到相同程度的鼓勵。然而，許多老師都報告說，在團體情境中，女孩較男孩容易管理。

另一方面，隨年齡增長，男孩和女孩在團體和遊戲參與中出現顯著差異。例如，男孩較可能參與大團體的競爭遊戲，女孩似乎在小團體中或好朋友的團體中比較自在（Maltz & Borker, 1982；Sutton-Smith, 1979；Tarullo, 1994）。雖然女生比較不能在室內或在她們自家的田院玩，以及她們較少參與規則導向的遊戲；他們也會和男童一樣有著公平性及衝突的問題。然而，女生們的互動是較主觀及圍繞著社會人際互動，但是男童則較以活動為導向。這些趨向在不同性別之兒童卻有很大的差異，男童在團體活動比較固守社會規則及合法的儀式，但女生則較偏好社會參與的關愛模式。當然，這兩種極端的對照例子，在特定的男童或女童中同樣皆可能發生，也就是說，女童固守男性的規則儀式，而男童呈現關愛的社會互動模式。

想像的同伴（imaginary companions）

會創造想像玩伴的兒童，多數是在三至六歲之間，而且女孩多於男孩（Partington & Grant, 1984）。想像的玩伴幾乎與孩童本身同年齡且同性別，他們幾乎都是人類的朋友。最大的估計是，大約25％的兒童喜歡這類幻想，而且，有想像玩伴的兒童有比較

聰明的傾向，也表現出有較穩定和較具創造力的行為。然而，這些結論只是假設性的。

Jerome和Dorothy Singer（1990）的報告指出，對於男孩而言，自由活動時的豐富想像力和正面的情感喜好（positive affect）兩項因素與傾向擁有想像玩伴有正向關聯（看電視卡通則呈負向關聯）。對於擁有想像玩伴的女孩，其擁有的原因是與遊戲的持續性有關，較少因為負面情緒的爆發，如憤怒、恐懼和悲傷。擁有想像玩伴的男女兒童較會幫助同伴並與他們分享（Singer & Singer, 1990）。

男童比較會利用動物玩偶來當作其伴裝遊戲的玩伴，而女童比較會以女性想像玩伴當作其伴裝遊戲的玩伴。只有13％的男童會以女生當作其想像扮演的玩伴，而女童則有42％會以男生當作其想像扮演的玩伴。近三分之一的遊戲時間，兒童會以真實人物或朋友的姓名來直呼其想像玩伴，有時兒童會從媒體中挑選為其想像玩伴。再次地，女生比較中性，會選擇男女角色來當作其想像遊戲的玩伴，例如，歡樂女生（Wonder Woman）、超人、或蝙蝠俠，而男童只選擇男性角色（Singer & Singer, 1990）。當悲嘆此種性別不對稱（sex asymmetry——什麼是最佳形容自由主義之性別角色的運動），Singers夫婦很高興記載：有一想像玩伴一般說來對其童年是好的，至少對其有豐碩的想像遊戲。

Taylor, Cartwright及Carlson（1993）和Gleason, Sebanc, McGinley及Hartup（1997）的研究皆與Singer的想像玩伴與想像遊戲之研究發現有著一致性的結論。Taylor等人（1993）發現有想像玩伴之四歲男童較可能會參與較多的幻想遊戲，而有較少的

眞實或玩物遊戲。而Gleason等人（1997）卻發現角色扮演遊戲與
兒童擁有想像玩伴有關。Gleason等人對兒童隱形的朋友及個人化
玩物做一區分，發現擁有想像玩伴的兒童在個人化玩物之遊戲形
式顯現有較多的角色扮演遊戲。隱形朋友（被當作同儕之功能）
提供一控制關係及預演其社會技巧的單獨性遊戲的情境，但是個
人化之玩物（通常是塡充玩具），可以被兒童在不同情境中來使
用，可能是其戲劇遊戲的玩伴或當作其個人私密的隱形朋友。一
般說來，在學前階段——但是，不是在學齡期（兒童中期）——
想像的玩伴被認爲是正面的徵象。根據Partington和Grant（1984）
的報告，想像玩伴的幻想可將幻想與現實做了重要的初步結合。
如果兒童早期在遊戲時與玩伴發生角色和規則方面的衝突，他們
可從其能控制的想像玩伴中獲得這方面的寶貴經驗。在小學中，
擁有想像玩伴並不能被視爲是正向或負向之徵象，除非有強而有
力的數據證實兒童有情緒障礙。

總之，強而有力的證據證明：孩童在學前階段有明顯的玩具
偏好。這些偏好則視性別而定，如女孩較男孩可能嘗試異性類型
玩具與活動。另一方面，在小組和團體活動中，學前階段以性別
爲基礎的差異似乎不多。在團體中，女孩有較強的對想像玩伴的
偏好。擁有想像玩伴顯然是多數兒童在早期的正常現象。

環境因素與性別

學前教育教師們有時會說，早期的學校經驗是兒童個人差異

的重要同質化者（homogenizer）。同質化（homogenization）的意思是說：隨著兒童對教室例行事務的習慣及同學在校時的互相影響，他們的行為會愈來愈相似，也愈來愈可預測。然而，開始時，兒童對於其他兒童和老師加諸其身的要求的反應，有顯著的個別差異。

在幼稚園或托兒所中，有性別之分的遊戲就有這種同質化的趨勢，而基本上是家庭環境造成了孩子的遊戲模式，孩子原來有的個別差異以及日後在學校中的遊戲行為和興趣都受到家庭的影響。

家長的影響

家長和家庭中的重要他人對孩子不符合性別模式的活動會加以處罰，也會獎勵符合的活動或行為，因此，兒童性別差異行為最早是衍生自家庭中複雜的互動（Maccoby & Jacklin, 1974）。社會學習理論學者已經證實，家長對待兒子和女兒不同，他們可能不理會兒子玩洋娃娃，卻會鼓勵女兒的愛護（nurturant）和順從行為。

自嬰兒一出生，家庭就對孩子遊戲興趣與行為是否有性別之分有所影響。家長對初生兒幾乎立刻產生符合性別模式的期望。父親對初生女兒的描述為柔軟、小巧、嬌弱，對初生兒子描述則為個兒大和好動（Rubin, Provenzano, & Luria, 1974）。初生兒也許並沒有這方面的差異，但是家長顯然相信他們有此差異。

家長的期望如何對兒童的社會化造成影響，可自其給兒子和

女兒的衣服和玩具上的差異可以看出。例如，Rheingold和Cook（1975）在一項研究中觀察四十八名男孩和四十八名女孩的家具和玩具。結果，男孩的房間裡有較多的汽車、教育和藝術材料、運動配備、機器和戰爭玩具；女孩房間裡有比較多的洋娃娃、娃娃屋、家庭用品玩具，還裝飾著花邊和印花壁紙。這些兒童的年齡界於一歲和五歲又十一個月十八天（71.6個月）大，也都有自己的房間。每一年齡的男孩都較女孩有較多玩具，其玩具種類也較多。男孩的玩具多為鼓勵其做戶外的活動；女孩的玩具則鼓勵其從事以團體為中心的活動。

　　父母的期望也可以轉移至與孩子的直接互動。Caldera，Huston及O'Brien（1989）觀察母親與父親與他們的嬰幼兒玩的情形。女性化的玩具被定義為娃娃及扮家家的廚具組合；男性化的玩具則為定義為卡車及積木；而中性化的玩具則被定義為拼圖及形狀組合玩具。雖然父母不會公開地鼓勵其子女使用某些種類的玩具，可是當孩子選擇與其性別刻板化相符合的玩具，父母會在其非語言的反應中表示讚許，而且他們也會更可能參與孩子的遊戲。

　　家長的期望也透過與兒童的互動傳達給孩子。一些證據顯示父親較常與兒子互動，而且互動方式與母子、母女、父女都不同。Lamb（1977）發現父親會與兒子進行較激烈的、刺激的幼兒遊戲；母親和初生兒則進行較和緩的活動，如輕輕拍（pat-a-cake），並較會利用玩具或其它物品來刺激嬰兒。父親會抱嬰兒主要是要跟他們玩，母親則是要照顧他們以及限制他們的探險範圍。家長的行為會使兒童更易獲得與性別相符的行為模式。

在三至五歲的學前階段，家長、老師及同年齡的兒童共同影響孩子性別模式的遊戲行為。Schan, Kahn, Diepold和Cherry（1980）研究家長的期望、學前兒童說話時的性別區分，與玩具遊戲中的性別區分間的關係，將兒童在自由活動中有性別之分的行為、玩具的陽性、柔性及中性，與家長對兒童遊戲的期望相對照。結果不出所料，女孩玩女性玩具的時間較男孩長。當研究人員指著玩具的照片要兒童指出分別屬於何種性別時，發現兒童為玩具貼的標籤是頗傳統而刻板化的，而且，被女孩歸類為男性的玩具，比被男孩歸類為女性的玩具為多。當父母被問及對其子女玩玩具的期望時，家長們的選擇也顯示了性別刻板化的趨勢。然而，希望兒子多玩陽剛性玩具的母親，她的兒子卻反其道而行。一般說來，家長對孩子自由選擇玩具時會選哪些玩具的預期上，並不太準確。

再舉一例，Langlois和Downs（1980）以三至五歲兒童為對象，研究母親、父親、同儕反應對具性別刻板化和非性別刻板化遊戲的反應，同時觀察了兒童的遊戲行為。結果發現兒童玩同性別玩具的次數較多。母親對兒子玩另一性別玩具所做獎勵比對女兒高，也比兒子的同儕更鼓勵兒子這樣做。整體而言，兒童在玩另一性別玩具上受了極大阻力，尤其是來自同年齡幼兒的阻力。父親會鼓勵兒子和女兒玩同性別玩具，但是較會阻止兒子玩不同其性別玩具。這些研究發現進一步支持家長對孩子玩有性別區分的遊戲有極大的影響力。

同儕的影響

　　孩子在三歲時的遊戲已出現非常大的性別差異實不足奇,因為除了父母手足對孩子的遊戲有很深的影響之外,教室或托兒所中的設施、老師、同儕都使這種差異益形加大。

　　觀察團體遊戲中社會行為的已有性別差異存在。研究發現在自由遊戲中同儕的反應會使遊戲產生性別之分。例如,Serbin, Conner, Burchardt和Citron(1979)研究在同伴面前有性別區分的玩具是如何選擇的,實驗包括孩子單獨一個人時、有同性別的同伴在場,及有不同性別的同伴在場三種情況;而給孩子的玩具則有男生的玩具和女生的玩具。結果顯示男孩和女孩在獨處時,玩不同性別玩具的可能性都最高,而在有異性同伴在場時玩不同性別玩具的可能性最低。而女孩比男孩玩不同性別玩具的可能性高。

　　其他研究人員發現學前兒童也有類似傾向。觀察顯示男孩玩男生玩具所獲得同儕正向反應比女孩玩女生玩具來得多。同儕的增強,尤其是來自同性別同儕,對促使兒童的行為符合其性別模式亦有影響(Lamb, Easterbrooks, & Holden, 1980)。學前男孩的同儕團體對形成性別刻板化行為影響尤其大(Fagot, 1981)。兒童,尤其是男孩,如果未能遵從同儕團體的遊戲和玩具使用標準,就會有被排斥的危險。

教師的影響

如上所述，很多證據顯示最先將兒童導向性別刻板化活動的是兒童的家庭生活經驗，家長、手足、同儕在教室或托兒所中為孩子的性別差異奠下了基礎。在兒童受到老師的影響前，兒童似乎已經對社會認可的性別刻板化行為很有概念，加上媒體與流行文化也對兒童之性別刻板化帶來諸多的影響。那麼，教師要負什麼責任呢？

在自由活動時，兒童在團體中玩有性別區分的遊戲會受到老師和同儕的提示與增強。Fagot（1983）的報告說，教師的反應會影響兒童遊戲，在這項研究中，教師對中性行為（即非男性亦非女性）的反應最積極，其次為女性模式行為，對男性模式行為最不積極。不過，老師儘管未必知道自己在這麼做，但一般說來，只要兒童照傳統的方式遊戲，教師就不會干涉。例如，教師不會鼓勵很少參與男性偏好活動的女生去玩男性化的遊戲。

研究顯示，教師會在從事女性化活動如藝術、手工藝、玩洋娃娃和扮家家酒的兒童身上花較多時間。幼兒教育教師通常是女性，學前階段的女孩和教師有從事相同活動的傾向。典型男性化遊戲行為如玩汽車或卡車，不太能引起教師的注意或增強。顯得女孩比男孩往往和教師較親近，也常與老師一起玩結構性或建構性遊戲活動（Carpenter, Stein, & Baer, 1978）。

Serbin, Tonick及Sternglanz（1979）在其有趣的研究中，亦研究了教師在場對遊戲活動的影響，及教師對不同種類玩具的玩

法示範所造成的影響（是男生玩具或女生玩具），教師的性別也有計畫的加以改變，以測定教師的性別因素對男、女孩的遊戲的影響。結果顯示：有教師的陪伴，男、女孩對活動的參與率都增加了。大體說來，在此研究中，女孩的反應較男孩可預測，但是男孩和女孩都會受教師的影響。男孩在男性偏好的活動中，對教師的參與更有反應，尤其教師是男性時。這些發現顯示，不論在教室或托兒所，當教師所參與的是男性化的活動時，男孩受到較多的鼓舞，尤其是當老師是男性時更是如此。教師的在場和參與會影響兒童與性別有關的遊戲模式。

雖然文獻上對教室環境如各角落的動線，玩具的配製、玩物表面粗細比等等的物理特性對幼兒性別差異的預測情形少有論述，但卻有研究報告顯示：教師對教室空間的安排的確會改善孩子性別刻板化的遊戲行為。例如，一些研究人員指出，積木角和娃娃角應在一起以便同時能夠使用，而這樣的安排可使異性同伴間產生更多的社會互動。增加玩具的種類和樣式更能豐富兒童遊戲經驗。Kinsman和Berk（1979）以實例說明：移去娃娃角和積木角之間的區隔物，結果使聚在一起已一年左右的男、女孩大大增加了一起遊戲的時間，也使兒童會去玩傳統上屬於異性的遊戲。然而，較大的學前兒童，或在同一托育中心已待了兩年的兒童，並未改變遊戲模式。甚至其中一些兒童會試圖搬回區隔物，「江山易改，本性難移」連小孩都不例外。然而，此研究提出，教師對物理環境的安排，確能影響遊戲模式。

總之，研究指出教師的在場、參與及對興趣角的安排，能影響團體中性別化的遊戲行為，而幼稚園教室中及托兒所中的其它

變項亦能影響性別化的遊戲行為。例如,男女生的比率和團體的大小,可能增強或減低每個性別團體依傳統方式遊玩的傾向。再者,教師基於其個人的理念跟期望而做的行為和安排,又回過頭來決定了教學的哲理及課程目標。然而,這幾個變項間的相互關係至今仍未有足夠的研究來下定論。

成人的角色

兒童早期的遊戲模式受到每個兒童的被增強經驗(reinforcement history),及在家中、鄰里、教室或托兒所接觸到的性別刻板化標籤而決定。本章已檢視研究報告與各項爭論後中提出:家庭成員,尤其是家長,是最先將孩子的行為導向性別刻板化者,這些早期家庭生活經驗使兒童在參與團體遊戲時會依性別刻板化來行事。兒童在進幼稚園或托兒所時已有強烈的概念,知道男孩該玩什麼,女孩該玩什麼。這些信念因受團體中教師與同儕的增強而強化。而家中對孩子實行性別角色的社會化時,也會一直壓迫小孩在家中要有符合性別的行為。這些影響,加上賀爾蒙因素,終使男、女各有其傳統行為特色。此外,由於在團體情境中此過程會被加強,幼稚園和托兒所成了往後遊戲模式及與遊戲有關的社會和認知技巧的溫床(Johnson & Roopnarine, 1983)。例如,玩洋娃娃可幫助說話、養育和培養溫柔的性格(Liss, 1981),它模仿傳統母親角色,而女孩在兒童時期所喜歡的用到小肌肉的建構遊戲也間接的被導入傳統女性的工作任務,如做頭髮、縫紉、畫畫上。遊戲提供了未來在家庭中或就業市場中角色

的練習。

　　那麼，成人的角色是什麼呢？家長和教師應支持此模式或是改變它？這個問題的答案要視各人的價值觀而定。有些專家發現過去數十年來，兒童遊戲已有脫離傳統性別模式的傾向（Sutton-Smith, 1979）。部分原因是社會上女性主義抬頭、及一九六〇年尾、七〇年初中性化運動的興起，使幼稚園教師敢強調教室中的不具性別色彩的活動（Simmons, 1976）。問題是，教師的價值觀與家庭的價值觀，是一致或是相互抗爭的？例如，不同種族或住在不同地區的人，可能強烈反對任何偏離傳統性別角色社會化的論調。家長可能不希望孩子改變他們認為符合性別模式的遊戲行為。一些在性別角色方面較家長具有彈性的教師，可能對鼓勵家庭開放和改變熱心過度。

　　當然，數十年來，女孩的遊戲行為有很大的改變（Sutton-Smith, 1979）。目前學前及學齡兒童不論男女皆較三十年前更能分享彼此的玩具和遊戲。而且，今天的女孩一旦年齡大到能夠玩競賽遊戲，就會參與各種運動。還有，有關今日職業婦女角色的暢銷書愈來愈多〔例如：Harragan於1977寫的《媽媽從未教過妳的遊戲》（*Games Mother Never Taught You*）一書〕。這些書雖然強調的重點不同，但是都公認兒童遊戲對學習社會技巧的重要性，對日後在美國這種講求合作的社會上生活將大有助益。它們不是教母親要幫助女兒如何在由男性支配的體系下力爭上游，就是如何使工作場所人性化。不論如何，整個情況很明顯：性別化的遊戲模式在生命中影響深遠，家長與教師對這些模式應有所認知，並採取適當對策。例如，如果家長願意改變，則可建議他們

幫助女兒更合群。

　　本章不擬鼓吹改變既有的遊戲模式以適合性別角色社會化的特定目標。如同前述，我們相信應為所有兒童提供機會去參加各種的遊戲。我們對有興趣鑽研兒童遊戲報告的人提供兩個廣泛性的建議，它們都是跨越傳統性別界線的，其中之一主要是要給家長，另一個則是給老師。

　　我們建議父母儘可能平等的對待兒子和女兒，提供他們一樣的玩具及其它玩物，包括遊戲的空間在內，都該一樣，花費也要相等，陪兒子和陪女兒的時間要一樣多，且父母都該和兒子和女兒一起玩。最後，也是最重要的是：父母要讓孩子玩傳統的男生和女生的遊戲。舉例來說，父親不只要跟女兒玩角力、打棒球，也要陪兒子縫縫補補和烤餅乾。不應以傳統為由而排除任何遊戲型式和活動。在遊戲過程中，家長不但應示範並增加新的內容，讓孩子見識到新的玩法。

　　我們建議教師跟父母一樣做這樣的變通。此外，我們也力促教師重新檢視並擴充孩子的遊戲選擇，意即提供更多不同的遊戲機會給孩子，並留意相關的研究報告，例如，Kinsman和Berk（1979）發現，雖然既定的遊戲規則有性別差異，但學前兒童遊戲模式是能藉縝密的教師干預和環境的操弄來改變。我們極力推薦這類富冒險精神的教師去領導做實驗。而教師亦應參考和擴充各種戲劇遊戲的選擇。很不幸，一些教師的戲劇遊戲僅止於娃娃家中的扮家家酒，而大都又只是廚房中的遊戲而已。如果一定要以扮家家酒為主題，何不也布置出其它房間，例如，起居室或車庫呢？相信這些設施必然會促進不同的遊戲行為。這些努力必能使

團體遊戲更豐富，使學前時期的女孩與男孩都獲益。而且，透過這些努力，也許能幫助女孩和男孩成為下一世代男女的成功模範。

人格與遊戲

「人格」（personality）一詞指的是什麼？字典上即有許多不同的定義，但儘管眾說紛紜，「人格」仍被廣泛使用於教育學與心理學，也許就像「遊戲」一樣，大家競相在籠統而不明確的情況下使用這一名詞，似乎人人都懂「人格」的意思，但是要精確地說出「人格」的意義，可能很難有一致的看法。儘管如此，「人格」這個概念是極其重要的，我們不能不加以探討。

我們常用「人格」的觀念來描述學前兒童的行為。如有些兒童被認為是外向的，有些是害羞的或退縮的，而有些是謹慎的或大膽的。這樣的描述比比皆是。然而，使用這些名詞時，我們真正指的是什麼？「人格」和「遊戲」之間又有什麼樣的關係？

許多現象經常使用「人格」來解釋。在心理學和教育領域中，人格通常指個人行為特質的一致性，該行為雖歷經時間、職務、情境的變遷，但仍保持其連續性，而且這些行為特質的差異是來自不同的個人心性，而非來自發展層次的不同。亦即，表現出來的行為必須有持續的穩定性，也不因認知的成熟度而有所差異。

我們常使用「人格」的概念來解釋一些特殊的社會行為或個人行為。但是，每個人所表現出來的社會行為和個人行為都不相

同，這些差異有多少是人格所造成的呢？換句話說，個人特質行為受情境影響的程度如何？以及行為的差異有多少是基於個人發展成熟度的不同而產生的？

　　Emmerich曾針對「啓蒙計劃方案」（Head Start）的兒童及中上階層家庭的兒童之自由遊戲做過許多研究，他根據個人的一致性（人格）、前後事件的影響力（contextual influence）、發展上的變化，及二者或三者的共同作用的理念，提出六個行為發展模式。其中的一項研究中，他觀察了十六名托兒所幼童的自由活動時間及由教師指導的小組活動（Emmerich, 1977）。一段時日之後，施予社會情感測量，結果發現小組活動讓兒童學會表現較多的任務導向行為及小部分的小團體行為，雖歷經時日及不同情境仍表現了相當穩定的人格或個人差異。他指出，各模式不足以單獨用來解釋學前兒童的行為，而應採用較大的架構來看兒童的行為。有了這個涵蓋力較廣的兒童發展和行為模式，教師們更能瞭解個人和社會行為並非由任何單一的原因或單純幾個原因的組合或互動就造成的。專欄4-3：理論引導之觀察（theory-guided observation）更說明了這種研究方法的價值。

　　如第三章所探討的，遊戲行為乃一發展現象。我們已在實例中看到由依賴玩物遊戲（object-dependent play）進展到對玩物減少依賴的過程。遊戲模式由玩物的操弄，進由到實物的轉換，而後到不依賴玩物的遊戲（object-independent　play），最後是內化的幻想。然而，遊戲內容和型式的定義有很大的空間，對遊戲的總括性解釋不妨遵循Emmerich的建議，以發展、人格及情境因素等各方面，來看遊戲及學前兒童的個人──社會行為（personalsocial behaviors）。遊戲有多項決定因素，行為就是其中的一項，在相同情境之下，具相同認知成熟度的兒童會在行為上顯示他們的不同，透過行為去感受這世界並表現個人的偏好和獨特的人格。

我們來看看琪琪和均均如何玩下面這個假裝遊戲。他們兩人來自背景相同的家庭，都是五歲，發展層次也相似。他們在托兒所的自由活動時間裡，和其他一群孩子（C）一起玩海盜與公主的遊戲。

琪琪：好，吃完飯我們去海邊。那裡有海盜。

C：海盜在哪？在海邊？（琪琪和C爬上一塊地毯，假裝在
　　尋找海盜。）

琪琪：你們有沒有看到海盜？

C：有，他們在船上！（C指著爬滿男孩的體操架。）

琪琪：我們可以躲在洞穴裡。

C：好的。

琪琪：小心山丘上的美洲豹。（琪琪和C從房間這端走到那
　　端。）

琪琪：看！凱凱受傷了，我們去救他。

C：把她帶過來。

琪琪：把她放在地毯上。

C：好的。

琪琪：我去熱湯。（琪琪去娃娃家拿來一些鍋盤，並開始了
　　新的遊戲主題。）

同一天，均均與不同的孩子（C）玩相同主題的遊戲，場景
則相同。

均均：寶藏在哪？被海盜拿去了嗎？

C：不，現在不是。

均均：把那寶石盒給我。（C拿來一盒被教師和學生丟棄的
　　　舊寶石鑲崁裝飾品。）

均均：我最好也帶著皮包（均均拿起皮包）。

均均：讓我看裡面有什麼。（均均拿出一些東西丟掉）

均均：我需要地方放鑽石。鑽石給我。

C：拿去。

均均：我們來看看，這些鑽石比較大，這些比較小。

C：噢！

均均：這顆最美麗。這是金的，這是銀的。

　　琪琪和均均的發展層次和背景相當，並且是在同樣的情境下
遊戲，然而，他們的行為表現有相當大的差異。琪琪用的是彼此
無關的玩物來想像出故事，用字詞來轉換時空，而且對她來說，
周遭的社會環境比物理環境重要。相對的，均均似乎較依賴物理
環境，在社會性假裝遊戲中，也較易將注意力放在特定的玩物。
有些幼兒喜歡玩一些社會互動較多的遊戲，有些則否。換句話
說，取決於各人的喜好不同。

專欄4-3　理論引導之觀察

　　追蹤每個兒童在不同教室情境中的遊戲與行為並不容易，然而這卻是每位教師的責任，因每個兒童都有其獨特性並且他的人格正在發展中。看到如此年幼的孩子就出現個別差異，實在令人訝異。將所觀察到的個別差異告知家長是很重要的，可利用家長會或其它任何可告知家長其子女在校進展情形的非正式場合。

　　教師往往收集一些孩子的美勞作品和其它作品給家長。也可能做些長程計畫如製作錄音帶日誌、歷經時日而收集來的日記或畫冊。此外，觀察來的和聽來的通常構成孩子的基本資料。有些教師也保留有系統的遊戲紀錄，以提供較客觀與量化的資料。

　　觀察或資料的來源和種類並非很重要，重要的是教師對傳達給家長的資料所作的解釋。關於這一點，如Emmerich提到的兒童行為複合模型，有益於分析教室裡所發生的事。這些模型使教師能透過濾鏡來觀察兒童，對兒童做進一步瞭解。如此，教師方能對每個兒童在教室中的表現做更正確的說明或評價。

　　想一想下面這個例子。無辜——但卻有害地——教師告訴一位家長他的兒子在學校很害羞，家長很驚訝，因為這孩子在家裡和其它場合並不害羞。教師的評語使家長深覺苦惱。如我們所知道的，這樣給兒童貼標籤，會影響到他人，

而且對兒童有深遠的影響，因此人格特質方面的標籤要儘量少用。

在這個例子中，教師在決定要對家長說什麼時，對該兒童的行為只採用一個簡單的因素，這是個典型的「一個因素」的例子，亦即，該兒童行為僅用一個因素來解釋孩子個別差異中的「害羞」。其實該找出多一點原因會比較好。原來，該兒童是班上年紀最小的。換句話說，退縮或避開他人的傾向，可視為社會發展較不成熟的結果，或該兒童的其它發展情況等等可能的反映。如果教師能同時注意到該兒童在不同情境中的行為，將是比較明智的觀察。亦即，該兒童在教室一天的活動時間表上，是否在某些時段顯得社交愉快的？在何時或何種情況下，他似乎在逃避社會互動？兒童發展理論與模型有時也許顯得抽象而不實用，但是，瞭解並適當應用理論，會給我們帶來許多好處，亦能增進兒童的福利與發展。

有些幼兒較喜歡社會互動多的遊戲。那是較屬於人取向的活動。

實物與人際取向（object vs. people orientation）

　　要描述學前兒童遊戲中之個別差異，首先運用到的方式是「實物VS.人際」取向（Emmerich, 1964）。有些兒童容易被人際互動頻繁的活動所吸引，有些兒童則較喜歡把焦點擺在以物體的單獨活動為主的遊戲上。

　　Jennings（1975）研究學前兒童認知能力和「實物VS.人際取向」的關係，發現兒童在進行實物材料的認知任務測驗時所展現的能力有顯著差異。亦即，花較多時間玩實物的兒童，在需要將實物加以組織和分類的測驗中表現較佳。同時，實物取向或偏好者與使用實物之能力有顯著相關。在社會取向方面，表現出較多社會知識（social knowledges）的兒童，在社會功能上較具影響力。而社會知識與社會互動的結果有相關，並不是社會互動的偏

好影響了社會互動的結果。Jennings指出,實物取向與知識多寡在生命的早期就建立了,並會再增強與該導向有關的認知技巧,因而再次增強對該取向與知識的興趣。

認知風格 (cognitive style)

其他研究者探討兒童的以實物為取向和以人際為取向的關係,用以評斷認知類型的標準。所謂認知類型指個人回應認知任務方式的個別差異。研究最廣和最被接受的認知類型評量標準是「場地獨立/場地依賴」(field independence-dependence)(Witkin et al., 1954)。「場地獨立」傾向的兒童,較易在複雜圖案中找出一個簡單形狀,這點被推測為該兒童的注意力和知覺並未迷失在整個圖案(場地)中。「場地依賴」型的兒童則明顯地被整個圖案所迷惑,往往無法找出隱藏其中的形狀。

Coates, Lord及Jakabovics (1975) 發現,愈偏向「場地獨立」型的兒童愈會尋找實物來玩,而「場地依賴」型的兒童則傾向以人為取向。「場地獨立」型的兒童在圖案中找出形狀的成功率較大,可能是因為這類型的兒童會對環境中的物理性背景多做觀察與回應,因而學習到一種特別的分析方式。「場地依賴」型的兒童因為比較採用整體觀的方式,可能較注意同一情境中的社會背景。

Saracho (1998) 摘要有關兒童進行有關場地獨立 (FI) 及場地依賴 (FD) 之文獻後,指出:相關研究一般指出場地獨立比場地依賴之兒童有較好的社會能力及同儕地位。但是這些研究也有

一些爭論性的看法。某些研究指出場地獨立的兒童比場地依賴之兒童玩的較多（例如，Saracho, 1995），但是其它研究卻指出場地依賴之兒童比場地獨立之兒童參與更多不同型式之遊戲（例如，Saracho, 1991）。很明顯地，有關幼兒遊戲與其認知風格尚未有具體結論。可能是因為方法論的問題（困難在於幼兒很難獲得穩定的人格特質），或因為概念化之問題（困難在於如何從兒童發展進展中區辨其認知風格）。一般說來，兒童在發展上較多是場地獨立（例如，較少的擴散與總體性，及較多的明確性與分化性）。在場地獨立性之兒童發現有高品質遊戲及較好的同儕地位，可能是因為他們有較好的認知發展，而不是其具有場地獨立性之人格特質所造成的。

玩性（playfulness）

研究人員亦研究一般性的「玩性」，將「玩性」當作人格的向度之一，來觀察兒童遊戲行為與擴散思考的變異。根據Lieberman的觀點，我們可由身體、社會、認知的自發性、喜怒的控制及幽默感五點來探討一個人的玩性（見表4-1）。Lieberman以等級量表為93名幼稚園兒童計分，發現其中四項特點有極高的相關，只有身體自發性的相關度較低。Lieberman的結論是，「玩性」是一個由這些特點所界定出來的人格向度（dimension），在她的研究中發現，玩性與發散思考分數、心理年齡、實際年齡有相關（參見第二章）。

表4-1 Lieberman的玩性構念：五種層面

特徵	表現
表現歡樂	笑聲，表現快樂和享受
幽默感	欣賞喜劇事件，對有趣情況、不過份的揶揄了然於心
自發性身體	充滿活力，全身的或身體各部分的動作協調
認知	想像力、創造力、思考有彈性
社會	與他人和睦相處及進出團體之能力

資料來源：源自Lieberman（1977）。

　　Dansky, Hutt及其同僚的研究進一步支持了「玩性」與發散思考（或創造潛力）可能有關連。Dansky和Silverman（1975）研究自由活動情境下的遊戲者與非遊戲者時指出：被認為是遊戲者的學前兒童，在發散思考測驗上得分較高，似乎自發性的自由活動（遊戲）增強了發散思考的能力，但發散思考測驗得分高者卻不一定很會玩。Hutt（1966）設計一結構性的實驗情境以誘發孩子的好奇心與探索行為，他將三至五歲兒童分成三類：（1）非探索者；（2）探索者；（3）獨創性探索者來做研究。結果獨創性探索者在研究一個「超級玩具」（一個複雜又新奇的物體，具有四支黃銅腳的紅色金屬盆，上有一根槓桿，下接開關自如的四個計數器槓桿的藍色木球所組成）之後，會以各種富想像力的方式去使用該玩具。其後對同一群兒童在七至十歲時做追蹤研究，Hutt和Bhavnani（1972）發現，學前階段較不具有玩性的兒童對自己的描述是沒有探索心與不活躍，而學前階段較具玩性的兒童則認為自己較果斷與獨立，特別是女孩表現得尤其明顯。待這群

兒童稍長後，再評量玩性與創造力綜合測驗原始分數之間的相關，結果男生的相關係數是0.516（達顯著水準），女生是0.368（不具統計上之顯著水準）。

　　Barnett（1991）應用Lieberman的五種玩性向度，及其他人格特質和兒童個人特性（包括性別、手足數目及出生序）研究幼兒園兒童之玩性，樣本來自美國中西部，中產階級家庭之七個兒童托育中心，共有271位幼兒。兒童玩性量表（The Children's Playfulness Scale，參考第八章）被用來當作評量幼兒之玩性工具，另外還有一份問卷用來評量幼兒之人格特質及個人特性。此研究應用皮爾遜積差相關分析玩性向度與其他人格特質變項之關係強度。結果顯示：只有自信與玩性五種向度具有顯著相關性。男生在表現歡樂及身體自發性，而女生在認知自發性之向度之分數較高。來自大家庭的男性幼兒在身體自發性分數較高，而來自大家庭之女性幼兒有較低之表現歡樂。此研究只是一玩性研究的探索與描述性的目的，未來冀望有更多的研究來加以建構玩性量

表現歡樂──笑聲和愉快的身體表現──是Lieberman的五種遊戲特徵之一。

表及分析其與各變項之間之前置及影響效果。

　　Truhon（1979, 1982）聲稱玩性應有兩個層面（aspects），並
非如Lieberman所提出的單一向度。其中之一是引發創造力和瞭解
笑話的認知能力，另一個是在遊戲中顯現歡樂和在笑話中發出笑
聲的情感能力。Singer（1961）則以「類比」法（analogous）劃
分未來導向（或解決問題式的白日夢）和過去導向（幻想式的白
日夢）。Truhon曾用Lieberman的玩性修正量表觀察在單獨遊戲情
境下的三十位幼稚園兒童，每個孩子亦接受創造力綜合測驗，然
後用因徑分析（path analysis）加以統計，結果支持玩性中有情緒
因素與認知因素的區別——即「玩性——趣味」和「玩性——智能」
（playfulness-intelligence）。兩個相關面（認知和情感）對遊戲有
不同之影響。「玩性——趣味」量表用以測量表現歡樂能力與幽
默感，「玩性——智能」量表則測量智能與認知的自發性。最後
Truhon提出結論：認為玩性是遊戲活動合理的好指標，但是，創
造力和玩性及遊戲的相關度很低。

幻想——假裝傾向（fantasy-making predisposition）

　　第三個造成遊戲的個別差異變項是由Singer（1973）所提
出。「幻想——假裝」能力（或傾向）和玩性有關，但卻是兩個
不同的概念。「幻想——假裝傾向」是指表現想像遊戲或內在幻
想的玩性。而玩性是較概括的概念，表現在以真實為主（建構性）
的遊戲中。有許多方法可評量兒童「幻想——假裝」傾向的個別
差異，包括觀察、投射測驗、口頭訪問等。幻想——假裝能力較

高的兒童會展現較高層次的想像力、正面情緒、較專心、社會互動良好，及在自由活動中有高程度的合作。另外，此傾向較高的兒童也較可能在模稜兩可的實驗卡片（stimulus cards）（the Barron Movement Threshold Inkblot Series）中，表示看到移動影像，在遊戲訪談中（Singer's structured interview），表示他們看到「腦袋瓜裡的小東西」，並說他們有想像玩伴。在遊戲訪談中，他們最喜歡的遊戲和活動往往涉及一些虛構（make-believe）或轉換（transformation）行為。

　　根據報告，有較高「幻想──假裝」傾向的兒童，較能安然捱過強迫性的等待或活動之延長。因此，這些兒童較不會干擾或干涉他人，能自己進行某種想像遊戲，或純以想像自娛。也就是說，高度幻想與控制衝動及延遲獲得滿足的能力有關（Singer, 1961）。

　　Pulaski（1970）以「幻想──假裝」為個別變項進行「處遇過的才能傾向」（aptitude-by-treatment）測驗。她發現在五歲兒童中有高度「幻想──假裝」的人在不同的非結構性和結構性玩具想像遊戲中表現較佳，一般說來，結構性較低的玩具更能引發各種幻想主題。她建議，也許在年小幼兒，不同種類的玩具能影響想像行為及其背後的「幻想──假裝」傾向。Pulaski和Singer都認為「幻想──假裝」與認知和創造力有關（參閱第二章）。

　　早期的研究似乎指出「幻想──假裝」是一個單一獨立的特質，將「幻想──假裝」當作一個研究的變項。然而，後來的研究顯示並非如此。Singer和Singer（1980）分析了三十三個與想像遊戲、語言、社會互動、情緒、看電視有關之變項，得出三個因

素，（1）可以用以判定在各種行為中是否有幽默感；（2）可以在看電視有關的行為中辨識出是否有攻擊性的互動；（3）可用以測定一個人的內在想像傾向及利社會行為，且經過一年多的觀察期，此一因素結構仍呈穩定狀態。他們建議，兒童「幻想——假裝」傾向不論是藉遊戲或由內在直接表現出來的，都可說是孩子與社會和周圍環境正向關係的結果。Shmukler（1977）也提出符合此假設的發現：在學前階段即能從訪談、測驗和問卷中分辨出可觀察到的想像遊戲行為與私下的幻想。然而，Rubin, Fein和Vandenberg（1983）指出，由於測量的方式（對自由活動做觀察VS.回答成人的問題）會有先入為主的看法，影響我們的判斷力，做出幼兒有兩種「幻想——假裝」傾向的結論，因此他們對後兩項研究方法（測驗與問卷）提出質疑。不過，可確定的是，學前兒童的遊戲傾向有個別差異存在，有些孩子喜歡虛構遊戲勝過其它真實的遊戲，而大部分的孩子兩者都喜歡。縱然如此，如同Nina Lieberman的玩性建構向度，Singer and Singer已發展幻想——假裝傾向之個別差異——全人發展的個人人格特質（Singer & Singer, 1990；Singer, 1995）。

想像遊戲類型（imaginative play styles）

哈佛的零方案（Harvard's Project Zero）的研究顯示兒童早期的表徵遊戲就具有個人風格（Wolf & Gardner, 1979；Wolf & Grollman, 1982）。在一項兒童表徵遊戲的長期研究中，研究員記述下表徵遊戲類型，或「跨越各種物質和情境範圍仍保持一致性

的行為模式」（Wolf & Gardner, 1979, p.119）。表徵遊戲被界定為「能以小物品、動作和語言呈現眞實或想像的經驗」（Wolf & Gardner, 1979）。表徵遊戲可分兩種，一是實物獨立型的幻想遊戲（object-independent fantasy play），在此遊戲中，兒童藉不存在的事件、角色和物品創造出想像世界；第二種是賴物型的轉換遊戲（object-dependent transformational play），在此種遊戲中，兒童藉轉換現實物品和安排環境來創造出想像世界（Wolf & Gardner, 1982）。本章前面例子中的琪琪和均均便是這兩種相對型態的範例。

　　Wolf和Grollman指出，此兩種類型上的差異和發展上的差異不同，這種差異是來自個別行為而非發展層次。此外，這些個人風格歷經時日仍然是穩定的，也不是某一發展階段中的特例。而且，透過對學前兒童自由活動的分析結果也支持這個觀念：類型差異具持續性，並突顯了孩子與玩物之間的一種互動關係。

　　那麼，每個遊戲類型的特色是什麼？Wolf及其同僚是在界定遊戲的想像元素時，將所有元素區分為獨立型和賴物型兩類的，而想像元素被界定為「透過口語或姿勢改變情境中之實用或眞實性的成分」（引自Wolf & Grollman, 1982, p.55）。賴物型的想像遊戲須牽就現存之事件、物品或人，依情境需要而使用實物或代替品做安排。而獨立型遊戲的兒童則引用不存在的東西──通常是眞實事件和物品──不過這樣的遊戲建構情境會有點不相稱和牽強。例如，琪琪用老師的咳嗽聲來當做假想洞穴中的獅吼。因這兩種類型而使遊戲成了具有持續性和各具特色的遊戲模式，而且也是基於以往對表徵發展的研究結果而分成這兩種類型。

　　Wolf和Gardner（1979）早期的研究指出：兒童在自由活動和測驗情境中都顯示出他不變的偏好及對物體和遊戲任務特有的反應方式，而這些就造成了獨立型和賴物型兩種類型的孩子。偏好圖案（patterns）的孩子表現出使用物品時很喜歡固守他的型式、構造及次序，長期演練之下，技術精進。這種孩子對物品的機械性和物品可能的設計方式所產生的興趣比對如何與人溝通來得大。而偏好戲劇者（dramatists）展現出對人文環境的強烈興趣：別人做什麼、感覺如何、及如何表達等，他們偏好有規則的遊戲（games）、社會戲劇遊戲、說故事等，而且表現出色，但對需要集中注意力在物品上的操作任務卻表現很糟。然而，「偏好圖案者」在視覺──空間及物品的物理關係上表現優異。根據Wolf和Gardner（1979）的說法，這兩種遊戲和問題解決的風格，是兒童人格的一部分，並且是兒童心智結構的基礎。

　　Matthews（1977）也贊成遊戲風格具有個別差異。在她針對假裝遊戲中轉換模式的研究裡，她提出「物質性的」和「觀念性的」兩個模式，這兩個模式正與賴物型和獨立型兩類遊戲是平行的。物質性轉換模式的特色是「兒童的對物品主動操作與轉換幻想是參照遊戲情境中的真實物品而來的」（引自Matthews, 1977, p.214）：觀念性模式則是參照不在現場之事件、意念或心理意象而來的。Matthews的研究指出對遊戲探索愈熟悉，愈會增加觀念性模式的使用，而女孩比男孩轉換成觀念性模式的速度更快。此結果顯示認知風格的個別差異可能是發展性的，且與性別有關，而不只是風格上的不同而已。

　　有關遊戲類型之個別差異的文獻很多，有的不算完整，有的

則相互矛盾。可見要確定想像遊戲是否有其持續性及是否有兩種類型的特色，有必要做進一步研究。最近針對兩歲兒童象徵遊戲的研究，無法看出此階段的兒童有明顯的類型分化（Franklin, 1985）。也許老師和家長應該期望孩子在不同遊戲情境中有不同表現，並應瞭解大多數的學前兒童會表現各種類型的遊戲行為。

實物遊戲之個別差異（individual differences in object play）

玩弄物品之方式是另一個能用以檢視幼童個別差異之變項。Fein（1979）以遊戲的架構或發展背景分類，提出三種類型變項：（1）孩子在一個遊戲時段中，使用不同的動作的次數；（2）孩子在一段時間中，所選用的不同物品的數量；（3）遊戲的節

孩子在遊戲中扮演強又有力的成人角色可以讓孩子產生控制及自治的感覺。

奏（tempo of play），即孩子在一段時間中，不同的動作和不同物品的不同組合。此外，還有複雜性、組織複合性、持續性等可以來探討孩童的實物遊戲。如同第三章所討論過的，玩弄物品是發展上的現象，兒童在每個認知成熟層次上所玩弄物品有著極大的個別差異──這種差異就可用這些實物遊戲的尺度來加以探討。

因兒童在有實物的假裝遊戲中有著不同的偏好，可歸類為偏好圖案者及偏好戲劇者。用馬達發動、具操弄性、建構性的物品的遊戲，在被認為是任務取向的學前兒童身上較常出現，較難在以人導向的兒童身上看到。某些兒童似乎善於運用每個玩具和物品的機會，而有些兒童也許只在受到成人特別鼓勵時方才玩弄物品。除了有明顯選擇偏好和遊戲風格（人際導向、偏好戲劇者）的兒童外，那些認知層次和心理動力發展層次和同儕相當的兒童，也許會因為各種個人原因──如：焦慮或害怕與他人建立關係──而不願使用玩具。

環境因素與人格

環境因素，如教養方式（child-rearing styles）和家庭結構特色，可能不只影響到孩子的遊戲發展速率，也影響個人遊戲類型和表現。為什麼某些兒童會比較具有玩性？為什麼不同的孩子有不同的遊戲偏好？某些孩子偏好幻想的遊戲，另一些則偏好真實性的遊戲；某些兒童對戲劇性遊戲或講故事較有興趣，另一些可能發現他們較喜歡畫圖和用黏土建造東西。是什麼造成遊戲表現

的個別差異？我們知道什麼？

家庭因素

　　誠如在第二章和第三章提及，家庭生活對幼童遊戲行為的發展非常重要，雖然至今我們所知有限且籠統，但我們知道，大體說來，家長和環境中其他重要成人，對兒童遊戲有極重要的影響。

　　Smilansky（1968）和Singer（1973）都認為，幼兒不僅需要有一個積極的家庭環境，也需要和家長有積極的關係，以促進想像遊戲的發展；也需要特別的模塑及鼓勵，使他加入假裝遊戲。其他人如Dunn和Wooding（1977）及Feitelson和Ross（1973）也針對此點有詳盡的說明。有明顯區別的遊戲型態，高──低的幻想──假裝傾向，以及兒童所表現出來遊戲的質與量的不同，是受到父母教養方式、遊戲空間、玩具、存放區域及可獨享的地方的影響。

　　Bishop和Chace（1971）與Barnett和Kleiber（1983），最近採用Lieberman（1977）所使用的名詞來界定兒童遊戲的家庭背景因素。他們的研究皆使用Bishop和Chace（1971）所發展的「家庭式遊戲環境」（home-as-a-play-environment）為測量工具，評量家長是否准許孩子採用不尋常的玩法或在不尋常的地方玩等等，這是一種訪問式問卷。Bishop和Chace指出：母親在「由具體到抽象」量表及「家庭式遊戲環境」量表所測得的理念層次具有正向及統計上顯著之相關。父親則不然。換句話說，那些偏好

經特別設計、需費腦筋的遊戲的孩子，是來自鼓勵遊戲的家庭，其母親擁有較抽象或特殊的信念系統。

Barnett和Kleiber（1984）在家中分別測量父親或母親時發現到相似的關連性，但在父母共同接受測量時卻並非如此。大致說來，這些研究者是在檢驗其他家庭結構變項及家長背景屬性時，發現具有性別差異。例如，當分析出生次序、家庭大小、手足的性別，以決定它們對孩子在校自由活動時間玩性之影響力時，研究者發現，只有男孩子有以下情形：晚生者較好玩、來自大家庭者較具玩性。另外，沒有姊妹的情況降低了男孩女孩在玩性上的差異而其它情況則相同，亦即，沒有姊妹的男孩較不具有玩性，而沒有姊妹的女孩則反而較具玩性。父親之社經地位對孩子的玩性呈有顯著正相關，但母親年齡與女兒的玩性卻呈顯著負相關。

這些研究結果很複雜，爲了更徹底評量家庭結構變項對遊戲的質、量與類型的影響，我們還需要更多的研究。有關支持教養方式（parental practices）對遊戲之重要性的研究較多，尤其是在幼兒的頭兩年，此時母親或父親提供一個「鷹架」，使幼兒能盡情地投入遊戲中（Bruner, 1974）。然而，在學前階段，幾乎沒有證據指出父母的玩性和孩子的玩性有直接而正向的關連（Barnett & Kleiber, 1984, Johnson, 1978）。然而，雙親採縱容的教育方式和家庭凝聚力較低（family unity），也許在某方面來說，有助於兒童期創造力的發展（Miller & Gerard, 1979）。最後，許多研究指出焦慮和玩性呈相反的關係，兒童遊戲上的個別差異可能是來自於隱藏的焦慮。而我們都知道，兒童的焦慮與其家庭事件和親子關係有關。Barnett（1991）亦指出信心——焦慮的反制——與

兒童的玩性呈現正相關之關係。

成人的角色

誠如第二章和第三章所提到的，家長和教師在幼兒遊戲發展上扮演著重要的角色。在本章，我們檢閱了有關遊戲和人格發展的文獻，得知最好是採用較廣泛的兒童發展模式來瞭解遊戲行為，此模式包含發展的能力〔未來的拉力（the pull of the future）〕、情境因素（現在的影響）及個別差異〔過去的推力（the push form the past）〕。父母和教師在情境因素及個別差異兩方面影響兒童的遊戲發展最大。

如果成人在遊戲發展上扮演著一般性的重要角色，那麼，他們在兒童選擇某類型的遊戲時又扮演怎樣的「特別」角色？針對此問題的研究極少。然而，多數人會同意，就像成人大體上會影響兒童的人格發展一樣，成人對兒童遊戲的類型，或透過遊戲而表現的人格亦有著重大的影響。例如，如果家長一直只提供孩子真實性的玩具或拚圖遊戲，我們就可以預期這孩子會偏好什麼遊戲；如果家長喜歡玩假裝遊戲，勢必也會影響孩子。總之，我們可以推測家長會一直影響幼童遊戲行為的類型，即使到了家長不再扮演主要角色的學前階段亦然。

如前面所說的，研究者嘗試以二分法如視覺化者──語言化者、偏好圖案者──偏好戲劇者、構形遊戲者──故事體遊戲者（見圖4-2）來分別學前兒童的遊戲類型及個人表現方式。而多數兒童在不同情境下都表現出兼具兩種類型的遊戲行為，且具有一

偏好圖案者＿＿＿＿＿＿＿＿＿＿＿＿偏好戲劇者（Patterners-Dramatists）

視覺化者＿＿＿＿＿＿＿＿＿＿＿＿＿語言化者（Visualizers-Verbalizers）

構型遊戲者＿＿＿＿＿＿＿＿＿＿＿＿故事體遊戲者（Configurationalists-Narrators）

賴物型＿＿＿＿＿＿＿＿＿＿＿＿＿＿獨立型（Object-dependent-Object-independent）

圖4-2　想像性遊戲類型連續圖（continua）

致性。可見，分類是人爲的，因此最好視遊戲行爲是一種漸進式，兒童是在每個量表中間的某一點。

然而，效度問題仍然存在：教師與家長應試著培養兒童的遊戲偏好？偏好戲劇者優於偏好圖案者？雖然特意鼓勵兒童去做某種類型的兒童是注定要失敗的，但也至少有兩個理由反對讓兒童在遊戲中隨心所欲。

第一，如我們所指出，主要的遊戲學者指出遊戲乃一自我建構過程（ego-building process），其重要性不應受到遊戲理論家或實務工作者的影響而減少或受到干擾。遊戲中的兒童應受到監督使他們的活動能充滿樂趣、好玩，也讓兒童由遊戲中獲益。要從遊戲中得到控制力、支配力、自主力等等是對遊戲期望太大了，成人刻意去塑造孩子某種類型的遊戲對孩子的發展及幸福感都有危險。

Sutton-Smith（1979）曾討論這類插手干擾兒童遊戲可能造成的微妙結果。例如，一個家長可能希望孩子在遊戲中更有攻擊性、更跋扈、更專斷——也許父母希望教養出一個能在今日團隊的、競爭的美國社會中成功的孩子，尤其是女兒。這位家長也許

故意讓女兒在玩補充性的角色扮演時，扮演支配性角色（讓孩子扮演醫生，家長扮演病人）。然而，若深入檢視此過程，即使是由孩子控制遊戲內容，但要怎麼演仍是由家長指揮的。假定溝通的本質是多層次的，即使家長認爲他們正在造就一種特別的遊戲類型，然而結果可能是孩子在跟同儕玩時出現另一個截然不同的遊戲類型。兒童可能從原本是好意的父母方面獲得這樣的訊息：在遊戲進行當中，雖然別人同意由你來控制整個局面，但那是假的，事實上仍然是別人在控制整個遊戲的局面。重要的是，要推知兒童在遊戲中眞正經驗什麼、它對兒童有何意義、預期的結果可能或應該爲何，即使並非不可能，也是非常困難的。因此，任何成人若是爲塑造兒童某種人格特質而刻意安排或操弄遊戲情境，這種努力是不應該受到鼓勵，甚至應該避免的。

第二個對企圖影響人格或遊戲型態持反對看法的理由，乃來自近來對表徵發展和多元智力的研究（Gardner, 1983）。根據Gardner的多元智力理論，每個孩子天生就有與環境互動的才能秉賦，在不同的知識領域中造成聰明、愚笨等不同的層次，被Gardner稱之爲「心理架構（frames of mind）」。他界定出下列七種智力領域：（1）邏輯──數理；（2）語言；（3）空間；（4）運動感覺學；（5）音樂；（6）個人內在；（7）人際之間。Gardner指出多元智力理論主要的教育涵意是：每一個兒童在其幼小時期是「充滿危險的」或「前途看好的」，要視他們是否得到社會文化機會、鼓勵及學習刺激而定。他建議，由於無法事先判定孩子將有那一方面的才能，讓孩子接觸與各種智力有關的各種刺激是較明智的做法，而不要爲促進某種特定智力而選擇有限的

刺激去做密集的接觸。因此，刻意培養幼兒特定的遊戲類型，可能會阻礙孩子去發現人類自然天生的理解力、表達力與創造方式，這太危險了！因為兒童自發性的遊戲／玩性（playfulness）顯然對於其日後的適應力和創造性表達，是非常重要的。

本章小結

　　幼兒發展中，性別是遊戲中一個重要的因素。本章討論了在動作或身體、社會、實物、假裝遊戲中的性別差異，及男孩與女孩在玩具偏好、小組或團體活動、想像玩伴上的差異。

　　研究指出，男孩較常參與打鬧遊戲，在遊戲過程中也較具攻擊性。較不確定的是，遊戲時男孩採動態居多，而女孩則較靜態。在社會遊戲或社會發展上，男、女孩的性別差異極小。然而，學前兒童在互動風格、選擇玩伴和玩物的性別方面有顯著差異。男童在互動上比較直接，而女童在遊戲選擇上較不嚴格。幼兒園之女童為與較多的建構遊戲和其它的桌上活動。此外，男女童在扮演遊戲興趣和結構技巧並沒有顯著差異，但是在選擇的扮演主題及玩物卻有差異，男童比較喜歡個人化及冒險性的主題，而女童則較喜歡關係及教養之主題。

　　環境和社會化對零至八歲之嬰幼兒早期遊戲的性別差異有決定性影響力。家長、同儕和教師會影響性別的模式。在家裡，家長的期望包括玩遊戲要符合性別會使家裡的環境布置會男、女有別。衣服、玩具、臥室布置的男女有別是已知的。而親子互動模

式對初生至八歲兒童遊戲中性別差異之發展與維持長遠的影響。
觀察顯示同儕與教師藉刺激和增強影響別人。最可能玩不同性別
的遊戲時機是在沒有同儕團體的觀看之下。雖然許多教師並不鼓
勵做各式各樣不同遊戲。研究顯示教師參與興趣角的布置，能改
變已建立的遊戲模式。

　　要不要改變傳統性別遊戲要看個人的價值觀，可是也不可忽
略了給兒童在早期提供範圍甚廣的遊戲機會之重要性。所以，我
們極力建議家長在玩具花費與親子時間上，給兒子、女兒相同待
遇，並藉親子互動鼓勵孩子參與各種活動；也鼓勵老師檢視其價
值觀和偏見如何影響兒童遊戲選擇，尤其是角色扮演遊戲，因為
兒童在其中學習社會常規。

　　除了性別差異之外，遊戲的行為與發展由情境的不同、認知
成熟度、人格來決定。目前針對兒童早期遊戲所作的個人之遊戲
行為差異與人格之關係研究，有四個變項：（1）人際VS.實物導
向；（2）玩性；（3）幻想──假裝偏好；（4）想像遊戲類型。
玩性的兩個層面包括可能激發創造力和瞭解幽默的認知元素，及
在遊戲中表現歡樂與聽笑話會發出笑聲的情緒元素。幻想──假
裝偏好的層面包括外顯想像性遊戲傾向與內在或個人不公開形式
的幻想。想像遊戲則是根據實物獨立取向／賴物取向而界定。在
假裝遊戲中，偏好戲劇者在對物體的專注程度上，略遜於偏好圖
案者。這些差異似乎與整個人格有關，且似乎是心理建構的基
礎。此外，針對玩物遊戲的個別差異，也經研究指出行為──物
體的結合方式、遊戲節奏、複雜性、組織方式、專注力及對遊戲
的堅持度都有很大的差異。

　　遊戲行為和發展中因人格而產生的差異和自我概念因素及情境因素有關。Erikson, Peller和Sutton-Smith的理論都提出遊戲如何發揮自我建構功能，以幫助孩子減輕焦慮、整合發展過程、處理壓力、抒發個人過去經歷的強烈情緒。透過遊戲中的角色反轉，兒童可能得到自治感和自我擴展（self-expansion），而遊戲是發展自我能力的媒介物。Elkind則認為遊戲是對抗催促成長或逼人長大的對症之藥。另外，環境因素會影響個別差異；家長的生活經驗，尤其是頭兩年，則影響遊戲風格與技巧。支持家庭結構對遊戲有重要影響的證據較少，而支持教養模式重要性的證據較多。

　　成人必須認清他對幼童人格形成有深遠的影響力，同時必須瞭解對孩子追求獨立和人格實現（personal fulfillment）保持敏感的重要性。因此，成人應提供廣泛支持以協助兒童發現其獨特的才能與偏好。

5 不同文化的遊戲

時間是六月的初夏，午後的氣溫已高達華氏八十幾度。隨著游泳班初級課程結束，城市裡的室外游泳池進入了新的一季。當大夥離開大泳池，不少小孩流連忘返，在專為幼兒和學前兒童設置的淺池子裡踩水。當四、五歲的小孩在游泳課後繼續玩水，一旁的父母坐在淺池子邊的長板凳上，他們之中有兩位台灣人，兩位西班牙人、一位來自阿拉伯、一位非裔美國人、一位美國原住民、一位韓國人、一位沙烏地阿拉伯人還有三位是歐裔美國人。笑聲和潑水聲此起彼落，歡樂的氣氛四播。不久，小孩開始互相追逐、咆哮，假扮恐龍。大部分小孩加入了這個活動，但有幾個小孩往較安靜的角落踩水。他們不講話，但似乎不影響活動的進行——追逐、閃躲、潑水、咯咯笑。父母親極少介入，注意是否有小孩跌到水裡，大部分時間他們平躺、放鬆，偶爾互相點頭微笑，彼此也沒有交談。小孩似乎準備不停地玩下去，但很快地，他們就一個個被父母叫回去吃午餐了。

這幅景象的特別之處不是今日社會普偏的文化差異，或是這種差異的和平共存。而是這些彼此不太認識的小孩，能輕易地玩在一起，不論是假扮或合作。小孩依靠動作、聲音和情境，在水中完成了共同的劇本。在這個情境中，不需要語言溝通或成人的介入，彼此的瞭解很快便建立起來。顯然，我們不應該低估遊戲作為連結不同文化背景的社交橋樑功能。遊戲可以是培養許多重要社交、心靈與教育目標的有力工具，這些目標的本質即是多元文化的。

　　本章是關於多元文化遊戲與幼兒教育。我們試圖瞭解遊戲、文化與兒童發展，並運用這些知識於教育。在前一章，我們研究不同年齡、性別與個性的遊戲和發展與個別差異。本章，我們把焦點放在文化與社會經濟地位的變項上（SES）。

　　本章要注意的兩大重點是（1）同一團體的差異和不同團體的差異一樣重要；（2）遊戲行為與文化在概念上最好被形容成一個變動的交換關係。遊戲行為可以傳遞文化，同時也形塑文化，這裡的文化廣義地指任何有意識分享、保留、試圖世代保存自身傳統的社會團體。雖然文化提供某些跨世代的穩定性，它仍是變動的。文化與次文化的認同隨時間改變與進化，每一個世代的孩子和年輕人都會在文化上留下印記。

　　除了文化因素之外，許多其他的情境與心理因素仍影響孩童的遊戲模式以及遊戲主題的選擇。因此，我們總結文化的影響時，必須高度謹慎。將每個孩童視為個體，也許可以避免將文化群體刻板化。

　　本章分為三部分：

1. 第一部分：檢驗關於兒童遊戲文化變項的重要概念與研究。我們注意全世界不同的文化，以及美國的移民團體與少數族群。
2. 第二部分：討論社會階層與遊戲的概念和研究。
3. 第三部分：討論關心兒童遊戲的教育者和相關人士的意見。我們指出教師所需的整體概念、態度和技巧，尤其是課程改進的想法。

文化差異

　　愈來愈多研究者研究兒童遊戲裡的文化變項。藉著普遍的研究社會科學嘗試回應文化的期待，遊戲研究者與理論者試圖將他們對遊戲與發展的研究，與文化因素整合。愈來愈多的文獻記載幼兒遊戲語彙中不同的文化變項，以及養育兒童、幼兒教育理念與方法中表現的文化差異，包括運動、規則遊戲與方案等等（Roopnarine, Johnson, & Hooper, 1994）。成果有（1）概念的、分析的和理論的；或者（2）實徵主義的。實徵主義的作品大部分含括實證論的傳統的量化研究，也包括日益嶄露頭角的詮釋學之精彩研究。

概念式的工作

　　近年，架構與概念的分野已經建立，也提供了遊戲與文化的討論背景。這裡包括兩個主要的概念：（1）談學習與發展的文化；（2）文化脈絡中時間因子的重要性。

談學習與發展的文化（relation of culture to learning and development）

　　十餘年前，White（1987）戲劇化地宣稱，「令人沮喪的事實是，文化因素被當成是異形，而非一股創造、創發的影響

力。」（p. 186）雖然這對某些研究與教學實例來說是正確的——即他們對多文化主義採「觀光式」的看法，但White的引言裡表現的內涵顯然與Lev Vygotsky （1978）、James Wertsch（1985）、Beatrice Whiting （1980）、Charles Super and Sarah Harkness （1986）和其他當代研究者的作品不合。我們將在這部分討論他們的作品。

Vygotsky

舉例而言，所謂的「Vygotskian三角形」包括（1）個體／自我變項；（2）他人變項；與（3）文化／脈絡變項，說明了將文化象限整合入個人與環境互動的需要，是影響人類發展和學習的重要力量。Vygotsky的影響力在當今幼兒教育的再認知並不明顯，他一點都不信賴兒童發展理論或課程理論。根據這個觀點，我們必須完全相信文化脈絡是兒童發展與早期兒童課程的基礎（Jipson, 1991）。對Vygotsky而言，文化脈絡同時也是我們對遊戲與成人在兒童遊戲中扮演角色的理念來源。

Wertsch

Wertsch （1985） 進一步強調瞭解發展動力與文化動力的挑戰，以便運作「協力腳踏車」——非作爲添加劑，而是動態的整合。說得更清楚，在文化的脈絡，以及家庭、學校或居住環境的脈絡裡，我們不能將兒童視爲整體（尤其是遊戲中的兒童）。相反地，在多元文化的環環境裡，我們必須欣賞所有這些脈絡的豐富性（家庭、學校、居住環境與文化）。概念的挑戰已令人沮

喪，適當的瞭解與行動並不容易。我們必須注意未來理論的建構
與相關實例如何建立在這重要的訓令上。

Whiting

在各種文化與兒童遊戲的概念中，一個廣泛被運用的學習發
展與文化架構，是文化——模式（Whiting, 1980）。根據文化——
生態的觀點，兒童發展與行為，包括遊戲行為，與以下三組因素
相關：較遠的——廣義文化環境、身體接觸的機會與情境、臨近
的——社會網絡與環境。

1.廣義而言，較遠的影響如文化、經濟、歷史、政治、社會
　和科技都不在兒童直接接觸的範疇，但卻能限制他們可能
　接觸的情境與人，因此對兒童的影響力不小。
2.遊戲的重要影響來自兒童生活與遊戲中，即時情境的直接
　機會。這些機會包括遊戲場、氣候、季節變化、自然界的
　事物，以及文化上定義的人工製品，遠離馬路等等。
3.遊戲行為是社會網絡與環境的雙重作用，兒童和成人、其
　他的同齡兒童共同參與其中，也促成兒童與其他人互動、
　建立關係（Bloch,1989）。

Super與Harkness

Whiting的文化——生態觀點對人類發展文化的一種延伸，即
是Super與Harkness（1986）的「發展的活動範圍（developmental
niche）」模型。與其他的理論家一樣，他們並不把文化限定於考

慮其它因素後的單一變項；相反地，他們將文化視爲一個具滲透力的空間，與其它影響行爲和發展的變項交錯在一起。例如，Super與Harkness認爲同儕的互動與遊戲行爲，一定得與他們所處的情境一起來瞭解。這些情境也包括：遊戲內容和參與者的心理。在這個模型裡，文化與遊戲的分析包括三個主要向度：（1）身體與社會的情境；（2）參與者的「內在心理」（尤其是關心兒童發展、社會化與教育的照護者的心理呈現）：與（3）對照護與教育實務的文化慣習。

　　Super與Harkness模型與其它理論不同之處，在於強調呈現方式（第二項向度）的重要性，將它當作是脈絡變項的統合要素。顯然，遊戲行爲不僅受到立即的社會和生理脈絡的影響，也會受父母、師長等看護人對遊戲戲的信仰、態度、價值觀（內在心理）的影響。這些照護者是否相信遊戲對發展和學習的重要性？若他們父母的文化背景能支持、鼓勵遊戲，兒童將對設計過的遊戲有更多參與。若照護者相信遊戲行爲對孩子在該文化中的未來成就是重要的，他們會鼓勵遊戲行爲。

　　成人對兒童遊戲、發展與學習的態度，有助決定兒童遊戲的情境與經驗。同時，成人的表現與文化慣習（第三項向度）相關。這些文化慣習大多是潛意識的，但對該文化中參與者的內在心理有巨大的影響。此外，這些慣習的影響會受文化的作用模型或行動藍圖而調整，而這也是根據文化慣習或根深蒂固的信仰、價值觀或標準。

　　舉例而言，美國的主流文化中，自主與獨立（相對於依賴和獨立）是基本的文化價值。對我們而言，這些價值是最基礎的，

我們幾乎將它視爲理所當然。例如,父母或老師一有機會便鼓勵
孩子獨立與競爭,我們也無庸置疑地如同其它基本的文化信仰一
般,這些價值對於該文化中的成員有著無所不在且潛意識的影
響。

　　Super與Harkness模型中的第三向度,關於照顧與教育的文化
慣習,必須併入每項兒童遊戲分析的因素,每種文化與次文化都
會產生不同的結果。如我們在前一章所述,兒童遊戲表現了特定
兒童與他們特定環境的互動。因此,每一個兒童個別定義的特質
(如性別、個性、發展狀況)會與該兒童即時的情境相關,包括
社會的、心理的、生理環境。Super與Harkness模型指出遊戲分析
的另一個層面,即文化明顯而可見的一面(如團體遊戲裡的遊戲
素材或文化,這有助形塑即時的範疇),以及文化與社會結構裡
更細緻抽象的一面(如文化信仰與價值)。

　　當尋求完整瞭解兒童遊戲的內涵,社會文化變項必須列入考
慮。這種對遊戲的寬闊視野,與較新的社會科學訓練之文化心理
相呼應(Schweder, 1990),文化心理的宗旨是將文化的影響轉換
成互動或心理過程的論述。也許這種新的訓練可以協助教師思考
早期兒童教育,尤其是兒童遊戲在多元文化發現這方面。

時間作爲文化的脈絡(time as a context for culture)

　　除了將文化視爲學習與發展的因素,早期兒童教育的第二個
重要概念──認定時間(如年、月、或世代)是與文化影響力互
動的有力變項。目前關於文化心理、兒童發展與教育的討論裡,
學者與實驗者認知到當時的因素,更瞭解文化脈絡的必要

（Greenfield & Cocking, 1994; Ogbu, 1991; Slaughter & Dombrowski 1989）。在這部分，我們把焦點放在Ogbu的作品，其中討論時間的歷史與世代影響；Slaughter與Dombrowski的作品著重時間經驗的連續與不連續性。

Ogbu

Ogbu （1991）比較瞭解自願性移民的少數民族（如義大利、波蘭與愛爾蘭籍的美國人），以及非自願移民的少數民族（如非裔美國人、美國原住民以及美墨戰爭後成為美國人的墨西哥人）。尤其，他強調他們在接受（自願）與反對（非自願）美國主流文化方面的差異。來到美國的自願性移民接受語言與文化的差異性，而且樂意去適應，至少在初期是如此，以符合官方教育體系與大部分社會的要求。另一方面，多年前被奴役或征服的非自願少數族群對主流文化現狀仍帶著不信任與懷疑。社會的不正義帶來隔離與幻想的破滅，他們世代家族深受此害。例如，Ogbu提到少數族群透過玻璃隔板可以看見美國的中產階級白人男性如何踩在他們頭上，獲得晉級。同樣地，一個「工作隔板」（job ceiling）意指工作的屏障與被剝削的工作機會，美國夢對他們而言是不真實的，他們受到約定成俗與個人種族歧視的影響。

另一方面，少數的移民在主流文化中歷經兩代或三代，目睹且感受到社會壓迫與隔絕時，他們也會失去他們的理想性。例如，某些移民家庭裡，父母親比他們的子女表現出更多的安適與成就，這些父母的子女到了青春期與青年時期正準備開始努力打造他們的美國夢時，卻發現他們的發展空間是多麼不平等

（Gibson & Ogbu, 1991）。

Ogbu對自願和非自願少數族群的分類，以及他對工作隔板的概念，有助我們瞭解不同少數族群的行為模式與適應情況，依種族歸屬與該族群或家族在美國居住時間的長短分類。的確有很多人感覺到邊緣化，希望他們的聲音被聽見，他們的面目被看到，以確認他們的身分以及他們被主流文化接納的權利。例如，當某個族群團體的父母在公共領域要求公民權、經濟權與參政權時，他們在內部可能會建立一個分別而獨特的學校（如Afro centric ECE 課程），以培養他們的小孩對自身文化遺產的榮譽感。再者，即使少數民族團體有意識地尋求與主流社會融合，與過往和本身文化的連結對他們而言仍非常重要，而且這通常對兒童養育信念與實務有長遠的影響。

舉例而言，移民或國際參訪家庭可能會和小孩分享特定的遊戲、工藝、歌曲、玩具和團體遊戲。同時，移民的父母和小孩會漸漸學習一種新的遊戲行為以及一些附帶的遊戲態度和價值觀。一段時間後，這些家庭會在新的文化環境裡找到保留文化與文化適應的方法。在每個家庭裡，連續與不連續是恆動的，當教育者與家長合作時，必須認知與尊重這一點。文化並不是靜止的變項，凝結在時間裡。教育者對這項事實的敏感，可以幫助孩子處理在學校與同儕間發生的衝突。

Slaughter and Dombrowski

Slaughter and Dombrowski （1989）為討論脈絡變化中的家庭提供了有用的語彙。他們的分類對一般兒童的早期教育很重

要，尤其是對負責兒童遊戲的成人而言。根據這些研究遊戲的學者，「文化不連續脈絡」（culturally discontinuous contexts）通常指該兒童的家庭已在相同的社會生態脈絡生活至少兩代。文化不連續脈絡下的孩子包括移民、難民與國外技師或參訪學者等的家庭。

　　Slaughter and Dombrowski為這個連續——不連續的向度增加了第二個向度，即該家庭、文化，或次文化團體是否已同化。同化通常定義為：該團體適應主流大眾的情況。無公民權的團體常常是連續但不同化的——如某些非自願族群，被壓迫的、無家的、或者所謂的低下階層。對許多，即使不是絕大部分，未同化但文化連續的個人而言，他們的痛苦似乎是無止境的；他們自知無緣在美國品嘗成功的果實。許多不連續且未同化的文化團體，如新的自願移民也飽嘗了被隔絕之苦——但只是暫時的，至少他們這麼希望。他們的目標是同化，但也不與本身的文化完全斷絕。

同化與適應

　　近來對我們國家的格言"e pluribus unum"（意為「合眾為一」）裡的「一」有些爭議。我們嘗試解決目前國家認同危機時，是將焦點放在中心或邊緣，相同點或相異點，整體或是部分？強調整體，可能在我們的文化進化中造成僵化的一致性與呆板；強調部分，可能導致分裂或社會分化。

　　我們必須對整體或部分找一個解決之道。我們在決定尺度、衡量同化與文化適應的最佳程度時，必須避免極端，與主流太親

近或太疏離。經常與多元族群兒童與家庭接觸的教師或工作人員，也許可以學著對這些族群之間，與族群內部的差異更加敏感，更多回饋。教師必須瞭解許多族群的兒童正經歷文化改變，必須適應多元文化以獲得更多的文化歸屬感，而教師必須瞭解他們的需要與他們感興趣的事物（Angell,1994）。

實徵主義的工作

關於文化與遊戲，除了概念與理論的研究，全世界其他國家也有許多關於兒童遊戲的延伸研究。過去，這種研究被用來測驗遊戲發展階段理論的普遍性，或者某些遊戲種類的流行或存在，如象徵性的或者扮演模仿遊戲。民族誌的人類學研究，如 Schwartzman（1978）的作品在解釋某些普遍性的迷思時，顯得相當有用。例如，研究顯示兒童早期融入成人的作品，並不保證他們將來會從事戲劇生涯或和其他孩童參與戲劇演出；社會的偽裝並不依賴擁有裝扮遊戲的素材或玩具，或者同齡的玩伴。不同文化間在主題、內容、風格上的差異，可以從兒童在遊戲中的想像力表現出來。

研究成果讓我們認識到兒童遊戲不同文化的內容與風格，以及遊戲如何影響文化架構，與如何被文化脈絡影響。三類的研究成果對這些瞭解有益：

1.有些研究調查將遊戲與相關行為放在特定的文化中描述（e.g., deMarrais, Nelson, & Baker, 1994）。這種類型的研究

有豐厚的傳統（Schwartzman, 1978）。

2.有些研究檢視其他國家兒童遊戲的例子，並藉此比較觀察
美國學齡前孩童的表現（Pan, 1994; Tobin, Wu, &
Davidson, 1989）。

3.漸漸地，經驗主義的工作將焦點放在美國參加幼兒園及托
育方案學齡前的移民兒童的遊戲（e.g., Farber, Kim, & Lee,
1995）。

實徵主義對特定文化遊戲的研究

最近一項第一類的研究，如deMarrais等人即針對Yup'ik的愛
斯基摩女孩。這項研究是根據民族誌的訪談與參與者的觀察，顯
示對六至十二歲、住在阿拉斯加西南部Kuskokwim河的女孩，特
定遊戲活動對他們文化傳承與發展的影響：這種遊戲稱爲「泥巴
裡說故事」。在「泥巴裡說故事」中，女孩一邊說故事，一邊利
用泥巴地塗鴉各種插畫與象徵圖樣，隨著故事發展，她們還會把
泥地上先前畫的圖案塗掉，以便有空間畫新的。研究者發現，當
午後的太陽溫暖了河岸的泥地，女孩們會聚在那裡玩「泥巴裡說
故事」，一次可達三小時。她們遊戲的地點遠離鎮上的建築物，
距離連接村與村之間的道路也很遠。

雖然電視和錄影帶出現後，「泥巴裡說故事」的遊戲比較少
了，但仍然可見（甚至新傳媒上的點子也納進了「泥巴裡說故
事」），而且提供了一種活動模式，有助女孩從年紀較大的同儕身
上（1）學習到文化的知識，如親屬關係、性別角色、社區標準
和價值：（2）從遊戲與故事表達中更確認她們對自身文化與認

同的瞭解與感受。甚者,「泥巴裡說故事」也能有助她們學習與
自身文化相關的技巧、習慣和態度。值得注意的是,傳統上,女
人從事作陶、摘莓果與下廚,男人則負責捕魚和狩獵。也許這是
爲什麼男孩從來未參與「泥巴裡說故事」的遊戲。只有女孩從遊
戲裡,學習到日後文化中成年女子的活動。學者指出,這種傳統
正在轉變,因爲有些女子上大學或出外工作,而一些男人也開始
烹飪或摘莓果。這些女孩目前在河邊泥地上講的故事,也反應了
村裡性別角色的改變。

兒童遊戲的跨文化比較

最近第二類研究的範例有學者潘 (1994),她比較台灣六十
二名幼稚園兒童的遊戲情形,與Rubin, Wkatson, Jambor (1978)
所觀察的學齡前兒童遊戲情況。潘也將她的資料延伸,比較美國
的資料在不同遊戲形式上的認知與參與程度 (Rubin & Maioni,
1975),以及父母親對遊戲的態度 (Johnson, 1986)。對於觀察的
程序與遊戲行爲的術語,潘與Rubin的研究類似。

建構性的遊戲在台灣和美國都很常見,但互動式的戲劇扮演
在美國的案例中較普遍(對學齡前兒童是兩倍,幼稚園程度是三
倍),而平行式的建構性遊戲和訂有規則的互動式遊戲在台灣的
案例中則較普遍。有趣的是,在美國的案例中,互動式的戲劇扮
演與智商和參與程度成正比;但在台灣的案例中則否。在台灣,
參與訂有規則的遊戲和心智年齡 (.42) 和參與度 (.28) 正相
關,而且關聯性很強。與美國的案例相較,這些孩子的母親並不
認同訂有規則的遊戲,但卻很贊成建構性的遊戲或課業活動。

潘的發現和Tobin, Wu, and Davidson （1989）在《三種文化的學齡前教育》（*Preschool in Three Cultures*）裡的研究不謀而合。這項研究以多元影音的民族誌技巧，比較了美國、日本和中國的學齡前兒童教育環境。透過這些技巧，教師討論對影片中其他國家作法的看法，也討論本國的作法。結果發現，針對幼童的遊戲與學習價值，美國的反應介於日本與中國之間。例如，針對「為什麼社會要設置學齡前教育？」這個問題，有70％的日本人將「有機會和其他小朋友玩」列在最重要的三個原因之一，美國人為42％，中國人則只有25％。

67％的中國人將學習列為最重要的三個原因之一，美國人為51％，日本人只有2％。日本受訪者怕學齡前的過份教育，他們偏愛在學齡前的小孩就要像小孩，而中國人則喜歡把學齡前教育當成正規教育。中國的受訪者比較不同意「遊戲是小孩的工作」，認為「學習是兒童遊戲的一種型式」。對中國受訪者而言，即使是玩積木也要有規則。在美國，這個印象是模糊的，許多幼童的教師和父母一方面希望孩子贏在起跑點，一方面也擔心揠苗助長，帶給孩子太多壓力和焦慮。不幸地，這些美國的父母和教師似乎對是否該適當給與幼童學習教育感到困惑與無所適從。

美國移民兒童研究

最近第三類的典型研究，是針對三至五歲的韓裔與歐裔各四十八位美國兒童，研究他們的社會互動與遊戲行為 （Farver et al., 1995）。資料來源包括直接觀察他們在各別學齡前學校的活動環境（顯然有相當差異）、家長報告兒童在家中遊戲情況，以及

教師對社會競爭力的評比。他們注意到，就社會裝扮遊戲，韓裔兒童參與的情況還不及英裔兒童的一半，無事可做的時間是英裔兒童的兩倍，平行遊戲的時間則是三倍。另一方面，韓裔兒童被給予玩具才開始遊戲，比歐裔兒童更懂得合作，這項發現與他們互相依賴與敏感的文化價值相呼應。與英裔兒童相較，教師評定韓裔兒童較遲疑，不擅社交。

這些在學校裡顯示出來的文化差異，與這兩組兒童學前教育的環境模式相襯。雖然兩組案例都有教師和同齡兒童一起，為正式的學校教育作準備，但執行的方式則相當不同。在韓裔美兒童的活動環境中，遊戲活動的本質包括記憶遊戲、需要耐心和努力的工作，以及以課業成就為目的的被動學習。在英裔兒童的案例中，是以想像力和其它更統合的方式，學習解決問題，個人的表達比團體的和諧重要，目的是培養幼童社會與認知的技巧。英裔兒童的父母鼓勵遊戲，尤其是裝扮遊戲，認為這是認知與語言成長的工具，也能為正式學校教育預作準備，而且他們說，他們的小孩在家裡也經常玩這種遊戲。相對地，韓裔兒童的父母不這麼認為，他們認為遊戲不過是小孩子基本的娛樂，以及逃避無聊的方法。

整合研究發現

文化群體在兒童遊戲能力或偏好的差異，在許多研究都記錄過，支持我們所相信的，環境因素在遊戲發展中的重要角色（Feitelson, 1977; Finley & Layne, 1971; Murphy, 1972; Seagoe, 1971; Smilansky, 1968; Udwin & Shmukler, 1981; Whiting,

不同的文化中，兒童之間對遊戲的術語差異與重疊量相當大。

1963）。社會文化的變項本身並不能說明一切，但卻是掩護的變數，在這之下，相關的特定因素或基本變異在遊戲行為和發展上，展現更立即的影響力（如玩具的可及性、成人的鼓勵）。這本書的一個基本前提是，這些特定的因素，而非社會文化的保護傘變數，才是影響遊戲行為和發展比例與程度的關鍵。Farver等人（1995）的研究即是這個觀點的極佳說明，可以看出來，文化影響是由教室活動環境的組成與教學理念促成的。

　　不同的文化中，兒童之間對遊戲的術語差異與重疊量相當大。一項從研究中歸結的說法是，教育性的遊戲（詳見第一章）具有較多的同質性；而娛樂性或表現性的遊戲則具更多文化的特性（Lasater & Johnson, 1994）。另一項說法是，若某種形式的遊戲受到該文化中的成人的支持，兒童也會參與更多。例如，足球運動在世界上許多國家受到喜愛，兩歲的學齡前兒童就開始踢足球，雖然這是有規則的遊戲，根據皮亞傑理論，比表徵性遊戲在發展上更先進。另一方面，社會戲劇遊戲（sociodramatic play）

在相同的文化圈中並不多見，雖然它需要類似程度的合作與規則。顯然，這樣的遊戲差異不是因為認知的限制或遊戲者的能力，而是文化影響的差異。

　　在早年的研究中，發現貧窮的未發展國家的小孩遊戲的技能較差（Ebbeck, 1973; El Konin, 1971）。Sutton-Smith（1977）指出，也許遊戲最關鍵因素是，兒童是否享有足夠的經濟環境，而被迫自小參與生存訓練、功課與情境，甚至在四、五歲之前就在遊戲中競爭。

　　兒童是否有能力完成某種遊戲，和環境條件有關。遊戲的空間和時間對遊戲技巧的發展很重要。兒童也需要玩物，包括自然的東西如石頭、樹枝、稻桿等等開始玩，並發展他們的想像力。成人對遊戲，以及他們對遊戲中兒童的行為，都很重要。許多研究遊戲的學者發現，有成人或年紀較大的同儕的鼓勵或示範，非常有助兒童發展某種遊戲的訣竅，如裝扮的佯裝遊戲（Feitelson & Ross, 1971; Singer, 1973; Smilansky, 1968）。若在一個社會文化團體中缺乏學習的條件，那麼遊戲的形式可能不存在，或者程度很低。

　　早年的跨文化遊戲研究指出，想像遊戲在某些社會幾乎是不存在的（如俄羅斯與東非的兒童——Ebbeck, 1973; El'Konin, 1971; Whiting, 1963），但在其它社會卻非常豐富與多樣（如紐西蘭與琉球的兒童——Seagoe, 1971; Whiting, 1963）。根據Feitelson（1977），在不同社會長大的兒童，他們的想像遊戲在品質上有很大的差異，而在某些社會，想像遊戲幾乎不存在。她引用了Ammar（1954）對埃及鄉下兒童的描述，以及Levin & Levin

（1963）對肯亞Gussi兒童的描述。這些兒童被視為缺乏遊戲的條件，這些社會的成人表現出不讓兒童遊戲的態度。兒童被視為被動的，只能安靜地觀察成人的行為。在對庫德族猶太人的研究裡，Feitelson發現，絕大多數成人的態度是，小孩只能被看，不能出聲。她指出，這種態度導致兒童極度的被動與缺乏遊戲。

雖然這些文化特性可能是正確的，但是社會階層與文化對兒童遊戲的個別影響仍必須指出。舉例而言，Udwin & Shmukler（1981）曾檢驗以色列與南美洲中低階層的兒童，他們發現想像遊戲裡重要的是社會階層差異，而非文化差異。作者發現，中低階層兒童明顯欠缺想像遊戲，並非肇因欠缺經驗或刺激，而是中低階層的父母無力幫助他們的小孩整合日常生活中遇見的不同刺激。我們也許知道，對兒童遊戲的頻率與品質而言，社會階級的因素會比文化因素更重。從這個觀點，遊戲的內容會因文化而不同，但在每一個文化裡，遊戲的水平則會因社會經濟的水平而有異。

●專欄5-1　無意間的遊戲觀察

by Francis Wardle

當我住在瓜地馬拉的高原時，有機會觀察馬雅兒童在自然環境下生活的情形。雖然我表面上是在一九七六年的大地震後於當地蓋房子，但身為一位教育者，我卻為兒童深深著迷。那裡的男孩玩汽水瓶蓋。（那裡的水被污染太多以致於無法飲用，所以每個人都喝汽水。）五、六歲的小孩都喜歡

玩這個，他們把瓶蓋往牆上丟，然後依瓶蓋打到的位置計分。

　　我也在小村子裡和男孩們踢足球。五、六歲的小孩對足球的技巧、知識和團隊合作已有相當認知，我對此相當驚訝。到第三世界國家旅行過的人都看過小孩子在空地、廣場、街道和後院踢球。足球是全世界的遊戲，一代代傳下來。年紀較小的兒童藉著和較長的同儕或大人踢球，也學會了這種遊戲。

　　當男孩在高原的空地上踢球，女孩通常在溪邊洗衣。女孩似乎也是邊談笑，邊潑水、丟肥皂玩。我常看到兒童陪著父母親在工作相關的場合，如洗衣、升火烤肉、開會、照顧玉米田或豆科植物。在每個地方，小孩都會在父母工作時，發展出自己的遊戲；潑水、拿棍子當劍、在沙地上畫圖，或者把玩豆科植物的葉子。

　　我在當地教幼稚園那年，有一個小學生來自玻利維亞的的喀喀湖。她的家庭屬於當地的原住民。她不會說英語，但很快融入所有的課程活動。她最喜歡的一堂課是戲劇表演。她通常自己一個人表演，或者和其他學生一起。她花很多時間照顧她的大洋娃娃，幫她穿衣服、梳頭、哄她上床。即使她到別的教室上課，她也會用中南美洲那種披肩或斗篷把洋娃娃背在背上到處跑。

　　我幼稚園班上的小朋友很多時間都在戶外，探索自然界的事物。我們涉溪、在結冰的溼地上滑行、蓋碉堡、捉蝌蚪

和喇蛄（Wkardle, 1995）。我們跳進葉子堆裡、爬樹、釣魚。當我帶他們玩盪鞦韆，去遊戲場（爬欄杆、溜滑梯、鑽山洞、搭旋轉鞦韆等等），他們似乎不太感興趣。這些人工的遊戲彷彿比不上「真實物品」。

我發現另一項有趣的事，是半島上一座鄉間的Amish學校。我驚訝的發現，在學校外的小塊綠地上，什麼遊戲設備都沒有，連老舊的農機、輪胎或樹幹殘株都沒有。小孩子休息時玩什麼？他們會離開教室出去休息嗎？後來我看見一群小孩子用掃帚柄玩了起來。兩個小孩一人拿一邊，和地面保持平行。其他每個小孩子，不管男生或女生，都要跳過那把掃帚柄。然後掃帚柄逐漸抬高。這個遊戲的主旨是看誰能跳到最高。顯然，遊戲設施的缺乏並不影響他們戶外遊戲的興致。

其他人則持反對的意見——基本上是民族誌學者、民謠家與人類學家——他們認為所有的兒童都能夠參與裝扮的佯裝遊戲，不論他們的文化或社會階級背景（Schwartzman, 1978; Sutton-Smith & Heath, 1981）。根據這個角度，某些族群兒童缺乏遊戲的原因，是因為那些研究人員的種族中心意識或階級歧視，他們使用狹隘的研究工具，陳述他們的無知；他們也無法指認不同文化或社經背景的兒童所從事的想像遊戲。

Schwartaman（1978）在她淺顯易懂的作品《轉換：兒童遊

戲人類學》（*Transformation: The Anthropology of Children's Play*）裡，提供了豐富的非西方國家兒童遊戲的民族誌資料。她提到，民族誌研究裡有關埃及鄉間、肯亞和庫德族猶太兒童缺乏遊戲的說法 （Ammar, 1954; Feitelson, 1959; Levine & Levine, 1963），並未將焦點放在兒童遊戲上，更別提遊戲的種類。她警告，那些研究裡遊戲不存在的證據，並不足以證明這種遊戲不存在。根據 Margaret Mead （1975），「學生應該注意，任何玩具、任何遊戲、任何歌曲不存在，只因為它沒有被親眼見到或留在成人的記憶中，這種否定的陳述是不能完全採信的。」（P. 161）。確實，最近民族誌的記錄 （Roopnarine et al., 1994）指出，全世界的兒童有各種各樣的遊戲形式，遊戲有時是伴隨工作的 （e.g., Bloch & Walsh, 1983）。

在Sutton-Smith （1972）早期的作品裡，他發展了一項主題：西方社會與傳統社會（非西方社會）在想像遊戲上的不同，可能以他所謂「歸功型」（ascriptive） 或「成就型」（achieve-ment（的文化差異類似。歸功型文化的兒童，玩的遊戲是（1）模仿的或複製的，但不是轉換的或創造的，而且（2）仰賴實體的玩具，而非即席或無中生有的玩具。換句話說，歸功型文化的兒童模仿較長者的行為；他們會複製，但不會轉變。相反地，成就型文化裡的兒童，他們的想像遊戲充滿裝扮的變形，更有彈性，而且多樣（主——客，客——客，自我——他人的角色轉換）。

在後期的作品裡，Sutton-Smith和他的同事，轉而將注意力描述想像遊戲在文化因素下的差異性。Sutton-Smith & Heath

（1981）的民族誌作品分析了兩種型態的想像行為，他們稱之為「口語的」和「文字的」。口語型態的想像力通常是修辭的，深嵌在中心表演者與團體之間。在文字型想像較盛行的文化裡，想像力通常出現在孤獨的情境裡，強調遠離俗世，幻想不存在的事物。Sutton-Smith & Heath指出，看似想像力發展不足的情況，可能是想像力的方式不同。

　　Sutton-Smith & Heath （1981）繼續指出，兩者文化風格可以從兩歲兒童的故事中看出端倪。他們比較了一位卡羅萊那州工人黑人小孩說的故事，以及一位紐約中產階級白人小孩說的故事。非裔工人小孩說的故事比較個人而可信，大部分是來自真實的生活經驗。相對地，中產階級白人小孩的故事傾向以第三人稱，內容充滿奇異幻想。在紐約小孩的故事裡，95％是第三人稱；非裔小孩只有30％如此。然而，在個別案例中，想像力的痕跡清晰可見，雖然形式不同。卡羅萊那兒童在集體中較容易展現他們的才能，而不是在個人的表現。

　　Sutton-Smith & Heath指出，當文字是活動的中心時，來自文字傾向文化的兒童通常看起來較有想像力且頑皮並具玩性。但問題仍是，某種遊戲經驗（如文字形式）在現代科技與資訊社會裡，是否較有用？

社會階級

　　在Sara Smilansky （1968）的《社會戲劇遊戲對低收入學齡

前兒童的影響》（*The Effects of Sociodramatic Play on Disadvantaged Prescholl Children*）書中，她不只表現出對遊戲訓練（詳見第一章與第七章）的興趣，也有助宣揚一個理念：低收入家庭兒童的遊戲在很多方面都是不足的（McLoyd, 1982）。許多研究者或實際工作人員把Smilansky的話記在心裡：來自社會文化低層的兒童很少有機會玩，而且他們大部分根本不參與社會戲劇遊戲 （1968, P. 4）。由於一般人都接受想像力遊戲與象徵發展之間的關聯，便將社會階級的差異與裝扮遊戲連結在一起（不管是原因或結果），而且還設計了遊戲指導，期望彌補這假定的社會階級差距 （Freyberg, 1973; Saltz & Johnson, 1974）。

Smilansky和其他受她作品影響的研究人員將低收入家庭兒童的裝扮遊戲，與中產階級兒童的表現相較，認為前者的頻率較少、層次較低。對他們表現的評語，一般是「缺乏想像力」、「重複」、「簡單」、「零散」、「太具象」。我們甚至可以說，這些形容詞和早期用來形容自閉症或智障兒童的表演用的形容詞相去不遠，諸如「個人化」、「儀式化」、「不知道連結各種玩具去玩」 （Weiner & Weiner, 1974）。許多研究學者指出，中產階級的學齡前兒童較低收入家庭的學齡前兒童參與較多的社會戲劇遊戲 （Fein & Stork, 1981; Rubin, Maioni, & Hornung, 1976）。

低收入家庭兒童的想像力果真發展得不如中產階級兒童健全嗎？正確性有多少？低收入家庭兒童參與裝扮遊戲是否比例上有延遲？是不是有一個關鍵期讓兒童展現表徵遊戲，或者讓他們心理邏輯得以發展？相反地，這些太早下的結論是否引用了有問題的研究方法？若研究者也曾觀察低社經階層家庭的兒童在學校以

外的遊戲情形──如在家裡、停車場、後院──也許看似遊戲不足之處，會變成遊戲的力量。

近年的研究

與前三十年相較，一九九〇年代，遊戲與社會階層的研究數量明顯下降。研究人員對此興趣大減的重要因素是，大家開始有一個共識，認為繼續把社會階級當成重大的環境比較變項，意義並不大；他們將焦點轉向更特定的大架構上，尋找影響兒童遊戲行為的因素。更有甚者，探究社會階級和遊戲的關係是有問題的；現存的文獻正與其他研究方法議題面臨技術上的奮戰，有人質疑這些研究運用社會階級的定義與環境的有效性 （McLoyd, 1982）。大體上，現在我們相信任何所謂與中低社會階層相關的「遊戲不足」，是對不同種類的遊戲在動機或機會上不同，而不是能力上的不同。

例如，Dolye, Ceschin, Tessier, and Doehring （1991） 檢視了社會階層與社會戲劇遊戲，一邊也衡量兒童認知與表徵能力。樣本包括五十一名幼稚園的男孩與女孩，以及六十七名加拿大一座大城市郊小學一年級的男孩和女孩。約莫一半的兒童都被歸類為低社經地位（SES），其餘的為中SES，端看父母的教育程度與職業。觀察的時間超過五個月，觀察他們遊戲的情形，而且也會給個別的小孩一些認知行為的測驗。測驗與觀察是由不同的研究者執行，以控管測試者的影響。測量項目有七個，包括保留概念、言語表徵替換、表徵符號使用的評分；觀察評分項目有遊戲

方式、假裝遊戲裡的轉換型態（替換物、想像物、角色轉換等）。對社會戲劇遊戲的參與，中產階級的兒童平均比中下階級的兒童多了25%，前者的表演時間也比後者長了17%。前者在連貫性，以及口語符號技巧上的評分也較高。然而，社會戲劇遊戲的數量和長短與認知並不相關，而且不會隨年齡增加，這讓研究者歸結到：對年紀較長的學齡前兒童與年級較低的小學生，他們在裝扮遊戲上表現出的社會階級差異，動機因素可能比認知因素要多。針對早期對中低階級兒童研究的批評（Rubin et al., 1976; Smilansky, 1968）同樣地也顯示相對於中產階級的標準，他們低估了遊戲「能力」（McLoyd, 1982）。

特定的遊戲行為

近年對兒童遊戲與社會階級因素的研究，另一個面向是指認特定的遊戲行為，以及描述遊戲發生的環境架構。如Fantuzzo, Sutton-Smith, Coolahan, Manz, Canning and Debnam（1995），他們使用觀察和評分研究參與贏在起跑點的「啟蒙計畫」（Head Start programs）的非裔低收入學齡前兒童。他們不使用全球的遊戲基準分類——如平行遊戲、建構性遊戲等等，這些早期研究使用的分類——他們傾向採用歸納法與運用特定法，以捕捉兒童行為的細節。

在這些學齡前兒童的案例中，種種表現出來的行為首先摘要說明，然後加以解釋，根據的是因素分析統計技巧。他們發現的三個主要向度為（1）遊戲互動（play interaction）；（2）遊戲干擾（play disruption）；和（3）遊戲不連貫（play disconnec-

tion）。第一向度裡的特定行爲包括領導、解決紛爭、指導別人遊
戲、展現創意、爲別人的裝扮遊戲提供細節、分享意見。第二向
度遊戲干擾的具體行爲包括：不輪流玩、閒談、抓其它東西、肢
體強勢、言語侵犯、不分享玩具。第三向度遊戲不連貫因素包括
退縮、漫無目的閒晃、不懂遊戲規則、悶悶不樂、未被邀請加入
遊戲，以及需要老師指導。

　　Frantuzzo等人研究的初始目的，是爲贏在起跑點的「啓蒙計
畫」的參與者創造一種觀察遊戲的評估工具，對教師的課程規劃
與個人式教學會很有用（詳見第八章，有對此項研究與評估度量
的深入討論）。這三個向度受到這項研究的心理測驗結果的支
持，但作者強烈警告，這幾個向度呈現的，是特定兒童在特定教
室環境裡的特定發展階段。它們並非兒童不變的特性，或不成結
構的分類，不應被濫用；例如，當成爲兒童貼標籤的基準，或代
替教學（如這個兒童「有干擾性」、「還不適合上幼稚園」）。

深入的質性研究

　　其它近期關於兒童遊戲、社會階級與相關變項（移民兒童、
流浪兒童、過動兒等）的研究，都是質性的質化研究（如個案研
究或民族誌取向），而且會深入檢視環境與行爲，包括一小群兒
童的遊戲。這種研究和定量比較研究相當不同，後者尋求實徵主
義的結論，而且通常導致不公平的比較，完美化中產階級，增加
遊戲不足與文化低階標籤的爭議。相反地，今日的質性的質化研
究傾向提出在地的知識，包括對特定兒童在特定生活情境的豐富
架構描述。研究者必須以統計的眼光，對研究發現毫無掩飾：這

些研究深化了對兒童遊戲與SES變項的認識。讀者從中獲得的意義通常運用到其他他們熟悉且個人的情境。

最近一個質性研究案例是一間雙語幼稚園三個以西班牙語爲母語的兒童的英語能力 （Orellana, 1994）。卡洛斯、薇若妮卡和艾麗莎都是三歲的小朋友，研究人員觀察他們每人自行遊戲的時間二十小時。他們以筆記和錄音機記錄裝扮遊戲、其它遊戲與遊戲中的對話。裝扮遊戲又進一步記錄扮演眞正的人物與扮演兒童通俗文化裡的角色。語言使用的記錄作爲可分析的單元，並且計算每一個裝扮遊戲的一段情節裡，英語和西班牙語使用的次數。這項研究也爲兒童家庭與學校架構提供了豐富的描述。

在這項研究發現中，有一項是當扮演超級英雄時，兒童強烈傾向使用英語，這種形式在該研究裡相當普遍。有一種詮釋認爲兒童選擇的遊戲與語言，與認同的形成和主流文化的力量有關。所有的兒童扮演超級英雄角色時，會使用英語。卡洛斯說他長大時才會用英語。這項研究的意涵，包括裝扮遊戲養成英語技能的潛在價值，對教師而言，也許需要投入更多的努力，平衡幼童的語言使用，以便雙語的發展。除了這幾個發現外，研究者也提醒讀者不要擴大解釋這項質性調查。

研究的概論（generalization）一樣非常重要，但理想上，是該研究的讀者決定何者爲個人且專業上可採用，而不是根據該研究的設計與分析，宣稱研究的有效性和可歸納性。質性研究的一項重大課題是，他們展示了部分早年質性研究所造成的巨大傷害，後者導引一些讀者低估了所有兒童在遊戲中的豐富性與重要性。質性研究經常提供一個有用的修正鏡頭，透過這個鏡頭去看

一些早期種族中心、短視的研究工具概念化，以及變項的選擇。

社會階級與學校相關的因素

依兒童所處的情境，他們為學校教育的準備、正面的成長、與擁有充足而活躍的學前遊戲經驗等方面，可能處在「危機」（at risk）或「充滿希望」（at promise）的發展階段。由於個別家庭經濟情況因素，今日兒童遊戲的環境與機會差異很大。今日有超過20%的兒童是貧窮的，根據兒童保護基金會（Children's Defense Fund）公布的年度統計，九個兒童中就有一位出生在貧困水準以下的家庭，所謂貧困水準在一九九五年為6,079美元（一九九七年美國兒童年報，The State of American's Children Yearbook,1997）。社工人員與教育者注意到這個事實，並為成千上萬美國兒童物質資源被剝奪感到憂傷。許多社工人員與教育者透過父母教育與遊戲介入，提供技術與精神支持，積極尋求提升這些兒童與他們家庭的福址與發展。甚者，今日資訊發達的社會與教育政策和實務已排除了不足模型，轉而擁抱差異性或充權（empowerment）模型，奠基於與父母和兒童的相互尊重與合作，不論社會階級高低，或文化、種族背景的不同。

許多先前的研究混淆了社會階級因素與教室或學校因素。若自發性遊戲的觀察只局限在幼稚園或托兒所，並不公正。問題在於決定這種環境是否是觀察兒童想像力與創造力遊戲的最佳場所，尤其是來自非白人中產階級家庭的兒童。這種場所可說是為中產階級的兒童和成人設計的，無法在這裡看到其他兒童豐富的想像力遊戲，並不表示他們無法在較無歧視的環境裡從事想像力

遊戲。兒童家庭與學校或托兒所環境在價值與社會行為方面的對比，可能會使兒童無法自然表現出高度的活潑或想像力。而且，為中產階級設計的幼稚園或托兒所裡的活動或玩具，對中低階層家庭的兒童較陌生。如果兒童對活動或玩具陌生，他們剛開始只能試探性的接觸，後來才可能發揮想像力。若兒童懷疑他們的行為會導致不好的結果，他們寧願不動它，也不願延伸他們的幻想——他們的確有幻想。曾有一位老師告訴一位母親說，她的小兒子不願參加學校的社會戲劇遊戲，母親生氣地反駁：「若你知道我兒子的想像力，你會嚇得暈倒。」而且，也有一些父母不願意小孩在學校嶄露他們的想像遊戲，擔心會被誤解（Phillips, 1996）。兒童也許會在家裡玩和課堂上不同的東西，以彌補他們在學校因文化而不被接納的遊戲機會。

　　有很多貼心的建議提供給研究者，讓他們能更精確地測量低社經家庭兒童，以及不同文化背景兒童參與想像遊戲的能力。McLoyd（1982）建議在更大的框架裡檢視幼兒的自發性遊戲，

研究遊戲中之社會階層與文化差異必須在家庭、學校及鄰里情境中進行。

包括家裡和住家附近。若這種觀察不可行，那麼研究者可以設計特別的遊戲間；也許是在學校裡兩個房間的活動實驗室（雖然這有點像教室），但可以遠離平常的教室。先讓兒童熟悉這個環境，覺得這裡很安全，可以盡情地玩，不用擔心老師或陌生人在場。

舉例而言，McLoyd, Morrison, and Toler（1979）發現，在這種條件下，與成人在場相較，三三兩兩的兒童表現出相當豐富的社會戲劇遊戲。McLoyd建議，運用記錄系統來捕捉低社會階層與不同族群兒童的遊戲與溝通模式，這兩者在早期的研究是被忽視的。她發現，在非裔兒童中，尤其是低收入家庭的兒童，他們的語言通常伴隨著情感和表情。若研究者要充分評估這些兒童社會遊戲的質素，必須記錄參與的程度與角色扮演的深度等細節，如聲音的改變以表示情緒或心理狀態的改變。

其他的考慮

其他曾對兒童遊戲的觀察提出絕佳建議的學者，有Fein與Stork（1981），他們同時也關心如何建立更充分的描述資料庫，以評估不同族群兒童自發性遊戲的能力。Fein與Stork發現，在遊戲品質的綜合評分上有著重大的統計差異，中產階級兒童的評分遠高於多種族托兒所裡的低社會經濟家庭兒童。然而，更多的分析指出，對於任何評估裝扮遊戲各面向，與年齡相關者（顯示統計上年長與年幼者的差別），低社會經濟家庭兒童與中產家庭兒童的差異並不大。

Fein與Stork繼續研究了一個案例，以區別兒童假裝行為為「典

型的」與「最佳的」的呈現。相對於其他種研究人員或工作人員觀察兒童群體的表演，「典型的」遊戲表演行為定義為最常出現的表演種類。「最佳的」遊戲表演是表演的最高水平，由某位兒童表現出的特定構思。若來自不同社經或文化團體的兒童在某設定的情境下，表現出的典型的與最佳的遊戲表演有相當差異，那麼就可推論某種環境或動機因素產生了作用。

也許只有在極少地區的教室或托兒所可以看到高水平的行為，讓社會戲劇遊戲可能在低社經家庭的兒童中產生。相對地，小康家庭兒童可能在不同的情境下表演這類遊戲都覺得自在。我們可以總結，低社經背景的兒童比較少有機會表現他們有能力表現出的高水準的行為。發展不全的遊戲與不被成人支持的遊戲是並行產生的。高水準裝扮遊戲的團體差異，是在（典型的表演）表現上的差異，而不是在（最佳的表演）能力上的差異。那麼，社會階級或文化的差異，可視為動機上的，而非能力上的差異。

對教育者的隱含

經常與兒童接觸的大部分成人──可能是教師、父母、或其他兒童照護或社工專家──在進入二十一世紀時，會遇到愈來愈多來自異質家庭的年輕一代。面對這項挑戰時，我們的責任是什麼？我們堅信，教育者必須對實徵主義的研究與理論概念，以及兒童遊戲、文化、SES的重要課題與爭議有相當地認識。這項覺醒為試圖瞭解文化、次文化、社會階級因素與兒童遊戲行為之間

的關係，提供了重要的第一步。我們希望本章提供了足夠的基本的，關於兒童遊戲文獻重要而且發展中的樣本。我們現在要討論這些訊息的實務運用，包括教師態度與行為，建構適當教材的一些建議。

態度上的建議

成人有責任對不同背景兒童培養正面的態度。在多元的社會裡，我們必須為我們的兒童樹立正面的榜樣，不只表現出包容與接納，也要展現對群體差異的尊重與喜愛。我們每個人都是獨一無二的個體，同時也是一個社會或文化團體的一員。以犧牲個人為團體，或是相反的情況，都辜負社會正義的基本模式。幸好，我們絕大多數都認同且欣賞個人與團體的差異。

我們的期望現在明確了，若對文化、社會階級與遊戲之間的關係做一個籠統的概論，顯然是不智的。過去與現在的研究不斷顯示：基於文化與社會階級差異所做出的概論，無可避免地犧牲了更細緻的結論，尤其是有了更詳盡的研究以後。例如，以低社經階級與中產階級這種二分法，通常導致的結論是，研究者需要更細的分類，以及兒童遊戲真的是許多因素同時運作的。我們都必須體認到這項社會科學的歷史趨勢，不允許研究者藉由複雜主題的初級研究，繼續拘泥於刻板印象或錯誤的認知。McLoyd（1982）寫道，這些刻板印象或「輕蔑的概念，在嚴謹的，即使不是全然相反的證據提出後，仍存留了很長的時間。」（p, 26）

根據有限的資訊，把兒童貼上語彙不足、學習程度不夠、或

想像遊戲技巧不高等標籤，甚至當成矯正的預告，這造成的傷害通常比益處多。而且，若某些個案眞的出現明顯的不足（不論是因爲個人或環境因素，如某特定情境或行爲下表現出來的），敏感的人會記得，這個問題只歸屬於當前。就我們所知，一百八十度的轉變也許明天就會出現。需要的不是詛咒這個小孩的未來沒有希望。相反地，教師必須尊重所有兒童的潛能，尋找矯正不健全發展遊戲（或其它相關的不足）的方法。

我們應該培育兒童具有全球視野，以提升所有兒童的生活品質。這並不需要持續的文化比較或對其它地方與人民的風土民情無所不知。具有文化視野的意思，是我們理智與情感上認知，並且欣賞，每個兒童與文化和特定情境所具有的特質，它們不斷影響兒童的生活。我們得繼續與這個複雜的方程式奮戰，包括先天的與後天的，生物的與文化的，以及這些廣泛的決定因子如何在每個情境下互動與佐證。

接著，我們利用多元文化的覺醒，讓遊戲經驗與兒童發展朝正面發展。具有文化視野，意謂我們對文化差異總是抱持開放與接受的心，避免錯誤的概念，尋求適當的心智與社會習慣。唯有如此，教師與其他接觸兒童的人員，對於如何符合不斷改變的多元社會，會有更彈性與創造性的作法。

行為上的建議

除了對多元化、兒童與遊戲保持正面與開放的態度，還有許多我們必須瞭解的實務，以提高兒童在遊戲方面的發展與樂趣。

　　對相信教室裡的裝扮遊戲有助兒童發展的老師，Fein與Stork（1981）鼓吹他們應該要為兒童規劃鼓勵時段，鼓勵不太願意參與社會戲劇遊戲的兒童。他們指出，有了成人友善的鼓勵，加上有系統的方式，兒童演出的表現可以輕易地進步，而且迅速（詳見第七章）。過去有些研究者採用了冗長而密集的戲劇訓練（如Saltz & Johnson, 1974），這是不必要的。

　　這個務實的建議，是將遊戲中社會階級或文化差異解釋成動機上，或表現上的差異，而不是認知作用或表徵能力的缺乏（Saltz & Johnson, 1974）。根據我們目前的認知，許多兒童可能擁有高水準的戲劇想像力，但可能需要成人的敦促，或者一些鼓勵，以克服初期的羞澀。說得更清楚一點，許多教師注意到，有些兒童在多人面前表演誇張的行為，似乎需要第二次機會才能展現出來。第一次的時候，小孩可能不願意唱歌、跳舞、或表演戲劇，但給他一點時間想一想，同一個小孩也許就會接受第二次的接會，開始表演行為。當類似的表演在課堂上重複出現時，我們可以見到演出成果的進展。

　　在期待高水準的演出時，教師最好先確認兒童有足夠的時間熟悉托兒中心或幼稚園內的事物與例行工作。對於母語非英文，或者家庭環境與學校落差甚大的兒童而言，熟悉度特別重要。

　　教師強調遊戲重要性的教學範例，能有效傳遞訊息給父母，尤其對這些父母來說，這種遊戲觀念是新的（或者是舊的，但不被接受）。許多移民父母剛適應新的社會文化標準時，需要資訊與鼓勵。對於屬於受壓迫少數族群的父母（如連續但不同化），他們需要保證學校裡的活動（如進行遊戲課程而非傳統的課業）

不會對他們孩子未來在就業市場上的競爭力有任何阻礙。

教師應該利用新聞稿（理想上如果需要，最好是用不同語言，避免專門術語）、母姐會、座談等，解釋兒童為什麼需要遊戲，以及教育性的遊戲與相關行為（如完成計畫）通常和家裡的遊戲相當不同。許多家長從六歲開始上學，錯誤地以為他們記憶中的課程到現在還適用在他們的小孩身上，即使他們的小孩可能三歲就開始上學。這種錯誤的概括與觀念，教師不能忽略。家長必須被鼓勵試著調整他們的心理，從理論與研究上，家長的心理對兒童遊戲的環境、行為與發展有著重要的影響。

兒童遊戲的形式與內容，受文化與社會階級的影響，進一步表現在兒童對成長環境的解釋。由於遊戲鼓吹讓所有的兒童盡情遊樂，我們必須謹記每個兒童真實生活經驗的背景，提供與兒童背景相符的遊戲機會。除了仔細觀察與聆聽兒童在學校遊戲的情形並從中瞭解兒童，教師也可以與家長合作，進一步瞭解兒童不同的背景。家長可以協助老師在學校建立與文化契合的遊戲活動，這樣可以與兒童在學校外的經驗相呼應。一個豐富的、文化適當的計畫，能夠增進遊戲、同儕關係，以及與不同兒童、教師和家長的友誼。

甚者，藉由家長的參與和建立合作關，教師也可以培養更寬廣的多族群角度的技巧，這等於是附加價值（Hyun & Marshall, 1997）。教師也必須超越慣習的生活方式、語言、文化等概念，並賦予正面價值。此外，教師需要提倡同情與多角度的能力，不論是自己本身或兒童，以便所有人能成功悠遊於今日多元社的多樣文化景觀當中。溝通與同情兩者相輔相成，通往對兒童與該家

庭更細部的、更近距離的瞭解。這些技巧通常可達成族群差異的相互瞭解；這種瞭解可作爲刻板印象的矯正方法，而且是防止歧視的課程元素 （Derman-Sparks, 1989）。

課程考量

這裡我們提供一些早期兒童教育關於多元文化課程上的建議，從初級的注意到特定的兒童遊戲課程。我們先以幾個故事開始。

課程適應的需要可由Curry（1971）一則關於納瓦荷（Navajo）印第安兒童的故事來說明。這些兒童顯然不熟悉爲中產家庭兒童設計的育兒中心裡戲劇表演常見的家庭場景。老師發現，這些兒童並不參與社會戲劇遊戲。很多納瓦荷印第安兒童的家庭根本沒有自來水，烹煮是在露天的火堆上進行的。這些兒童自由活動時間，不會去動那些家務角落。一天，老師不注意時，打掃完畢後有些玩具留在牆邊。這時納瓦荷兒童興致勃勃地加入了社會戲劇遊戲。原來這些傢伙放在他們經常在家裡看到的圓形角落！

第二則故事摘自Patricia Monighan-Nourot （1995），是關於一位剛從寮國來的小女孩西莎瓦，西莎瓦背了一個嬰兒籃子上幼稚園。她的洋娃娃是亞洲臉孔。整天，西莎瓦和老師與其他兒童上課時，總帶著她的「嬰兒」——隨意畫畫、玩水、堆積木等等。西莎瓦照顧洋娃娃的機會，幫助她很快融入課程，並找到歸屬感與控制感。這也讓她在同儕中很快獲得認同。老師請西莎瓦的母親複製嬰兒籃子，讓其他兒童也可以在教室裡玩這個新遊戲。

● 專欄5-2　與父母合作

　　父母與教師在課堂與家中都可以是合作夥伴。當父母看到類似家庭的活動如烹飪、洗衣、照顧寵物、攪拌奶油等在課堂上規律地出現，他們的參與就會提高。父母的加入對課堂上文化經驗的正確性非常重要。另一方面，父母可以經由家庭教育課程與家庭學習而參與更多。家庭變得更像學校，幫助孩子的早期兒童教育。至於要如何做？想法有許多種。例如，家庭──兒童遊戲是以前第七號條款（Title VII）計畫的重要元素，協助文化與語言不同的父母在家中加強與孩子的互動。家庭探訪員可作為父母的教育者，利用父母──兒童遊戲控制循環，協助該家庭，這個循環有五個部分。

第一部分：前一周的總結與報告（五分鐘）

　　遊戲專精的循環（play-mastersd cycle（以父母的口頭報告開始，向家庭拜訪員報告戲劇採用的背景、以及如何進行。這個部分讓父母有機會檢視前一星期扮戲專精循環的運用，並可詢問該循環在家中或與家庭相關背景運用的情況。此外，家庭探訪員可以看出父母是否使用扮戲專精循環，判斷使用的方式是否適當，以及使用的環境如何。

第二部分：說明目前階段遊戲行動計畫（十分鐘）

　　在這個階段，家庭探訪員向家長解釋與描述本週家長和

他們的子女將進行的遊戲行動計畫。每一遊戲活動的計畫都以特定的行為術語描述，並指出每一組家長將採取的例行行為、玩具或其它計畫中需要的素材。每一齣遊戲行動計畫為家長與其子女提供特定的角色與動作。每個星期家庭探訪員引介的劇幕數量從一至三不等。玩具與其它遊戲行動計畫使用的道具是家裡常見而且容易找到的。

第三部分：為父母示範遊戲行動計畫（十五分鐘）

在這個部分，家庭探訪員為家長示範（第二部分描述的）遊戲行動計畫，並演示該計畫的「什麼」與「如何」。當示範遊戲行動計畫時，家長在一旁觀察家庭探訪員。家庭探訪員再次為家長示範，並鼓勵家長與兒童重複幾次，數次可依他們的興趣與專注力而定。

第四部分：父母示範遊戲行動計畫（十五分鐘）

觀察過遊戲行動計畫的示範後，請家長模仿相同的例行工作，並使用同樣的玩具和其他與家庭探訪員運用的類似道具。家長於兒童不在場時，根據示範做練習，家庭探訪員決定家長符合情節與扮演遊戲行動計畫的運作程度。家長在表演時的錯誤與誤解會被糾正，表演好之處會被加強，並可向家庭探訪員詢問問題。

第五部分：將遊戲行動計畫從家庭延伸到與家庭相關
的場景（十分鐘）

自第二部分至第四部分的扮戲專精循環中，解釋、示範
並練習遊戲行動計畫都使用家庭場景。第五部分則嘗試向家
長展示，如何將與兒童互動的遊戲行動計畫運用到家庭以外
的場景。家庭探訪員指導家長至少選擇一個與家庭相關的背
景，作為該星期特定遊戲行動計畫的場景。

與家庭相關的場景與遊戲行動計畫將採用的不同情境包
括親戚或朋友家、雜貨店、車子，或者街上。在這些場景
裡，家長採用可行的遊戲行動計畫以及青少年偶然的活動，
以及在家以外的行為。將遊戲行動計畫從家裡延伸到與家庭
相關的場景，家長知道這是有用的、通用的，而且可以轉移
的（Yawkey, 1986）。

在整個規劃裡，將多元文化的早期兒童教育整合入遊戲中，
必須視多元文化為整體，沒有任何一種文化是「附帶的」，而是
全部課程內部運作的關鍵面向。創造互動式的活動，讓成人與兒
童能討論與分享，同樣納入文化的教育裡（Stremmel, 1997）。我
們並不驚訝上例中的老師如何讓西莎瓦或納瓦荷兒童適應新環
境。我們應嚴肅對待兒童的知識、文化與生活經驗，並讓它加入
課程與授課內容。兒童在遊戲中告訴我們他們的背景與文化。根

據Doris Pronin Fromberg （1995），（p. 59）

> 幼童的假裝遊戲.........呈現了兒童自身的社會脈絡、多元面
> 向，以及從他們的知識演生的個人經驗。事實上，幼童靠著
> 共通的符號，突顯個人表現，以整合他們的身體與文化經
> 驗。

> 換言之，遊戲有助整合有意義的學習，是多元文化主義的
> 「動態呈現」（dynamic representation）。（p.60）

　　戲劇與課程可以許多種方式一起呈現，包括自由遊戲（free play）、建構式自由遊戲（structured free play）與遊戲指導（play tutoring）（詳見第七章與第十一章）。將遊戲作為多元文化教育時，教師的回饋應該支持所有兒童的自我形象與信心。在異質性團體中，兒童可以學習到很多，遊戲的互動在過程中非常重要。遊戲可以成為絕佳的「社會橋樑」。

　　大致而言，自由遊戲應該在一個讓兒童感到他們自己的文化是受尊重而且有用的環境中，裡面包括多種事物與象徵。家長可以受邀接受諮詢，分享自由遊戲可用的素材與管道：如珠寶、服飾、圍巾、衣服，或食物、音樂等道具。現場可以放一些多元文化的一些玩具、飾品、書籍、照片、雜誌圖片——雖然有些東西應該定期輪流更換。此外，遊戲、小勞作、猜謎與其它任何計畫的主要活動，都可以用文字、數字和照片搭配，突顯各種社會文化團體的內涵與主題。這些東西在自由遊戲中都應該具備。

　　同樣地，自由遊戲當中必須灌輸多元文化的接納能力與態度

時，老師必須隨時準備介入。例如，若老師看見兒童正在玩有關餐廳的遊戲，表現出文化的刻板化如「所有中國人都喜歡吃米，所有墨西哥人都喜歡吃豆類」時，老師可以暗示還是有些墨西哥人喜歡米勝於豆類，也有一些中國人比較喜歡豆類（Boutte, Van Scoy, & Hendley, 1996）。老師的介入是需要的，以導正兒童或其他老師帶有偏見的行為或言語，以及任何膚淺的「觀光客式」（tourist approach）的措辭。

至於「結構式遊戲」，可以利用「多元文化主題盒子」（Boutte et al., 1996）。主題或道具盒（詳見第七章）包括了玩具和其它與特定主題相關的物品，如「理髮店」或「麵包店」。例如，一個「麵包店」的多元文化主題盒子包括代表多種文化的烤物模型（如墨西哥玉米餅皮、核果千層酥餅、中東口袋餅、蛋麵包），烹飪書、食譜雜誌和照片等，用來強調多樣性，還有不同國家各式各樣的廚具和餐具。旅行海報和摺頁也可以展示出來，增加特定文化或次文化的遊戲場景氣氛。

對於「結構式遊戲」，教師可以以不同社會文化內容，制訂分類的活動。家庭照片、飾品、故事、家庭重要文物等，可以從家裡帶來，互相比較。教育性的結構式遊戲可以利用特定文化的表徵（如民居或建築、服飾、樂器等），玩配對或記憶遊戲。有趣的文化相關玩具和遊戲可以成為團體討論的催化劑，甚至是延伸計畫的起點，成為不同地域與時代的玩具和遊戲活動。當兒童受到尊重，受鼓勵去思考自己與其他人的背景時，這個表演就變得更豐富，更有互動性。結構式遊戲的素材與活動，如畫圖、堆積木，有助這個目的達成，也是早期兒童教育的重要元素。

「遊戲指導」在多元文化課程中也占有一席之地——不論教師是否有意採用Smilansky的社會戲劇遊戲訓練技巧，或者說故事與加強技巧，這些是Vivian Paley說故事課程的一部分（Wiltz & Fein, 1996），或者其它的版本，如主題——幻想遊戲訓練（the-matic-fantasy play training，詳見第七章）。例如，視兒童的需要與興趣而定，教師可以選擇特定且有文化特色的社會戲劇遊戲主題，如搭巴士參加某個族群的慶典，或者在某個族群的餐廳用餐。此外，某個文化的傳說或童話，或者某個社會團體流傳的故事都可以選擇做為團體表演的內容。或者，教師可以指定角色扮演不同文化的家庭。甚者，教師可以利用Paley的技巧，錄下兒童自己創造的故事，之後以這些錄影資料做為團體討論的素材。所有這些課程變通方式都呈現了Fromberg所謂的，「遊戲」是早期兒童教育多元文化主義的「動態呈現」。

透過表演方式讓課程達到多元文化教育的目的，教師的角色非常重要。教師必須保持警覺，知道在表演中間或者當天的何時與如何介入，以在兒童心中強調同理心與友誼。教師必須準備好指導各種不同的表演，讓表演順利進行，達到兒童不同社會情緒的需要，並培養思考力與語言能力（詳見第三章）。

◉ 專欄5-3 為文化與語言不同兒童設計的課程

為了延伸課程中的文化內容，教師可以向家長與社區成員商借文化素材與點子，增加課程的豐富。教師也可以錄下和課程相關的參考書，如閱讀、童話、童謠、音樂、歌曲、舞蹈、戲劇和動作，以及各國食物。

各國的童話和童謠

當兒童聆聽、學習與角色扮演時，各國童話與童謠就變得活生生的。分享不同文化的童話與童謠可以作為兒童提供體驗與思考的生動教材。這種機會可以成為文化與語言多樣性的窗口。以下的例子以童謠和童話為基礎，可以提供各國的戲劇經驗。

Anansi the Spider（蜘蛛Anansi）：Ashanti的民間故事
（McDermott, G.）　Henry Holt　（Landmark
Production），115W. 18th St., New York, NY 10011

Peter's Chair　（彼得的椅子）：（Keats, J.）
HarperCollins, New York, NY 10032

Nine Days to Christmas（聖誕節前九天）：墨西哥故事
（Ets, M, & Labastida, A.）　Penguin Books, 375
Hudson St. New York, NY 10014

Arrow to the Sun（射太陽的箭）：巴布羅印第安人故事
（McDermott, G.）　Viking Penguin, 40 West 23rd St.,

New York, NY 10010.

各國的音樂、歌曲、舞蹈、戲劇與活動

音樂、歌曲、舞蹈、戲劇與活動對於瞭解與欣賞多元性相當有用。他們可以為蘊育語言與文化瞭解形成一種社會架構。建議的例子如下：

El Toro Pinto and Other Songs in Spanish（西班牙歌曲）：（Rockwell, A.） American Economo-Clad Services, Box 1777, Topeka, KS 66601

The Music Teacher's Almanac（音樂教師年鑑）：每月隨時可用的音樂活動 （Mitchell, L.） Parker Publishers, West Nyak, NY 10995

Shake It to the One That You Love the Best（搖啊搖）：黑人音樂的兒歌與搖籃曲，（Mattrox, C. W.） Warren-Mattox Productions, San Pablo Dam Road, El Sobrante, CA 94804

Arroz con Leche（牛奶泡米飯）：拉丁美洲通俗歌曲與韻文（Delacre, L.） Scholastic Inc., Broadway, New York, NY 10003

All Nights, All Day（日日夜夜）：非裔美國小孩必讀（Bryan, A.） Maxwell MacMillan Publishers, New York, NY 10022

A Moving Experience（動感經驗）：兒童舞蹈

（Benzwie, T.） Zephyr Press, Box 13448 Tuscon, AZ 85732

A Handbook of Creative Dance and Drama（創造性舞蹈與戲劇手冊）（Lee, A.） Heinemann Publishers, Hanover Street, Portsmouth, NH 03801

各國的食物

培養對不同文化的正面態度，有一種常見而有用的方法，即是透過烹飪與食物。這種模式對英國為第二外國語或雙語的學校特別有意義，在這個學校裡，重點不只是學習語言，也是要認識文化與習俗。而且，兒童可以欣賞食物與準備、製作的過程，而且可以藉以觀察兒童在活動中的表現。當兒童製作與品嘗這些不同國家的食物時，可以穿著不同標示文化與語言多樣化的衣服。

The Multicultural Cookbook for Students（學生的多元文化烹飪書）（Albyn, C., & Webb, L.） Oryz Press, 4041 North Central at Indian School Rd., Phoenix, AZ 85012

有一項重要但具爭議性的教師介入案例，在Paley的《你不能說你不能玩》（*You Can't Say You Can't Play*）。這裡，她指出一宗早期兒童教育計畫的事件：一位教師制定了一項課堂守則，規定每個人不許置身團體遊戲之外。這項規定「有組織地」進行了學年約三個月，結果在學齡前教育者中引發了團體表演參與和不參與的爭議。這項教師介入產生爭議，因為許多早期兒童教育學者

認為，強迫性參與團體遊戲是不自然的，會扭曲兒童對友誼與同儕關係的發展認知。

　　相反地，如Paley所述，這項規定對兒童是造成了相了程度的不安。許多爭議與討論隨之而來。Paley指出，雖然較不激烈的手段比較能被接受，但「你不能說你不能玩」的確成為一種觸媒，讓兒童有機會思考他們做的事，這場交易獲得成為「當事者」的好處，避免了對置身事外的「外人」造成傷害。從某個角度，這項規定給了所有學齡前兒童的第一個啟示是，Jerome Bruner（1996）所說的，「法律之下，人人的保障平等」，他並且進一步評論，認知一個人為什麼與如何成為隔離主義者，是非常重要的：

> 透過這個過程，認知到好學校與健康的課程能夠提供給每個人，包括貧困家庭與移民家庭的兒童，同樣的視野，讓他們知道一個社會如何運作。在Vivian Paley幼稚園的案例中，她的「守則」對抗學童無心的排斥，不能保證會有一個「平等的遊戲空間」，但（也許同樣重要的是）這活生生地給了兒童一個觀念：什麼是平等的遊戲空間，以及一個人的習慣如何影響他的「競爭力」。這是對抗無心的解毒劑。而無心是改變的主要阻礙之一（p. 79）。

　　我們也許可以多說一句，就是無心，加上忽視或者對未知的恐懼，在我們社會怨恨與偏見、狹隘、隔離與分裂的大雜鍋裡醞釀。我們可以嘗試在早期兒童教育裡，把這惡芽摒除，在做法上強調多元文化與排除偏見，以改善這種情況。以遊戲的力量當作社會橋樑，彩虹下的金子也許會轉而成為多元文化的彩虹。

本章小結

　　理論架構幫助我們瞭解環境的內涵與社會和實際情況的關係、文化影響、人類發展、行為與遊戲。發展的活動範圍（niche）觀念包括了教師與家長的信念與態度，這是影響遊戲的「內在心理」變因。社會文化團體之內的變化受這些「觀念」變因得到調解。時間也與文化影響作用。文化根源的剩餘作用，影響遊戲和對社會的適應。當研究其他國家的兒童遊戲、跨國比較研究、與美國境內的移民團體表現出強烈的「文化差異」假說，「文化上的不足」這種觀念，在源自文化生態架構的新觀念裡便不再被接受。如今，研究者對描述表演與內容較感興趣，對遊戲訓練以補足任何假設性的「遊戲不足」較不熱衷。文化與社會階級因素影響遊戲的表達上，有遊戲內容與主題的差異，但遊戲的水準是相同的。遊戲在各種社會文化團體中，對兒童的生活都是重要而且豐富的。

　　為了讓所有的兒童表現出最大的潛能，教師的角色很重要。對兒童多樣的家庭背景敏感，可以保證家庭與學校更好的持續連繫，當遊戲在家中被認為是沒價值的，可以鼓勵父母教育。在自由遊戲、結構式自由遊戲與遊戲指導課程中特定調整，可以激發兒童多元文化的演出。教室裡的遊戲規則對於搭起社會橋樑，建立早期兒童多元文化的教育是非常有價值的。

6 遊戲、特殊兒童與特殊環境

每隔一段時間，二年級的珊德拉就得去見學校的心理輔導老師，因為她在班上的行為有所偏差，同時她很自卑、交不到朋友，也無法和其他小朋友有任何正面的交誼或互動。學校心輔老師認為，珊德拉的問題主要來自家庭壓力（最主要的緣由是父母親的分居及離異）以及因聽障造成的語言發展遲緩。珊德拉的聽障是入學前一場中耳炎所致，但當時未及早察覺。說來遺憾，儘管學校盡力輔導，珊德拉的行為似乎仍未有改善。

於是，學校心輔老師決定再加強輔導，並且採用一種新的作法。由老師選出兩位同年級學生，讓他們和珊德拉共同參與特殊的遊戲課程，一週兩次，每次心輔老師會在一旁監看。透過不同的棋盤遊戲，珊德拉發展不足的觀察解析能力得以加強；同學既是珊德拉的學習對象、也是她的小老師。他們幫助她學習各種社會技能，教導她如何輪流、分享、以及站在別人的立場設想。學校心輔老師發現，這些同學都是發自內心想要幫助珊德拉學習如何與大家一起遊戲、相處。

這個以遊戲為本位的輔導學程方案甚至在第一週就有了進展，幾個月之後發生的一件事情，更證明這個學程方案確實影響了珊德拉的社會技能。珊德拉的媽媽談起珊德拉如何邀請一位朋友到家裡來跟她一起玩。兩個女孩子在一塊兒玩了至少兩個小時，而且很順利，想起珊德拉長期以來對同儕的排斥與孤寂，珊德拉的媽媽簡直不敢相信這是真的！老師也表示，珊德拉現在在班上漸能適應，看起來快樂多了。而這

位學校心輔老師，從前曾十分支持行爲理論學派的主張，現
在則堅定不移地相信，遊戲能有效地幫助特殊孩童適應與學
習。

　　像珊德拉這樣的故事現在已愈來愈普遍，因爲許多成人在面
對有特殊需求（或是正處在兒童生活方案或遊戲療法這樣的特殊
環境中）的孩童時，逐漸發現以遊戲爲基礎的輔導效用。本章將
就三個環節詳加檢視：特殊教育、兒童生活方案、以及遊戲治療
法，並嘗試爲所有幼教、國小教育的老師及發展輔導人員整合各
項實用的資料。檢視的兩個方向分別是：不同的障礙對遊戲的影
響、以及如何利用遊戲去幫助這些因障礙而有特殊需求的孩童。

遊戲與特殊教育

　　舉凡教育界的老師或其他人員，對所有孩童都有一份責任。
近來美國一項重要的公民權立法：美國身心障礙法（the
Americans with Disabilities Act）就要求，幼教學程方案必須針對
有特殊需求的孩童作好準備。對於所有受教育的孩童，這本來只
是一種學說與道德的指示，而現在，它也具有法律上的效用。大
家都認爲教師應該要能符合這項要求。Safford（1989）的話值得
我們牢記：「幼兒教育界與特殊教育界有許多共通點，因爲兩者
都會影響幼兒的個性、而且都很清楚，每個孩子都有權利得到適
合自己個別需求與發展需求的教育。」

　　一開始，我們將概括檢視特殊教育遊戲的傳統觀點，繼而全面討論障礙對遊戲的影響。針對融合教育（inclusive education）討論之後，主題將進入特殊教育課程方案與教導的遊戲項目。不過，先瞭解某些背景是有必要的，這樣讀者才能評估幼兒教育與特殊教育之間，其學說與觀點究竟有何差異，甚至是特殊教育界目前在遊戲上慣有方式之間的差異。

傳統觀點

　　多年來，由於行為主義的強勢影響，特殊教育界一直因為對遊戲存著錯誤觀念而不知所措。行為主義是一種教育理論、或可說是針對孩童的行為、學習、及發展所提出的學說，也因此，它以文化傳導（cultural transmission）為遵奉的模式。基於這個模式，發展而出的就是白板式觀點：孩童就像一塊空白的板子、又或是一只空瓶，任由一般環境輸入訊息、再加上特有的行為調教。其他針對孩童照顧及教育的傳統學說還有：（1）浪漫主義式（the romantic view）觀點，強調特性、潛力、以及成熟狀況全由遺傳而來；（2）激進發展式觀點（the progressive-developmental view），主張預先量身訂作的架構與階段、以及與周遭環境的特定互動，可決定學習和發展狀況。依DeVries與Kohlberg（1987）來看，這三種對立的傳統或模式正好分別代表了心理學、意識型態、以及教育學的世界觀。他們也相信這三種模式彼此完全無法相容。譬如，行為主義認為教育人員應該把孩童視為被動的學習者，然而採取激進發展式觀點的人則認為，教育人員

應該將孩童視爲主動建構自身知識的主體。

翻開歷史來看，特殊教育乃源自行爲主義的模式，幼兒教育則源自激進發展式學派，結果便造成極端對立的教育方針與教學方法。特殊教育一向十分講究實用主義，醫學或缺陷理論（deficit model）是其主要來源，他們並且鼓吹結構緊密、支配導向的、針對特定教育或行爲方針的輔導方式。這種積極主動的關切，目的在於治療問題、避免能力或行爲的退步，如此一來，有特殊需求的學生才不會遠遠落在發展正常的同儕之後。

相對來說，幼兒教育在取向上顯得比較理想化，強調的重點在於提供開放的學習機會，因爲他們認爲在發展的路途中，孩童是一個主動的知識建構者、抑或是自行探索的學習者。在一般的發展考量下，教育方針的定義相當寬鬆。譬如：河畔街（Bank Street）或是發展互動模式（developmental interactional model）（如此稱呼是因爲它同時強調同儕的互動以及社會、情緒、生理、以及認知發展領域的互動）就是幼兒教育中累進式傳統的一種典型（Zimiles, 1993）。這種模式除了因布魯那（Bruner）、艾力克遜（Erikson）、皮亞傑（Piaget）以及佛洛伊德（Freud）影響而採取的孩童發展觀點，主要乃源自杜威（Dewey）的教育學說，主張教育的目的是，重視個人獨特性以及內在價值的民主社會中，一個人必須全面得到最理想的發展以及完整的實踐。也就是說，他們採取的是諸如自我實現的觀點以及對差異性的尊重，而不是一直主導特殊教育的缺陷模式取向。

只要想想幼兒教育以及特殊教育界如何看待遊戲，那些長期以來奠定孩童初教及特教基礎的人類發展模式或是世界觀之間的

歧異，就會更加突顯。幼兒教育人員認為遊戲是課程的核心，而且是學習的重要背景。對他們而言，遊戲可在教育的激進發展或是建構模式中，燃起適齡發展的實務（development appropriate practice，DAP）（Bredekamp & Copple, 1997）。相對而言，特殊教育人員則認為遊戲是一項和課程無關的行為、抑或是為了緩和成人的嚴苛所作的犒賞。特殊教育之所以這麼不重視遊戲，主要是因為他們認為其它的行為和技能才是優先考量的重點。

就理論上來說，遊戲的目標和基礎與特殊教育確實存在著矛盾，因為遊戲是一種內在動機、由過程主導的行為（參見第一章），然而特殊教育人員著重的卻是顯而易見的、由外在事件決定的行為。特殊教育重視的乃是老師要有指導的效能與效率。它強調學習成果（而非過程）的獲得與表現。所以很自然地，一旦遊戲與傳統上以行為為導向的特殊教育聯結在一起，定義就變得十分狹隘有限。譬如，在以前，特殊教育人員就把遊戲定義為某固定時間、空間中的休息活動，是在玩玩具、要聽大人的命令或指示等。

以遊戲為導向的教學策略、課程、評估代表了特殊教育確實有所進步，我們也很高興，近來在幼兒特殊教育中，遊戲的重要性漸漸受到認同。不過，我們仍須注意的是，為了更能整合時下通用的遊戲理論以及特殊教育政策與實踐的相關研究，精緻化是有必要的。早期對於遊戲的貧乏認知，至今在特殊教育針對孩童遊戲課程、教導、評估的各種作法上，仍可嗅得蛛絲馬跡。稍後在本章，我們還會再回到這個議題，在「現代觀點」這個標題下繼續討論。

身心障礙對遊戲的影響

　　遊戲行為相當系統化地彰顯了因年齡、性別、個人差異、以及文化社會階級所造成的變異（參見第四章與第五章）。孩子的障礙（本質及強度）會影響孩子接近遊戲的程度、孩子的遊戲活動、以及孩子在遊戲機會或經驗中的收穫。障礙的孩子為了學習、表現特定的遊戲技能、或是在遊戲當中吸引注意、並且從遊戲經驗中獲益，通常都需要有人指導或是輔助器具的幫忙（或是兩者都需要）。

　　為了表示重視融合教育實務這項挑戰、同時也為了瞭解針對有特殊需求的孩童所作的教育計畫，教育人員不得不檢視障礙對於遊戲及社會關係的一般影響。可惜，根據研究文獻顯示，關於特殊需求的孩童的遊戲，目前所知仍十分有限。老師的知識以及臨床案例研究雖有增補，然而比起本書其他主題，大家對這個領域的瞭解實在少之又少。

　　部分問題與身心障礙及需求的多樣性有關（如：生理的、感官的、認知的、社會情緒的），再加上許多孩童又同時有多重障礙，這些為了標識的名稱若是繼續擴展下去，自然會形成一道障礙，影響大家對特殊需求孩童的遊戲的研究。譬如，一個孩子可能在一個或多個領域中出現發展遲緩的現象，這是一種潛在障礙（potential disability），又或是一種終生障礙（permanent disability）。關於特殊需求孩童的界定，其他相關的區隔方式還有：生物的、心理的、以及社會成因。譬如，有個已出現好一陣子的看法

就認為，失調是生物或神經生理的狀況，障礙是心理或功能性的狀況（通常由生物成因引發），障礙指的則是社會方面的狀況。換句話說，一個人若有障礙，就只能由特定的社會背景和目標來考量，這就像是在打保齡球或高爾夫球一樣。研究人員在標識名稱的應用與詮釋上向來各有不同，這使得各項研究之間的比較對照困難重重。

這種標識名稱的擴展也使得特殊需求的孩童不得不背負缺陷模式的負擔。通常，大家對特殊需求孩童的基本認知都是從他們無法做到的事情著手，而不是他們能做到什麼。缺陷取向的模式往往貶抑遊戲，比起一些迫切的孩童發展，遊戲相形顯得微不足道。專業人員與輔導師向來都比較積極地在激勵、治療社會功能與智力功能上的發展，而過去，孩童的遊戲就一直被誤認為和這個標的毫無關聯。

孩童相似之處是有，但差異性更多，這個道理不辯自明。本單元，我們將研究障礙對遊戲的影響，在瞭解孩童相似性的同時，我們也將檢視特殊需求孩童在遊戲中顯出的差異性。

身體障礙

身體上受損（如：因腦性麻痺、脊椎骨分叉、或其它因意外造成的傷害）會以各種不同的方式影響遊戲，情況視行動受限程度而有不同。身體障礙最明顯的影響，莫過於小肌肉〔精緻動作（fine-motor）〕與粗動作（gross-motor）上遊戲力的低落。譬如，孩童要到遊戲場所或是接近遊戲器材時，可能會有困難，或是在操作功能性遊戲或建構式遊戲的器材時，他們也會有障礙。有某

些生理狀況——如腦性麻痺，甚且還會影響到語言的使用，結果，語言的受損就又限制了孩童參與社會性遊戲的能力（參見下一單元：「溝通困難」）。

感官障礙

感官受損，如低於常模範圍的聽力或視力，通常會影響幼兒對遊戲的喜愛與能力。聽覺受損很容易減低社會技能與溝通能力，並且會妨礙強調合作與社會扮演的遊戲。視覺受損比較可能使小肌肉與粗動作的遊戲技能變差，這種遊戲技能通常和探險性的功能遊戲、或是更複雜的建構遊戲活動有關。對於一個有聽障或是視力有限的孩子而言，光是要進入遊戲就已經十分困難。一個失聰的孩子，可能無法回應其他孩子以言語傳達遊戲即將開始的訊息，結果讓人家以為他對遊戲並不熱衷。失明的孩子則會因為探索環境、或是模仿旁人的能力受到限制，因此遊戲技能顯得不足。由於觀看範例及操作物品的經驗有限，視覺受損的孩童往往很難對玩具的使用有充分的瞭解，也無法全面操作遊戲器材，結果就降低了社會互動、正面交誼的機會，各種不同型式的遊戲可能也受到妨礙。

溝通障礙

說話及語言的困難同樣都會影響到社會性遊戲。在這方面有障礙的孩童比較無法與別人分享自己的想法、互動、及願望。語言發展遲緩或是溝通失調的孩童會覺得，要明確分辨遊戲單元、在遊戲中交涉，都是相當富有挑戰性的事情。於是，一旦和別人

進入遊戲或才剛開始，他們往往顯得綁手綁腳。當這些孩子嘗試著想去描述、伸展、或是和別人一起操控遊戲時，他們會遭遇到不被瞭解的困擾。針對不同的活動，他們也很難有效地表達出自己對遊戲的喜好或排斥。

全面性發展障礙

全面性發展障礙（Pervasive Developmental Disorder, PDD）又稱自閉症，可能也會連帶影響孩童對自身周遭社會的瞭解，其中包括對遊戲的參與。難以溝通是自閉行為最明顯的特徵。有自閉行為的孩童可能會傾向於重複、制式的遊戲，而且用不很妥當的方式使用玩具。他們也不太可能去玩表徵性的遊戲（Baron-Cohen, 1987）。

認知障礙

認知障礙有可能是因為生物方面的成因（如唐氏症）又或是環境所造成（如腦部受傷、或是胎兒酒精症候群）。有認知困難的孩童，通常較常出現探險性的行為，而不是真實的遊戲行為。在這些孩子準備要運用技能去玩自發性遊戲之前，他們往往需要更多機會，去學習、練習某些特定的遊戲技能。一般而言，認知有困難的孩童會覺得具有抽象觀念的進階遊戲很不容易，像是複雜的建構遊戲、社會戲劇的遊戲、或是需要共同比賽、附有規則的遊戲。

社會情緒與行為障礙

　　情緒與行為的障礙常會對能助長遊戲技能的重要互動造成妨礙。經常性的逃避別人會妨礙社會遊戲的發展。有些孩童會因侵略性而限制了自己受邀參加活動的機會，並且他們會濫用、破壞遊戲器材。有情緒困擾的孩子無法藉遊戲去學習歸納的技能，因為他們總是重複、制式地在使用遊戲器材。有些孩子無法專注在特定的遊戲上太久，以致無法真正進入狀況。另外有些孩子則可能非常害怕新的事物，不願意嘗試探索各種材質、大小、功能不同的器材。由於障礙兒在互動遊戲技能的發展上，是把成人的適應轉移到物品、或是把對玩具的適應轉移到同儕的適應，而這些孩子在發展上很可能並沒有準備好把重心放在同儕身上。由於這種措手不及之感，結果可能反而抑制了他們與同儕發展社會互動的機會，並且耽擱了下一步社會遊戲的發展。

健康障礙

　　健康問題一旦嚴重起來，也是會阻礙遊戲技能的發展，或是在學習新技能時，會妨害遊戲的使用。由於健康狀況，如心臟方面的疾病或是氣喘，孩子往往因為很容易就感到疲倦，並且從事肢體動作訓練的玩法很有限，於是參與遊戲的機會就少了很多。經常住院的孩子可能會缺乏與其他孩童發展社會或遊戲互動的能力。針對住院孩童，在照護環境中強調學習、遊戲、以及互動的機會，是一般照護及方案規劃技巧的重點，但也顯出在醫學環境中對孩童的刺激有所不足。關於這些規劃和技巧，稍後會在本章

「兒童生活方案」單元裡作進一步討論。

融合教育

自一九七○年末期開始，幼教方案及國小教育已漸漸從針對孩子的智能、行為、及生理面向的特殊教育環境，轉移至融合教室的創設。直至一九九○年，在所謂常態的學前方案規劃中，大約有75％已招收至少一位有特殊需求的孩童入學（Wolery, Strain, & Bailey, 1992）。

融合教室是針對所有孩童的需求而設計──亦即包括發展正常的孩童以及有特殊需求的孩童。在此趨勢下，大家努力整合特殊教育與常態教育，或者說，至少這兩個原本就屬同盟的領域，已開始不再劃清界線。在這齣專業領域演變的事件中，孩童的遊戲顯然正是主角，因為兩個陣營中的老師和其他專業人員，為了在初期達成有效的融合教育，全都依賴遊戲的力量，重新建構老師的角色、課程、及教學方法。

無效的或是假的融合做法僅只是將障礙或發展遲緩的孩童招收入學，實質上的孩童照護及教育方案規劃卻都還是針對一般孩童在設計，完全沒有其他準備與支援；有效的融合作法則是指發展方案規劃同時依據障礙與未障礙的孩童來設計。這和立法（PL94-142）所規定的「無障礙空間」或「將障礙兒童納入正規班級」（整合）是不一樣的。即使具備了無障礙空間，障礙兒童最終可能還是難以與發展正常的孩童建立社會性交誼、甚至根本是毫無機會。將障礙兒童納入正規班級（10~20％障礙兒）以及

整合（可達50%障礙兒）這兩項方案規劃，確實已嘗試著去配合有特殊需求的孩童，然而，這些規劃最初的藍圖，優先考量的卻仍然是一般的孩童。相反地，真正的融合環境應該是要在規劃一開始，就同時考量到障礙兒與非障礙兒的需求。

融合教育的目標是要讓課程、教導、評估、孩童管理、以及服務支援系統發展成：（1）促進孩童的學習、發展、及福利；（2）針對每個不同的孩子的個別需求與興趣，逐步調整。融合環境或是孩童照護規劃的成立乃是基於三個基本假設：第一，所有孩子都有權利與實質年齡相同的同儕一起學習和遊戲。孩子不需去證明自己有無資格得到這項既有的權利，而這就要仰賴教育人員重新定義「常態環境」，以配合所有的孩子，讓他們在環境裡覺得自在愉快。第二，孩子應該擁有多重機會，去從事能配合自己技能與興趣的遊戲行為。諸如「三歲的遊戲活動」這種先入為主、封閉的限定是無法成立的。不管什麼型態的遊戲，只要一個三歲的孩子選擇去玩，那就可以是三歲的遊戲活動，完全因不同

「一手接一手，壓在顏彩上」——老師和孩子一起在融合教室裡工作。

的孩子而各有不同。第三,所有孩子都必須在遊戲、學習、成長中,扛起互相幫忙的責任。老師要負責幫助孩子更加充分地去學習人與人之間的聯繫、關心、及責任(Sapon-Shevin, 1992; Stainback & Stainback, 1990)。

　　遊戲是融合教育中很重要的一環。遊戲背景可讓障礙兒與非障礙兒之間,有機會發展出社會性互動、並建立關係、培養友誼。藉著玩遊戲,孩子甚至可以學著去瞭解、去接受、去尊重人與人之間的差異。不過,單單靠著遊戲這個契機往往是不夠的。若要確保所有孩子都已順利地參與遊戲之中,老師適時合宜的輔導是有必要的。譬如,Odom & Brown(1993)就發現,障礙的孩子比較不可能去參與團體遊戲,發展正常的孩子也不太會去找他們一起玩,除非是有針對社會互動的特定輔導介入其中。

　　根據研究顯示,成人在遊戲活動中有其重要性,因為他們可助長活動的開始或移轉,以達到合作與能力交叉(cross-ability)的互動模式,而這與融合教育的目標正好一致(Swadener, 1986)。成人的參與對於學程方案目標的達成具有其決定性,不僅針對特定的自發性團體遊戲(Swadener & Johnson, 1988),而且也會影響其它規劃的目標,譬如培養對他人需求的瞭解與回應,以及對形形色色的眾生能寬大包容。

專欄6-1　在融合中心的遊戲狀況

在孩童照護中心，有兩個孩子開始會在「工作」時間，帶洋娃娃來玩之後，珍也開始帶她的洋娃娃來。四歲的珍明顯地在語言上有些問題，此外，她的發展遲緩、行為也有障礙。一開始，由於她總是在吃早餐、上廁所、以及戶外活動時把洋娃娃帶出來，所以得要別人提醒好幾次，告訴她洋娃娃只能在工作時間帶來。經過幾個星期言語上的提醒，現在，珍會在工作時間一開始時就問，「洋娃娃現在可以拿出來了嗎？」珍帶著洋娃娃到家居扮演角，和其他「媽咪」們一起照顧她的寶寶。在這個扮演遊戲裡，工作人員會藉由許多方式為她輔導，像是在一開始問些隨意的問題（「媽咪和寶寶今天打算做什麼呢？」），抑或是提示她如何發展扮演的角色（「珍，妳的寶寶可能餓囉！」），並且建立出和其他媽咪們的談話模式（「讓我們一起幫寶寶洗澡吧！」）。

達諾患有腦性麻痺，肢體動作很不靈活。在工作當中，他喜歡到積木區去，因為那邊的工作人員會幫他側躺下來，讓他的手臂和手掌能靈活地操作器材。中心裡的積木區原本都是典型的木製積木，但為了幫他玩得更好，現在已加進了大型的布製積木與較小的磁鐵積木。

患有聽障的琳，溝通都得透過中心裡的手語老師。有時候，當琳和其他孩子一起在藝術區塗鴉、拼貼、或是作畫時，聽力沒有問題的孩子會主動向手語老師詢問，如果想跟

琳說話，手語該怎麼比。

　　四歲的珊蒂患有脊椎骨分叉，在工作當中，她通常會選擇需要用雙手靈活操作物件、且身體需要靠近設備的活動。工作人員為她安置了一個附有扶手的站台好讓她站穩。當珊蒂套上腳支架、再利用站台，她就可以站在畫架前作畫，也可以到材料和水的桌台一起玩，又或是到家居扮演角遊戲。即使珊蒂得花上十分鐘套上腳支架、然後在站台上站好，她還是選擇了這些遊戲活動。

　　被診斷出有自閉傾向的戴爾對音樂非常著迷，可是他不太能以言語作出表達。工作人員發現他的興趣之後，製作了一些歌曲卡，每張卡片裡都印有一首歌的歌名、以及描述這首歌的圖畫。戴爾一整天都在摸索這些卡片，然後選出一首由大人唱給他聽。雖然他沒辦法跟著一起唱，但他可完整做出許多配合歌曲的手勢。

「一手接一手」——同儕之間互相幫忙餵鳥食。

　　爲了進一步闡釋，Swadener（1986）在一個爲期九個月的人種學個案研究中，研究了兩項兒童照顧學程方案，不但廣泛地觀察、分析文獻、而且還與老師、孩童晤談。其中一項方案運用的是協同教學、或稱共同教學，也就是說，常態教學的老師與特殊教育的老師共同合作教學。至於另一項方案，則以資源老師爲特點，這些老師會暗地追蹤有特殊需求的孩子。這項研究顯示出兩組孩童的協調性與同質性，在這一學年都有增加，尤其是協同教學這一組更是明顯。兩組方案規劃中的老師都很鼓勵大家與各式各樣的同儕做朋友，也都依據每個人的差異帶活動、並且在討論時隨意提出一些問題、安排分享的活動、將重要的角色指派給障礙的孩子（譬如，請他們教導其他孩子比手語、或是讓大家明白支架的使用等）。

　　在促進能力網交叉的朋友關係上，採用協同教學這一組的學程方案比較成功。這一組的老師鼓勵父母安排聚會，邀請有特殊需求的孩子一起參加，然後父母必須盡可能地讓自己的孩子和同儕相處在一起，老師則率先作榜樣，和障礙孩子愉快地相處，並且示範不同的遊戲型式，鼓勵孩子接受能力各有不同的同儕。另一項重要因素是，這一組因爲沒有孩子被特殊教育人員當著其他同學的面暗中跟蹤，所以社會烙印（stigma）較低。

　　在幼兒教育中，要讓以遊戲爲基礎的融合教育發生效用，協同教學或共同教學是一項相當重要的元素。使用這個方法時，由一名一般的幼教老師搭配一名特殊教育的專業人員（也就是：老師、語言輔導師、身體治療師、或是職能治療師），兩人一起使用規劃相同的教室、共同扛起教學的責任，努力讓各自的專業工

作結合在一起（Friend & Cook, 1996, p.50）。比起傳統模式中的協商（特殊教育老師和相關服務人員針對障礙學生的課程與過程，與幼教老師進行協商或是給予建議，討論如何修訂、改寫）以及直接服務（幼兒特教專業人員或融合教育專家與相關的服務人員一起直接幫助障礙兒童，地點可能在教室或是在其它地方），這種協同教學的模式現在較為人所推崇。

Friend & Cook（1996）針對共同教學提出了幾種最常運用在基礎教室及中級教室的方法，這些方法現在已向下延伸，應用在幼兒教育以及以遊戲為基礎的融合環境中。

- 一個教學、一個支援——由一位老師負起主要責任、並監督教室整體狀況（譬如在自由遊戲時、或是分組活動時），另一名老師則在教室裡來回巡視，注意是否有哪個孩子或小組需要幫忙，然後予以協助。
- 佈署教學——兩位老師把孩子分成幾個小組，一起做更迭輪替的活動，活動當中，一些較邊緣的小組會依著預先安排好、但易於適應的程序逐步移動。
- 平行教學——老師一起安排一項遊戲或專案活動，使用的器材和程序完全相同，然後讓差異較大或能力不同的孩子配成一組，一起以類似的方法工作。
- 輪流教學——老師之間自行分配工作，其中一名老師負責帶領孩子做初步活動，另一名老師則為孩子示範、複習、或做其它相關活動。
- 協同教學——老師一起安排並執行全班的活動，有時或許

會互換角色，譬如，一名老師擔任遊戲情境監督時，另一名老師就陪著孩子遊戲、或是和孩子一起遊戲、抑或是擔任孩子們的遊戲指導等。

融合教育的共同教學模式需要各專業學科之間共同擔起責任，不過若是遇到連專業知識都無用武之地的個案，那可能會十分困難。只要來自不同專業學科的共同教學老師，各自具備不同的理論背景，這個問題經常就會浮現。針對遊戲的基本用語或是觀點的爭執或混亂一定要先解決，以免發生溝通的誤差。此外，在課程目標、教學策略等方面的矛盾，也一定要努力一致地共同克服。如果融合環境能夠在「再沒有任何老師和父母能和這些父母和老師一樣地明智」這樣的準則之下建立而成，那麼要在孩子們身上看到進步就指日可待了。協同合作可讓大家彼此幫忙，完成更多的事情。

針對學齡前這個階段，學術研究提供了十分深刻的實徵經驗，支持融合的作法。根據報導，相較於在隔絕獨立的特殊教育學前班的學生，現在有許多障礙兒童已參與融合學程規劃中更高層級的社會遊戲以及不斷增加的社會互動。（Lamorey & Bricker, 1993）。

這樣的方式對發展正常的孩子也同樣有裨益。我們發現，參與融合學程方案的孩子比較敏感，且會敏銳地彼此關注，對於人與人之間的差異性，更懂得予以尊重，在同儕團體中，也更能適切地展示出能力交叉的合作、並且流露出友誼（如Peck, Carlson, & Helmstetter, 1992）。融合環境也讓孩子有機會學著對和障礙有

關的提示更加敏銳、細心（Diamonds & Hestenes, 1996）。

　　這些表現在觀點取代能力、社會能力、遊戲行爲方面的好處，並不表示另一種環境就無法帶來同樣的優點。Buysse & Bailey（1993）在其大型調查中，比較了兩種針對學齡前障礙兒童的學程方案（其中70%的學程方案有與大學合作）：一是將障礙兒童納入正規班級，另一種則是採隔離的方式，結果發現，兩種環境在發展的標準評比上，幾乎沒什麼不同。

教學方法與遊戲

　　與有特殊需求的孩童一起在教學環境中工作時，遊戲可以和各種教學方法交錯使用。一開始，先讓我們談一談遊戲如何和一般教學策略、課程相交，接下來，再談談針對障礙兒童量身訂做的遊戲有何特定的指標。

教學策略

　　在討論教學策略、遊戲、以及有特殊需求的孩童時，最主要的兩項議題分別是：（1）老師在教學時，指示與不指示之間該如何拿捏；（2）在社會遊戲的形式中，遊戲的認知型態應達到什麼程度。

　　針對適齡發展實務（DAP），一般的建議有：提供鷹架式（scaffolding）教學或是隨機漸進（contingency）教學，也就是說，當孩子與成人之間有互動時，老師在採取下一步之前，必須要先考量這個互動對孩子的影響（Bredekamp & Copple, 1997）。

當老師在決定是否要輔導某個個案、以及時間、方法這些問題時，老師必須要對以下事項特別注意：（1）孩子的認知能力；（2）孩子的動機、偏好、和心情；（3）遊戲或學習情境中的社會、生理變數。教育人員所受的訓練一向是「提昇教學」，也就是要讓孩子的能力能往更高的層級延伸發展。因此，可想而知，老師的指示程度一定會因應互動過程而產生大幅度的變動，因為孩子們各有不同程度的行為能力。成功的提供鷹架式教學法要隨時根據孩子外顯的行為調整教法，並在每個孩子近似發展的區域中，以他們的學習行為或遊戲行為作為目標（參見第七章，〈遊戲中成人的參與〉）。

無論在遊戲或工作時，老師也可連續採用不同策略來與孩子互動。過去，說教式策略和以遊戲為導向的輔助式策略正好各占兩端。不過說來有趣，現在遊戲和工作這兩種不同的課程元素，也可以是合為一體的活動，而且不論是否針對有特殊需求的孩子，策略隨時可自由移轉，從指示到非指示都不限定。

McChesney-Johnson（1994）在他與幼教老師及特殊教育人員的訪談研究中發現，在一般孩童與有特殊需求孩童的遊戲中，老師們會比較建議由低指示性（觀察、允許、安排環境）的方式逐步轉移至高指示性（輔導、制定規則、監督）的方式。老師們一起觀看一段遊戲的影片，片中的孩子一會兒看似有特殊需求、一會兒看起來又好像沒有。結果，不論是幼教老師或是特教老師，大家不約而同都有類似的看法。雖然，當老師認為自己回應的是一個有特殊需求的孩子時，會表現得比較緊張，但是無論是針對一般的孩子亦或是有特殊需求的孩子，大家建議採用的策略

都很類似，而且都是依循指示性高低在改變。理論根據與大家建議的策略正好一致，反映出對個體行為特色的重視，就像片中那名孩子的表現、以及遊戲背景中所透露出的獨特性。由這些研究結果可知，幼教傳統和特教傳統其實一直存在著共有的理解，而且也都採用相同的教學策略。一旦離開了學術界這座象牙塔，直接走向兒童教學這條具體實際的道路時，原本存在於學科之間的理念上的差異，也就不再那麼明顯了。

第二個重要的關切是，相對於社會遊戲，教學策略的重心應該擺多少在認知遊戲上。根據研究人員的報告顯示，有些老師過度重視認知遊戲，因而犧牲了社會遊戲。File在一九九四年以及他和Kontos在一九九三年所做的研究，就是針對老師在遊戲時如何和一般孩童以及有特殊需求的孩童互動。依據他們的說法，支持認知遊戲的教學行為，就是會在與列為對象的孩子互動時，著重孩子對器材或玩具的使用；支持社會遊戲的教學行為，則會在與列為對象的孩子互動時，著重孩子和同儕的交流。這些研究發現，支持認知遊戲的老師至少是支持社會遊戲的老師的六倍。

這些研究結果令人感到不安，因為障礙孩子在社會遊戲的層級上明顯偏低。如果老師表現出來的行為，都是根據心裡事先的認定：孩子應該要自行獲取社會技巧，不須老師幫忙，這對障礙的孩子十分不公平、也十分不利。融合教育環境或許可以以更有系統的方法，幫助障礙的孩子在社會程度上，學著更加適任、更能與同儕相處。

課程

　　就融合教育、或是其它針對有特殊需求孩子的學程方案而言，目前還沒有一套統一的課程。像是幼教的標準課程（也可以說是具代表性的學程方案），在近年來就不很受特殊教育界的青睞。過去很風行的那種一整套預先規劃好的方案，如「行為分析標準法」（Behavior Analysis Model Approach）或是「恩格曼／貝克爾直接教導模型」（Engelmann／Becker Model for Direct Instruction），現在皆已不復存。目前一般的作法，都是強調要發展出有質感的學程方案，不須先貼上哪一家特定學說或課程範本的標籤。最明顯的訴求，就是要讓所有孩子都能得到適齡發展實務（DAP）。此外，DAP一直為人所詬病的就是，它雖然有其必要性，但對於文化背景不同的孩子以及有特殊需求的孩子，卻做得不夠詳盡。為了配合各種特例、又或是牽涉到文化背景的需求，有別於一般DAP課程和指導的個別安排與支援是絕對必要的。只不過，這種作法的效益如何，就要視DAP如何定義。在寬鬆的、包容的定義下，DAP乃涵蓋人類所有的潛力與外顯行為。

　　在爭論有特殊需求孩童的合宜課程時，必要的組織是一項重要的議題。一般人都同意，有特殊需求的孩子在以遊戲為基礎的課程活動中，較無法由隨機式的學習得到裨益。因此，老師必須修正、擴充器材和活動，以配合個體差異。不過，在為障礙兒童改造器材或遊戲活動時，一定要特別注意無障礙空間以及常態化這兩項原則。要讓孩子覺得自己是一般環境裡的一份子，而且大家也都以這樣的心態來與他相處。修正的必要性一定要拿捏妥

當，以免給孩子過度不合宜的注意、又或助長其依賴性。

　　在選用策略時，教學小組應該要（1）留意孩童個別教育計畫（individual educational plan; IEP）下的目標和學習成果；（2）可能的話，找相關的服務人員諮商。為了配合所有孩子的需求，改造與修正可以各自單獨進行、或是互相搭配。除了發展狀況和個性之外，年齡層的問題也相當重要，值得注意（參見第三、四章）。進入融合環境還有一項重要的優點，那就是給孩子一個機會，學著去處理、駕馭日常生活中可能遇到的社交與身體障礙。干預過多反而會讓目標難以達成。

針對有特殊需求的兒童量身訂做的遊戲

　　針對特殊需求的孩童，修訂課程活動時，其程序和技巧分別有下列幾個範疇（McCormick & Feeny, 1995）：空間、時間、玩物器材、指示、特別輔助、特別安置、設備。

空間

　　遊戲場所或活動中心的入口（如戲劇遊戲、積木、沙），一定要考量坐輪椅或拿拐杖的孩子，設計上必須寬敞、通暢。工作人員應該要徹底演練一次，確定入口能夠通暢無阻。桌子的高度一定要讓坐輪椅的孩子可以搆得著。類似沙桌或畫架的大型設備上，要安裝可供調整的腳架，這樣才能讓所有孩子都能進入活動場所裡遊戲。遊戲場所不可以小到大家摩肩接踵，這樣的環境會讓孩子比較容易有侵略性行為或退縮（參見第九章），不過也不要太大，這樣會減少孩子彼此發展社會互動和溝通的機會，這對

於協同式遊戲十分重要。大人應該提供孩子一個安靜的環境，因為小孩需要專心以及定心。有些孩子可能需要空間提示，譬如在地板上貼上膠帶、或是使用色彩鮮艷的地毯，好幫忙將孩子導引到活動場所去。老師必須實地測試這個空間，以決定是否需要為有特殊需求的孩子做些修正。

時間

　　遊戲時間一定要充足，這樣才能讓遊戲單元順利地進行、發展。時間排程一定要有彈性，並且要考量到所有的孩子。有些有特殊需求的孩子需要多一點時間，才能將玩遊戲所需具備的資訊記住、或是順利完成一項活動。當障礙兒在學習新的技巧時，他們需要機會，讓自己一遍又一遍地練習。要延長遊戲時間時，可以讓障礙的孩子提早開始，這樣時間就可以安排得既合宜、又充裕。譬如，優先把建構遊戲的器材交給有特殊需求的孩子，或是要外出到遊戲場時，先幫孩子把衣物穿好。在做這些事情的時候，要從容自然，別讓其他同儕知道，這個孩子擁有比較多的遊戲時間。此外，當孩子很著迷於某一項遊戲單元或是已對遊戲失去興趣時，遊戲時間也可以稍作更動，不必非得按照最初的排程。

　　對某些孩子而言，活動要改變時會帶給他們一些困難，因為無論是清潔整理、或是從一個活動轉移到另一個活動，他們都需要更多的時間來處理。McCormick & Feeney（1995）就提出了幾個方法，以幫忙有特殊需求的孩子能加速轉移。

1.針對轉移行為，提供特定的指導和練習，如：用完的器材該放到哪裡、如何處理，如何安靜地移動到另一個活動位置。

2.重複強調下一個活動是什麼。

3.讓較早做完的孩子獨自前往下一個活動位置。

4.在警告孩子之前，先給孩子一些提示訊號，讓他們知道活動就快結束，像是用燈光或是鈴聲都可以。

5.在準備下一個活動之前，分配足夠的時間，讓大家能順利結束活動、並做好清潔工作。

玩物器材

依據各種年齡與發展程度，準備多種玩具和器材十分重要，因為這可以製造出最理想的遊戲環境，讓不同的孩子盡興地玩在一起。豐富多變的選擇可以滿足所有小孩的需求和興趣。不同的玩物器材，如積木、沙、水，要依據小孩的能力分級，如此才有助於遊戲團體的聯繫，同時又可防衛他們的自尊心。大多適合幼兒玩的器材或玩具也都適合障礙的孩子。想想孩子的興趣、障礙狀態、及發展程度，再為他們準備既合宜又安全的玩具和器材。在第一次與小孩見面時，教學小組應該要仔細觀察、並且和他的家人聊聊，這樣才能知道孩子對什麼玩具和器材感興趣、什麼事物能吸引、維持他／她的注意力、以及他／她會在遊戲時如何操作器具。

為了促使孩子嘗試各式玩具，大人應該要讓器材輪流使用，並且要記得把小東西移開，否則或有小孩會吞食。大人要提供孩

子可以有不同玩法、並可重複使用的器材,若要加強同儕間的互動,教學小組就要篩選出需要大家合作完成的玩具,像是社會戲劇遊戲的道具、沙和水的玩具、積木、或小車子、小人偶,而且一定要確保數量足夠,讓所有小孩都玩得到。同儕之間若有爭執,仲裁的方法也要教給發展正常的孩子知道,如社會互動訓練、同儕啟發訓練、以同儕為榜樣、同儕間互相督促、強化,這樣才能培養孩子與孩子之間的互動。

Ostrosky & Kaiser（1991）提出了下列幾種供應器材的方法,十分有助於語言的激勵:

1.提供有趣的玩具、器材和活動,讓孩子知道其中的趣味。
2.把玩具放在看得到、但伸手拿不到的地方,增加小孩要求玩這些玩具的機會。
3.分給孩子不等份的玩具,刺激孩子提出要求或評議的機會。
4.安排一些情況,讓孩子必須請求協助。
5.製造一些可笑的情境,讓孩子有機會予以評論。

選用多種孩子喜歡的玩具,可以減少孩子因玩具而爭執的狀況,不過要記得,這一定要和環境布置上的需求達成平衡,引導孩子在有老師輔導與沒有老師輔導的情況下,都能彼此分享、合作。

指示

通常,器材本身就暗示了遊戲最適當的玩法,譬如像積木、

益智遊戲、指畫。老師在安排這些器材時，就等於給孩子一個暗示，讓他們猜猜下一步的活動是什麼。一些有特殊教育需求的孩子不知道、或是不會運用有關器材、活動的使用常識，這在器材或活動背景較繁複時尤其容易發生。遇到需要在語言、生理上有所導引的狀況時，老師可藉由下列幾項提示，幫助孩子瞭解器材、活動的使用目的：（1）導引、維持孩子的注意力，確保小孩有在處理手邊的工作；（2）使用小孩能理解的詞語，必要時，把說話速度放慢、並反覆強調（一秒說一個字）；（3）安置孩子時，要讓孩子能看得到老師或其他小孩；（4）必要時，將指示切分為幾個小步驟，然後換一種說法再說一次；（5）以視覺和語言資訊搭配使用，譬如，在以口說溝通時，同時使用物件、圖片、手勢、和面部表情配合說明；（6）問些簡單的問題，以確定孩子是否瞭解，譬如，「現在要做什麼呢？」或「讓我看看接下來要做什麼？」又或「現在你會做什麼了？」；（7）讓孩子將指示重複幾遍；（8）實際引導孩子開始活動，千萬要記得，「一手接一手」式的協助可能會十分干擾到孩子。

● 專欄6-2 雷克歐提克（Lekotek）──遊戲圖書館

Lekotek（在瑞典語裡，Lek的意思是「遊戲」，提克tek則是「圖書館」）是一座專為障礙兒及其家人所設立的資源中心。第一座雷克歐提克始於斯德哥爾摩，是在一九六三年由一小群父母和老師開始運作，起初他們只是聚在一座公寓

裡，互相交換玩具，彼此給予社會情緒上的支持。爾後，這個基礎點漸漸發展成全球性組織的遊戲圖書館，以有特殊需求的孩子為服務對象。莎拉・德凡珊提斯（Sarah deVincentis）是美國雷克歐提克的創辦人，一九八〇創設於伊利諾、伊凡斯頓（Evanston）（Sinker, 1985）。伊凡斯頓也是全國雷克歐提克的總部，在總部下，全國共有四十六個雷克歐提克分部及十八個電腦遊戲中心（與雷克歐提克合作的電腦教學）。

雷克歐提克以家為中心的遊戲作為主要方法，促使有特殊需求的孩子能在家庭和社區生活中，都能和一般孩子融合在一起。目前，雷克歐提克的運作包括有每月固定由中心所提供的遊戲課程、新生兒至八歲小孩的玩具借用圖書館、此外還有為家庭提供的延伸服務，如融合遊戲群組、家庭探訪、玩具製造工作坊、家庭讀寫學程規劃。

雷克歐提克的遊戲領隊一個月會推動一次家庭遊戲課程，他們使用的玩具都是經過特別改造、再根據不同的孩子進行挑選。他們著重的是器材的創意運用、以及家人之間的社會互動，當然，最重要的還是要玩得盡興。正面、順利的體驗是雷克歐提克最重要的目標。每個月，每個家庭都會借走一些玩具，為家裡帶來歡樂。選出的玩具都是家中父母親曾看過遊戲領隊使用、而且也覺得用起來很順手、對拓展孩子的遊戲有所助益。兄弟姐妹、祖父母、和鄰家小孩也都因此一道參與遊戲課程，這使得孩子的家庭與社區之間發展出極大化的互動。

在為時一個鐘頭的課程裡，遊戲指導者通常會預先根據印象中孩子的能力，採用七、八種玩具，鼓舞孩子的發展往前邁進。這裡的氣氛很輕鬆、而且十分親切，對於家庭之間的聯繫很有助長的效果。所有取向都是以孩子為中心，譬如，在原本接東西的遊戲中，小孩只一味地丟東西，這時遊戲指導者可以出面挽救，拿起一個盒子當作空箱，把活動轉變成簡單的籃球遊戲。遊戲指導者可以像這樣很敏銳地適時配合小孩，一旦某個遊戲單元難以進行，就當機立斷換另一種玩法。此外，由於他們巧妙地喚回孩子的注意力、並且維持了活動的進行，孩子的行為也會因此變得更加成熟。有位家長就曾說（McLane, 1984, 依原文刊登）：

> 在雷克歐提克，我發現了陪孩子一起遊戲的快樂……雷克歐提克的領隊看待我孩子的方式很自然，從不因她是身心障礙就另眼對待。她把所有有幫助的東西拿到他這兒來，所有很棒的東西，並且從來不曾說，「這個你不行！」或是「那個你做不了！」。「你可以做得到！」這種氣氛真得很讓人放鬆、很寧靜……雷克歐提克的領隊不會評斷你，也不會評斷你的孩子……他們教我如何和我的孩子在一起遊戲……這些原本再自然不過的事我都已經忘了……他們教我如何享受和孩子在一起的快樂。這情景就好像是我第一次見到兒子時那樣。

美國的雷克歐提克圖書館裡至少有五萬個玩具。除了一

般商店賣的玩具和教育性玩具，圖書館另外還收藏有特殊設計的玩具、附有特殊開關、馬達的改造玩具，這些都是為了身體有特殊狀況的孩子而準備。雷克歐提克也提供玩具資源協助專線，幫助想買禮物的家人和朋友，為障礙的孩子選購適合的玩具。若想得到這種挑選適合玩具和遊戲器材的個別服務，你可撥打免付費電話到雷克歐提克資援協助專線，電話是：800-366-PLAY （TTY 847-328-0001），星期一到星期五，早上九點到下午四點（以中央標準時間為準）。

　　電腦遊戲中心，不論是與雷克歐提克聯合經營或獨立經營，都備有遊戲課程，讓孩子和家人可透過電腦程式、設備的遊戲，達到學習的效果。不同層級、多種領域的互動軟體程式這裡都有，在這裡試用、或是租借回家使用都可以。電腦中心的目標是想藉由科技的輔助，彌補生理上的限制、並且幫助孩子有效掌控自己的環境。

特意設計的援助

　　老師或是行為能力較強的同儕，必須根據孩子在某一特殊狀況下表現出來的行為能力、以及欠缺的部分，適時援引一些技巧，幫助他們在遊戲或專案活動中有所表現。依照組織的層次、又或是對孩子的干預程度，特意設計的援助包含了下列幾種：（1）建立模式 （由大人或同儕以言語、手勢、身體為孩子表現某

些行為,使之有個模仿的對象);(2)言語的導引 (由大人或同儕以言語提供資訊,讓孩子知道自己該做些什麼);以及(3)身體協助 (其中有局部的身體協助,如碰觸身體某部分,像是手或腳,藉此為孩子指出該使用的東西,另外還有全面的身體協助,在預定的行為過程和結果中,給予具體的援助和導引)。老師或許也可以提供視覺提示,將物件、圖片、記號做一番設計,讓孩子能更容易地完成活動。一般而言,干預程度愈低的方法,老師會愈喜歡使用,除非孩子明確地表示,希望得到他人進一步的協助。

特殊的安置

所謂安置包括了:在遊戲或活動時,安置孩子的地點、以及安置孩子的方式 (站、坐、側躺)。該怎麼做,才能在獨立性得到發展的同時,又能輕鬆、專注、適度掌控。具調整功能的設備可幫助肢體受損的孩子:(1)在短時間內,維持固定姿勢,將活動完成;(2)較有機動性(譬如:調整後的椅子,站台),使之活動方便。生理受損較嚴重的孩子可能得用到多種調整式設備(譬如,在桌面做建構遊戲活動時,得用調整過的椅子來支撐身體;戶外遊戲、又或是平常生活,得用輪椅來幫助移動;自由遊戲時,要用V字架和墊子,好讓身體能側躺;在桌面玩沙或水時,要用站台來支撐)。

輔助技巧

輔助機具如果使用得當,對孩子互動技能的擴展很有幫助,

因為他們可因此有效掌控自己周遭的環境。美國身心障礙委員會（The National Council on Disability, 1993）對輔助機具（assistive technology device）的定義是，任何可用來增加、維持、改善障礙者功能的物件、設備、或其它產品。輔助機具包括有低科技和高科技機具，像改造玩具、電腦、特殊座椅系統、能源動力機具、增強溝通系統、以及可隨機運用的開關。

遊戲和評估

在和有特殊需求的孩子一起工作時，可使用遊戲評估或是以遊戲為基礎的評估，這不僅可以和其它方法作一種互補，獲得描述性的資料，並且也可以促使指導或治療輔導的關係更加緊密。相較於正式的、或是規格化的測試、以及系統化的工作，遊戲評估這種相當新的方法正逐漸地在發展，主要是針對幼兒輔導及特殊教育做出評估。現在已有愈來愈多的技巧及市面上出售的工具，正逐步進入實際的運作，從系統化的程序到一般的指導方針都有。一般而言，使用的方法愈有系統，就愈沒有辦法正確地在評估過程中，將小孩的行為稱為「遊戲」。

專欄6-3 在遊戲時，如何協助有特殊需求的孩子

以下幾項建議，可供大家在和有不同特殊需求的孩子一起工作時參考。教育人員應該要檢視每個孩子不同的力量和需求，並以此為依據，決定出使用的策略。

語言和溝通的特性

教學小組要隨時根據孩子學習語言的階段，作適度調整，時時留意每個孩子不同的發展程度，以適時作出以下調整：

· 目光的接觸——在說話給孩子聽時，眼睛要看著孩子，溝通時，要試著讓孩子和自己保持目光的接觸。

· 瞭解溝通的意圖——要注意孩子沒用言語而表現出來的行為，針對孩子的意圖做出回應。

· 仔細地傾聽——要瞭解一個有特殊需求、或是語言需求的孩子，或許會有點困難，盡可能地去瞭解，並且做出回應，多鼓勵孩子使用語言。

· 反映——模仿孩子的動作、或是把孩子發出的聲音、說出的話語，重新陳述一次。

· 評論——遊戲時，談談孩子正在做的事情、或是接下來要做的事。這可以讓他們更專注在動作上，而且也可為他們增加相關的語言。孩子可以不做回應。

· 模型——以手勢、聲音、和語言的表達，為孩子建立

模仿的對象，全面模仿或是局部模仿都可以。適時的
督促是有必要的。

· 等待的時間——要給孩子足夠的時間做出回應，讓他
有時間清楚整個過程。

· 擴充——把孩子表達出的語言重新陳述一次，然後補
充新的字詞或看法。這個作法可讓孩子明確知道，自
己的訊息是否已被接收和瞭解，並且可為孩子建立更
多的語言模式。

· 要求說明或推演——要求孩子把自己的意圖說得更明
白，或是試著推敲孩子最初的請求。（「你剛剛說什
麼？」）

全面性發展失調

大人應該要特意地：

· 針對社會化和同儕遊戲，建立支援充裕的環境。

· 幫助有自閉行為的孩子配合遊戲程序、適度地回應同
儕、逐步進入社會活動 （Wolfberg & Schuler,
1993）。

· 對於有自閉行為的孩子，可利用幾個相同的玩具建立
模式，增加眼光注視的時間和有創意的玩具遊戲
（Dawson & Galpert, 1990）。

認知能力的特性

教學小組應該要瞭解每個孩子不同的認知發展，以適時做出以下調整：

· 撥給孩子足夠的時間，做額外的展示和練習課程。

· 運用工作分析，將活動化分為多個小步驟。

· 開始時，採用人數不多的小群組，課程不要太長，選擇項目儘量簡化，然後再每次逐步增加。

· 減少遊戲器材中較不相關的提示，以幫助較容易分心的孩子逐步完成工作。

· 提供一些有助於理解因果關係、空間、以及能強化具象思考、解決問題的玩具和器材。

· 為儲放物件及圖片的空間加貼標籤。

· 給孩子頻繁且正面的回應。

社會情緒和行為的議題

教學小組必須注意孩子的行為能力、行為傾向、及情緒上的反應，以適時做出以下調整：

· 讓怕羞的孩子先在一旁觀看團體做活動的狀況，直到他／她自願加入為止。

· 藉由其它系統化的方式（限制玩具、規定活動空間等）、並加強條規的執行，有效掌控較具侵略性的行為。

・觀察孩子的戲劇表演，藉此瞭解孩子的感受以及情緒的重心。

・協助孩子以適當的方式表達情感。

・讓孩子自行挑選遊戲活動，鼓勵孩子的獨立與自信。

聽覺受損

大人應該要：

・安排孩子坐在靠近聲音和音樂的地方。

・在適當的時候使用可調式設備（聽覺練習機具）。

・說話之前，先獲得孩子的注意。

・給予視覺上的提示。

・必要時，重複說明或以另一種說法再說一次。

・先行示範新的活動。

・學習手語，然後教導全體孩子一起學手語。

視覺受損

老師應該要：

・以言語、同時透過觸摸，向孩子介紹空間、設備、及器材。

・針對遊戲活動，給予言語和聲音的提示。

・使用與聽覺及觸覺有關的玩具。

・留心照明的狀況。

・將背景的符號放大，使用質地特別的標籤（砂紙或毛

布)，使用有螢光的色彩。

· 針對環境中的障礙，利用言語或觸覺給予提示（表面
的改變、鮮艷的地毯、光色的膠帶）。

· 角落的地方以及書架、書桌背後，要用東西填塞起
來，以免孩子受傷。

身體方面注意事項

老師應該要：

· 提供可調式設備（做地板活動時的墊物或其它可供支
撐的物件、站台）。

· 讓孩子就定位或是將位置固定，以建立肢體動力的模
式。

· 使用可以調整的器材（剪刀、大型蠟筆、鉛筆夾）。

· 在手腕或腳踝繫上鈴鐺，可增加聽覺的刺激。

· 讓器材平穩，以利孩子操作（譬如，將桌上或畫架上
的紙用膠帶固定起來）。

· 把所有物件放在伸手可及的地方（譬如，幫忙坐輪椅
的孩子將積木移到桌面上）。

· 將孩子安置在可以自由控制身體的地方、並可以手腳
操作玩具。小孩應該要能自由活動。

優點與限制

　　遊戲評估一直被定義爲「爲瞭解孩子在發展、感官肢體、認知力、溝通程度、社會與情緒上的功能性，針對一名或多名孩童所做的觀察」（Cohen & Spenciner, 1994：300）。遊戲評估可提供有用的資訊，以作爲方案規劃及督導的依據。這些在遊戲評估中獲得的資料統稱爲「過程資訊」。如果不透過這種觀察式的遊戲評估，這些資料通常很難、甚至不可能取得（譬如，一個孩子如何努力試著加入其他孩子的團體）。過程資料可幫助老師配合個人的需求與興趣來規劃活動，譬如，遊戲評估或許會透露出，小璜想要在一齣戲劇表演裡潑灑牛奶，只是當他試著想打開牛奶罐而打不開時，多少感到十分沮喪，於是索性就放棄了。這時，老師可以爲他安排機會學習，逐步增加難度地來挑選活動，幫助他學會如何將自己興趣表達出來。

　　教育人員主導遊戲評估時，務必要讓孩子感到十分輕鬆、安全。孩子很可能會覺得自己所在的環境很熟悉、遊戲很自然，也很有趣味、而且一旁都是熟悉的大人和小孩。要做到這樣的程度，不自然的人事物一定要盡可能減少。遊戲評估的優點主要在於遊戲程序的範圍和彈性，幾乎可以隨時爲嚴重障礙的孩子重新做調整。父母親也會是評估的一部分，要做任何觀察都不受限。玩具和情境可因時因地改變，不必非得依照其他較正式的評估那種嚴謹規格化的程序。透過遊戲評估所獲取的大量資料，不僅有助於輔導，而且可以和其他關於某個特定孩童的資料來源整合在一起，讓評估檔案更加完整、透徹。

　　由另一方面來說，遊戲評估又很明顯地受到三項限制，其中一項是我們曾提過的——那就是「遊戲」這個詞，在整個程序裡顯得極為不當。換句話說，遊戲評估的程序是有系統的，主要目的是要讓有效的遊戲單元，即便是發生在一個自然熟悉的情境裡，也不必依照遊戲原先的標準要求（也就是說，正向情感、不重於言傳、過程重於成果、內在動機等；參見第一章）來開展。孩子展現出的行為有可能根本不符合遊戲狀況的行為，彰顯在外的行為往往都是不同的社會、非社會行為，這些很明顯地都不是遊戲型的行為（譬如，模仿、遵照指示、交談、注視）。這種對遊戲的詮釋實在太疏散，展現在外的事物可能並不貼近孩子真正的潛能，在真的遊戲狀況中所觀察到的，可能恰好和在假造的遊戲狀況中所得的觀察完全相反。正如Vygotsky所說，遊戲可以引導發展（參見第一章）。

　　另外一項限制則出現在評估者於測定、評斷遊戲行為時的初始狀態：究竟是以研究為目的、或許是要提供給老師作為一般參考；這時，遊戲評定的信度（一致性或執行的穩定性）及效度（確實評定了該評定的事項）就很可議。障礙的孩子就像其他所有孩子一樣，在行為表現上有極大的變異性。在評估中所觀察到的狀況，未必就是孩子真有能力可以做到的。由遊戲評估程序執行的程度（換句話說，條理清楚並且公私分明），就可看出使用評估的這個人的技能層次。一個孩子可能會因為遊戲評估，而得到偏頗、扭曲、或誤導的形容，因此，一定要再加上其它方式，才能真正評斷、瞭解孩子的能力和困難。依據聯邦法令以及其它許多州立法規，如果要鑑別一個人障礙、決定一個人工作的資

格，必須要同時採用多種有範本為依歸的評估方法，其中包括標準測試。此外，遊戲評估並不能提供有關生活自立技能方面的資料（譬如，上廁所、洗澡、脫衣服、吃東西）以及人文教養方面的技能（或是準備技能）。其它資料來源（譬如，標準測試、其它領域的觀察、訪談）必須要配合遊戲評估一起完成，這樣才能公允地為孩子診斷，並且針對個別的輔導學程規劃作出安排。

模式與方法

遊戲評估的模式分別有：多元學科（multidisciplinary）、學科合作（interdisciplinary）、跨學科（transdisciplinary）三種。當不同學科的專業人員（譬如，教育人員、語言治療師、學校心輔老師、護士）在一起合作，但是卻又各自獨立由自身學科出發，主導與分析遊戲評估，這時，他們所執行的就是多重學科的模式。如果是以學科合作的方法，那麼不同的專業人員會各自主導不同的遊戲評估，但是在規劃、方法、觀察上，會彼此分擔。在跨學科的遊戲評估模式中，會有一位主導的人負責和小孩玩，其他同組人員及孩子父母則在一旁觀察，互相交換專業知識、彼此合作無間（Linder, 1990）。

關於遊戲評估的方法和工具有很多，但是由於相關研究太少，所以有必要審慎地談談他們的用法。在使用這些方法時，執行人員必須結合其他與孩子相關的資料來源，再將結論推演出來。不同的工具根據其組織及干預（人為）程度而有大幅度地不同。

用來評量一般行為能力發展程度的遊戲評估工具，最具代表

性的有：自由遊戲分析手冊（A Manual for Analyzing Free Play, McCune-Nicolich, 1980）、嬰兒遊戲發展評量（Developmental Scale of Infant Play, Belsky & Most, 1981）、遊戲評估量表（Play Assessment Scale, Fewell & Rich, 1987）、及跨學科遊戲基礎評估（Transdisciplinary Play-Based Assessment, Linder, 1990）。其它觀察用的工具在第八章會有詳細描述。另外還有一些工具的設計，則是特別針對診斷〔譬如，特質遊戲課程 ETHOS Play Session（Siegel, 1991）〕、父母與孩子之間的遊戲互動〔父母－孩子互動遊戲評估Parent-Child Interaction Play Assessment（Smith, 1991）〕、以及孩子與孩子之間的遊戲互動〔行為觀察紀錄 Behavior Observation Record（Segal, Montie, & Iverson, 1991）〕。

目前在幼兒特殊教育界，最常為人使用的工具是遊戲評估量表（PAS）及跨學科遊戲基礎評估（TPBA）兩種程序。Fewell & Rich（1987）開發出的PAS，主要是用來評估兩個月到三十六個月大的孩子、其認知、語言、社會功能性程度。和其它工具一般作法一樣，自發性的行為是觀察對象，另外再配合誘發而出的模仿行為。PAS有四十五個連續發展的項目，審察人員拿出一套適合孩子年齡發展的玩具，然後在課程當中，把玩具重新編排幾次，再根據孩子玩這些玩具的狀況——功能性或象徵性、並且不分自發性或誘發性，最後就可決定出一個遊戲年齡評分。這位審察員要和孩子一起玩、或是在一旁陪著玩、抑或是在一旁指導孩子玩。

提倡跨學科遊戲評估模式的Linder（1990）所發明的TPBA，主要是評估認知、社會情緒、感官肢體方面的發展程度，另外，

溝通和語言也是關切的重點。使用這套工具時（不論是在家裡或
是在中心、診所），一間房間要區分爲多個截然不同的區域（家
居扮演、積木、藝術、砂／水、木工、以及大肢體動作），並讓
孩子選擇不同的物品和活動。TPBA共分爲六個階段，整個課程
的時間是六十分鐘到九十分鐘。第一階段是沒有明確結構的督促
（二十到二十五分鐘）；第二階段是有明確結構的督促（十到十
五分鐘）；第三階段是孩子與孩子之間的互動（五到十分鐘）；
第四階段是父母與孩子之間的互動，分成沒有明確結構的遊戲課
程與有明確結構的遊戲課程兩部分，每部分爲時五分鐘，中間稍
作休息；第五階段是肢體遊戲，包含沒有明確結構的部分（五到
十分鐘）與有明確結構的部分（五到十分鐘）；第六階段是點心
時間（五到十分鐘）。遊戲課程結束之後，小組人員一起開會，
分析錄下來的影像，綜合彼此的觀察，然後做出總結表單。接
著，小組便可發展出初步建議、並寫下正式報告。

　　雖然獲取有效可靠的資料困難重重且限制頗多，遊戲評估卻
是幼兒輔導界持續發展、並廣爲採用的工具。教育人員可藉由遊
戲品質的評斷，推論出發展狀況，若是使用在諸如遊戲指導或是
社會技能教導這些輔導工作上，則可提昇孩子的遊戲程度。

現代觀點

　　以遊戲爲基礎的輔導、以及幼兒特殊教育與幼兒輔導使用的
評估，正不斷地在熱烈發展。遊戲的效力能確實幫助孩子和他們
的家庭，並且可配合融合教育背景、或是其它環境（譬如，社區

公園、遊樂場、圖書館、博物館）中各種孩子的需求和興趣。此
外，我們希望常態教育與特殊教育在理念與實際運作上，能更加
密切地結合在一起，同時在遊戲理論與研究、實務與政策上繼續
努力合作。目前，我們所面臨最大的挑戰，就是要將逐漸浮上檯
面的遊戲評估與輔導的新願景予以具體實現。

　　Meisels（出版中）認為，評估與輔導乃是一體兩面、或是一
種互惠的關係。Meisels的這種說法可以在孩子的遊戲以及成人在
其中的角色得到圓滿的運用。首先，我們應該要擴展目光，無論
是評估或是補救，都不能只單單注意被列為目標的孩童本身，而
要放眼整個社會圖景——由孩子與家人、老師、同儕之間的關係
來看待孩子。另外，遊戲輔導與評估的情境也應該要往外拓展，
不要只局限在經過特殊化程序的正規測試，而要向外延伸到多采
多姿的現實生活；有著熟悉的背景、一點也不讓人感到威脅的方
法、來自不同學科的服務人員，而帶領這群孩子的頭頭，就是孩
子的父母。Meisels十分稱許兩件事，一是貼標籤這種方式終於壽
終正寢（雖然在一些官僚體制上，這仍然是一個揮之不去的夢
魘），再來，就是將評估與評鑑、教學、學習一併融合的現代觀
點愈來愈受認同。持續不斷的嘗試代替了靜態乏味的「發展現
況」，取而代之的，是積極尋求活力十足的過程以及彼此的依
賴。父母和其他人由於參與了評估的決定、並且也瞭解評估與輔
導方法的理論根據、範疇及局限，因此擁有了更充裕的輔導主
權。

　　Joan Goodman（1992）針對老師與孩子的較小範圍分析法，
正好可與Meisels的全範圍分析法（針對孩子的家庭網絡、學校、

及社區支援）彼此互補。具體地說，Goodman對於遊戲中「拿」
這個問題的討論，恰恰提供了現代觀點第二種範例。Goodman嘗
試將重心，集中在幼兒輔導中、牽涉反應與敏感度的遊戲策略的
質素。以下這一段綱要可作為說明：

> 有個孩子正從架子上拿了動物和積木，老師建議可以用積木
> 和動物蓋一座動物園。這個向來喜歡拿東西、然後排排放好
> 的孩子，沒有辦法投入在動物園的搭蓋上。老師這時拿起一
> 隻動物，往小孩的肚子上戳了一下，然後說：「猴子要來抓
> 你囉！」小孩子唧唧咯咯地笑，老師於是拿起積木搭蓋起籠
> 子，然後在每個籠子裡放進一隻動物，藉著這樣的方式，老
> 師努力地維持著孩子的注意力。

> 有個孩子自己拿著一輛車來回挪動，但就是不肯把車子從手
> 裡放開。有個曾經成功地讓孩子將車滑給他的老師就問了，
> 「你是打算把大車車滑給我、還是小車車呢？」沒回應。
> 「那是小車車還是警車呢？」

> 有個坐在沙盒裡的孩子，不斷往鏟子裡填沙，然後看著沙子
> 滿出來。老師建議幫車車修一條馬路出來。老師離開後，孩
> 子又繼續先前的遊戲。

這些案例中的老師與孩子，都呈現了極大的心理距離。老師
們嘗試著用象徵的手法，想擴展孩子的遊戲，然而這些表徵的程
度卻遠遠超乎孩子初始的程度。他們沒有轉而進入孩子自己的遊

戲（及心理）狀況裡，或是不懂得欣賞孩子正在做的事——或許還覺得孩子單調、重複的行為很無聊。此外，在這三個案例中，老師都非常努力地依照慣常主張表徵遊戲的課程指導來做，只是，每一次，孩子都因此沒了興緻，而活動也就成了老師的遊戲、或是遊戲單元就此結束。像這樣的干預就是另一種不合宜的「實際生活代言人」的成人遊戲輔導（參見第七章），這在幼兒教育最常出現。

要想瞭解孩子對事物的看法，成人在做遊戲輔導時，就應該要小心觀察孩子的遊戲狀況、以及孩子在老師提出建議時的反應。譬如，沙盒裡的小孩（第三個案例）不斷往鏟子裡填沙，然後又看著沙子溢出來，如果老師提出的建議能再貼近孩子的行為程度，或許對這個孩子會更有助益。孩子對這個遊戲單元的喜愛和興趣，或許就來自這種把砂子填滿、然後一次又一次地再把它倒出去的進／出、上／下式的簡單動作。Goodman（1992）就注意到，因應老師輔導而產生的遊戲轉移，對孩子的學習與發展並沒有太重大的影響，除非，當中出現了「拿」。

拿的定義主要有兩個方向，一是在於彼此對約定的理解（換句話說，老師和孩子兩方對事物的看法是一樣的），另一則是老師的建議始終都要能融入孩子的行為裡。即時模仿或是強制順從都不算「拿」。老師要做的事不是去讓孩子吻合老師的遊戲想法——修一條汽車馬路，而應該試著用貼近孩子遊戲最初的動機或意義，嘗試著做水平或垂直的擴展。如果老師能夠配合孩子，問問孩子、或示範給他看，由不同的空間位置、或用不同大小、形狀的容器、又或是用不同的鏟子、數量不同的沙子來玩這個鏟子

的遊戲——完全循著原先進／出、上／下的規律，這就是一個水平擴展的例子，由此，自然就能與孩子產生共鳴、並表現出對遊戲的尊重。垂直擴展則是由原先進／出、上／下的架構，將遊戲延伸到其它發展程度類同的概念，如開／關、給／還、升／降。

如果孩子的實際年齡是四歲、而心智年齡只有二十個月時，老師一般都會誤讀孩子的遊戲動機。妄自以為孩子有興趣、也有能力玩表徵遊戲，而這就是一個相當容易犯下的錯誤。不過Goodman強調，老師一定要支持孩子的遊戲程度，並且要小心，不要做出令人沮喪、或不切實際的要求而傷了孩子的自尊心。她的立場就是當代遊戲觀點與特殊教育教學最好的範例，以一種尊重的導向看待遊戲。像這樣的導向，簡直就是將舊時觀點一百八十度大轉，因為在過去，遊戲機會只不過是一種獎品、或是重要課程中的休息時間，所謂重要課程，就是針對有特殊需求的孩子，為他們補救缺陷、加強認知發展所做的正式輔導。

另一種現代的幼兒特教作法是以活動為導向的指導、或稱作ABI（Bricker & Cripe, 1992），與Goodman的想法並不相衝突。在這種作法中，孩子不會被安排去玩遊戲、或是留下來玩遊戲。老師會很有彈性、細心地逐步介入由孩子開啟的遊戲，以便讓輔導目標慢慢進入遊戲單元、或是其他由孩子在熟悉環境下自然而然做出的活動。由於學程規劃的目標會漸漸形成完整的建構和過程（如，交朋友），而不會造成行為與成果（如，串珠子）兩不相干，因此，在ABI這種作法中，孩子的感情世界以及遊戲對於孩子的意義，都是十分重要的（Novick, 1993）。

兒童生活方案

　　兒童生活方案是近年來針對住院孩童的需求所做的一項回應。遊戲是孩童生活方案的核心，目的是要幫助在醫療照顧背景下的孩子，能夠保持該有的發展、福利，並得到支援。目前的方案規劃，最早是由一九一七年針對住院孩童所運作的遊戲學程規劃演變而來，雖然後來在Mary Brooks和Emma Plank這些前輩的努力下，這個運動也只在五、六〇年代一度蔚為主流。這幾位女性前輩認為，由於住院帶來的情緒焦慮，因此醫療專業有必要配合住院孩童對於遊戲的需求（Thompson & Stanford, 1981）。現在，既然孩童生活規劃已愈來愈普遍，自然就該有研究來評估這些方案的效能（Thompson, 1995）。

　　兒童生活方案在這幾年擴展得非常快速，雖然在構造上各有不同（設備的尺寸、工作人員的數目、服務的病患人數、以及其它如社會工作、心理諮商、職能治療等服務的有效性），但宗旨都是以幫助孩子處理住院的壓力與焦慮，同時，盡可能地，幫助孩子保持正常的成長與發展。在兒童生活專業中的工作人員——也就是現在所稱的兒童生活專業人員，都是來自心理學、人類發展、家庭研究、教育、以及休閒娛樂研究的學士和碩士。首先，透過遊戲器材的供應以及遊戲的導引，小病患們得到協助，可以自由自在地遊戲。過去，專業人員通常都被稱作「遊戲領導者」。工作人員要與孩子建立長久、信任的關係，並且要明確知

曉孩子關心的事物以及錯誤的觀念，然後再和父母親以及醫護人
員一起討論這些資訊，以幫助孩子得到更細心的治療。

兒童生活專家的角色

　　除了提供遊戲之外，孩童生活的責任還包括了兩個重要的專
業角色：（1）與孩子及其家人密切結合；以及（2）為住院的孩
子擔任個案以及團隊的倡導者（advocate）（Nelson, 1996）。就第
一點而言，和孩子及他的家人建立交情，可以讓孩童生活專業人
員在病人準備入院、開刀、或其它醫療程序時，給予情緒上的支
援。在事前得到允許的探視以及住院之後這段期間，要向孩子明
確地解釋未來即將進行的程序，並讓他安心，不要產生錯誤的觀
念（譬如，以為孩子到醫院是因為他們壞壞或太皮、或以為打針
是一種懲罰方式）。此外，兒童生活專業人員也可以成為孩子的
橋樑，幫助醫生和護士瞭解孩子的觀點。譬如，孩子在動手術
前，可能會覺得「讓他睡著」很恐怖，因為以前他們對於生病的
寵物的認知，就是他們永遠地「睡著」了（Nelson, 1996: 3）。父
母親也需要有人能陪他們談談心裡的感受和不安。兒童生活專業
人員可以協助他們，或許由一些很簡單的事就可以做到，譬如，
在手術期間，帶領他們站在房間的某個地方，大家交換資訊、或
是趁這個機會，吐露挫折的感受或是矛盾的心理。兒童生活專業
人員可幫助孩子和他們的父母、兄弟姐妹明瞭接下來可能發生的
狀況（譬如，病童在不同的環境裡會嗅到什麼、聽到什麼、看到
什麼、摸到什麼、嚐到什麼），如此一來，大家也才能在心理上

先做好準備。

　　至於孩童生活專業人員的第二種角色：擔任個案及團隊倡導者，皆需以個案處理的方式作基礎，將所有病童的家庭號召在一起，形成一個團隊，而兒童生活專業人員就是他們的中間人，扛起病患與醫院的溝通，將病患的聲音傳送出去。在醫院或小兒科所在，經常都可看到兒童生活工作人員的身影，他們是醫院工作人員中，具有特殊職責的角色。他們並不直接主管病童的醫療事項，但他們又經常接觸病童，並與他們的父母親建立融洽的互動關係。一旦家人願意信任孩童生活專業人員，他們就會說出心中大大小小、關於孩子醫療狀況或是住院期間的不滿。父母可能會對某個醫生或護士特別反感、或是為醫療抉擇感到煩心、或是其他讓孩子覺得某個醫生或護士很「惡劣」或是「根本不在乎」的事情。類似這樣的訊息，可透過合宜的管道傳達出去，這樣才能改善醫院的運作，讓所有運作都能因應個別文化背景、針對每個人做出細心的回應。

在醫院遊戲

　　兒童生活專業人員認為遊戲對於住院的孩子非常重要，它絕不只是一項附加的娛樂。遊戲會給孩子力量，讓他們在醫院裡成為積極的參與者，而不是大部分所呈現出的被動的接收者。遊戲之所以受到重視，是因為它為病童的思想與感情打開了一扇窗口，也為照顧病童的成人提供了實用的資訊。此外，遊戲可以達到淨化感情的作用，幫助病童在心理上逐步接受未來即將遭遇到

的不愉快，或是幫他們克服過去的創痛。遊戲也提供了一個社會
互動的機會，讓遊戲生活與社會發展同時並進。忘我地投入在遊
戲中可以讓心理承受的壓力得到充足的發洩，藉此遺忘不快、並
為未來的光明編織希望。

　　兒童生活專業人員會試著鼓勵孩子玩些豐富多變、適合發
展、不會不切實際、並符合孩子醫療狀況的遊戲。對大部分的孩
子而言，住院是一個很讓人害怕的經驗，因為他們無法任意地遊
戲和發展。譬如，有些孩子就很害怕他們的情況會讓自己變得跟
別人不一樣。孩童生活專業人員這時就要努力地幫孩子克服身心
障礙，讓他們願意放心去玩。坐輪椅、或因骨折治療久臥病榻、
又或因吊著點滴有所不便──這些限制全都明顯地妨礙了各種生
理及社會的遊戲方式。因此，根據醫療允許的程度來調整遊戲、
提供遊戲的機會實有必要。譬如，讓一個吊著點滴的孩子在孩童
生活專業人員或父母的照看下，到遊戲室去玩遊戲。來到遊戲
室，病童可以探索遊戲區，看看別的孩子玩遊戲的狀況，或許，
他／她也可以動手去玩，也許是一個人、也或許和別人一起。

　　遊戲室是孩童生活方案最主要的特色之一。裝潢必須要適
當，安置的玩具要配合不同發展階段的需求、個人的興趣、以及
對遊戲的喜好。空間上一定要很充足，才能讓孩子聚在一起做活
動，而且要讓坐輪椅或需推床進入的孩子也都進得來。一間五顏
六色、新鮮有趣的遊戲室，在住院病童的心中就像是一座避難
所。透過這些挑選出來的玩具、主題性明顯的道具盒、器材，再
加上大人在一旁協助，遊戲就可以達到社會性（平行或互動）、
功能性、建構方面、以及扮演遊戲的目標。年紀大一點的孩子可

嘗試藝術、手工藝、或是附有規則的比賽。附有輔助裝置的電腦，目前在許多有孩童生活方案的醫院裡也愈來愈普遍。電腦科技是較精密的遊戲、學習工具，可幫助孩童從事許多需要肢體動力與熟練靈活的活動，而這些活動對於身體因醫療而受限的他們，原本都是遙不可及的。

若是要鼓勵病童玩社會遊戲，倒不一定非得到孩童生活方案的遊戲室去。個人的病房、走廊、或是醫院裡的其它地方，也都可以是遊戲空間。兒童生活專業人員可幫忙病童到彼此的病房探訪、遊戲，儼然就像是到朋友家拜訪一樣。譬如，即便因為手套上的子母黏帶磨平而使得孩子不能盡興地玩球，孩子也還是可以坐在床上或輪椅上接球（Nelson, 1996：7）。在個別的病房裡，孩子可以一起分享藝術作品、比賽遊戲、最喜歡的故事、或是布偶戲。走廊上也可放置「爬爬樂方塊」（Busyboxes）（在醫生的候診間及診所常可看到，不過都沒有大人在一旁協助鼓舞），鼓勵孩子遊戲、促進社會交誼。另外，像是尋寶遊戲、醫院叢林探險（譬如，洗衣間、實驗室、廚房）、或是辦一份孩子的報刊、讓孩子四處探訪，這些也都是很有意義、能正面激勵孩子的活動。透過豐富的遊戲經驗，要讓生活彷彿平常那樣也並非不可能。

此外，也可以鼓勵孩子多使用有助於自我表達的器材，如布偶、樂器、藝術品、洋娃娃、及戲劇遊戲的器材。兒童生活專業人員要放得開、沒有偏見。他們看著孩子遊戲、讓他們有充足的機會表達自己的感受，像是不喜歡某個小孩、或是想殺了某個呼吸治療師、又或是討厭自己的醫生等。兒童生活專業人員要引導

這些病童明白，心裡有這些感覺並沒有什麼關係，他們並沒有不正常、別人是可以理解他們的感覺的。當專業人員為孩子的感受做下結語、並清楚說明，她／他也就幫孩子在自我瞭解這條路上向前跨了一大步，並且學會為自己的感受尋找源頭。譬如，當孩子做出一些非語言的行為，如咆哮、踢玩具、用力踏地等，孩童生活工作人員可以暗示這個孩子，提醒他是不是正在生氣（Axline, 1947）。

最後，住院的孩子經常會玩和醫藥有關的遊戲。有些孩子很喜歡用真的醫療器材來玩，像是拔掉針頭的點滴器、聽診器、打石膏用的器材等。有些孩子則認為真的器材很可怕，因此比較喜歡用小號的仿製品來進行醫藥主題的遊戲。不論是用那一種方式，像這樣讓孩子放開心懷、釋放恐懼的機會，實在不該被輕易忽略。通常，以不具威脅性的口氣問孩子問題、瞭解孩子的內心世界，會是較好的作法（譬如，「你的洋娃娃打了針之後感覺如何呢？」）。透過醫藥遊戲，孩子可以掌握自己住院的心情、克服對醫療設備及療程的恐懼。玩醫藥遊戲時，孩子可以擁有完整權力，讓自己成為使用這些醫療器材的主動者，不必老是被動地成為這些器材使用的對象。

給老師的建言

所有學齡前幼教、托兒、啟蒙方案、幼兒輔導、小學教育的老師，都應該要努力幫助患有慢性病症、或是必須長期住院的孩子及其家人，能有效處理這些經驗的壓力與混亂。透過預先安排

的社會化以及後續的追蹤活動，要做到這點並不困難，而且還可減少孩子因離開規劃、爾後又重新加入所造成的脫節與斷裂，這種狀況不光會發生在住院的孩子身上，對於住院孩子的同儕也會有一樣的困擾。

一旦與孩童的家庭建立關係，這就成了絕佳的分享時光，讓孩子透過資訊的交流得到裨益，降低住院的孩子因醫療狀況而落後於同儕的風險，不論是暫時性亦或是長期。

當小孩在醫院裡住了相當一段時間，就要安排同等於孩童生活方案的活動、彼此並且要時時溝通。新科技現在正為兩種不同的溝通模式打出一條通路，如果勇於嘗試的老師與孩童生活專業人員，能有效運用這種標準化、極能激勵社會性與智能的活動，住院的孩子定能裨益良多。最後，我們要建議的是：幼兒教育的方案規劃必須要審慎研究實際到當地醫院考察的遠景，一方面，這種可貴的經驗可作為相關主題的戲劇遊戲或其它活動的基礎，另一方面，這對於必須經常待在醫院的孩子，正是先行社會化的絕佳機會。此外，某些童書也很有幫助〔譬如，《好奇的喬治住院去》（*Curious George Goes to the Hospital*），作者：H. Rey〕。

遊戲療法

遊戲療法是成人輔導孩童遊戲最為人所知的一種型態，其歷史可追溯到廿世紀初期。它的主要目標是要幫助有社會情緒困擾的孩子，解決內心的矛盾、整合個人的文字以掌控自身的認知、

進而讓獨特的自我臻至較吻合現實的層次（Singer, 1994）。雖然遊戲療法課程主要是在診所或診間進行，其基本原理與程序仍可應用在教室或其它環境裡。

背景和基本教義

遊戲療法最早的形式是由心理分析學派得來靈感，因爲心理分析學派中的Anna Freud以及Melanie Klein在治療孩子時，就是用遊戲表達法來取代治療大人時所用的自由聯想法（free association）。藉著遊戲，有情緒困擾的孩子可以從無意識、痛苦不堪的掙扎與負面感受所造成的混亂，移轉到澄澈的明確。一般認爲，遊戲是孩子將堵塞在心中的矛盾與情緒直接釋放的方法。

一九六〇年代，小學的諮商人員受到自行執業的幼兒治療師影響，也開始將遊戲納入工作範疇裡。根據Carl Rogers非指示性、以當事人爲基礎的治療方法，Virginia Axline（1947）的治療理念特別具有影響力，因爲在防治諮商中，遊戲的重要性就是由此而來。此外，在一九六〇年代，治療師採用遊戲來促進社會技能時，也都漸漸使用起玩偶、音樂、戲劇。一般認爲，這和引導玩具逐漸商業化的發展很有關係。到一九七〇和一九八〇年代，各式各樣針對遊戲使用及遊戲手段的方法更是不斷多元化地增加，這些都是希望能爲有情緒困擾的孩子做出最好的輔導（譬如，Gardner的說故事療法、Mitchell關於玩沙遊戲的作品、Schaefer的遊戲療法技巧）。

遊戲療法的執業人員以及與遊戲有關的治療、防治輔導（不

論是私人執業、或是學校、還是家裡），大家一概同意，在有限
的環境中，表達的自由非常重要。遊戲療法的價值以各種不同的
形式出現，其中包括了書本療法、園藝療法、舞蹈療法、藝術療
法、動物療法、以及比賽療法。Axline（1947）以孩童為中心的
治療原理明確地表示，治療師是否能發自內心眞正的意願、表現
出全然的包容，並與孩子培養出溫馨、關懷的關係，這點十分重
要。治療師要給孩子安全感、包容心（不要隨意給予行爲的約
束，除非是要幫助孩子扛起關係中必要的責任），尊重孩子內心
的意向，讓孩子自行引導，與孩子的內心世界產生共鳴，再將孩
子的感情反映給孩子知道，幫助他發展自我瞭解的能力。治療師
十分明白，治療是一個漸進的過程，不過他們也知道，孩子確實
是有能力解決個人的問題。在治療的關係中，治療師、諮商人
員、老師、或父母，都要努力陪著孩子，一起體驗各種感覺，在
回應孩子或與孩子互動時，一定要讓孩子感覺到，無論他們在做
什麼，大人也是其中的一份子（Landreth,1993）。

遊戲課程

　　若依循以孩童為中心的治療方法，遊戲課程最好使用在四歲
到十一歲之間的孩子身上。一開始，至少要排出三十分鐘給遊戲
課程，之後，再漸漸加長時間。至於地點，則應該要安排一個安
靜、不會受到打擾的地方，一旦有潑灑或髒亂的情形，必須便於
清理，此外，空間一定要足夠，這樣才能移動和玩玩具。
Schaefer（1983）對於玩具挑選的標準有：（1）要能以多種方式

使用的玩具：（2）要能激勵出生活中最不容易處理的感覺（譬如，侵略性、依賴性、嫉妒）：（3）要能讓一個或多個人同時玩的玩具。

玩具的耐久度很重要，不過，有些重要的器材，如畫紙、彩色筆、和擊拳袋等，顯然需要多予以補充。Axline（1947）建議，遊戲課程的玩具應該要包括有：一個娃娃的家、家裡要有家具，另外還要有黏土、蠟筆、紙張、玩具動物、阿兵哥、嬰兒娃娃、電話、奶瓶、家庭手偶、建造的材料、及一張玩沙的桌台。Guerney（1983）又再加上水和水裡玩的玩具、塑膠小刀、狼造型的玩偶、卡片、玩具錢、顏料、畫架、及面具。對於年紀大一點的孩子，也可以使用馬蹄鐵、棋盤遊戲、小型保齡球、打擊目標的比賽、籃球比賽等（Simmons, 1996）。

在遊戲課程一開始，就要讓孩子知道，遊戲區是一個特別的地方，一般而言，孩子在那裡可以想做什麼就做什麼，但是如果有任何不允許的事項，也要先讓孩子知道（系統化）。基本的限制通常都是針對肢體上的侵略性、破壞貴重物品、無視時間的限制、以及擅自離開遊戲區（Schaefer, 1983）。用以治療的藝術，其精神與精華在於深刻有共鳴的回應（也就是說，接受、瞭解孩子的情感與活動），所以在回應孩子、以及把孩子的內心世界（沈默、社會交談受到挫折）反映給孩子自己時，一定要謹慎地措辭。這項技巧需要練習及持續延伸的訓練，並且需要一位有經驗的掛牌遊戲治療師來協助督導。回應時小心的措辭、以及用非語言的方式表達包容都是很必要的。在這些遊戲課程裡，治療師要把自己放在和孩子同樣的水平面上，這樣的定位，不但能有效

加強非語言的溝通、並且能減少權力的落差感。依一般經驗而言，治療師和小孩之間應該要有三呎的距離。

　　大體來說，幼兒課程大致都是在處理系統化事項、確立關係的基調及行為上可接受與不可接受的上限與下限。此外，在幼兒課程中，一般也很常見的是孩子在遊戲區的探索、以及偶爾需要大人對其遊戲活動的鼓勵與稱讚。侵略性行為也很常見，不過當孩子面臨了獨立－依賴這些議題時，侵略性行為的程度通常會因原始行為的啟發而有所減低。只要能信任治療師，對自我的接受與個人的幸福就指日可待。到了後期的階段，社會行為會比反社會行為更常出現；侵略性的減低以及挫折忍受度的增高也隱約可見。遊戲已愈來愈有取向現實的趨勢（Simmons, 1996）。

幼兒教育的應用

　　遊戲療法通常會讓人聯想到治療師或諮商人員的辦公室。其實，基本的原理和程序也是可以由老師與專業人員的助手在教室裡使用。幼兒教育的教室，要有多處區域可引導做治療的互動（積木區、藝術區、玩具房子），另外，遊戲療法的玩具也可以加入遊戲中心。Guerney（1983）曾建議在遊樂場使用遊戲療法，而Axline（1969）則是用了一群在玩遊戲的孩子來使用遊戲療法。Vivian Paley（1990）的說故事和遊戲技巧，其實也具有治療的意義。她曾以她的遊戲／故事治療教學，幫過許多幼稚園的孩子處理自己的感覺（feelings）、恐懼（fears）、以及對友誼（friendship）、公平（fairness）的關切（這稱為F四主題）。感情

細膩、能與孩子產生共鳴的老師，都可以在遊戲單元中，將孩子的感受和社會動機反映出來，藉此幫助在社會與情緒上受傷的孩子，加強他們看待事物的能力以及對自我的認知。

老師和專業人員的助手當然不是專業治療師。老師不像幼兒心理師或其他受過治療訓練、教育的專業人員，他們必須要能夠清楚界分，自己份內的角色（一如前段所提）與能夠名正言順從事遊戲療法的專業掛牌遊戲治療師之間有什麼不同。因此，老師一定要隨時注意，什麼時候該沿用心理健康專業才合宜，可千萬不要匆匆忙忙脫口而出。

本章小結

特殊教育有許多根源都是來自幼兒教育，也難怪會有那麼多分歧不同的遊戲觀點。幼兒教育認為遊戲是學習、發展、教學的重心，然而幼兒特教或幼兒輔導卻一直認為遊戲是次要的，有系統的學習輔導與治療行為才是重點。近年來，由於大家對遊戲的重要性已有進一步的瞭解，終於讓遊戲有機會成為障礙兒課程、教學、與評估的一員。特殊教育的人員可能會認定遊戲的認知層面比社會層面重要。修訂課程活動（如：空間、時間、玩物素材、特殊輔助、安置、及設備）可促進社會和認知的遊戲。

兒童生活方案及遊戲療法十分適合現代的教育人員。由於充分配合住院孩童的需求，兒童生活方案已愈來愈受人矚目。在這些方案中，遊戲是個十分重要的角色，而兒童生活專業人員則有

基本義務必須執行：要與孩子站在同一條線上，要維護孩子、要帶領遊戲。遊戲療法是最古老、也是最有名的一種輔導，成人必須進入孩子的遊戲世界來進行。原本以佛洛伊德為依歸的小學諮商人員及心理醫師，在受了Carl Rogers以及Virginia Axline的影響之後，漸漸將臨床的遊戲療法移轉到其他場域。自我表達、自我瞭解、包容、看待事物的社會技能，這些全都是遊戲療法的目標。

7 遊戲之成人參與

小明和他的朋友詢問老師：他們是否可以玩開披薩商店的遊戲嗎？老師說好，並給他們披薩的道具箱，裡面有披薩模型、披薩盒子、菜單、桌布等。孩子們花了十分鐘將披薩材料（例如，洋蔥、辣香腸、橄欖等）加以分類並分別放在材料儲藏盒子。當他們完成分類動作後，老師問他們：「今天，你們要開那一家披薩店啊！」。他們齊聲回答：「必勝客」。老師便幫他們畫了商標，並寫上必勝客之商店名及營業中的牌子，而小朋友則在一旁觀看。小明請老師寫上商標及商店名之後，再畫一個商標圖案，並在牌子的另一面寫「打烊了」。小明在遊戲角掛上「打烊了」的牌子。然後，他們再花十分鐘整理家具並布置餐廳的廚房及桌椅。當他們完成整個餐廳布置之後，小明將牌子掀開，讓商標及店名顯現出來，表示營業中。老師假裝是一名顧客，看著菜單並點了一客辣香腸披薩，並加上青椒、洋蔥及雙層奶酪。有一些小朋友假裝在做披薩，而小明拿去給老師。老師假裝吃得很高興（並說著：這是我吃過最好吃的披薩哦！）

　　成人參與兒童遊戲的好處一直以來常是爭論不休的。在上一個例子中，老師幫助兒童布置及設立遊戲階段，她也扮演一參與者（當作顧客）的角色。支持成人參與遊戲的學者辯稱此種型式的成人參與可以豐富兒童遊戲經驗及提昇兒童之社會與認知發展（Jones & Reynolds, 1992; Kitson, 1994; Roskos & Neuman, 1993）。而不支持此論點的學者們則認為成人參與兒童之遊戲干擾或抑制兒童的遊戲活動並減少他們在遊戲學習的機會（Miller,

Fernie & Kantor, 1992; Pellegrini & Galda, 1993）。

　　最近的研究都提到大人參與兒童遊戲可提昇孩子遊戲的質和
孩子遊戲的技巧。不論在家庭及幼稚園中的觀察或從實際研究中
都證實成人的參與，確實會增加孩子的遊戲能力。究竟成人參與
孩子的遊戲對孩子有何好處呢？

1.支持：當父母或老師參與活動，無形中就是給孩子支持
　（approval）。大人支持孩子遊戲的行為可視為一種無言的溝
　通。反之，大人不參與，無形中給予孩子一個訊息：「那
　遊戲不值得一玩」。那麼大人如何增強或刺激小孩去玩呢？
　在幼兒園中，孩子如果沒有大人的參與，他們遊玩的時間
　就不長，因為大人的興趣、熱忱反應了孩子的活動情形，
　若遊戲可引起大人的興趣，同樣也可引起孩子的興趣，特
　別是孩子在玩伴裝或社會戲劇遊戲時。因此，讓孩子瞭解
　大人支持他們的遊戲，願意加入他們且為他們做示範，鼓
　勵幼兒多做一些假裝的遊戲。誠如Manning及Sharp（1977）
　解釋：

　　幼兒在學校遊戲的態度與老師有關。假如幼兒知道老師不喜
　　歡也不和他們一起玩，那幼兒不可能集中注意力持續地玩。
　　在學校，遊戲並不是受到高度重視的活動。因此老師的興趣
　　及熱忱馬上可在班上反映出來。假如老師覺得遊戲很刺激、好
　　玩及具有價值，那幼兒也會如此認為。老師若能與幼兒一起
　　玩，幼兒更會覺得他們所玩的遊戲是很有價值的活動。（p.22）

2.建立融洽與依戀關係：與孩子建立融洽關係（rapport）的最好方法就是參與孩子的遊戲。Brian及Shirley Sutton-Smith（1974）和Howes及Smith（1995）研究皆發現，父母與幼兒玩「數數兒」或「躲貓貓」時，雙方有機會接觸並建立母（父）——子依附關係。當孩子長大，家庭娛樂不僅可幫助孩子成長，也可維持快樂、親密的家庭氣氛。同樣道理，老師在學校若能參與孩子的遊戲，師生關係會很好，這和老師若能彎下身子採取與孩子水平的姿勢來對待孩子，會讓孩子覺得老師是個親切的人，不那麼遙不可及的道理是一樣的（Wood, McMahon, & Cranstoun, 1980）。

3.持續力：當成人參與兒童遊戲時，可以減低孩子遊戲時的不專心，而且會增長遊戲的時間（Hutt, Tyler, Hutt & Christopherson, 1989）。Dunn及Wooding（1977）觀察到當母親與孩子一起玩遊戲時，孩子玩的時間要比他自己一個人玩的時間來得長。英國幼稚園（如Sylva, Roy & Painter, 1980）也有類似的發現：當老師與孩子一起玩時，遊戲玩得較長。這種持續力（persistence）可幫助孩子日後對工作的專心，對以後的學校工作也有助益。成人與幼兒一起玩，還可幫助幼兒發展這種重要的技巧，父母或老師應多加以注意。

4.遊戲品質：1977年Tizard研究觀察英國幼稚園的孩子，發現「孩子的自由遊戲是較低層次的且反覆性高，有84％都是同一動作（掃、挖沙、或跑叫），而較少有高層次的戲劇性或

社會性遊戲」（p.206）。

很不幸地，在美國幼稚園也是如此。Sylva和他的同事（1980）還發現美國孩子遊戲的品質比英國的更差。因此，幼稚園似乎需要加強提昇遊戲的品質（more elaborate play），幫助孩子去參與高品質的社會戲劇和建構遊戲，以提高他們的智力和社會發展。

這些遊戲需要成人參與才可達到目標。在遊戲訓練實驗中發現，成人的示範可以幫助孩子參與高品質的遊戲，而在家庭及學校中的觀察研究也有相同的發現。Bruner（1980）提出：在幼稚園老師參與的情況，孩子會比同齡小朋友玩得久，而且層次也較高。Dunn及Wooding（1977）也發現：大部分2~3歲孩子的想像遊戲是由母親誘導出來的，這對他以後社會戲劇遊戲有很大的幫助。Rather及Bruner（1978）也指出父母親與嬰兒互動，可以鼓勵他們多探索周遭的事物，另一方面，父母也會密切地促進孩子參與社會層面的語言互動，而增加其日後遊戲能力。此外，Bennett, Wood及Rogers（1997）亦發現老師可以在與孩子互動時提供玩物，想法及技巧來促進孩子擴展遊戲視野及加強其學習的效果。

5.認知與社會發展：研究指出遊戲訓練可提昇遊戲層次，也會增加了認知及社會能力。因為在遊戲訓練的過程中包含了成人直接參與孩子的遊戲，使成人與孩子產生接觸，有助於提昇孩子的創造力、語文智力、以他人立場看事情的能力、合作及社會技巧（Smith & Syndall, 1978）。

這些能力確實可以因成人的參與而有增長，但成人的參與必須是正確的、適當的，過多的干預或糾正孩子的玩法，可能妨礙孩子的創造力或干擾孩子遊戲的進行，反而產生反效果。Bruner（1980）舉例某一老師常參與幼兒的虛構及戲劇遊戲，但不論幼兒玩此類遊戲是否具有主題，此老師老是扮演指揮角色並要幼兒們聽他指揮。這種老師過分參與及錯誤干預幼兒遊戲會導致幼兒思想僵化及不知如何進行扮演遊戲，甚至不再參與社會戲劇遊戲。

6.同儕互動：因為成人可以幫助兒童經營在遊戲中之互動接觸的機會，而且也可以指導孩子成功及有效地與別的兒童一起合作及教導他們如何與同儕相處，來增加其與同儕互動的品質（Howes & Smith, 1995）。

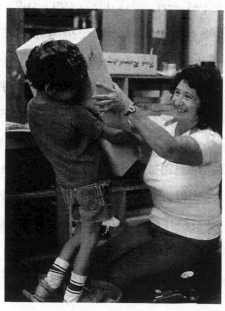

成人的參與能豐富兒童的遊戲。

7.鷹架:大人與孩子互動無異是提供支持並創造孩子「近似發展區」(zone of proximal development)(Vygotsky, 1978),例如,在本章開頭中老師幫助孩子畫商標及寫下商店名稱,那是孩子不能自己做,如此一來,老師(成人)可以幫助整個遊戲的進行及豐富遊戲情節。

這些支持成人要參與兒童遊戲的學者認為成人可以透過支持及回應性互動中擴大孩子之遊戲的發展空間(Erwin, Carpenter & Kontos, 1993)。

然而,反對此種論點的學者提醒我們成人之不當介入也可能造成對孩子的影響。他們指出成人過分應用其權威或過度架構整個遊戲情節,反而限制孩子用自己的方法去遊戲及減少孩子探索、解決問題,與同儕互動或冒點風險去考驗自己能力的機會(Miller et al.,1992)。正如Pellegrini及Galda(1993:169)所指出:「當兒童與成人互動時,成人大部分皆在指導兒童進行工作。」有些老師常會干預孩子正在進行的遊戲,並教導孩子一些概念或重新引導他們進行成人認為有意義的學術活動。此種干預常會為兒童所進行的遊戲情節產生干擾,有時也可能造成兒童不再進行遊戲(Jones & Reynolds, 1992; Wood, McMahon & Cranstoun, 1980)。這些錯誤性應用成人干預,可能會造成Sutton-Smith(1990:5)所言:「成人最好鼓勵小孩自己玩,也不要應用成人權威,像獨裁式的暴君裝模作樣般來指揮孩子如何來玩,這簡直會干擾孩子並造成對孩子的傷害。」

我們堅信成人參與會有好壞之雙邊效果。最重要的是成人如

何來參與孩子所進行的遊戲，如果成人的介入是以一種敏感性、因應性及支持性的方式。那麼，兒童的正面遊戲效果便會被加強；而如果成人整個控制兒童遊戲流程，並要求兒童很結構化的方式來遊戲，甚至干預成為學術及有目的之用途，那兒童在遊戲不受其利，反蒙其害。

本章開始先簡單檢閱成人參與兒童遊戲之有關文獻，包括父母與子女之遊戲，遊戲訓練方案及老師與幼兒之間的遊戲；然後再介紹成人使用豐富兒童遊戲的策略：提供遊戲資源、遊戲觀察及適當參與遊戲的方式。

成人參與兒童遊戲之研究

在討論有關成人參與兒童遊戲之可能利弊與矛盾之後，無庸置疑，本主題將會環繞此焦點，並提供相當數量的研究報告，有關此主題的焦點將會放在親子遊戲，成人教導兒童假裝遊戲之遊戲訓練方案，及師生互動的遊戲。

親子遊戲

父母在教導孩子時，最自然的方式即是利用遊戲。大多數的父母會以各種簡單的遊戲方式來與其嬰幼兒子女互動（參考專欄7-1：與嬰幼兒子女之適齡遊戲互動及專欄7-2：親子遊戲之策略）。這些早期親子互動的遊戲曾是許多研究的主題，然而這些

研究大多數是以母親與子女之互動為主，自1980後葉之後，已有一些研究開始著重父親與子女之遊戲互動（例如McDonald, 1987）。

　　為數不少的研究主要在檢驗母親與子女遊戲互動之影響效果，結果指出當母親與嬰幼兒一起遊戲互動，其子女之成長會有正面之影響，這些研究結果如下：

- ·有母親陪伴一起遊戲的幼兒比起單獨自己玩的幼兒，在遊戲時有較多的假裝行為出現（Fiese, 1990; O'Connell & Bretherton, 1989）。
- ·當幼兒有母親陪伴遊戲時，其常會有較高層次的假裝遊戲（Beizer & Howes, 1992; Slade, 1987），然而此種成人的輔助遊戲是否對兒童之獨立遊戲有長期之影響，迄今仍未定案（參考Fen & Fryer, 1995）。
- ·有玩性之母親較可能培育有安全依戀型之子女（Blehar, Lieberman & Ainsworth, 1977）。
- ·當有母親參與幼兒之遊戲時，他們學會較多的社會技巧，例如，輪流與分享（Bruner & Sherwood, 1976; Ross & Goldman, 1979; Ross & Lollis, 1987）。

　　另外，有一些研究在調查不同母親遊戲型態對其子女之影響效果（Beizer & Howes, 1992; Fiese, 1990; O'Connell & Bretherton, 1984; Slade, 1987），這些研究發現指出母親之參與呈現一倒U型的效果。Fein及Fryer（1995:375）指出下列之解釋：

對子女較疏遠及較間接之母親，其對子女有較小之影響力；
而較介入式及教導性較強之母親，對其子女產生負向影響；
但是提供直接建議，死纏著孩子玩假裝遊戲及參與孩子之假
裝互動遊戲之母親，對其子女有正向之影響。

從Fein及Fryer（1995）對上述之解釋中，似乎適度的介入兒
童遊戲才是對兒童有更正向之影響，同樣的研究在師生互動中也
是有類似的發現。

還有一些研究在檢驗母親提供多少鷹架程度及對其子女之發
展遊戲技巧提供多少協助。研究結果指出母親是一相當富有遊戲
技巧的鷹架。Hodapp、 Goldfield及Boyatzis（1984）發現：當嬰
兒愈加成熟，母親會減少與子女之社會遊戲互動（如躲貓貓及划
龍舟的遊戲）的結構性。Damast、 Tamis-LeMonda及Bornstein
（1996）發現媽媽對其子女所進行之遊戲之回應愈多，愈有可能
幫助子女推展高品質遊戲的模式。

親子遊戲的最後一類研究在瞭解文化差異之比較。研究結果
有文化通則及文化差異之發現。Fernald及O'Neill（1993）調查15
種文化親子之間的躲貓貓（peekaboo）遊戲，結果發現不同文化
在玩此類遊戲時，在遊戲結構及動力有其相似性。但是，Farver
（1993）比較美國與墨西哥母親與子女之間的遊戲和手足之間的
遊戲，結果顯示在家庭角色中對兒童之遊戲互動有其差異性。在
美國，母親比較扮演著鷹架的角色來支持兒童之遊戲，但在墨西
哥，手足扮演著鷹架角色。在前述之第五章你可以發現有更多有
關遊戲的文化差異。

◉ 專欄7-1　與嬰幼兒適齡之遊戲互動

by Billie Enz

年齡：出生至三個月

身體發展

　　在此年齡階段，嬰兒通常會：

- ·當趴著，因頸部直立，頭會抬起來。
- ·用手肘支撐身體的重量。
- ·鬆手及握手。
- ·視覺可追蹤移動物體。
- ·踢腳。
- ·轉頭。

語言與認知技巧

　　在此年齡階段，嬰兒通常會：

- ·聽到熟悉的聲音，會轉頭。
- ·發出咯咯聲（gurgle）及咿唔聲（coo）。
- ·對照顧者臉部表情有所因應。
- ·觀察照顧者之嘴型並能模仿。

　　與嬰幼兒作適齡遊戲互動時，照顧者可以做：

- ·參與嬰幼兒之童言童語（baby talk）或與嬰兒互動時，語言可以誇大其動作及表情。同樣地，模仿嬰兒的發聲，這可引起嬰兒微笑及延續其呀呀咿唔的聲音。

- 創作各種好玩的臉部表情，讓嬰兒能模仿並用聲音來回應。
- 提供跳躍的動物（玩具名）來鼓勵及刺激嬰兒之視覺追尋。另外可以幫嬰兒的手與腳加上顏色鮮明的襪子，來幫助嬰兒增加視覺刺激並鼓勵他們去探索他們的手與腳。
- 與嬰兒玩抓手指及抓頭髮的遊戲，當然，玩遊戲時可以增加語言來描述身體動作，以增加遊戲之豐富性。
- 與嬰兒一起玩時，幫助嬰兒瞭解自己身體的命名，例如，摸摸你的頭、手、鼻子等。

年齡：三至六個月

身體發展：

在此年齡階段，嬰兒通常會：

- 在洗澡時，手腳喜歡潑水。
- 認得鏡中我。
- 當平躺時，會踢腳。
- 吃／玩腳指頭。
- 想伸手抓物體，常會錯失，抓不住玩物，會尾隨玩物，想要抓握玩物。
- 可轉身。
- 用腹部爬行。
- 用人扶持，可以坐著。

語文和認知技巧

在此年齡階段，嬰兒通常會：

· 展現適當的臉部表情反應：高興時微笑，生氣時嘟嘴。

· 開懷的笑及咯咯地叫與笑。

· 呀呀學語：bababa。

· 發聲：可以出聲及說話。

· 認識熟悉的人。

與嬰幼兒作適齡遊戲互動時，照顧者可以做：

· 將嬰兒抱到鏡子前面與他玩遊戲，並利用口語及肢體
  互動的方式，例如，摸摸嬰兒的鼻子，並問嬰兒：
  「寶寶的鼻子在那裡」，並摸摸寶寶的鼻子，告訴寶寶
  說：「在這裡」、「在這裡」。

· 在嬰兒床上擺一些搖擺的玩物，刺激嬰兒之視覺刺激
  並讓他有機會伸展身體去抓握，以增加其手眼協調技
  巧。

· 玩躲貓貓的親子遊戲。

· 與嬰兒玩一些手指謠，或拍打嬰兒的手指與腳指的遊
  戲。

· 唱歌給嬰兒聽，歌曲要悅耳，一方面刺激嬰兒的聽
  覺，另一方面可以寬慰他的情緒。

年齡：六至十二個月

身體發展

在此年齡階段，嬰兒通常會：

- 開始爬。
- 自己單獨坐，而且可以坐得很穩。
- 可以扶物站立及嘗試行走。
- 可以成功地追尋及抓握物體。
- 將玩具從一手換到另一手。

語文與認知技巧

- 瞭解一些話語，並能說出一些字語。
- 對音調／曲折音，有所回應。
- 瞭解手勢，例如揮手說bye-bye。
- 依循簡單的話語指示，例如拿玩具給我。
- 模仿動物聲音。
- 開始使用聲音、話語及手勢來表達需求。

與嬰幼兒作適齡遊戲互動時，照顧者可以做：

- 多設計一些爬行遊戲，有時嬰兒也喜歡拉著成人的手來練習站立。
- 讓嬰兒坐著，用一軟柔的小球，對嬰兒玩滾來滾去的遊戲。
- 用玩具電話假裝給嬰兒講電話做假裝遊戲。
- 問嬰兒有關他們所熟悉動物的叫聲，並多利用故事書展現嬰兒所熟悉的動物，並要他們模仿動物的叫聲。
- 玩簡單收拾的遊戲。
- 鼓勵嬰兒在浴缸玩玩具（注意，大人永遠要伴隨孩

子，以避免嬰兒獨自玩可能發生意外）。可以使用玩水的玩具和海棉來豐富遊戲，也可利用可以浮出來的玩具讓寶寶玩，如此一來，大人就可以與他們更自由地說話。

年齡：一至二歲

身體發展

在此年齡階段，嬰幼兒通常會：

· 走路技巧更加精緻及控制自如。

· 可以蹲著拿拾玩具。

· 聞聲（音樂）起舞。

· 拉、拖、曳引玩具。

· 成人協助下可以上下樓梯。

· 往後走。

· 模仿日常家居之事務，如掃地、洗碗盤。

· 用手吃食。

語文與認知技巧

· 表達時會有含糊不清的現象（吱吱喳喳的說話）。

· 理解簡單的問題。

· 瞭解身體各部位的名稱。

· 使用兩個字的句子。

· 在一歲半時，至少瞭解15至20字的語彙。

· 二歲時，瞭解270個字的語彙能力。

與嬰幼兒作適齡遊戲互動時，照顧者可以做：

・玩捉迷藏及跑步的追逐遊戲。孩子喜歡在成人背上玩騎馬遊戲，成人也可以陪孩子一起跳舞。

・可以在浴缸中與孩子玩水遊戲，讓孩子可以用容器淘水，成人可問孩子，那一個容器的水較多，以幫助孩子多玩操作遊戲，以培養其日後保留概念。

・玩尋寶遊戲。

・給孩子看相片簿，來讓他指認相片中的人地事物。

・與孩子唱手指謠。

・與孩子玩吹泡泡及玩黏土和畫畫。

資料來源：

Black, J., Puckett, M., & Bell, M. （1992），The young child：Development from prebirth through age eight. New York：Merrill

Martin, E.（1988）. Baby games：The joyful guide to child's play from birth to three years. Philadelphia PA：Running Press.

Silberg, J.（1993）. Games to play with babies. Beltsville, Maryland：Gryphon House.

Sutton-Smith, B. & Sutton-Smith, S. （1974） How to play with your children （and when not to）. New York：Hawthorn.

● 專欄7-2　親子遊戲之策略

在《如何與你孩子玩（及何時不要跟孩子玩）》〔*How to play with your child （and When not to）*〕一書中，Brian和 Shirley Sutton-Smith描述一個極有效的策略，家長可用來展開與嬰孩的遊玩。首先家長應在任何可能的情況下，以模仿嬰兒動作開始。例如，如果一名嬰兒發出好玩的聲音，家長應發出相似的聲音。最後，嬰兒會重複家長模仿的聲音，於是，一個重複發出聲音的遊戲就開始了。Sutton-Smiths說明此遊戲的開始原則：「藉著反應嬰兒能做的動作，你也給了他們對你反應的機會。」（1973, p.12）

Sutton-Smiths亦列舉了許多家長可與出生至十三歲子女玩的親子遊戲。以下是部分他們所推薦的與零至二歲的嬰、幼兒玩的遊戲：

出生至三個月

· 模仿嬰兒，發出嬰兒的聲音。

· 和嬰兒做聲音交流（發出「咯咯聲」）。

· 跟嬰兒説話（baby talk）（長母音與尖鋭聲音）。

· 扮鬼臉／擠眉弄眼（make clown faces）。

· 伸出你的舌頭。

· 讓嬰兒拉你的小指。

三至六個月

· 逗寶寶笑（很常見的行為）。

· 與寶寶一起坐體操（在床上跳躍、豎蜻蜓／倒立）。

· 搔癢（blow raspberries on baby's body）。

· 玩「假裝」走路、「假裝」站立。

· 讓寶寶拉你的頭髮。

· 玩「這隻小豬上街買菜」撥弄手指的遊戲（誘導期待）。

六至十二個月

· 大吵大鬧（在家中玩野一點）。

· 抓與放（給與取）。

· 玩「躲貓貓」（找出物或人的下落）。

· 騎馬打戰（家長四肢著地，寶寶騎在家長背上）。

· 逗寶寶笑（聲音、觸摸，社會性與視覺性刺激）。

· 用毛巾或毯子蓋住寶寶或蓋住自己。

一至二歲

· 追與被追的遊戲（一次一個）。

· 藏皮球（物體永久性）。

· 倒空、裝滿玩物的遊戲。

· 玩抓人遊戲。

· 玩「（假裝）過生日」遊戲。

> ・拔河。
>
> 　請注意後面的幾個遊戲如何善用兒童正在發展的認知與肌肉運動能力。有關玩這些及許多其他親子遊戲的指示，收錄在Sutton-Smiths的著作中。

資料來源：摘自Sutton-Smith和 Sutton-Smith（1974, pp. 253~254）.

遊戲訓練研究

　　當成人教導兒童如何參與社會戲劇遊戲時，那麼遊戲訓練便開始了。此種遊戲訓練最早由以色列的Sara Smilansky所設計與發展。Sara Smilansky（1968）在其研究中發現到北非及中東一些低社經地位之移民家庭與以色列之中產家庭相比較，由於較少參與社會戲劇遊戲，比較沒有機會做一些合作、想像及戲劇的遊戲（如一起假裝家人共餐），結果這些孩子較可能發生學習困難的情形，因為社會戲劇遊戲與社會、認知發展有關。所以Smilansky做了假設：社會戲劇遊戲可以增加社會技巧、刺激語言發展、加強孩子使用及解釋符號的能力，而設有參加此類訓練之兒童，日後學習成就較弱。

　　Smilansky進行一項實驗，以瞭解什麼因素使這些低社經地位的孩子缺乏社會戲劇遊戲。他讓一些幼稚園的小孩分別進行下列三種實驗：一種給予直接的經驗；一種為遊戲訓練；第三種則既給予直接經驗又給予遊戲訓練。此外第二種實驗中又分成兩種情

況，一是老師不參與，只有在外部給予意見及建議；一是教師直接參與，並示範（請參閱專欄7-3：兩種社會戲劇遊戲指導）。此實驗研究將兒童隨機分派到四個小組：（1）直接經驗，例如參觀旅行；（2）遊戲訓練；（3）直接經驗又給予遊戲訓練；及（4）控制組。結果顯示第二及第三種實驗可以增加孩子的社會戲劇遊戲的質與量，也可提高小孩的認知發展。但第一種實驗不但不能提增孩子的遊戲，對促進其認知發展也無助益。Smilansky認為造成這情形的原因是低社經地位的小孩缺乏特殊遊戲技巧的知識，並非缺乏實驗的情境（如實驗中第一種情況）。

專欄7-3　兩種遊戲指導：外在及內在干預

　　一位幼稚園老師觀察小強正獨自在積木角玩積木，但他並沒有從事建構或戲劇性遊戲，只是將積木堆起來，然後很快的又扯掉了。老師知道小強非常喜歡及得意他所穿的新鞋子。以下即是用外在及內在干預的遊戲指導來鼓勵小強從事較高層次的遊戲。

外在干預

　　這種遊戲指導是老師欲鼓勵社會戲劇遊戲所提出建議的。例如：

老師：店員先生，你本來有好多鞋子（指著積木），你都賣掉了嗎？

小強：沒有啊！

老師：你為什麼不把大積木從架子上拿開，讓顧客看清楚你
　　　所賣的鞋子呢。如果你可以做這些事，我就幫你找一
　　　些顧客來買你的鞋子。

　　老師於是跑到娃娃家那邊找一群小朋友，問他們願不願
意去逛鞋店，順便買幾雙鞋子回家。

內在干預

　　這種遊戲指導需要老師參與遊戲並執行遊戲中的角色。
當參與遊戲時，老師要模塑好的遊戲行為及技巧，例如：

老師：店員先生。我想買一雙鞋（指小強在玩的積木）。

小強：那一雙？

老師：那雙好看的藍色鞋（從積木中拿二塊積木並假裝穿上
　　　去）。

小強：你喜歡嗎？很好看哦！

老師：這雙太緊了。

小強：這裡有較大的（再拿兩塊積木給老師並要他再試穿）。

　　此外，老師還可以要求當小強的店員，幫他賣鞋子。

逐漸調整

　　不管成人是否使用內、外在干預的指導策略，當成人發
現兒童開始呈現他們所要玩的遊戲行為時，成人的指導應要
逐漸調整（phase out）、淡出甚至要停止。成人的角色可以轉

移到非指導式的共同遊戲或退出兒童的遊戲情節。這些漸進的過程是從對孩子遊戲行為的控制到幫助兒童提昇獨立及自信。此外，相關研究也發現成人逐漸調整之技術可加強兒童對延續遊戲的訓練效果（Gershowitz，引自Singer & Singer, 1977）。

1. 外在的干預（outside intervention）：成人在遊戲指導上保持一外在的角色，成人以說明及建議鼓勵兒童使用社會戲劇行為。在此Smilansky（1968）建議：一定要以孩子在遊戲中所扮演的正確角色來指導他，而不是以真實的角色來指導他。例如，有一孩子叫王小明正扮演醫師，老師給予指導時應稱呼他為王醫師而不是王小明。又如老師發現李小英抱著一洋娃娃在操弄，她只在做功能遊戲，而其他小孩正在一旁的娃娃家玩商店遊戲。這時老師走近小英並說：「李太太，你的孩子肚子餓了，你可以帶他去商店買牛奶給他吃。」此時便是鼓勵這孩子去扮演媽媽的角色，並將洋娃娃想像成嬰兒，建議小英與那些玩商店遊戲的孩子做語言溝通，增加社會互助。俟小英進入想像的購買遊戲中時，老師或再提昇並想辦法使遊戲持續下去，如對小英說：「你買完了牛奶，是不是要回去燒開水，泡牛奶給他喝啊？」這種情況，老師並不直接參與孩子的遊戲，他所做的只是引導孩子去遊戲，並控制遊戲情節的進行，鼓勵孩子使用新的遊戲行為如角色扮演、想像轉換等。

2.內在的干預（inside intervention）：這是直接參與孩子的
　遊戲。成人扮演一角色，並實際參與遊戲（Smilansky,
　1968）。當進行角色扮演時，大人可塑造一新的，且孩子從
　沒有使用過的角色行為，由成人扮演主要的角色，並利用
　動作及說明來監控整個遊戲過程。此與共同遊戲相同，都
　是成人控制流程。

　　如老師觀察到一群孩子在娃娃家附近，但並不在玩社會戲劇
遊戲。老師可走向孩子，告訴他們他是一位醫生，他將給生病的
孩子做檢查，並指派角色給孩子：「你當爸爸，你當媽媽，你當
生病的嬰兒……等」。老師可拿一枝筆量一量生病孩子的溫度，
即扮演成醫生的角色（塑造想像轉換），引導遊戲中社會或語言
的溝通，包括角色、器材，及故事的發展。

　　外在及內在遊戲指導的差別，在於內在干預較能模塑（mod-
eling）孩子去學習新的遊戲技巧，但干預成分較多。外在干預則
較不會干預孩子，但模塑的效果較少。而模塑是教導幼兒遊戲技
巧的最好方法。

　　Singer（1977）曾利用遊戲指導來幫助幼稚園兒童提昇遊戲
技巧及能力，以下為其研究中的例子：

　　有一位叫小君的小女孩，在我們研究前測觀察中，她對我們
　所布置的情境及提供的玩具缺乏反應，對人漫不關心。當其
　他幼兒在其周遭玩得很高興時，她卻常常獨自一個人，不參
　與同伴，顯得很退縮，倒是常常當老師的跟屁蟲。經過兩星

期利用外在及內在干預的模塑虛構遊戲技巧及課程訓練之
後，雖然開始小君是非遊戲者，可是兩週之後，小君的行為
改變了。在模塑訓練之後幾天，小君邀請一群小男生到她家
喝茶（虛構遊戲），小君布置了一張小桌子要小男生們坐
下，並給他們每人茶及點心，而小君則扮演媽媽請他們喝
茶，她甚至還假裝在桌下以餅乾餵小狗。在喝完了茶之後，
小君將小男生帶到積木角要他們躺下假裝午睡。然後小君拍
拍他們並哼著催眠曲要他們快快入睡。小君的媽媽對她這樣
活潑溝通的表現覺得很高興。（pp.139~140）

　　許多國家的研究人員做過類似Smilansky的研究，都很支持她
的研究發現。例如，在美（Feitelson & Ross, 1973）、英（Smith
& Dod-sworth, 1978）、加拿大（Rubin, Maioni & Hornung, 1976）
的有關研究都顯示：低社經地位的孩子較中社經地位的孩子，其
社會戲劇遊戲之層次較低，因而造成較差的學習成就和認知發展
（相關訊息可參閱第五章遊戲的文化差異）。

　　1970年代，美、英、加地區進行了一些遊戲訓練的實驗，其
目的是：（1）提供證據來支持遊戲可以增進認知發展；（2）瞭
解遊戲訓練是否能有效地幫助低社經地位之孩子增加認知發展。
大部分研究採用Smilansky的外部參與意見或直接參與遊戲的方
式，結果也如第二章所述，遊戲訓練可增加認知發展（如IQ、創
造力、角色取替能力、語言發展等）以及社會技巧（如合作或情
緒控制）。這些研究大部分使用下列的兩種訓練策略：

1. 社會戲劇遊戲訓練──如專欄7-3所列之Smilansky的外在與
   內在干預策略。

2. 主題幻想遊戲訓練──屬於較結構化之訓練方式，成人可
   以幫助兒童扮演童話故事（如白雪公主）。首先，成人先唸
   故事書給兒童聽，將兒童針對故事內容分派角色，即興地
   幫助兒童扮演故事及將兒童成為故事中的主角（參考專欄
   7-4：主題幻想遊戲訓練）。

專欄7-4　主題幻想遊戲訓練

　　主題幻想的訓練〔Thematic-fantasy play (TFP)
training〕，由Saltz及Johnson（1974）發展出來的兒童劇可以
幫助孩子演出如小紅帽、三隻小羊過橋、三隻小豬、傑克與
仙豆的故事。任何一種童話、民間故事、簡單小故事中一些
角色和簡單的情節，皆可用來做這種戲劇訓練。此種兒童戲
劇的訓練有四個步驟，茲述如下：

步驟1：成人先對孩子說故事、使孩子瞭解故事內容，並加
　　　　以討論。

　　故事一定要有成人讀給兒童聽，並加以討論故事內容。
老師可以用提問方式來確信兒童是否完全瞭解故事情節，例
如，三隻小熊、灰姑娘或傑克或仙豆老師可以問下列之問題
（Newman & Johnson, 1981）。

三隻小熊

1. 三隻小熊住在哪裡？

2. 三隻小熊為什麼要出去呢？

3. 當小女孩進入小屋後，她最先做的事是什麼？

4. 她最先試用誰的湯（椅子、床）？她喜歡嗎？為什麼？

5. 她又再試用誰的湯（椅子、床）？她喜歡嗎？為什麼？

6. 她最後試用誰的湯（椅子、床）？她喜歡嗎？你知道為什麼嗎？後來椅子怎麼了？

7. 當小熊們回來時，小女孩正在做什麼？小熊們的感受如何？當小女孩看到小熊們時，她覺得怎樣？為什麼？她怎麼做？

8. 小女孩還可能怎麼做？

9. 還可能會發生什麼事？為什麼？

10. 如果你是小女孩，你會怎麼做？

灰姑娘

1. 灰姑娘住在哪裡？她跟誰住在一起？

2. 灰姑娘在家裡要做那些事？

3. 灰姑娘必須做很多家事嗎？

4. 灰姑娘想去那裡？為什麼灰姑娘的妹妹們不讓她去

了？

5.當灰姑娘自己留在家裡時，誰來找她？

6.仙女用什麼當做馬匹？

7.舞會上發生了什麼事？後來呢？

8.到了午夜時發生了什麼事？後來呢？

9.為什麼舞會結束後，王子要去灰姑娘家呢？

10.你喜歡這個故事嗎？為什麼？

傑克與仙豆

1.傑克的媽媽要傑克如何處理他們的牛？

2.為什麼他們需要賣牛？

3.他們可以用什麼方式提高價錢？

4.傑克真的把牛賣了嗎？

5.傑克的媽媽反應如何？她怎麼做？

6.後來發生什麼事？傑克到哪裡去？

7.傑克在雲上面發現什麼？

8.誰住在城堡裡？傑克藏在哪裡？他還可以藏在哪裡？

9.傑克從巨人那裡拿到什麼？為什麼？

10.後來傑克怎麼做？後來呢？故事是怎麼結束的？

資料來源：摘自Newman & Johnson（1981）

步驟2：提供道具

　　道具（props）可以被結構化以支持故事的演出。在主題幻想遊戲中，道具管理是必須的，而且要和故事情節愈相似

愈好。太多的道具可能使孩子在扮演遊戲中分心或讓幼兒對玩物做太多感覺動作的操弄，而影響孩子之佯裝或扮演能力。記住：道具只是一種媒介而不是行為的目的。在此，必須考量下列兩個問題：（1）道具是否會幫助兒童對故事情節的扮演？（2）兒童可能按照故事內容情節來扮演？如同未來第十章將會討論到：三歲半以下的幼兒需要較結構性、真實性及具體的道具（例如，玩具電話、廚房組合玩具）來幫助他們扮演情節，因為他們未能去除自我中心（decentration）及去除脈絡化（decontextualization）。當孩子漸長，他們可以使用較有彈性的道具（在物理特性較不像）來當作其象徵物（例如用積木當作電話），並且也可以整合（integration）過去不同的簡單經驗成為較複雜的遊戲情節。

步驟3：成人分配角色給孩子，並幫助孩子演出故事的情節。老師扮演主要角色或配角來參與孩子的扮演遊戲。

步驟4：演了幾遍後，孩子透過成人的幫忙再換角色來演，而成人慢慢退出成為協助者的角色。

　　表7-1列出可以用來做主題幻想遊戲的故事，每個故事已分成四部分：角色、道具、環境以及相關的活動。身為老師、父母、圖書館員，以及其他與兒童有關的成人在使用這種有主題的幻想遊戲時，必須視情況來兼顧這些建議，例如，假如幼兒的人數較故事中的角色還多時，老師可以創造一些角色，像森林中的動物等，來讓幼兒一起參與。

表7-1　主題幻想遊戲的故事

主題	角色	道具	場地	相關活動
三隻小熊與小女孩	熊爸爸／熊媽媽／熊寶寶／小女孩／森林裡的動物	桌子、湯匙、餐巾、盤子、花瓶、花、帽子、假髮、3張椅子、3張床、3個碗、枕頭、床單	布置好的餐桌、椅子或其它替代物、可以代替床、椅子等	參觀旅行－／到動物園、馬戲團、博物館／圖書角－／圖片、書、錄音機、色卡、木棒、小組繪圖、紙板製作的大故事
小紅帽	小紅帽／媽媽／大野狼／奶奶／獵人／森林動物	籃子、裝在籃子的東西、帽子、毛巾、塑膠或紙製的刀、水果和蔬菜、食品罐頭、盒子、球棒、水桶、杯子、玻璃製鼻子和牙齒	用椅子、桌子、圍出一個區域（例如奶奶的房子）；室外可以大箱子、遊戲場設備、用樹、板子搭房子、森林等	製作帽子或小紅帽籃子裡的食物／拜訪－／動物園管理員、義工、小組繪圖
灰姑娘	灰姑娘、繼母、2位同父異母的妹妹、掃把、仙女、王子、隨從、城鎮上的人、跳舞的人、王后、國王、老鼠	掃把、拖鞋、禮服、王冠、大南瓜、告示牌、梳子、鏡子、刷子、椅子、桌子	安排桌椅、布置成家中室內的樣子	準備並製做道具：各種不同式樣的鞋子、／剪貼活動、／畫圖
三隻小豬	三隻小豬／大野狼	稻草、木頭、磚、桌子、椅子、煙囪、樹枝和圍巾	用椅子布置成三個房子（稻草、木板、磚塊放在椅上代表）及以椅子當蘋果樹	練習選擇分辨各種材質、剪各種棚子、形狀書、小組畫圖紙板做大的故事書

主題	角色	道具	場地	相關活動
傑克與仙豆	傑克、媽媽、小販、巨人、妻子	用釦子當仙豆、用紙當錢、娃娃當雞、用桌子當雲、帽子	小房間或小區域－／放置桌子、椅子或用遊戲台當房子、在外面貼上雲	圖書角－／圖片、書、錄音機、小組畫圖塗色、膠水、色筆
糖果屋	漢生、葛瑞特、繼母、繼父、巫婆、森林動物、天鵝	長條麵包、麵包屑、樹、房屋、桌子、椅子、爐子、籠子（用箱子做）、用毯子當做池塘	用桌、椅、毯子設計安排一個遊戲區	用箱子製作道具製作蛋糕／圖書角－／錄音帶、書、小組畫圖、錄音機
三隻羊過橋	3隻小山羊／巨人	桌子、大積木和可用來當做橋的板子	小房間或積木角或戶外來架橋	圖書角－／圖片、故事、各種動物的聲音錄音帶、塗色／參觀旅行－／動物園或農場山羊的家、畫圖，或做大本故事書
大野狼和七隻小羊	母羊（羊媽媽）／大野狼／七隻小羊	地毯、水桶、白粉、花、家具、桌子、椅子、剪刀	離開牆邊的房間的一部分、小房間、戶外遊戲場	圖書角－／書、畫圖、紙板製的大故事書
拔蘿蔔	農夫、妻子、女兒、狗、貓老鼠、蘿蔔	地毯	房間的中央，舖地毯、很多人同時可演出的大場地	種植蔬菜和花／拜訪－／農夫／圖書角－／故事、圖片、紙板製的大故事書

其他適合有主題幻想遊戲的故事：湯姆歷險記、白雪公主與七個小矮人、美女與野獸、醜小鴨、三隻小貓、睡美人、野獸國。

資料來源：摘自Newman及Johnson（1981）。

　　遊戲訓練之研究結果，整體上來看是具有相當正面效果的。研究發現也指出社會戲劇遊戲訓練對幼兒增加團體戲劇遊戲之能力及參加各種不同型式之遊戲是具有正面效果的（Christie, 1983; Dansky, 1980; Saltz, Dixon & Johnson, 1977; Smith, Palgleish & Herzmark, 1981）。此外，社會戲劇遊戲訓練也發現可增加兒童之認知及社會發展，例如，IQ分數（Hutt et al., 1989; Saltz et al., 1977）、創造力（Christie, 1983; Dansky, 1980; Feitelson & Ross, 1973）、語言發展（Levy, Wolfgang & Koorland, 1992）及角色取替能力（Burns & Brainerd, 1979）。

　　研究結果也指出不同的主題幻想遊戲（thematic-fantasy play, TFP）之訓練也可提昇兒童之社會戲劇遊戲能力（Saltz & Johnson, 1974）。主題幻想遊戲訓練也對兒童之各種層面發展之提昇有其正面之效果，例如，增加智力分數（Saltz & Johnson, 1974; Saltz et al., 1977）及故事理解力（Pellegrini, 1984; Saltz &

與主題有關的道具可以鼓勵兒童參與主題幻想的戲劇遊戲。

Johnson, 1974; Silvern, Taylor, Williamson, Surbeck & Kelley, 1986）。

很不幸地，這些實驗研究的結果也暴露了一些研究方法論的問題（Christie & Johnsen, 1985）。其中最常見的問題中在實驗設計未能有效控制同儕互動的干擾變項（confounding variable）而影響自變項（遊戲訓練）之直接效果。例如，在社會戲劇遊戲訓練研究中，是增加孩子的遊戲層次，還是增加了成人參與，才使得孩子的認知、社會技巧增強？經進一步設計控制發現：是成人的參與而非增加遊戲層次，讓孩子的認知和社會能力提高。然而，因為沒有追蹤性的研究，也無法證明這些能力是否可以持續，遊戲被訓練的效果是暫時性的或永久性的並不是很明確（Rubin, 1980; Smith et al., 1981）。

但有些研究（Smith & Syddall, 1978; Smith, Dalgleish & Herzmark, 1981）發現並非只是增加遊戲量或行為，而是控制成人參與遊戲，才可益於幼兒認知及社會能力發展。

然而，早期遊戲訓練實驗並沒有評估這些能力是否可維持很長的時間。但也未推翻訓練效果只是暫時性的效果。因此，最近的研究使用延遲後測測驗法（delayed post test），結果發現具有正性效果，Christie（1983），Smith, Dalgleish及Herzmark（1981）在施行遊戲訓練十二週後再給予後測測驗，結果發現兒童認知及社會發展仍有明顯的增加。這些研究證實了訓練課程對認知及社會發展具有持續性的效果。

綜合上述，遊戲訓練對兒童之社會與認知發展是有其成效的。雖然研究結果，尤其在實驗設計上也暴露一些方法論的問

題，從理論上來看，我們不能完全推論遊戲訓練是否對兒童發展
有因果之影響，原因是一些困擾變項未能加以有效控制，但從研
究之應用面來看，此種限制便沒有那麼令人擔心。成人（父母與
教育者）可以滿意這些發現並發現遊戲訓練可當作是成人參與兒
童遊戲的有用干預策略，可用來提昇兒童社會戲劇遊戲之能力，
進而增加兒童之認知與社會發展。

師生遊戲

在1970年代初，英國與美國研究者著手調查當孩子進行遊戲
時，老師在做什麼？最早的研究發現：老師只花大約2％至6％的
時間參與於兒童遊戲（Sylva et al., 1980; Tizard, Phelps, & Plewis,
1976; Wood et al., 1980）及可能在參與時也只是敷衍了事（Hutt
et al., 1989）。研究者為這些老師缺乏參與兒童遊戲，提出四種可
能的解釋：

1. 老師可能沒有足夠的時間。老師負擔太多行政責任，例
   如，檢查作業、準備活動、處理常規問題等（Sylva et al.,
   1980）。
2. 老師可能堅信傳統精神分析學派的信念：遊戲主要功能是
   促使兒童捱過他們的內在衝突（Isaacs, 1930）。按此學派的
   說法，成人不應該進入或干預兒童的遊戲世界。
3. 老師可能有著以兒童為中心（本位）的教育哲學思想，並
   相信如果讓兒童自己自由選擇及作決定他們要玩什麼，那

將帶給兒童最佳利益（Bennett, Wood, & Rogers, 1997）。

4.他們可能會覺得困窘，尤其當著其他成人的面，和孩子在一起玩（Hutt et al., 1989）。

然而，最近此種態度已逐漸改變，尤其愈來愈多的老師接受NAEYC之適齡發展實務（Bredekamp & Copple, 1997）。NAEYC諮詢一群教育學家及心理學家，發展一些配合兒童發展需求的課程特徵及報導實務，其中的適齡發展實務（developmentally appropriate practice, DAP）就是其中的一項重要原則。而DAP便是要老師在兒童進行遊戲時，要以支持及回應的互動方式來參與兒童遊戲（Erwin et al., 1993：2）。

此種正向的成人參與兒童遊戲是由一些研究作根基的，分述如下：

· File及Kontos（1993）發現幼兒園老師平均花15％的時間來支持混合方案（一般與特殊需求之孩子在一起）的兒童在教室中遊戲。

· Erwin et al.（1993）發現老師花27％的時間在參與支持兒童的遊戲。

· Grinder及Johnson（1994）發現兒童托育機構之保育員花39％的時間在協助幼兒遊戲。

與過去的研究相比，這些發現指出老師參與兒童遊戲的時間已有大幅成長，但是從質性分析觀點卻發現這些研究對兒童的發展也沒有太多的貢獻。在File and Kontos（1993）及Erwin等人

（1993）之兩篇研究中，老師參與兒童之遊戲，主要在協助兒童認知層面（例如，兒童使用玩物、玩具或遊戲的想法）。老師對兒童之社會扶助（例如，促進社會互動）是相當少的，大約可解釋2%與兒童一起遊戲的時間。Howes及Clements（1994）也指出兒童托育機構之保育員大約花1%至2%的自由遊戲時間來調整同儕互動。File（1994：237）推論這些缺乏社會互動之可能原因：

> 教室環境之設計常是讓幼兒自己挑選玩伴。似乎幼兒會去挑選社交技巧較好的同儕一起玩……此種風險是愈高社交技巧的幼兒，有愈多的同儕互動，而社交技巧愈弱的幼兒只有被隔離到一般的社交圈之外。

Grinder及Johnson（1994）也有一些負向的發現。在他們的研究中，老師提供遊戲時間中的39%給予兒童正向支持，但卻花27%的時間干預兒童之遊戲行為。這些負向之互動型式包括使兒童在遊戲中分心，教導，與兒童說話，主導孩子遊戲，不適當時機介入兒童遊戲及要求、指揮兒童遊戲。

綜合上述，在遊戲情境中老師介入兒童遊戲之研究結果的發現正負效果皆有。最近研究發現成人參與兒童遊戲時間上增加了，但是品質卻有待商榷。大部分的研究學者皆建議老師應接受遊戲輔導策略的訓練。

另一群研究在檢閱成人參與兒童遊戲型態的影響效果，同樣地，研究發現是正反夾雜的。正向之研究發現有四點，茲分述如下：

1.遊戲的時間量與品質：英國對幼兒園兒童的觀察研究發現：老師與幼兒一起玩的時間量是和同伴一起玩的兒童的兩倍，而且遊戲品質也比較好（Sylva et al., 1980）。

2.社會互動：Farran, Silveri及Culps（1991）針對低收入家庭就讀公立學校的幼兒進行研究，結果發現老師參與兒童遊戲會影響兒童社會遊戲方式。在柏登（Parten, 1932）的社會遊戲之最高層次之合作遊戲只有出現老師參與兒童遊戲之時。

3.認知活動：Howes及Smith（1995）對150個兒童托育機構進行大規模的調查研究，研究結果顯示在遊戲時，成人的正向參與和兒童的認知活動有正相關存在。

4.讀寫活動：已有一些研究調查在豐富讀寫遊戲情境中的兒童遊戲（參閱第十一章），研究顯示：成人的參與可以影響兒童在遊戲時的閱讀與寫字行為（Christie & Enz, 1992; Morrow & Rand, 1991; Vukelich, 1991）。

相對地，也有其它研究指出：成人參與兒童遊戲對兒童產生負面效果。Eivin（1974）發現當老師要求兒童對一不受兒童歡迎的玩具說出可能的想像使用，那玩具馬上變得越不受兒童所歡迎。正如Zivin在其文章題目所述：「成人可讓不好玩的事物變得更不可玩」（p.232）。Tegano, Lookabaugh, May及Burdette（1991）的研究發現：當幼稚園老師在建構活動中提供模型要小朋友照做或給予指示如何來做，那麼兒童之建構遊戲（活動）降低了，取而代之的是非遊戲行為增加了。File and Kontos（1993）發現老

師在認知活動中給予高度參與，可能造成兒童在社會遊戲品質有負向之影響。其次，也有一些研究指出當老師過度熱心的介入會干擾兒童正在進行的遊戲活動（Jones & Reynolds, 1992; Schrader, 1990; Wood et al., 1980）。

在本節中，正反效果皆有的混合研究結果指出：老師如何與兒童遊戲比老師和兒童互動多少來得重要。上述正向效果的研究結果發現：當老師以適當的方式介入兒童遊戲，兒童的遊戲經驗可以大大加強且有正面效果，例如增加社會互動及認知能力。反之，假如老師介入太多或用不適宜的方式介入，那兒童的遊戲會大受干擾。有效的遊戲參與是一種具挑戰性的技巧，需要老師在回應及介入性之互動求取平衡（File & Kontos, 1993：15）。最好的解決方式是對老師進行遊戲互動策略的在職與職前訓練，例如在讀寫能力與遊戲聯結的訓練（Roskos, Vukelich, Christie, Enz & Neuman, 1995）。

成人參與之第三類研究主要是想瞭解老師之不同角色如何帶給兒童在遊戲之正向與負向影響，這些研究結果將在下節擴充遊戲策略中加以討論。

擴充遊戲策略

為了增加遊戲對兒童學習與發展之正向效果，成人需要在擴充兒童家居與教室遊戲經驗中扮演主要的角色。如同圖7-1所示，

擴充兒童遊戲有三個步驟：

　　1.提供遊戲資源。

　　2.觀察遊戲。

　　3.與孩子遊戲，扮演一支持性及回應性的角色。

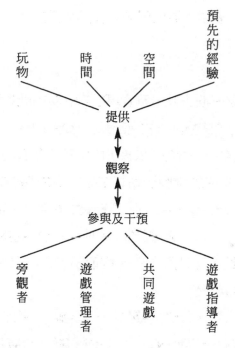

圖7-1　擴充遊戲：提供、觀察及參與

　　成人在干預幼兒遊戲之前，必須先提供能誘導幼兒高品質遊戲的環境。如果能提供良好環境，成人的參與或干預幼兒遊戲有時會變成多餘的。在遊戲階段設立之後，成人必須仔細觀察是否時間、空間足夠，可使幼兒充分遊戲而獲得好處。此外，遊戲也可讓成人調整其參與來配合孩子現時的遊戲興趣與活動。

提供遊戲資源

　　Griffing（1983）認爲設定遊戲的階段，成人應先預備妥下列四項必要條件：（1）時間；（2）空間；（3）玩物；（4）預先的經驗。這每一變項都會影響孩子的遊戲品質。

時間（time）

　　子需要足夠時間去計畫及實現更高層次的社會戲劇遊戲、建構遊戲的情節。足夠的時間才能使幼兒從容的玩。但到底要多少時間才算是足夠呢？那就要依孩子的年齡及遊戲的技巧而定。一般來說，對學前或幼稚園的幼兒來說，自由遊戲時間最少需要30~50分鐘（Griffing, 1983），這麼長的時間才能讓幼兒去找玩伴、選擇角色、利用支援、計畫故事情節、展現遊戲技巧，並進而實現其戲劇性。一旦原先設定的情節玩膩了，他們仍可加上某些情節而使故事延長。

　　如果時間太短，或馬上接另外一個活動，孩子根本無法去完成其計畫及要玩的活動，會造成孩子終究放棄高層次的戲劇遊戲或複雜的建構遊戲，而去從事一些簡單形式的體能遊戲或只是搭建簡單建構的遊戲。此外，由於短時間的遊戲，無法使孩子可以延伸建構遊戲，例如，加以進行遊戲規則、持續力、合作及解決問題之智力與社會的效果皆流失了，甚至於更無法從建構遊戲進入高層次的戲劇遊戲。

　　像這種需要較長時間的自由遊戲，可能會使幼稚園老師在計

畫課程時間表上遭遇一些困難。因此建議老師可以一週安排幾次
這種長時間的自由遊戲時間，來取代每天多次的10~15分鐘的短
暫遊戲。

　　研究業已指出：幼兒比較喜歡參與較長時期（30分鐘以上）
而不喜歡參與15分鐘的短時期的自由遊戲，且長時期較可能可以
延伸社會認知與建構遊戲。（Christie, Johnsen, & Peckover, 1988;
Tegano & Burdette, 1991）。作者也建議自發性遊戲的時間甚至可
以更長。我們作者之一曾花了一學期觀察的有40分鐘的自由遊戲
幼兒園（Enz & Christie, 1997）。發現：孩子常在提醒收拾時，仍
有充分的時間完成其想像遊戲。如果老師的時間較有彈性並可讓
兒童有多餘10~15分鐘去執行其角色扮演遊戲。基於這個理由，
我們堅決建議幼兒園的遊戲時間至少要有45分鐘以上，從遊戲的
立場來看，時間愈長，效果愈好。

　　父母可以讓孩子堆疊好的建構或積木多擺一天，以便支持或
延伸孩子的遊戲層次。甚至整個星期中，孩子可允許增加或改變
任何的建構以豐富遊戲內涵，或是可以利用建構當作道具以進行
扮演遊戲。此外，限制孩子看電視的時間也有助於孩子多參與自
由遊戲。成人指導或建構的課程（舞蹈、音樂、彈鋼琴、練心算
等），營隊補習活動的時間也需要加以限制與調節，那麼孩子才
有多餘的時間在家裡自己玩。

　　在學校找時間讓孩子自由的玩更是一種挑戰。「回到根本」
（back-to-basics）運動以及伴隨更多結構性學習壓力已造成許多
幼兒教育教師難以挪出時間讓孩子自由遊戲（Christie & Wardle,
1992）。甚至，我們知道某些幼稚園僅每天僅允許幼兒有15分鐘

的自由遊戲，而且只安排在入園的時段中。

Christie及Wardle（1992）對如何疏緩成人結構性學習的壓力以及延伸兒童的遊戲時間，有如下的建議：

· 親師一起合作，如此一來才能遊戲有其教育的價值與意義，也不會讓家長只認為孩子僅是在「玩」而已。
· 將遊戲納入課程設計的重點。
· 再次評估教案之時間表，儘量挪出孩子的自由遊戲時間，可以把午睡、點心或吃午餐時間加以縮短，配合課程之設計挪出讓孩子自由遊戲的時間。
· 如果每天有一些零散的自由遊戲時段，可加以組織，形成較長的自由遊戲時段，如此一來可以誘導出更多層次的遊戲行為。
· 儘量避免將自由遊戲放在入園時段，因為許多孩子僅在開始上課前幾分鐘才到校，或來校時還要吃早餐，加上起床氣，根本無時間，沒心情在玩，也難以參與較高層次的遊戲。
· 確信你的支持團隊（例如，治療師、輔導人員等）不要正規的上課，尤其是自由遊戲時間，拉去做輔導或測驗工作。所有的孩子也包括特殊需求的孩子皆應有機會從豐富遊戲中獲取最佳利益。

空間（space）

孩子除了要有足夠的時間，也要有足夠的空間。家中專有的

遊戲室以及學校的遊戲空間可刺激孩子發展高品質的遊戲。研究亦指出家中如廚房、客廳或家中其它空間也常發現孩子在那裡玩佯裝遊戲：

> 假裝可以豐富個人之家居生活──當兄姊在一旁看電視或做功課，媽媽在洗衣服或準備晚餐。這不意謂私人空間是不能加以利用：常常個人之獨自扮演或與朋友一齊在家中的一角玩。然而常常地，假裝遊戲是在家中的公共空間玩，尤其是呼朋引伴或家中在日常活動（例如吃飯）的時間允許之下（Haight & Miller, 1993：119）。

此發現也隱含著父母也允許孩子帶他的玩具或朋友到家中一角玩，那麼也可鼓勵及刺激孩子的佯裝遊戲。在家裡要有特別的地方讓孩子玩想像遊戲或進行喬裝的情境，例如，飯桌底下、牆角，或一些可藏身的地方或加一些箱子和其它可加以利用於佯裝活動的道具，都是孩子玩想像遊戲的最佳場所。Segal和Adcock（1981）發現學齡前幼兒喜歡在客廳或廚房內玩一些動作遊戲活動。許多父母發現增加兒童遊戲的豐富情境，而不是彌補環境的混亂，可以增加兒童的遊戲行為。大一點的學齡兒童就不會在乎在什麼地點玩想像遊戲，公園、路邊都可以。也就是說，空間的安排可幫助孩子遊戲的進行，特別是室內遊戲。

老師也可以將扮演角和積木角放在一起來促進孩子的建構與社會戲劇遊戲的合併，以豐富其遊戲情節。Woodard（1984）建議：一般幼稚園中至少要有一特定區域供孩子玩建構遊戲，也要

有一個辦家家酒的地方可供社會戲劇遊戲的進行。尤其是一個主題區域應可被任意作變化，成爲不同的場所，譬如可以是一家餐廳，一間商店或醫生的診療室，這將可大大豐富孩子的社會戲劇遊戲（Woodard, 1984）。這些主題角的設置，可以豐富及刺激兒童多玩一些社會戲劇遊戲，尤其對男孩更具有刺激效果（Dodge & Frost, 1986; Woodard, 1984）。主題角有額外擴大兒童遊戲腳本的範疇，並擴充兒童在戲劇化之假裝行爲。

老師同樣地也可利用遊戲角的情境設置及布置來影響學生之遊戲行爲。例如主題角可以設置（布置）在娃娃角附近，以整合主題與家居情節之遊戲活動（Woodard, 1984）。例如，兒童可以利用娃娃當作小孩，加上娃娃寵物，扮演生病的兒童到附近的診所（同儕扮演醫生）看病或將家中的車子送小孩到學校上課的情節（Hall & Robinson, 1995）。一般來說，孩子比較會在有明顯界線劃分的地點去布置理想中的遊戲情境，較不會在開放的大空間玩社會戲劇遊戲。我們會在第九章〈遊戲與環境〉中作詳盡的討論。

玩物（play materials）

玩的東西又是另一個幫助孩子提高遊戲品質的元素。依Rubin、Fein及Vandenberg（1983）研究指出：孩子的遊戲受到玩物變化的影響很大。與主題有關的道具如商店、美容院、醫院的設備等，可以幫助孩子玩社會戲劇遊戲。而積木、拼圖，文藝用品則可以刺激孩子的建構遊戲。如果成人想要去刺激或提昇這兩種遊戲，那麼這些遊戲器材便很重要。

　　成人也需要注意兒童使用玩物之眞實性及結構性。因爲二至三歲之幼兒其表徵能力仍未成熟，所以需要與事實生物較相似形體之眞實玩物來當作象徵物，例如，玩具電話、扮家家之煮飯玩具組合、醫生遊戲玩具組合等。當兒童漸漸成長，到四至五歲時，可以鼓勵用去除脈絡化之玩物（decontextualized materials），例如較不具眞實性（外表相似）或低結構化之玩物來當作象徵物以增加其表徵能力及創造力。這些玩物可建議爲：沒有具體形象之娃娃，黏土、中空積木、或空箱子（盒子）。有時候也可加一些眞實之玩物（如動物模型或士兵），因爲有一些大班的小朋友會比較喜歡玩一些眞實性之玩物，所以，依結構性之玩物與眞實性之玩具合併一起來說也不失爲一種調和策略，也可以增加孩子之想像力，更可刺激（吸引）兒童來玩扮演遊戲。我們將在第十章〈玩具玩物〉中提供一些選擇玩具與玩物的指引。

預先經驗（preparatory experiences）

　　角色扮演需要以孩子以前的知識及經驗爲基礎，根據他們對這些角色的瞭解來表現出角色的特質。倘若孩子參與了扮演遊戲，而他根本不瞭解所扮演角色的意義，也不知該如何去勾勒這角色，這個扮演遊戲將很難進行下去。一般來說，學前兒童對家庭內的角色很熟悉，但對工作上的角色（如市長、秘書）便不清楚了。Woodard（1984）測量學前兒童對不同的成人角色的瞭解，結果發現他們對餐廳內的廚師、洗碗工在表現時就有混淆的情形產生。

　　老師可以利用參觀旅遊的機會、利用圖書及錄影帶、或邀請

特定的人到班上來爲孩子講述不同職業的故事，提供孩子這方面的經驗，幫助孩子瞭解各種不同的角色。當然父母也要提供這方面的經驗。Smilansky（1986）發現這些預先的經驗可幫助孩子瞭解這些角色，使社會戲劇遊戲順利進行。表9-1將列一些預先經驗（相關活動）以幫助促進孩子之不同戲劇遊戲主題活動。

觀察

　　成人能成功地參與孩子的遊戲完全有賴於成人的仔細觀察，適時地幫助孩子發展及延伸他的遊戲。觀察的功能有二（參考圖7-1）：（1）瞭解並提供孩子細緻的必要條件（時間、空間、玩物、經驗）；（2）爲成人的參與作準備。也就是說，透過觀察，成人先要知道孩子是否需要更長的時間去玩、空間夠不夠、玩具適不適當，以及其經驗是否可以配合後，再決定是否要加入孩子的遊戲，以提昇遊戲的技巧（Manning & Sharp, 1977）。

　　成人透過觀察去瞭解孩子的遊戲內容，幫助孩子，並基於孩子的興趣及需要而參與孩子的遊戲。因此，當給孩子示範時，不能以成人的需要或觀點出發，而需視孩子的情形來示範。Manning及Sharp（1977）以一個錯誤的互動來說明這種情況：有一位六歲的女孩在沙箱玩一些貝殼，假裝貝殼是樹跟人，手指是貓。她正自得其樂地玩著。此時老師介入問道：

　　這些貝殼看起來好漂亮哦！沙好軟，好柔，是不是？你做了
　　一個好漂亮的形狀啊！要不要多放一些貝殼進去？（p.18）

如此參與的結果造成孩子不玩了，因為老師打斷了孩子的想像及幻想，且老師與孩子處於不同的情境中，老師在沒有經過仔細地觀察就直接打斷，破壞了一個正在經營的想像情境。也就是說若沒有事先的觀察，成人的參與對孩子遊戲的破壞可能比為孩子帶來好處的可能性還大，所以觀察雖是項簡單的工作但卻非常重要。

在第八章中將有一些有系統方法（量表測量法）介紹觀察兒童遊戲，這些觀察很清楚地描繪兒童遊戲觀察，而使觀察兒童遊戲更為有效率及簡便。

參與

正如上一節師生遊戲中所述，成人如何介入兒童遊戲比與兒童遊戲的時間量來得重要。當成人用一種支持性與回應性的方式來與兒童互動，兒童的遊戲經驗可以被加強。反之，如果老師過度控制孩子的遊戲或以不敏感或在不適當時機時介入，那兒童的遊戲可能被加以干擾，兒童可能對此種成人參與不蒙其利，反受其害。

最近有一系列的描述研究進行瞭解成人參與兒童遊戲之不同角色（Enz & Christie, 1997; Jones & Reynolds, 1992; Roskos & Neuman, 1993; Wood et al., 1980）。這些研究主要在探討老師參與兒童遊戲之不同角色，對兒童產生之正面與負面的影響。不同研究者使用不同的名稱來描述成人介入兒童遊戲的角色，所以我們嘗試將這些不同介入的角色用一數線系統來表示到介入的強度。

‧未參與者──成人並不注意兒童進行遊戲。

‧旁觀者──成人只看兒童在玩。

‧遊戲管理者──成人幫助兒童準備布置情境，並在兒童遊
戲時給予協助。

‧共同遊戲者──成人加入兒童遊戲行列並成為遊戲的一
員。

‧遊戲領導者──加入兒童遊戲並主動地延伸兒童遊戲情節
以豐富遊戲。

‧指揮者／教導者──控制遊戲過程並告訴兒童如何進行遊
戲、或將兒童遊戲指導成為有意義之學習活動。

這些成人角色從不參與到完全控制，可以排列成為一條成人
在兒童遊戲時介入之角色（參考圖7-2）。研究亦顯示對兒童產生
最正向之影響，成人之角色是在中間──旁觀者、遊戲管理者、
共同遊戲者及遊戲指導者。而在此數線的兩個極端──未參與者
及指揮者／教導者對兒童產生負面之影響。誠如在前幾節親子遊
戲之單元所述般，成人對兒童之介入如一倒U型的效果。當母親
不參與或介入過多的遊戲，對兒童產生負面的效果，而採取中間
之介入其效果愈正向（Fein & Fryer, 1995）。

本節接下來將描述成人在介入兒童遊戲時之輔助者角色並討
論一些問題介入的角色（precarious roles）（例如，未參與者及指
揮者／教導者）以及強調配合兒童不同之遊戲活動成人之角色需
要有彈性。

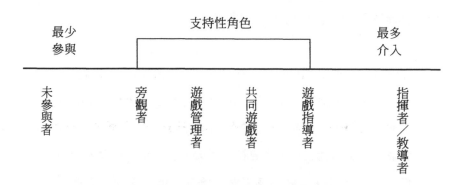

圖7-2　成人在兒童遊戲中之角色

輔助者角色（facilitative roles）

　　有一些成人角色已被鑑別出可以在兒童遊戲給予正面影響的功能。本節，我們將簡略描述這些角色並提供成人在此角色中如何與兒童互動。

旁觀者角色（onlooker）

　　旁觀者角色在兒童遊戲中扮演一欣賞者的觀眾（Roskos & Neuman, 1993）。成人當作一旁觀者並不融入兒童遊戲之中，而是在兒童遊戲空間的一旁觀賞（看）兒童正進行遊戲，給予一些非語言互動的表情，如點頭，微笑表示對兒童遊戲的支持，並且在口語上給予兒童支持。成人有時也會詢問兒童在做什麼。不管如何，旁觀者之成人角色不參與兒童遊戲，也不干擾兒童進行遊戲。

下列的文章即是摘自Roskos及Neuman（1993：86）的研究，最能呼應成人當作旁觀者的角色：

有一些孩子正在圖書角玩，翻著書並討論圖畫書中的圖片。羅老師在一旁坐著，看著孩子在圖書角看書。老師用手托著下額，對著孩子微笑……並對這群孩子說：「你們看起來都很高興，你們自己一定過的很愉快哦！」孩子們抬頭看看老師片刻，然後再繼續指著書中的圖畫，沉浸在圖畫書世界中。

旁觀者角色有一些好處。第一，當在一旁觀察兒童遊戲，成人用非語言地表示贊同兒童的遊戲並讓小朋友知道他們的遊戲是重要的。第二，在一旁觀察所得的訊息也讓成人瞭解兒童在玩什麼，以幫助成人思考及如何介入兒童的遊戲、或瞭解兒童的發展及能力所在，因為觀察的重要就在於幫助成人決定採取何種有效的介入方式，例如遊戲管理，共同遊戲或遊戲指導等角色來延伸孩子的舊經驗，提昇其新經驗。

遊戲管理者（stage manager）

遊戲管理者如同一舞台的管理者（就像前述旁觀者之角色般），不介入舞台的表演（兒童的遊戲活動）。但是，遊戲管理者比旁觀者扮演更主動、積極的角色來做情境布置並提供協助。遊戲管理者要回應兒童對玩物的要求，幫助他們建構道具、準備扮演服裝及協助組織整個遊戲情節。同時遊戲管理者也會提供兒童

相關主題遊戲腳本的建議來延伸孩子正進行的遊戲。

　　Enz及Christie（1997）就舉老師扮演遊戲管理者之例子：老師在協助一些幼兒玩「玩具商店」。兒童開始收集一些玩具並假裝要賣玩具。老師建議先列出商店有那些玩具的清單，兒童認為這是一好點子。兒童開始對這些玩具唱名，而老師幫忙寫在一張海報紙。這個動作也提醒其他小朋友，這是玩具店的標示牌。

　　老師：好吧！我就把玩具清單放在這裡。小明！你可以幫我
　　　　　拿黏帶嗎？

　　小明：看我寫的標示。

　　老師：哦！你做了標示啊！好棒哦。

　　〔小明寫上一道標示，就在老師玩具清單旁，他寫上
　　（KZFR）〕

　　老師：這是什麼？

　　小明：永遠打烊。

　　老師：哦！好吧！那我們還要做一個標示說商店是營業中。
　　　　　小明，你可以幫我們做一個吧！那我們就有兩個標
　　　　　示：一個是打烊，另一個是營業中。

　　小英：（靠在商店櫥旁邊，對小明說：）店員先生，我要買
　　　　　帽子。

　　小明：嘿，看那標示，這商店是永遠打烊啊！

　　注意：在這個介入角色中，老師如何不參與（介入）兒童的
　　　　　遊戲情節。老師只在一旁提醒兒童一些遊戲情節，並

給予建議與協助。孩子在一起接受老師的建議正在寫
玩具的清單,只是小明忽略了商店營業的概念。這是
一典型的遊戲管理者的角色:老師提供建議及幫助,
但是孩子可是自由地接受或不接受老師的協助。在這
裡,也注意老師如何扮演Vygotsky之鷹架理論中之
「近似發展區」來幫助本來就不會做的玩具清單,這個
鷹架支持也幫助小明用歪七扭八的字自己做標示。

共同遊戲者(coplayer)

在共同遊戲者的角色中,成人參與兒童遊戲並成為兒童遊戲
的主要參與者。共同遊戲者的功能如同兒童之玩伴般,通常在兒
童扮演遊戲中扮演一較不重要的角色,如顧客、乘客、與兒童
(扮演主要之角色如店員或司機)之角色較不相同。當成人扮演
共同遊戲者之角色參與兒童之遊戲時,主要讓兒童扮演主角,成

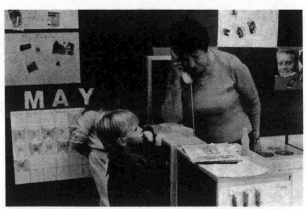

在共同遊戲者的角色中,老師參與兒童遊戲並成為
兒童遊戲的玩伴。

人只是依循其遊戲進展與兒童一起遊戲。在遊戲進行時，成人可用身教之遊戲參與來增強兒童之角色扮演，想像轉換及同儕互動策略（例如，如何參與正在進行之社會戲劇遊戲）。

Roskos及Neuman（1993：87）從幼兒教師期刊摘錄一段老師扮演共同遊戲者角色的對話，分述如下：

> 我問小惠與小娟是否要扮演煮飯遊戲。小惠為小娟齊聲說好。……我坐在桌上並問：「晚餐吃什麼」？小惠趕快拿一奶瓶給小baby喝，然後她說她必須在吃晚餐之前要吸地毯。說著，她就假裝用一玩具吸塵器假裝在吸地毯。同時，小娟說她在煮晚餐。她用手指指在盒子後面的文字，假裝在讀著食譜的指示。她說：「我們需要鏟子。」並用動作在鍋裡翻攪一番。我（老師）問：「這是好食譜嗎？」，「我希望是，我真正很餓。」小娟繼續看看盒子的後面，好像依循食譜指示來動作，並點點頭，說：「真好吃啊！」小娟給了一盤食物並說：這是海鮮墨魚麵。我說：「謝謝！」並開始要吃麵。但是小惠與小娟說：「停！停！你必須等到大家都有食物，才能開動。」於是，我就等著。

在上列之例子中，老師開始邀請孩子來玩煮飯遊戲，以發動整個遊戲情節。但是，一旦遊戲開始，整個遊戲之控制系統操之在兒童。兒童決定晚餐煮什麼並什麼時候吃晚餐。老師在整個兒童社會戲劇遊戲所扮演的角色是邀請孩子來玩煮晚餐的扮演遊戲，並說她肚子很餓。她也用一些動作或找一些外表與食物不像

的玩物來當作食物，假裝在吃午餐。

遊戲指導者（play leader）

　　如同上列共同遊戲者之角色，遊戲指導者加入並主動參與兒童的遊戲。但是，遊戲指導者運用更多的影響及採取更精化的步驟來擴充及延伸兒童的遊戲情節。老師可以建議玩新的遊戲主題或介紹新的道具或玩物來延伸現有的遊戲主題。成人常常在兒童不會玩高層次的遊戲或老是在玩一些功能性的遊戲時，才採取這種角色。

　　Kiston（1994）建議當兒童在他們的主題遊戲中失去興趣，那老師應可以增加一些故事的張力來讓孩子對此主題產生新的興趣。他用一些如何介入一些幼兒園兒童玩建房子的遊戲來當作老師成為一遊戲指導者之角色：

> 在做完一些分類的活動，活動於是變成了工作。而兒童不再對這類的建構遊戲產生興趣並失去專注力。從戲劇遊戲的概念，兒童遊戲不再有任何張力。此時，成人的介入是必要的。我（老師）於是假裝接到老闆打來的電話來詢問我們的房子是否蓋好了？我對兒童說：「我們必須趕快把房子蓋起來哦，老闆已經在催了哦！」瞬間，兒童的注意力回到幻想的建構遊戲中，並且找到重建的目的，好像整個遊戲又有了生命力（張力）（p.97）。

　　在下列從Enz及Christie（1997）研究的例子，有一群幼兒園

小朋友正在玩坐飛機到佛羅里達州：

當兒童假裝要將飛機開到天空，好像要起飛的動作，整個戲劇遊戲開始了。飛機起飛後，也吃完餐點之後旅客都在睡覺（這好像是一部睡覺班機），孩子開始對此遊戲失去興趣了。老師，同時也是在遊戲中的一位乘客，提醒大家天氣有亂流，假裝飛機要墜機，重新對此扮演遊戲注入張力來延伸整個遊戲情節。

老師：遭到颶風，飛機在上下搖晃。哦！飛機正在搖晃哦！

小明：不用擔心，我們有嘔吐袋。

小英：飛機在繞圈圈。

老師：我們要緊急降落嗎？好吧！我們要降落了。可能，我們正要緊急降落。降落了哦！（小朋友開始尖叫）。

老師：緊急降落！哦！緊急降落哦！

小英：好了，大家現在要趕快下飛機。

小明：好吧！趕快逃離飛機。

這個遊戲在小朋友下飛機時多玩了幾分鐘，他們發現他們墜毀在佛羅里達的沼澤裡。此時，老師又加入另一種危機——發現鱷魚。

　　問題介入的角色：當成人介入兒童遊戲時，如處在兩個極端（太少介入或太多介入）會帶給兒童負向影響，甚至會產生問

題。

　　在一些幼兒園的研究中常發現有一些老師根本忽視兒童正在進行遊戲（Enz & Christie, 1997; Sylva et al., 1980; Tizard et al., 1976; Wood et al., 1980）。這些老師常常利用兒童遊戲時間準備課程，做作業或與其他成人聊天。Enz及Christie（1997）發現當老師採取這種非參與的角色，孩子常會進行較多的大肌肉的功能遊戲或狂野嬉鬧的遊戲。如果孩子進行社會戲劇遊戲，那麼遊戲情節通常是簡略的且充滿噪音的角色情節，例如扮演妖怪，超級英雄或貓狗遊戲（女生的最愛）。此種吵雜的遊戲只有迫使老師成為一安全的監督者，儘量避免粗野及不安全的遊戲行為。老師花很多時間要小朋友不准跑，不要推人，並在吵架中仲裁，及考察遊戲情境是否安全（例如加墊子在凸起來的樓梯，可使小朋友當作滑梯下來）。

　　在成人介入的另一極端是成人當作指揮者／教導者（director/instructor）的角色，成人控制整個兒童的遊戲情境。在這兩種角色中，成人皆不參與兒童的遊戲，在一旁監督、指揮。指揮者告訴兒童在遊戲時要玩什麼，而教導者提出問題，將兒童引入學術性之有意義的學習。

　　Enz及Christie（1997）描繪一幼兒園老師扮演指揮者角色鼓勵幼兒玩生日宴會的扮演遊戲，對話如下：

　　　老師：小如，來這裡。你要不要戴生日帽子？你想不想？這
　　　　　　是很特別的帽子，只有生日的人才可以戴哦。把它戴
　　　　　　上，它像個皇冠。

小如：不要，我已經有這裡（指著她的髮飾）。

老師：你可以做一個六月的標示嗎？我們來假裝今日是你生
　　　日。

老師：小硯、小硯，你想做蛋糕嗎？誰想到做蛋糕？

小如：不是我，我是壽星。

老師：你看！她正將蠟燭放在蛋糕上。真的蠟燭哦！我們來
　　　做兩個蛋糕，好嗎？小硯，你做一個。你拿一根蠟
　　　燭。每個人都拿一根蠟燭。然後，小庭，你也拿一根
　　　蠟燭，你也必須做一個蛋糕。做一個……一個蛋糕。
　　　把蠟燭拿掉，先做蛋糕，然後再放蠟燭。六月的生日
　　　標示在那裡啊？

　　有一些孩子回應老師的指導，參與一些重複性的假裝行為。
有一些孩子很快就失去興趣，離開扮演角。

　　另一個相關的角色——教導者——常在遊戲被使用來當作學
科活動的媒介時出現。成人仍不參與兒童的遊戲，但是常問兒童
有關遊戲之真實層面的問題。Wood及其同僚（1980）認為此角色
為「真實情況的解說員」（spokesman for reality）。在這角色中，
成人保持旁觀者的角色，並鼓勵孩子與他們玩，使遊戲之想像世
界與真實世界做一區分。這與外在干預相似，成人不加入孩子的
遊戲，唯一的不同是成人要孩子分辨想像與真實之間的不同。有
時候，成人常詢及一些以真實為取向的評論及問題，但不會干擾
兒童所進行的遊戲。兒童有時也可以回答一些精闢的答案，又繼
續進行他們的遊戲；但有時候，有人的介入會干擾兒童想像遊戲

架構，造成孩子不再玩此扮演遊戲。下面有個例子：

　　大人：（看到一名男孩正在玩車子，並把車子開進車庫）均
　　　　　均，那是什麼？

　　均均：那是門。

　　大人：那是門？進車庫要不要先開門呢？

　　均均：嗯？

　　大人：不開門的話，車子會撞壞哦！

　　娟娟：對，你會將車撞壞。

　　大人：是呀，車子會壞掉哦。

　　娟娟：警察也會撞壞車子。

　　大人：然後警察會怎樣？

　　娟娟：他會修理車子呀！

　　大人：他會修理車子？我想他不會，他可能拿給別人去修。

　　娟娟：修理廠。

（Wood et al., 1980: 143~144）

　　在這個例子中，成人嘗試讓孩子去想像遊戲行為在真實生活中有什麼結果，Wood及其同僚（1980）發現許多成人會把遊戲及真實生活混在一起來指導孩子，若運用不當反而會打斷兒童的遊戲。成人應好好運用在想像遊戲中解說員的角色，技巧地問些相關的問題，這種成人與小孩的對話可使解說的效果達到最高。本章前節「觀察」提及的小女孩玩貝殼就是老師運用真實情境解說員角色不當的例子，因而打斷幼兒的遊戲。

　　Wood同時也發現現實情境的解說員有時會限制兒童與成人之間的對話。成人常用一些封閉式的問句或一些兒童已知道答案的問句來引起兒童給予一、二個簡短字句的問答。下列的例子中，成人A和兩個兒童C1、及C2一起遊戲，而這兩位兒童正假裝在烘製蛋糕。

A：你有沒有在我蛋糕上面放櫻桃呢？

C2：沒有，我想做個三明治，做……

C1：（打斷對話），中間放奶油哦！

A：好好吃哦，我……

C1：我要為我自己做一個奶油蛋糕，因為我把果醬蛋糕賣完了。

A：真的？你已將所有的果醬蛋糕都賣完了？所以，你用奶油代替果醬，是嗎？

C1：是的。

A：嗯！我知道了。

C1：就像冰淇淋，冰淇淋。

A：哦！好棒哦！

C1：我正在捍麵團哦！給你做一個好吃的冰淇淋蛋糕。

C2：我做的蛋糕比你做的蛋糕還要大喔！

（Wood et al., 1980: 149）

過了不久，成人有機會教孩子有關分數比例，並將遊戲轉移成真實情境解說員的角色：

A：看！我可以將蛋糕切成兩半。這是一半哦！我從這裡切的。

C1：哦！

A：然後，我再從這裡切成兩半（將其中半塊蛋糕切成兩半）。現在我一共有幾塊蛋糕？

C1：兩塊。

A：不對！我現在共有幾塊蛋糕啊？我已將這半塊又切成兩半啦！

C2：啊哈！你看！

C1：一，二，三。

A：三塊，對啊！我可以再將這半塊又切成兩半嗎？（指著另外的半塊）

C1：可以。

A：那我一共有幾塊蛋糕啊？

C1：四塊

（Wood et al., 1980: 150）

注意：當成人的角色轉換之後，兒童回答的語言從一、二個字音變成片語或句子。Wood等人發現當成人在跟兒童玩遊戲時會比成人真實情境的代言人時，所用的語句來得多。

因為真實情境解說員的角色會影響兒童的假裝（虛構）及對話，所以成人應儘量少扮演這種角色，尤其對學前幼兒。在不得不扮演此種角色時，也應儘量時間縮短，而且也只限於兒童在做

虛構扮演遊戲時，成人才用這種眞實情境解說員的角色，讓兒童能分辨何謂眞實，何謂假裝。如果能很有技巧的使用這種方法，成人的這種干預可能會增加兒童思考的技巧及教導他們新的概念。因爲如此，國民小學老師常在兒童遊戲中應用眞實情境解說員的角色去教導兒童有關學科的內容與概念，他們更聲稱遊戲應納入國民小學的課程內。Manning及Sharp（1977）已應用這種課程來教英國小學老師如何整合遊戲及學習活動。在他們的 (*Structuring Play in the Early Years at School*)一書中，列舉了好多的例子來教導老師如何及何時使用共同遊戲，何時用眞實情境的解說員的角色來教導幼稚園大班及小學一年級的兒童學習科學、算術，及社會科學等概念。

指揮者／教導者的角色是成人介入最多的方式，而且最會干擾兒童的佯裝遊戲。基於這個理由，當使用這兩種角色時更應小心及有所限制。指揮者之角色僅能應用兒童不能也不會自己玩社會扮演遊戲時，一旦孩子進入遊戲情境，此種成人角色就應結束。而教導者之角色僅能應用兒童已進入其假裝的角色扮演中，成人之介入（眞實情況的解說）可以產生有意義的學習時才加以應用，一旦孩子瞭解其意義，應讓兒童回復其假裝之虛構情境中。

角色的彈性

成功的成人參與兒童遊戲的關鍵是仔細觀察並選擇一適當的互動方式介入兒童正進行的遊戲，這種介入必須迎合兒童的興趣及遊戲的方式和活動。時機是很重要的因素，能在正確時機進入

並參與孩子的遊戲可以擴充及豐富孩子的遊戲內容。但如果時機不對，可能會使孩子中止他們的遊戲。Roskos及Neuman（1993）觀察六個有經驗的幼兒園老師並發現他們使用一系列之成人參與的角色——旁觀者、共同遊戲者，及遊戲領導者——來擴充孩子的戲劇遊戲及鼓勵其與現實相關的活動。這些老練的老師常常依孩子所進行的遊戲的性質及孩子之能力來互換參與的角色。老師是否有能力更換角色來延伸孩子的經驗似乎與他們所扮演之特定角色一樣重要。

而加入孩子遊戲的時機，端看成人的期待與孩子遊戲的自然順暢情形而定，因此成人需先行觀察，再決定是否或何時加入，下面提供一些很好的建議：

平行遊戲可在孩子玩一些功能（感覺動作）的遊戲如建構遊戲時隨時加入，因為這種遊戲較少成人與小孩之間的互動，也就不會干擾或打斷孩子的遊戲。當孩子邀請成人加入他們的遊戲時，合作遊戲便可順勢產生，而孩子是主，成人是客，除非是成人在這個遊戲中玩得太久了，否則成人較少有機會干擾到孩子。依Sutton-Smith和Sutton-Smith（1974）所提的原則，成人想把共同合作遊戲的角色扮演好，最好方法是：當你和孩子都覺得很快樂時，就是你該退出的時候，不要待太久。

時機對遊戲指導來說是個關鍵，它影響到成人對遊戲流程控制的多寡。在三種情形下，成人可以進入教導孩子：（1）當孩子並不投入自己所安排的想像或虛構遊戲時；（2）當孩子產生難以與其它小孩一起相處遊戲時；（3）當孩子進行想像或虛構遊戲，卻一再重複自己玩過的情節，或是延續下去有困難時。

上面所說的例子都在幫助孩子們繼續或維持他們的想像或虛構的遊戲。而成為眞實生活的解說員是遊戲指導中最可能干預孩子想像遊戲的一種，在運用時要確信孩子是很安全地落入其所扮演的角色中扮演，而這種學習機會對孩子有很大的意義。

此外，Sutton-smith（1974）建議在某些情況下成人不要去加入孩子的遊戲：（1）不想與孩子玩的時候；（2）你覺得你在干擾孩子的時候；（3）你認為那是一種責任（為孩子好）時；（4）你不能從中享受到樂趣或有心事、太累時。唯一例外的是老師，老師有責任幫助孩子，使孩子投入高品質的遊戲中，對其學習及發展才能有很大的幫助（p.232）。

以上的建議，成人應該加以確實執行。但有一點：幫助幼兒進行及參與高品質的遊戲以達到發展與學習的最大效果是老師及家長的責任（Bredekamp & Copple, 1997）。所以老師在覺得參與孩子的遊戲是他的責任時，他就該參與孩子的遊戲。此外，老師還要相信自己的判斷，當覺得自己參與會干預孩子、自己太累或有心事以致無法有效干預時，千萬不要去參與或干預幼兒的遊戲。

本章小結

成人參與兒童遊戲正反效果皆有且是毀譽參半，而且呈現錯綜複雜的結果。提倡成人參與兒童遊戲的專家及實務工作者認為：成人的參與可以豐富兒童遊戲經驗、及對兒童認知及社會發

展有其極正面之影響；但是，反對者則認為成人參與兒童遊戲常
常會打擾或抑制兒童遊戲機會、及減少兒童在遊戲中所獲得的好
處。

我們（作者）的立場是成人參與兒童的遊戲活動有其正面與
負面的影響，端賴成人在活動中所扮演的角色而定。最主要之影
響關鍵是成人如何參與兒童的遊戲。假如成人以一種敏感、互動
及支持的方式與兒童互動，那成人一定可以加強兒童遊戲的效
果；反之，假如成人完全控制兒童的遊戲，提供太多結構化的活
動及課程，或者僅為了達到學科表現而隨意干擾兒童遊戲，那兒
童遊戲就會大受影響，遊戲之正面效果也大打折扣。

我們在此建議父母及老師首先要提供資源之設定來提增高品
質之遊戲行為，其要素有：

- 時間——在幼兒園階段，兒童至少要有45分鐘以上的自由
  遊戲時間。
- 空間——要有寬廣及設計良好的情境。
- 玩物——適齡的道具及玩物以鼓勵幼兒玩建構及社會戲劇
  遊戲。
- 預先的經驗——參觀旅行，請相關人員到教室、書本及錄
  影帶之提供，讓兒童先瞭解主題情節及角色，以幫助他們
  能進入遊戲情境。

一旦遊戲情境設計及布置完成，便要仔細觀察兒童進行遊
戲。觀察要注意兒童是否需要特別的協助、或是否要加以直接引
導或參與來引發兒童更高層次的遊戲行為。此外，成人之參與角

色也要在觀察之後來延伸兒童的遊戲經驗及興趣。

　　最後，我們建議用輔助者角色——旁觀者、遊戲管理者、共同遊戲者及遊戲指導者。只有用一敏感與彈性之方式與兒童互動，此種成人角色才能提昇兒童高品質之遊戲活動及對其產生正面之影響效果。

8 觀察遊戲

小芬是一啓蒙方案（Head Start）托兒所的四歲兒童。陳老師非常想要知道小芬在大團體分享時間之後的45分鐘（自由遊戲）活動中做些什麼。小芬花了很多時間在娃娃角，但是卻沒有在玩扮演遊戲。陳老師利用Smilansky的社會戲劇遊戲量表觀察她數天。這量表可以讓我們瞭解在兒童玩戲劇遊戲，那些是高層次的社會戲劇遊戲行為，而那些不是？在分析整個量表之後發現小芬是一有能力採取角色扮演及使用玩物轉換能力〔例如，假裝在吃漢堡（由黏土假裝成的）〕。小芬也常常使用符合其角色的語言行為（假裝溝通）。但是，此量表卻顯示小芬較少與同儕互動且較少使用後設溝通能力來與同儕一起規劃及組織遊戲情節。小芬似乎缺乏參與團體戲劇遊戲之語言及社會技巧。從這些遊戲觀察的資料分析，陳老師決定幫她找一個玩伴（有很好社會遊戲技巧），在六個星期之後，小芬從她的同伴（鷹架）學到很多的社會互動技巧。現在她可以與其他小朋友一齊參與社會戲劇遊戲，而且是一個此類遊戲的好手。

觀察是瞭解幼兒遊戲的關鍵，藉著觀察，我們可以瞭解孩子的遊戲興趣，包括喜歡參與的遊戲種類、所偏好的玩具及遊戲設備、喜歡在什麼地點玩，及所玩的戲劇遊戲的主題有那些。我們也能由其中發現孩子遊戲發展的層次，以及幼兒在不同的遊戲中何者表現較好，何者表現較差。

誠如第七章所強調的，要先觀察幼兒自由遊戲的行為，才能決定成人是否要輔助並參與孩子的遊戲，尤其上述小芬之例子更

可以指出觀察如何幫助兒童提昇遊戲行為品質。觀察可以在大人
為孩子提供的遊戲條件與成人參與遊戲之間做個聯結（如圖7-
1）。圖7-1指出，兒童要有遊戲的時間、空間、玩物及遊戲經驗，
才能延續及加強孩子遊戲的內容，同時，圖7-1也指出何時孩子需
要成人的參與遊戲，那種參與形式可能對孩子更有益處。成人可
視幼兒實際玩的情形，加以瞭解及幫助，以滿足孩子的興趣與需
求。如何提供遊戲時間、空間、玩物、經驗與何時加入孩子的遊
戲，主要是靠觀察的運用。

　　很不幸地，並非所有的觀察都可以提供有效的功能。成人雖
常觀察孩子的遊戲情形，但卻常是隨意而漫不經心的，所得到的
結果只是孩子表面的技巧與興趣，甚至不知道孩子在遊戲時間做
什麼（Frost, 1992: 77）。

　　遊戲是一非常複雜的現象與行為，尤其當一群兒童一起在玩
遊戲時。為了從孩子之遊戲行為，瞭解其個別行為之意涵，觀察
必須要用科學之系統方法——觀察者必須瞭解你所要觀察的行為
是什麼，要有觀察記錄來蒐集行為訊息。觀察必須是客觀的，可
以反映孩子真正的遊戲行為。

　　本章將介紹各種不同的觀察量表，旨在協助成人有系統地觀
察孩子遊戲。這些量表明確指出了那些是遊戲行為，可記錄行為
出現次數。在文中我們將會仔細描述和說明操作上的指示，同時
加上成功幫助孩子增加遊戲的例子，並提供成人概要性的建議，
比如使用攝影器材來有效觀察孩子的遊戲等。

觀察遊戲之基本準則

用什麼方法來觀察兒童遊戲，可以參考一些基本準則來幫助我們可以更精確觀察兒童遊戲行為。

· 事先決定你要瞭解何種遊戲行為，並選擇一適當方法來配合你的目的。

· 儘量嘗試在兒童之遊戲情境中進行觀察，要允許孩子可以呈現各種不同的遊戲能力。確信玩物要足夠，才可以導引孩子之遊戲行為，例如，動作遊戲（攀爬架、球、有輪子的玩具）、建構遊戲（積木、拼圖、堆疊套組玩具、樂高、雪花片）及戲劇遊戲（娃娃、扮演道具、衣服、與主題有關之道具箱）。除此之外，也需要有足夠時間讓孩子發展更高層次的遊戲行為。有時候孩子沒有遊戲行為，不是因為他們沒有遊戲技巧，而是他們沒有玩物與時間之資源。

· 如果可能，儘量在室內及戶外觀察兒童之遊戲行為。研究指出：有些兒童在戶外比在室內有更多的社會及認知遊戲（Henniger, 1985; Tizard, Philip, & Plewis, 1976）。

· 直到孩子有機會認識同伴及熟悉學校環境之後，才進行觀察。兒童與熟識的同儕在一起比較有較多的社會與認知遊戲（Doyle, Connolly, & Rivest, 1980）。如果在開學時就觀

察孩子的遊戲，其結果會有低估孩子真實遊戲能力。同樣地，如果孩子是轉學生，也有同樣的情形。

· 要常常觀察兒童的遊戲行為，來確信行為是否為典型行為或有其代表性。不能以單一觀察的行為就來做為孩子的行為判斷。兒童有時也會與他不熟悉的同儕一起玩或玩他不感興趣的玩物。生病、家中的問題或其它暫時的狀況（如鬧脾氣）皆可能會影響孩子的行為。儘量將觀察的時日間隔拉大，或用系統（隨機）抽樣方式，儘量將抽樣觀察隨機化，以減少暫時性或誤差性的行為結果（biased results）。一星期有二至三次的觀察間距是最起碼不過，所以利用多天、多次的觀察來降低抽樣的誤差是需要的。

觀察方法

本章將介紹兒童遊戲觀察常用的三種方法：檢核表、評分量表及軼事記錄法。檢核表及評分量表皆是高結構式、有特定的觀察行為及如何觀察的限制。此兩種方法是快速且容易使用，但是此兩種方法所蒐集的資料較適合量化分析，本身就缺乏行為之脈絡訊息。反之，軼事記錄結構性較弱，觀察者可以使用一張紙或空白欄來描述孩子的遊戲行為，它也比檢核表或評分量表式的觀察來得費時、費力，但是可獲得更多的脈絡訊息。因此，遊戲觀察者必須在方便與資料豐富性之兩極端，選擇適當的方法進行遊戲觀察。

檢核表

　　檢核表（checklists）是有用的觀察工具，其用於：（1）描述特定的行爲；及（2）提供遊戲行爲之出現與否的簡易觀察系統。檢核表可以加以系統化及注意特定之遊戲行爲的頻率，其好處在於快速、省時及方便。

　　有許多觀察量表是在研究遊戲發展之後而產生的（詳見第三章），這些量表多半較複雜，不適合應用於其它研究，例如，Sylva、Roy和Painter（1980）研究英美幼兒所用的三十類「目標兒童」系統即是其一。這量表可仔細觀察到孩子遊戲的行爲，但其登錄過程卻很繁瑣，一般家長及老師很難學會，只適合本研究之用，對其他樣本或場合卻不適用。另外，用來研究表徵呈現及行爲基模發展的量表（Fenson & Ramsay, 1980; Rosenblatt, 1977），是專爲嬰兒及嬰幼兒所設計的，亦不適合老師觀察幼兒之用。

　　在此，我們特別選了三個適合幼兒教育者及父母使用的量表：（1）Parten／Piaget之社會／認知量表，可廣泛觀察幼兒社會及認知遊戲；（2）Howes的同儕遊戲量表，是針對兒童社會遊戲的瞭解而設計的；（3）Smilansky社會戲劇遊戲量表，可觀察幼兒群體玩戲劇遊戲的層次。這些量表共同的特點是容易使用，並可用來幫助成人豐富孩子遊戲行爲。

　　成人選擇上述之量表要基於其使用之目的。社會／認知量表可幫助成人瞭解兒童大略的遊戲行爲模式，這是在要用更仔細之

量表，來觀察孩子特定行為觀察前的行為篩選量表，可以通盤瞭解孩子的認知與社會行為模式。假如Parten／Piaget之社會／認知量表指出，孩子缺乏社會遊戲層次，那觀察者可再利用Howes的同儕互動量表來蒐集更多有關孩子社會層次遊戲的資料。而如果一個四、五歲的幼兒在此量表發現有較少的團體戲劇遊戲之行為，那麼觀察者就可利用社會戲劇遊戲（Sociodramatic Play Inventory, SPI）來進一步瞭解孩子缺乏那一類技巧。

柏登／皮亞傑之社會／認知量表（Parten／Piaget／Social／Cognitive Scale）

如第三章所提及的，幼兒的遊戲是同時朝不同方向發展的，例如，隨著年齡的成長，幼兒會愈來愈社會化。此外，他們也逐漸開始玩較高層次的認知遊戲，如建構遊戲、想像及有規則的遊戲。早期遊戲研究者通常在觀察時，一次只注意一個主題，如認知或社會化。七○年代中期，Rubin和他的研究小組結合了Parten（1932）的社會參與量表、Smilansky（1968）應用Piaget（1962）而成的認知遊戲量表，兩者合併為可同時評量兩個方向的遊戲發展量表（Rubin, Maioni, & Hornung, 1976）。

Rubin在此量表修正了Parten的社會遊戲種類，將聯合性及合作性遊戲兩類，修正為群體遊戲一種（Rubin, Watson, & Jambor, 1978），最後所形成的量表為Parten／Piaget量表，共有十二個遊戲種類（見表8-1）。另外還有無所事事、旁觀的非遊戲行為。

Parten／Piaget量表可使研究者得到因只考慮單一社會或認知

表8-1　遊戲中社會─認知的組成因素：分成12類

認知層次／社會層次	單獨遊戲	平行遊戲	群體遊戲
功能性	單獨─功能性	平行─功能性	群體─功能性
建構性	單獨─建構性	平行─建構性	群體─建構性
戲劇性	單獨─戲劇性	平行─戲劇性	群體─戲劇性
規則性	單獨─規則性	平行─規則性	群體─規則性

資料來源：摘自 Rubin, Waton & Jambor（1978）.
註：有兩種非遊戲的種類：無所事事及旁觀的行為。

單獨功能遊戲是嬰幼兒最早的遊戲型式。

層次所蒐集不到的資料。例如，Parten（1932）認為單獨遊戲隨年齡增長而減少，且單獨遊戲可算是不成熟的遊戲指標，這亦是大家所公認的，但近年來使用Parten／Piaget量表的研究者卻發現，孩子隨年紀的成長，其遊戲型態由單獨功能性轉到單獨建構性遊戲，再變成單獨戲劇遊戲（Moore, Evuertson, & Brophy,

1974; Rubin et al., 1978; Smith, 1978），而僅有單獨功能遊戲一種，才與不成熟的遊戲特性有關。

父母或老師在評量幼兒的一般遊戲發展時，將會發現到Parten／Piaget量表是一個很好的工具，而且很容易瞭解與操作。此量表使用步驟如下：

1. 先瞭解各種遊戲及非遊戲活動種類的定義，可幫助觀察者鎖定那些特定的行為，也對非遊戲活動下了定義。在實質中曾有下列情形：孩子在室內看故事書、餵食魚缸裡的魚，那這孩子的行為是屬於何種遊戲種類呢？有了非遊戲種類定義，我們就可以很清楚地將這些行為加以記錄。

2. 準備一些記錄紙來記錄孩子的遊戲行為。我們建議使用一雙向度的記錄方式（如圖8-1）。圖8-1有12種細格，可允許觀察者觀察單獨、平行及群體的功能、建構、戲劇及有規則的社會認知層面，還包括兩種非遊戲行為活動，每一位幼兒都有自己的觀察表。

3. 最後一個步驟，以抽樣原則抽取觀察的時間及次數，確定觀察的系統。我們發現Roper及Hinde（1978）發展出的多重取樣方法和Parten／Piaget量表合用效果非常好，以15秒為一觀察時間間隔，這個時間使觀察者瞭解正進行的是那種遊戲，但卻也短到在一個觀察間隔時間內遊戲者不太可能改變他的遊戲形式。

整個抽樣系統是依下列程序進行的：首先，混合所有幼兒的遊戲觀察表，然後再隨機抽取觀察表，以確定觀察的順序（隨機

的公平性），隨後觀察幼兒的遊戲，以15秒為間隔登錄在觀察紀錄表上（劃記），從第一張觀察表的幼兒開始觀察。例如，有一幼兒正與其他幼兒一起玩積木建構遊戲玩具，這是典型的群體一功能遊戲，我們便在紀錄表上的群體建構欄上劃記。完成觀察後，換第二位孩子進行觀察，以此順延，每位孩子皆以15秒為一次行為觀察的時間。在所有孩子皆觀察一次完成後，再進行第一位小孩的第二次行為觀察。大約一分鐘可觀察三次行為，因15秒與15秒之間（每一次的行為觀察之間）可休息5秒，作為下一次觀察的準備。依此計算時間，則每四分鐘可觀察12位幼兒的一次行為，那20分鐘內便可完成12位幼兒五次的觀察。

在對每一幼兒觀察完20~30次遊戲後，我們可以很清楚地從紀錄表中，看出幼兒在認知／社會遊戲的行為層次及模式。我們建議老師、家長在使用Parten／Piaget的表格時，應同時注意以下兩點，並考慮孩子的年齡。

第一，幼兒的遊戲社會層次是否合乎其年齡？對二或三歲的幼兒來說，如果常表現單獨功能遊戲、無所事事、旁觀或不停地轉換活動，那是不足為奇的。反之，若是一個四、五歲的孩子呈現很多這一類遊戲或行為時，可顯示其社會層次不高。此時成人要注意並提供或干預孩子的遊戲，視其需要教他遊戲技巧，以使他能有參與群體遊戲層次的能力。在這情況下，我們建議使用Howes的同儕遊戲量表，可更進一步地觀察幼兒社會遊戲技巧（下一內容再詳加介紹Howes同儕量表）。

第二，幼兒是否常做認知成熟性的遊戲？成人常會期望四、五歲的幼兒做較多的建構或戲劇遊戲。假如在Parten／Piaget量表

中，顯示年紀較長的學前幼兒，其紀錄在功能遊戲欄內表現不良，便表示成人有必要做些干預（見第九、十章），或是參與孩子的遊戲，如平行參與、共同參與、遊戲指導或做遊戲說明，以鼓勵幼兒從事建構或戲劇遊戲，以獲取此遊戲的經驗及其給孩子的好處。此外成人需注意孩子群體戲劇的類別，若一位四、五歲幼兒很少玩此一類被認為具發展意義的遊戲，成人可能要替孩子施予遊戲訓練（見第七章），但在訓練實施前，要先以Smilansky社會戲劇遊戲量表（在下一節會有詳細的描述）來瞭解孩子在團體戲劇遊戲中，表現較好及較差的地方在那裡。此外，在下一節的計分評量表中的賓州互動同儕遊戲量表（The Penn Interactive Peer Play Scale）也是一個專門用來蒐集美國低收入黑人家庭之兒童社會遊戲技巧的有用工具。

● 專欄8-1　Parten／Piaget之社會／認知量表分類之定義

1.認知層次（Cognitive Levels）

（1）功能遊戲：重複性肌肉活動，可能是玩一種東西，但也可能沒有。例如：（a）跳、跑；（b）收拾或倒出東西；（c）操弄玩物；（d）無規則的遊戲（有點類似遊行）。

（2）建構遊戲：使用些玩具（積木、樂高、堆疊套組玩具）或玩物（沙、黏土、顏料）來做一些東西。

（3）戲劇遊戲：角色扮演及（或）想像轉換，如（a）角色扮演一假裝為媽媽、爸爸、嬰兒、妖怪、司機或店員等。（b）想像轉換：假裝在開車（用手臂揮動做開車狀）或使用筆來當針筒，做打針動作（物品的使用）。使用真實物品的玩具模型（玩具車、玩具熨斗）並不算是戲劇遊戲，除非有角色取代或有想像轉換才算是戲劇遊戲。

（4）規則遊戲：遵循可瞭解、認同及接受的規則來進行遊戲，如象棋、跳棋、井字遊戲等。

2.社會層次（Social Levels）

（1）單獨遊戲：自己一個人玩玩物，與他人沒有交談等任何社會互動。

（2）平行遊戲：與旁邊的小孩玩相同或類似的玩具和遊戲，但他們彼此卻沒有進一步交談。

（3）群體遊戲：大家一起玩，當中有角色的分配、應用各種不同的玩物。

3.無所事事／旁觀／活動轉移

（1）無所事事的行為：例如，在室內東張西望，有時撥弄鈕釦，玩玩口袋，偶爾跟隨大人背後走動，卻不拿玩具玩。

（2）旁觀：當其他孩子在玩時，他只在一旁觀看，偶爾向正在玩的孩子提供意見或交談，但自己不參與遊戲。

（3）活動轉移：從一個遊戲活動轉到另一個遊戲活動。

4.非遊戲活動

必須套入既定模式的一些活動，如學習行為、教師指定的功課等。像塗色、做作業、電腦、教育玩具（蒙特梭利的穿鞋帶），通常被視為非遊戲的活動。

團體功能遊戲可兼俱教育性及娛樂性。

名字：＿＿＿＿＿＿＿＿　　　　觀察日期：＿＿＿＿＿＿

認知層次

		功能性	建構性	戲劇性	規則性
社會層次	單獨				
	平行				
	團體				

無所事事／旁觀／活動轉換　　　　　　活　動

	無所事事／旁觀／活動轉換	活動
非遊戲		

資料來源：摘自Sponseller and Lowry（1974）

圖8-1　Parten／Piaget記錄表

◉ 專欄8-2　利用Parten／Piaget量表登錄遊戲行為

　　下列是利用Parten／Piaget量表來記錄遊戲行為的例子。共有15種觀察行為，下面則是利用此量表的登錄類別：

　　1.在娃娃家的兩個孩子都在玩煮飯的遊戲，準備晚餐。他們知道對方在做什麼，但兩人之間並沒有互動（平行——戲劇性遊戲）。

　　2.幾個幼兒在教室中追來追去，彼此嬉鬧（團體——功能

遊戲）。

3.某一幼兒構築積木房子，沒有其他幼兒在一旁（單獨——建構遊戲）。

4.有一些孩子在玩「倫敦鐵橋垮下來」（團體——規則遊戲）。

5.三個幼兒在地板上用樂高排「無敵鐵金鋼」，三人都做同樣的活動，但彼此沒有互動（平行——建構遊戲）。

6.上述第5種活動中，幼兒利用「雷射槍」互相射擊，並假裝在打戰（團體——戲劇遊戲）。

7.一幼兒用玩具電話假裝自己在打電話（單獨——戲劇遊戲）。

8.一幼兒在娃娃家看其他孩子玩（旁觀行為）。

9.一些幼兒在圖書角看故事書（非遊戲活動）。

10.兩個幼兒在地板上用手推玩具，發出「隆隆」的聲響，彼此無互動及想像遊戲（平行——功能遊戲）。

11.三位孩子以醫院道具玩醫生、護士扮演遊戲，幼兒甲當醫生、乙當護士，丙是病人（團體——戲劇遊戲）。

12.一幼兒在地板上拍球，另一些孩子在一邊玩建構積木，並不參與這幼兒的活動（單獨——功能遊戲）。

13.一幼兒自己在教室內徘徊，沒有做特定的事（無所事事）。

14.一些幼兒以積木建築高速公路（團體——建構遊戲）。

15.兩個孩子在科學角餵黃金鼠吃東西（非遊戲活動）。

圖8-2是利用Parten／Piaget量表登錄以上的15種行為，在正式應用中，應利用劃記方式而非用數字來描述。

	功能性	建構性	戲劇性	規則性
單獨	(12) 丟球	(3) 積木建構	(7) 打電話	
平行	(10) 推玩具車	(5) 建構鐵金剛	(1) 準備晚餐	
群體	(2) 追逐	(14) 建構高速公路	(6) 機器人打戰 (11) 醫院	(4) 倫敦鐵橋

無所事事／旁觀／活動轉換		活動
非遊戲	(8) 看別人在娃娃家玩 (13) 徘徊	(9) 看故事書 (15) 餵黃金鼠

圖8-2　Parten／Piaget之登錄例子紀錄

Howes同儕遊戲量表（Howes Peer Play Scale）

Carollee Howes發展一個比Parten／Piaget之社會／認知更能仔細觀察幼兒之社會遊戲行為（Howes, 1980; Howes & Matheson, 1992）。Howes之同儕遊戲量表（The Peer Play Scale, PPS）有兩個平行遊戲的種類：簡單平行遊戲（層次一）及彼此注意的平行遊戲（層次二）。此外，還有四個同儕互動遊戲層次：簡單社會遊戲（層次三）、共同意識的互補／互惠遊戲（層次四）、合作性社會假裝遊戲（層次五）及複雜的社會假裝遊戲（層次六）。請參考專欄8-3，進一步瞭解PPS之六個層次之行為定義。

　　Howes（1980）量表的觀察程序與Parten／Piaget量表相同，為15秒、間隔5秒。一旦幼兒的遊戲行為觀察完成後，由紀錄表中可檢視幼兒社會遊戲行為的模式，每行的總計部分則可看出幼兒不同的社會行為層次。假如幼兒主要是玩平行遊戲，那麼可進一步觀察其是否有社會行為互換（層次三）產生，還是只有互補／互惠行為（層次四），或是有層次三、層次四兼具的互補／互惠，且有社會行為互換的合作性社會假裝遊戲活動（層次五）。這量表可提供成人知道幼兒與同儕遊戲時需要那些特別的幫助，如社會意識、社會溝通或與其他幼兒在一起遊戲的協調合作能力。

　　Howes之PPS量表著重在同儕遊戲的三個向度：（1）兒童社會互動之複雜性；（2）兒童互動之互補與互惠之程度；及（3）在規劃及維持遊戲時，使用語言之層度。在PPS之層次一與層次二，遊戲行為是非社會性，非互惠性及非語文性。在轉換成高層次同儕互動之中間協調階段，兒童開始參與社會（層次三）及互惠活動（層次四），此時，兒童開始有許多語言之互動。在最高層次之社會互動，兒童融入社會戲劇遊戲，他們共同合作及扮演同一主題及腳本的社會伴裝活動。在層次五之互動中，兒童的語言受限於其所扮演的角色做假裝溝通（pretend communication）；但在層次六，兒童可暫時停止所扮演角色之假裝溝通，並執行後設溝通（meta communication）之交換，可以讓整個遊戲重新規劃及組織，以便遊戲能有更高層次之社會互動（可參考第二章之兩種遊戲的語言溝通的專欄）。

專欄8-3　Howes同儕遊戲量表中，行為層次之定義

層次一：簡單平行遊戲

幼兒在三呎以內，一起玩相似的活動，彼此沒有眼神接觸或進一步社會行為。例如，幼兒在積木角各自以積木建構自己的模型，完全忽視他人的存在。

層次二：彼此注意的平行遊戲

幼兒互相靠近玩類似的活動，彼此有眼神的接觸（層次一加上眼神接觸）。例如，幼兒在積木角玩積木；除各自建構自己的模型外，還會看別人的作品，彼此雖沒有社會互動，但意識到對方的存在。這時的幼兒常會模仿別人的作品或活動。

層次三：簡單社會遊戲

幼兒間有社會行為的互動。典型的行為包括語言溝通、提供、接受玩物、微笑、身體上的接觸及攻擊行為等，然而彼此的活動並無相互協調。例如，某幼兒可能對另一幼兒所做的積木建構表示讚美，如「好漂亮哦」，或是忽然從別人的積木中拿走一塊，或是打倒別人的積木而引起別人斥責、攻擊，甚至引起小爭吵。

層次四：共同意識的互補／互惠遊戲

　　幼兒從事一些活動，彼此行為有相互關連。例如，有兩個幼兒彼此互換對方需要的積木，或二人共同用積木建構模型，彼此輪流加添積木，直到完成。在這層次的遊戲中，孩子並不交談或有其他社會互動交流的出現。

層次五：合作性社會假裝遊戲

　　幼兒有層次四互補／互惠的活動，及層次三中的社會行為互動。例如，幼兒一起聯合建構積木模型，而且彼此有言語溝通。如幼兒甲對幼兒乙說：「不要把這塊積木放在這，它太小了。」或許多幼兒同計畫活動主題、分派角色，共同合作扮演一虛構的故事（社會戲劇遊戲），例如，一個小孩扮演爸爸，另一個小孩扮演媽媽，在幫娃娃（積木假裝成）洗澡。

層次六：複雜的社會假裝遊戲

　　兒童執行一具社會角色及情節的假裝扮演遊戲，並且有後設溝通的情節。後設溝通是兒童暫時離開其所扮演的角色，並且重新規劃遊戲情節再重新進行整個遊戲。例如，甲童停止扮演爸爸的角色，並要其中的一位兒童當他兒子，給他命名，並吩咐他要做什麼（分派角色），分配情節：「我是爸爸，你是小明」，我們假裝在森林裡探險，重新修正遊

戲情節（我累了，不想煮飯了，我們去圖書館看書。）或要
求別人進行遊戲行為（你不要買書了，你用借的就好）。

資源來源：源自 Howes and Matheson（1992）。

我們已發展Howes同儕遊戲觀察量表之紀錄表格（參閱圖8-
3）。在此量表，我們也增加柏登之單獨遊戲以使整個社會遊戲皆能
涵括。此外，我們也將非遊戲活動或活動轉移等非遊戲活動加上，

名字：_____　　　觀察日期：_____

種類 時間	單獨 遊戲	簡單 平行 層次一	平行 遊戲 層次二	簡單 社會 性遊戲 層次三	共同 意識 互補 互惠 遊戲 層次四	合作性 社會假 裝遊戲 層次五	複雜性 社會假 裝遊戲 層次六	非遊戲 活動	旁觀／ 無所事 事／活 動轉換	老師 參與 Yes＝Y No＝N	所使用 的玩物 及在那 一個角 落
1											
2											
3											
4											
5											
6											
7											
8											
9											
10											
11											
12											
13											
14											
15											
Total											

資源來源：摘自 Howes and Matheson（1992）。

圖8-3　Howes同儕遊戲觀察量表紀錄

並增加在遊戲中是否有成人參與以及在那一個角落玩，所玩的玩物為何。此量表如同Parten／Piaget之社會／認知量表的使用相同，可以分別對特定兒童進行觀察及記錄，這是一個簡易、方便且可以廣泛瞭解兒童的社會互動的量表，其例子，可參考專欄8-4。

⬤ 專欄8-4　如何應用Howes同儕遊戲量表登錄遊戲行為

所觀察到的行為	登錄方法
1.兩位孩子在教室中靠在一起在玩卡車，但其玩的路徑並不相同。其中一個幼兒在搜尋另一位孩子，直到找到後才又回原來地方玩卡車。	這可被登錄為層次二：彼此意識的平行遊戲。因目標幼兒顯現對另一幼兒的注意。如果沒有找尋幼兒的舉動，便記為簡單的平行遊戲。
2.兩位幼兒在積木角一起建搭房子，並互相指示對方使用那塊積木和要放什麼地方。	層次五：合作性社會假裝遊戲。因為他們正在一起玩，且彼此有交談。若他們只是一起玩而無交談，則屬於共同意識互補／互惠遊戲。

3. 在戲劇角，有一男孩正坐在椅子上，讓另一孩子假裝替他剪頭髮，二人並沒有語言上的溝通。

屬於層次四的共同意識互補／互惠遊戲。因為這兩位幼兒雖然彼此知道對方扮演的角色而一起玩，但沒有語言上的溝通及社會互補。如彼此有交談，或一幼兒拿鏡子給另一幼兒看頭髮剪好的樣子，那便成為層次五的互補／互惠社會遊戲了。

4. 兩位女孩坐在一起各自玩拼圖，其中有甲幼兒對著乙幼兒說：「我不會拼」。乙幼兒回答他：「只要繼續把所有的小片試著都湊在一起便行了。」

登錄為層次三：簡單社會遊戲。雖二人有社會交換，但彼此各自玩自己的拼圖（不同於兩人玩同一拼圖，是為互補／互惠社會遊戲）。若幼兒乙放下自己的拼圖而去幫幼兒甲，那可登錄為層次五（彼此有交談），或是層次四（沒有交談）。

資料來源：Zipser（1982）。

　　同儕遊戲量表（PPS）希望特定的人在遊戲中採取隨機抽樣方式，對其與同儕社會互動之情形做一整體性掃描（Pellegrini, 1996）。第一，先決定要觀察之特定兒童，如同之前所述，先找到社會互動較少或層次較低（先由Parten／Piaget之社會／認知量表中找出）。其次，用系統方法觀察此目標的兒童，一段長時間來確信其同儕互動水準，將此兒童之遊戲記錄在此量表中，並可附加是否有成人共同參與及在那裡玩，玩什麼玩物。最後，再用統計計量計算其百分比並作圖，呈現其遊戲行為層次的比例。

　　在紀錄表中可以記錄兒童六個層次之社會互動情形及技巧。假如兒童僅參與平行遊戲，那成人可進一步推測：兒童是沒有社會意識（層次一）或有社會意識（層次二）。假如兒童有參與團體遊戲，他們僅是有語言之社會互動（層次三）或有共同意識之互補／互惠行為（層次四）。假如兒童參與社會戲劇遊戲，他們僅是用語言作假裝互動（層次五）或他們可使用後設溝通來加以重新規劃及組織情節（層次六）。這個量表可幫助成人瞭解兒童是否具有社會意識、互惠之互動及後設溝通之能力。

　　整個量表的排（列）的部分也對瞭解幼兒社會行為有所幫助。由每一排中可顯示孩子在玩高層次的遊戲時：（1）老師是否有參與；（2）幼兒在教室中那個區域玩；（3）孩子玩那些玩物。這些資料對加強幼兒社會遊戲都很有幫助，例如，老師由量表中發現孩子只是偶爾玩一些社會遊戲，並常常是在娃娃家才會表現這些行為，那老師可多鼓勵孩子在娃娃家玩，並玩久一點，無形之中可鼓勵孩子或加強孩子的社會行為。若有幼兒只有老師在其身邊或老師在場時，他才出現一些社會遊戲行為，那可運用

第七章所陳述的遊戲指導及成人直接干預的方法，改善孩子遊戲的社會層次。鼓勵孩子的社會技巧及遊戲行為的方法，已在第五章中詳細介紹，在此不再說明。

Smilansky社會戲劇遊戲量表

團體戲劇遊戲又稱為社會戲劇遊戲，意指當兩名或兩名以上之幼兒，分配角色並將其角色串聯而演成一故事情節的遊戲。角色、主題及道具是構成社會戲劇遊戲的三大要素。例如，虛構的故事（英雄與壞蛋）、真實生活情境（全家上超市）等。這類遊戲表面上看來好像很簡單，但實際上，孩子需要有相當的語文、認知及社會的能力及發展才行。孩子具有上述的能力，才能以表徵的方式呈現，也才能做觀點取替和使用正確的語言，創造及詮釋想像（佯裝）轉換、精確地使用語言，與同伴一齊規劃、分

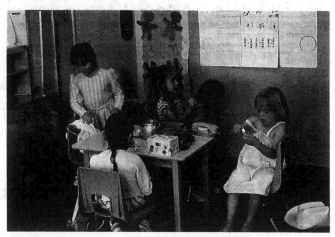

社會戲劇遊戲需要兒童進行認知、語言及社會的溶入。

享、限制攻擊行為等。因此,這種遊戲(社會戲劇遊戲)被認為是遊戲發展中重要的形式之一。

　　Parten／Piaget量表中也記錄幼兒參與此類遊戲的多寡。若一位四、五歲的孩子在Parten／Piaget紀錄表中,很少被登錄到這類戲劇遊戲,那成人便需要提供幫助或適當參與孩子的遊戲。但是,成人首先要知道兒童在從事這種複雜的遊戲時需要那些技巧。

　　Smilansky(1968)在研究遊戲訓練中,發展出針對上面所提蒐集資料的理想量表。此社會戲劇遊戲量表共包括五種要素,此五要素象徵了高品質的團體戲劇遊戲,茲分述如下:(1)角色扮演(role play);(2)想像轉換(make-believe transformation);(3)社會互動(social interaction);(4)語言的溝通(verbal communication);(5)持續性(persistence)(詳見專欄8-5:社會戲劇遊戲之定義)。這套觀察系統可助觀察者瞭解幼兒在遊戲中已含有那些要素,又缺乏那些要素。這樣成人才可針對所缺少的要素提出干預。

　　Smilansky社會戲劇遊戲觀察紀錄表(簡稱SPI)是一檢核表,各行列著幼兒的名字,各列則為SPI的各項要素。注意,SPI與Parten／Piaget、Howes之量表不同,可同時觀察許多幼兒。我們在此已稍做修改SPI,另外為三種想像轉換設立一欄(玩物、行為、情境),也為主要的兩種口語溝通另列一欄(後設溝通及假裝溝通),表格如圖8-4,讓使用者能較原表格更清楚辨識出幼兒社會戲劇遊戲的技巧。

　　在Parten／Piaget及Howes的量表中,都以多重間距,如以15

秒為間隔，作為系統取樣的技術，但在SPI中都不需用此繁雜的
取樣方法，原因乃是SPI需要更長的觀察時間，以決定五種要素
中何者有出現，何者則無。例如，至少要持續15分鐘才能觀察到
遊戲的持續性。Smilansky在1968年研究遊戲訓練所用的觀察程序
可應用在SPI上，也就是要先觀察一群小孩子玩一段較長的時
間，然後再決定五種要素中出現在每一個孩子遊戲中的有那些。

當使用SPI時，建議依下列步驟進行：

名字	角色扮演	想像轉換			社會互動	語言溝通		持續力
		玩物	動作	情境		後設溝通	假裝	
1								
2								
3								
4								
5								
6								
7								
8								
9								
10								
11								
12								
13								
14								
15								
16								

資源來源：摘自Smilansky（1968）。

圖8-4　Smilansky社會戲劇遊戲觀察表

‧在觀察中，一次只選二、三位幼兒觀察，而這幾位孩子是以Parten／Piaget量表中篩選出較少進行團體戲劇遊戲的幼兒。

‧在幼兒整個遊戲時間內，從頭到尾都要非常注意，每一位幼兒平均觀察一次一分鐘，再輪流看其他幼兒，依此輪序。

‧在幼兒遊戲結束時，將每一個幼兒的遊戲中觀察到的社會戲劇遊戲的每個要素記錄在SPI適當的欄內。假如其中的一個要素（如社會互動）發生得很短暫，在相關的欄內劃上一個「？」，表示這個行為似乎已顯現，卻又未發展得很好。

‧假如有幼兒缺乏其中一或多項要素的話，改天再觀察一次，不能只因單次觀察就加以定論，並認定此幼兒缺乏這些技巧。

● 專欄8-5　社會戲劇遊戲量表：要素之定義

1.角色扮演

　　幼兒採用一些角色（例如：家庭成員、救火員、超市收銀員），並以語言來串聯這些角色（如我是媽媽），以及扮演適應角色的行為（如照顧由另一幼兒扮演的嬰兒）。

2.想像轉換

利用一些表徵來代表玩物、動作或情境。

(1) 玩物可能被用來代替其他生活上的真實用品（以積木假裝為杯子），或以語言的聲明表示一想像的物品（看著空空的手並說：「我的杯子裡沒有水。」）。

(2) 用簡略的動作來代表真實的動作（如用手上下移動表示在用鐵錘釘釘子），或利用語言表達想像的動作（我正在釘釘子）。

(3) 利用語言來表示想像的情境（假裝我們正坐飛機去美國）。

3.社會互動

至少有兩位幼兒對遊戲情節的角色、動作做直接的互動（如Howes量表中的層次四：共同意識的互補／互惠遊戲）。

4.語言溝通

幼兒對相關遊戲主題的內容彼此有語言上的交換。這些訊息的交換包括下列兩種：

(1) 後設溝通的聲明（metacommunication statements）被用來組織或建構整個遊戲內容的溝通。如孩子可能如此表達：

·象徵想像物品的認定（假裝這繩子是蛇）。

- 分配角色（我是爸爸，你是娃娃）。
- 計畫故事情節（我們先去超市買菜，再去樓上玩具部買玩具）。
- 如有幼兒玩的不對（如角色行為不符合），孩子會斥責並糾正他（娃娃不會幫忙擺碗筷）。

(2) 假裝溝通的聲明（pretend communication statements），符合其所扮演角色的溝通。如幼兒假扮老師，向其他幼兒（當學生）說「你們再頑皮，我要帶你們去見郭主任哦！」

5.持續性

幼兒進行有持續性的遊戲時，年齡是決定幼兒是否有持續力的最大因素。Sylva等人（1980）及Smilansky（1968）的研究指出，小、中班的幼兒應可維持5分鐘的遊戲時間，而大班至少可維持10分鐘。此外，自由遊戲的時間多長亦是一相關因素，若自由遊戲時間短於15分鐘，那上述孩子的持續力就要稍為縮短一些。

資料來源：摘自Smilansky（1968）。

有了SPI的紀錄資料後，從整個量表中可看出幼兒具備或缺乏那些遊戲的要素。若幼兒皆有這五種要素，那可說此幼兒具有相當優秀的社會戲劇遊戲的能力，在其遊戲中成人的角色與功能就不重要了。反之，若幼兒缺乏一或二個要素，那他便很需要成人

給予干預，並利用空間、時間、情境和玩物的配合，以使幼兒能具備社會戲劇遊戲技巧，將之融入遊戲當中，在其不斷反覆練習中，使其具備下列能力：

· 角色扮演——道具箱（第十章）及成人參與（第七章）。
· 想像轉換——低建構的道具（第十章）及成人參與（第七章）。
· 社會互動——高社會價值之玩具（第十章）及成人參與（第七章）。
· 語言溝通——成人參與（第七章）。
· 持續力——將遊戲空間做區隔之空間布置（第九章）及成人參與（第七章）。

以上之提昇兒童戲劇遊戲五種要素之策略可參考**表8-2**。

表8-2　提昇社會戲劇遊戲行為策略：各章部分

因素	提供方法	成人參與	章　節
角色扮演	道具箱	遊戲指導	7.10
想像轉換	玩具——適合真實情境	遊戲指導	7.10
社會互動	玩區——具高度社會價值	遊戲指導、親子遊戲指導 方法：1.引導誘因或刺激 動機（induction）；2.利 用分段法（distancing）	7
語言溝通	先前之經驗	遊戲指導、親子遊戲	7
持續性	分割遊戲區域	平行、共同遊戲及遊戲指導	7.9

建構玩物（積木）可引起孩子玩建構遊戲；一旦建構完成後，它又可用成戲劇遊戲的道具。

　　當以SPI來解釋行為時，要先考慮孩子的年齡，雖然團體戲劇遊戲在幼兒兩歲時便開始，但大多數幼兒在三或三歲以後才開始發展這類層次較高的社會戲劇遊戲（Rubin, Fein, & Vandenberg, 1983），因此成人如老師或家長不需過於擔心二、三歲的孩子，在遊戲中沒有出現SPI的五種要素行為。此外，在第七章我們曾提過，低社經家庭的幼兒有較多的戶外想像遊戲（Tizard, Philps, & Plewis, 1976）。所以在使用SPI時，應多次觀察幼兒行為，不僅室內，戶外也要觀察，才能在不同之遊戲情境下，做更精確的觀察，進一步地去斷定幼兒是否缺乏任何社會戲劇遊戲的技巧。

　　Smilansky及Shefatya（1990）將Smilansky之社會戲劇量表從一檢核表之方式轉換成計分量表，並將原來五個分向度延伸成為六個向度——角色扮演、玩物轉換、動作與情境轉換、持續力、社會互動及語言溝通等，其計分方法請參閱專欄8-6：Smilansky及Shefatya之社會戲劇遊戲能力評分表。

專欄8-6　Smilansky及Shefatya之社會戲劇遊戲能力評分表

角色扮演（role-play）

0分→完全沒有角色扮演。

1分→只扮演主題內的「基本」角色，且只有語言（包括語調）、動作（包括手勢）其中一項呈現方式。

2分→（1）只扮演主題內的「基本」角色，且有語言（包括語調）、動作（包括手勢）兩項呈現方式。

（2）扮演主題中較具專業、獨特、精緻的角色，呈現方式為語言、動作其中一項。

3分→扮演主題中較具專業、罕見、精細的角色，呈現方式為語言、動作兩項。

玩物轉換（make-believe with objects）

0分→無對玩物的想像轉換。

1分→透過高度具體化形體相近的玩物，來做有限度的想像轉換。即「具體性實物轉換」。

2分→透過其他在形狀上相似的真實用品來表示玩物。

2.5分→透過其他在功能上相似的真實用品來表示玩物。

與2分的形式合稱「替代性實物轉換」。

3分→用言語或動作來代表玩物。即「假裝性實物轉換」。

動作與情境轉換（make believe with actions and situations）

0分→完全沒有。

1分→用語言或動作中的一項來表達欲想像轉換的動作。

2分→（1）用動作及語言兩項來表達一想像轉換的動作。

　　　（2）用動作或語言其中一項來表達一情境。

3分→用動作及語言兩項來表達一豐富的情境。

持續力（persistence）：

0分→每一角色扮演不到2分鐘。

1分→每一角色扮演2~5分鐘。

2分→每一角色扮演5~10分鐘。

3分→每一角色扮演至少維持10分鐘以上。

社會互動（social interaction）：

0分→遊戲層次為單獨、平行遊戲。或彼此合作但甚少交談。

1分→只和團體內的部分幼兒互動，且方式上只有語言或動作中的一項。

2分→（1）只和團體內的部分幼兒互動，但方式上有語言及動作二項。

（2）和所有幼兒互動，且方式上只有語言或動作中的一項。

3分→和所有幼兒互動，互動方式包括言語及動作上的互動。

語言溝通（verbal communication）：總分爲後設溝通及假裝溝通的平均數。

0分→參與遊戲但無任何語言，或只是自言自語。

1分→後設溝通方式採：訴諸權威、命令、批評、強迫、不願溝通、語言上的攻擊等方式。不參與計畫遊戲內容，只執行其他同伴指派的角色。假裝溝通時多只有角色的基本語言，且較無法和其他角色有語言上的互動。

2分→後設溝通方式採：哄騙、哀求或放棄的方式。且參與遊戲內容的討論，成為協同計畫者。假裝溝通採：和部分人有語言互動，而語言的表達和語調的運用屬中等程度，用詞較簡略，談話內容較粗淺。

3分→後設溝通方式採：禮貌性的要求、利他、分享、輪流、商量、共同計畫的方式。且可計畫相當豐富的主題，成為遊戲內容上的主導者。假裝溝通時在語調及用詞上多相當精緻，且和所有角色有語言互動，而談話內容多可延伸遊戲的深度。

註：延續Smilansky and Shefatya（1990）的計分方式：

計分方式為0~3分，並加上考慮遊戲行為複雜度及頻率。

· 複雜度以0~3分表示。

· 頻率：針對玩物、動作或情境轉換及言語溝通三項，其餘三項則無，當上述三因素表現多次時，計分方式採「平均加權」的形式。

計分評量表

計分評量表（rating scales）類似檢核表，主要是對特定行為的觀察並且提供一簡便的格式來做記錄訊息；但是計分評量表比檢核表只能勾選行為有更多的行為訊息，而且也可以呈現行為之量化差異（quantative difference）。這些評量表幫助觀察者瞭解行為之有無，以助其做決策及判斷行為之量化品質（Irwin & Bushnell, 1980; Pellegrini, 1996）。

計分評量表可以用來當作廣泛行為與特質的判斷（Irwin & Bushnell, 1980）。通常這些行為與特質是難以被測量。此節所提供Lieberman的玩性（playfulness）量表便是一個應用評量表的例子。評量表很好學且允許評量表對兒童行為的測量與瞭解（Pellegrini, 1996）。

但從負面的觀點，依賴量表的判斷比用檢核表可能穩定性不夠（信度低）也可能產生錯誤的訊息測量。最近記憶的效果（the

effect of recency of memory）就是一個好例子。如果評量者只用最近的記憶來記錄觀察者之行為，而不是找到其最代表性的行為（Pellegrini, 1996），其它相似誤差的問題如下（Irwin & Bushnell, 1980）：

‧寬容效應（errors of leniency）──對熟悉的人在評量時比較可能給予比他應得的行為來得高。

‧中央極限效應（errors of central tendency）──分數會往中間集中，避免給予高低分的極端值。

‧月暈效應（halo effects）──第一印象的分數，可能讓不相關之訊息來影響評量者。

最後避免此種評量誤差之方法即是瞭解在評量孩子行為時，可能會產生此種誤差。正如Irwin及Bushnell（1980：213）所解釋：「預先警告還不如事先準備！」（To be forewarned is to be forearmed！）

本章中，我們選了兩個量表來評量兒童的遊戲行為。第一個量表是評量兒童的人格特質的玩性量表，此量表可以測量兒童的頑皮及玩性。第二個評量工具是Penn同儕互動遊戲量表，主要在評量美國非裔幼兒之同儕互動行為。

玩性評量表

誠如第四章所提及：玩性似乎是孩子基本的人格特質。某些兒童在其身上可以散發好玩的特性，此種特性可以幫助他在各種情境中展現遊戲（Barnett, 1990）。但是，其他的兒童則在很豐富的遊戲情境也甚少有遊戲行為。

Barnett（1990）發展一玩性量表以幫助研究者及教師輕易評量兒童在各種不同遊戲情境中的遊戲特質。此量表應用Lieberman（1977）原先玩性之五種向度來加以延伸與發展，此向度為：

1.身體自發性。
2.社會自發性。
3.認知自發性。
4.展現歡樂。
5.幽默感。

基於Barnett之前的研究，她在每一向度發展4至5個題項用於操作地描述此向度的特質。她用五等評分量表來評量每一題項行為之程度（參閱圖8-5）。

老師可以用此量表來評量學生之玩性。如果在此量表評分較低，這意謂著兒童需要額外的幫助，尤其提供成人參與或同儕當作遊戲的鷹架，以幫助孩子從遊戲課程之活動中獲得遊戲之正面效果與益處，關於遊戲課程及活動建議將在第十一章會有更詳細的介紹。

Penn同儕互動遊戲量表

大部分社會能力量表及遊戲量表大部分的兒童是從白人中產階級的家庭中抽取而來，應用於非白人與非中產階級的小孩可能產生推論的效度置疑（McLoyd, 1990）。Penn同儕互動遊戲量表（The Penn Interactive Peer Play Scale, PIPPS）就是一個特例，此量表是以老師評量為主，專門針對低收入戶之非裔美國幼兒來加

符合孩子行為之程度

	1 幾乎沒有	2 偶爾是	3 多少是	4 大都是	5 幾乎總是
身體自發性					
兒童行動協調良好	1	2	3	4	5
兒童在遊戲時，身體是自動自發	1	2	3	4	5
兒童比較喜歡動，不喜歡安靜	1	2	3	4	5
兒童可以跳、滑步、跳及單腳踏步，而且表現良好	1	2	3	4	5
社會自發性					
兒童容易趨近別人且對別人的接近有所回應	1	2	3	4	5
兒童可以主動與別人玩遊戲	1	2	3	4	5
兒童可以與別人一齊合作地玩	1	2	3	4	5
兒童願意與別人分享玩物	1	2	3	4	5
兒童在遊戲時常扮演領導者角色	1	2	3	4	5
認知自發性					
兒童獨自發明遊戲	1	2	3	4	5
在遊戲，兒童可用不尋常的方式來玩	1	2	3	4	5
兒童可扮演不同角色	1	2	3	4	5
在遊戲時，兒童常改變活動	1	2	3	4	5
呈現歡樂					
在遊戲時，呈現歡樂狀	1	2	3	4	5
在遊戲時，表情豐富、華麗	1	2	3	4	5
在遊戲時，展現熱忱	1	2	3	4	5
在遊戲時，有情感表現呈現	1	2	3	4	5
在遊戲時，有說有唱	1	2	3	4	5
幽默感					
兒童喜歡與別人開玩笑	1	2	3	4	5
兒童會溫和嘲弄別人	1	2	3	4	5
兒童會說好笑的故事	1	2	3	4	5
兒童對幽默的故事大笑	1	2	3	4	5
兒童喜歡扮丑角，逗別人笑	1	2	3	4	5

圖8-5　Barnett's玩性量表

資料來源：摘自Lynn A. Barnett, 1990, Playfulness: Definition, Design, and Measurement, Play and Culture, 3（4）：323～324。

以設計，用來測量幼兒與同儕之遊戲互動行為。

　　Fantuzzo及Sutton-Smith（1994）從啟蒙計畫方案中的800位幼兒，抽取25位被評量有最高及最低的互動行為的幼兒。研究者利用錄影機錄下幼兒之遊戲行為，經過仔細分析以加以辨別「高」及「低」的互動遊戲者。這些互動行為經過36個題項之設計，請老師來觀察幼兒最近二個月之行為表現的頻率以代表幼兒的遊戲互動。在最近的研究，Fantuzzo, Sutton-Smith, Loolahan, Manz, Channing及Debnam（1995）使用因素分析方法，一共找出三個主要因素可以分辨啟蒙方案幼兒之同儕遊戲互動行為，此三個因素分述如下：

1. 遊戲互動：是一個正向之向度，與幼兒之利社會、人際技巧、自我控制與語言自信技巧有關。
2. 遊戲干擾：是一個負向之向度，與幼兒之攻擊行為及缺乏自我控制有關。
3. 遊戲不連貫：另一個負向之向度，與退縮行為有關。

　　圖8-6是一四點量點，用於評量幼兒同儕遊戲互動之三向度。
　　在對啟蒙方案或低收入非裔社區工作之老師可以使用PIPPS量表來評量幼兒與同儕之社會遊戲技巧。Fantuzzo等人（1995: 117）也進一步解釋老師使用這些評量表來規劃其教學活動：

　　假如整個班級呈現很低之互動行為或者常有遊戲干擾或不連貫之行為出現，那老師可以設計較結構化的活動、或用更多的監督孩子遊戲或支持他們正向的互動。反之，假如班級有

過去二個月兒童遊戲行為之頻率

	從來沒有（1）	不常（2）	常常（3）	幾乎總是（4）
遊戲互動				
分享想法	1	2	3	4
領導別人玩	1	2	3	4
幫助別人	1	2	3	4
有禮貌指導別人	1	2	3	4
鼓勵別人參與遊戲	1	2	3	4
有創意地參與想像遊戲	1	2	3	4
遊戲干擾				
開始打架或吵架	1	2	3	4
被別人拒絕	1	2	3	4
不想輪流	1	2	3	4
說別人閒話（饒舌）	1	2	3	4
損壞別人的物品	1	2	3	4
語言攻擊別人	1	2	3	4
哭、呻吟、發脾氣	1	2	3	4
搶奪別人的玩物	1	2	3	4
身體攻擊	1	2	3	4
遊戲不連貫				
別人遊戲時在外圍徘徊	1	2	3	4
退縮	1	2	3	4
無目標地閒逛	1	2	3	4
被別人忽略	1	2	3	4
不被別人邀請去參與遊戲	1	2	3	4
拒絕被邀請去玩遊戲	1	2	3	4
在遊戲時呈現困惑	1	2	3	4
需要老師指導	1	2	3	4
看起來不快樂	1	2	3	4
有困難於轉移情境	1	2	3	4

圖8-6　Penn同儕遊戲互動量表

資料來源：摘自Fantuzzo, J., Sutton-Smith, B., Coolahan, K., Manz, P., Canning, S. & Debnam, D.（1995）. Assessment of preschool play interaction behaviors in young low-income children: Peen Interactive Peer Play Scale. Early Childhood Research Quarterly, 10, p. 111.

很高之互動行為，那老師可以使用孩子這些能力來當作教導
行為的媒介（例如展開合作學習策略）。

PIPPS評量也可用來幫助同儕介入之方案──用有遊戲能力之
幼兒當作鷹架幫助較低能力之幼兒的課程。Fantuzzo等人（1995）
指出這種方案主要是靠有經驗的老師分辨幼兒的非適應性之遊戲
技巧（最需要同儕協助）及適應性遊戲技巧（最適合幫助同儕）。
PIPPS最能適合上列目的並能達到增加同儕互動能力與技巧。

軼事記錄──筆記與花絮

軼事記錄（anecdotal records）

是記錄事件的故事描述，通常是在事件發生之時或發生之後
不久即馬上記錄事件的始末。這些紀錄可以用來當作在遊戲時所
發生種種事件的證明文件──通常是記載兒童之遊戲能力及其廣
泛之社會、認知、學術及身體發展情形。

軼事筆記──圖8-7描繪一個四歲男孩小明正參與搭飛機旅行
的戲劇遊戲的軼事紀錄。此紀錄記載小明的社會戲劇遊戲技巧
（角色扮演、想像轉換及社會互動）與其正發展的讀寫能力技巧
（使用腳本及繪圖能力）。

在圖8-7的軼事筆記是精簡型，包含相當多描述的訊息：兒童
名字、日期、遊戲情境及真實事件發生情形和所觀察的成果。
Irwin及Bushnell（1980）提供一些做軼事紀錄的指引：

‧提供日期、時間、情境及基本活動的訊息。

‧記錄主角之行為及行為註解。

‧保留整個情節的順序。

‧記載兒童所說的話、保留整個對話。

‧要儘量客觀及正確記錄。

當記錄軼事筆記時，焦點要注意你所看到及聽到的遊戲行為
與對話（Vukelich, 1995）。至於是否要進一步詮釋及評量，則待
整個遊戲情節結束及老師有時間再看這些筆記之後再做。

小明4／17

小明正在商店，假裝他是一個售票員。他在空白的紙上畫上
一些標記，假裝那是飛機票。他問我：「要不要買一張飛機
票啊？」我說：「好啊！」並假裝付錢給他（用手一抓，其
實手上空無一物，假裝付錢給他）。他將其它的飛機票賣給
在此角落玩的小朋友。

Noah 4/17

Noah is in the store center pretending
to be a ticket agent. He makes
several plane tickets by scribbling on
blank pieces of paper. He asks me
"Want a ticket?" I say "Yes" and
pretend to pay with invisible money.
He sells the rest of the tickets to
other players in a similar fashion.

圖8-7　小明賣飛機票遊戲的軼事筆記

軼事筆記可用許多不同的材料筆來寫。Rhodes及Natheson-Mejia（1992）建議老師用3M的黏貼紙來做記錄，以便方便記錄日期及主要孩子的名字，更能在日後貼在其紀錄簿上，以做爲孩子的觀察記錄文件。此外，也可以用資料卡做記錄，更能方便穿孔洞製訂成冊（Christie, Enz & Vukelich, 1997）。老師用資料卡做記錄時，可以將學生名字寫在一角（通常寫在資料卡下邊），而且要讓名字是容易被看到。當老師觀察到兒童在遊戲時有一些重要事件發生，老師可以抽出學生的卡片，沿著所記載的日期，記錄兒童的遊戲行爲。當卡片記滿之後，再夾在學生的檔案卡，再換一張新卡，以此類推。

觀察指引（observation guides）可以補充軼事紀錄的不足（Rhodes & Natheson-Mejia, 1992），這些指引常常是指出所觀察的遊戲層面，可讓軼事紀錄更加有焦點及系統。本章前面所介紹三種實用之檢核表就可容易加以發展觀察指引。例如，某位老師想要觀察孩子之社會戲劇遊戲能力，他可以將Smilansky社會戲劇遊戲量表之種類轉換成簡略的指引，依循其五個要素——角色扮演、玩物、動作及情境的轉換、社會互動、語言溝通及持續力，來加以觀察並做軼事記錄。當然，指引也可以迎合老師的需要來加以製訂，例如，遊戲中之語言使用，社會互動技巧、遊戲情節的主題內容等等。

軼事花絮

假如兒童在遊戲時，老師不能或來不及記載孩子所發生的遊戲活動，那麼老師可在遊戲之後再回想，並做軼事花絮記錄

（anecdotal vignettes）。這些事實發生之後的記載稱爲花絮（vignettes），這些紀錄很類似軼事筆記，不同的是其發生在之前，是用過去語態記載，記錄過去所發生的事，因爲花絮可以在老師自由時間，不被干擾之下，所以可記錄更詳盡的遊戲行爲描述，而且也可以將遊戲行爲及兒童發展情形做個聯結。但可惜的是，太詳盡的紀錄及回憶可能造成很大的代價——重要事件的訊息被老師遺忘了，或選擇性記憶某些訊息。

　　圖8-8記載小明玩飛機遊戲的花絮，同時此也是圖8-7的軼事筆記紀錄，可以比較一下這兩個紀錄有何不同，花絮紀錄對遊戲與情境有較多的描述。同時，也注意此花絮紀錄如何記載小明的遊戲與其語言讀寫能力發展之關聯性。

小明4／17

有一群兒童從玩閣樓的扮演遊戲轉換到玩搭飛機的遊戲，並假裝他們要去法國旅行。小明在扮演角假裝他是一個售票員。他之後用一些空白的紙，畫上一些標記，把紙當作飛機票。他賣我一張票，也賣給其他小朋友飛機票，我們假裝付他錢。他為自己保留一張票，然後，跟我們一起搭飛機要去法國玩。但是，就在他要離開商店之前，他在一張紙上塗鴉，並將紙貼在商店門口。之後，我問小明：「你寫些什麼。」他回答：「打烊了」。這是第一次我看到小明在遊戲中使用文字來代表遊戲的某些功能。

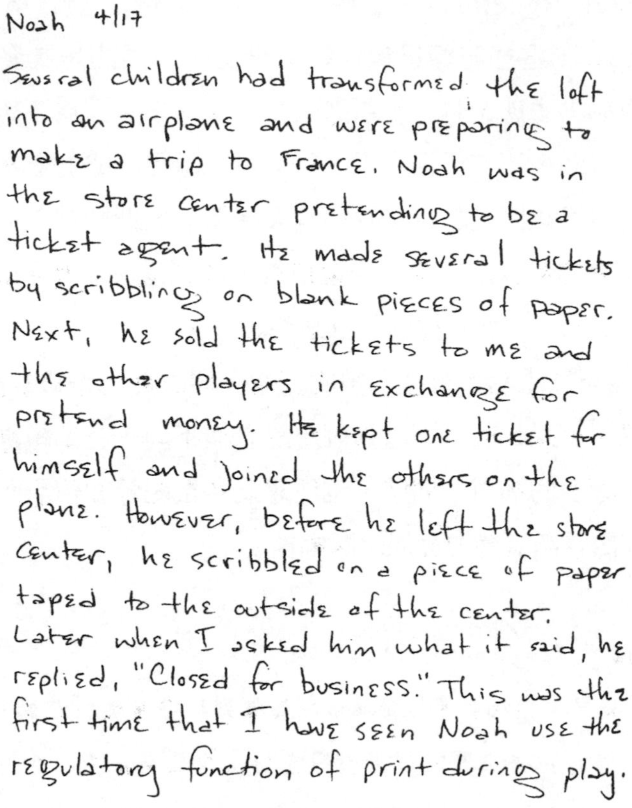

Noah　4/17

Several children had transformed the loft into an airplane and were preparing to make a trip to France. Noah was in the store center pretending to be a ticket agent. He made several tickets by scribbling on blank PIECES of PAPER. Next, he sold the tickets to me and the other players in exchange for pretend money. He kept one ticket for himself and joined the others on the plane. However, before he left the store center, he scribbled on a piece of paper taped to the outside of the center. Later when I asked him what it said, he replied, "Closed for business." This was the first time that I have seen Noah use the regulatory function of print during play.

圖8-8　小明玩飛機遊戲的花絮紀錄

錄影記錄

　　錄影器材近來愈來愈便宜、愈來愈普遍，也廣受家庭或學校所使用。之後，家長和老師可能使用8釐米的攝影機、現在較普

遍使用的數位相機來記錄孩子的成長或老師用於評量及教導功能使用。利用這些設備可協助成人去觀察幼兒遊戲行為。

第一，錄影器材解決了一些成人觀察上的問題。試想，忙碌中的幼教老師或家長如何有時間來做系統觀察呢？而攝影機可架設在某些遊戲角落（娃娃家、積木角），使觀察記錄可以繼續進行，毋須額外時間及注意力，而錄影帶可在時間允許及方便的情況下隨時可放映。錄影紀錄皆可適用本章所介紹的三個量表來觀察幼兒遊戲行為。較有問題的地方是：攝影機不能隨幼兒走動而移動，為了方便省力，攝影機只固定在某一地點，當幼兒不在此一範圍內遊戲便拍不到了。此時只有以人工隨時依孩子走動來操作攝影機才可解決這類問題。

第二，用攝影機可蒐集到比人去觀察的一手資料更豐富的訊息，因為不會錯失幼兒任何遊戲行為，又可重新放映。它可顯示：（1）幼兒玩那些玩物；（2）與那些幼兒或成人一起互動；（3）所使用的語言；（4）幼兒及成人所使用的非語言，如姿勢、手勢、聲調等。

第三，成人可藉錄影器材來增強自己的觀察技巧。如某些老師可能用同一卷錄影帶看某些幼兒的遊戲，然後用其中一種量表來記錄，再來可比較老師們所看到的遊戲行為，並討論他們為何用此類型的觀察類別做為登錄的依據，同時不同的觀察者所評量結果可做評分者的信度（請詳加參閱觀察研究方法），如此可加強彼此間評分之一致性。

最後，老師可利用錄影帶作評估及增進自己干預及參與兒童遊戲的技巧。Wood, McMahon及Cranstoun（1980）研究幼稚園兒

童及老師在自由遊戲活動時的互動情形，並將互動過程做全程錄音，再放給老師聽，結果發現許多老師後來會改變他們參與幼兒遊戲的策略。以往老師的干擾都較直接或跋扈，現在反而較少用這種方式，取而代之的是參與幼兒遊戲的情形加多了，在參與中也觀察幼兒的遊戲技巧。老師自我評價的功效也會藉由視聽器材而更彰顯，它更可將師生互動情形及幼兒對老師所設計的課程反應做更詳細記錄，以做為老師教學參考用。此外，錄影較錄音好，因它不需做其他的情境說明及進一步的解釋。現在有的幼兒園甚至用e化之電腦加上錄影設備，也可以讓家長在家中可以觀察到幼兒在園所的行為。

Christie, Enz及Vukelich（1997: 116~117）對使用非人控操作（監督）之錄影時，有如下的建議：

· 將攝影機放在角架上，並調整整個焦距對準全園所，才能完全掌握全園所小朋友之行蹤及行為。將攝影機放在錄製中，並準時檢查是否攝影機之鏡頭有否對準重要情境及行為。

· 再錄製時，要先測試，確信影像及聲音是否有效被錄製。此種預試也可讓兒童去除對攝影機之敏感性。

· 在你記憶猶新時，檢查錄影帶，此舉可幫助你掌握錄影之情境與行為。

本章小結

　　觀察是瞭解孩子遊戲行為及決定成人是否參與兒童遊戲的主要關鍵。基於這些理由，老師必須要能很準確地及有系統地觀察兒童遊戲。

　　本章，我們已介紹四種老師可以很有系統地使用於觀察兒童遊戲的工具：

‧檢核表特定找出孩子在遊戲時的行為，並有效地提供簡易的記錄系統。通常檢核表可以查證你所觀察的標的行為之出現與否，同時也可以做頻率記錄。本章中，我們介紹了三種非常有用的觀察系統：（1）Parten／Piaget量表，觀察幼兒認知及社會層次的遊戲行為；（2）Howes同儕遊戲量表，進一步分析幼兒社會行為的層次；（3）Smilansky社會戲劇遊戲量表，觀察幼兒是否具有高品質團體戲劇要素及技巧，對各量表我們也提供了紀錄指引及方法。

‧計分評量表比檢核表記載行為之有無出現有更多的兒童遊戲行為訊息。這些量表可幫助評量者在兒童遊戲行為之質與量中有更好的判斷。本章我們已介紹兩種兒童遊戲評量表：Lieberman的玩性量表及Penn同儕遊戲互動量表。

‧軼事紀錄比檢核表及計分量表有較少結構。觀察者只要紙筆或卡片記載兒童在遊戲時所發生的事件。軼事筆記及軼

事花絮可比檢核表之量化勾選行為次數有更多的遊戲脈絡訊息，但是使用此種方法，觀察者會較費力、費時。

· 在遊戲角之活動錄影記錄較不需要老師特別的心力及注意，而且可以提供兒童整個遊戲情節。

⑨ 遊戲環境

☺**室內環境**

空間密度

遊戲角

空間安排

☺**戶外環境**

遊戲場的類型

遊戲場的設計特色

規劃最佳戶外遊戲環境的指標

鄰里與自然遊戲環境

在陳老師的幼稚園中，孩子正在玩40分鐘的自由遊戲活動。在這段時間，兒童可以自由地到他們喜歡的角落：圖書角、科學角、數學操作角、閱讀角、美勞角、藝術角、積木角、戲劇角（家居主題）及單元主題角（本週是商店角）。孩子在角落玩基本上是自由且不加以任何限制，除了人數控制之外，每個角落皆要掛上名牌，以決定遊戲優先順序及遊戲人數（每個角落遊戲人數最多四人）。

此托兒所的空間是由玩物、標示及隔間來清楚地標明各種不同之遊戲角落。例如，戲劇角是在教室中的一角，由屏障及家具來加以區隔，並提供一些道具（玩具廚具、鍋碗盤碟、熨斗架、娃娃、電話、工具箱等等），可以很清楚讓小朋友一目瞭然地知道這是玩扮演遊戲。陳老師同時也布置幾個角落（如積木角）來彼此做支援。這些相互支援的角落基本上是具高活動且有些吵雜——包括有藝術角、戲劇角、積木角等，這些具動態活動的角落已占據教室的一半，而其它的另一半則布置屬於靜態活動，也需要安靜的活動，例如，圖書角、科學角、數學角、閱讀角及美勞角。如此的布置可以讓孩子盡情徜徉其所營造遊戲世界中，也不會擔心去吵到或干擾別人進行他們的活動。此外，此種相關角落串聯成一學習區也可以增加彼此互補功能以鼓勵幼兒之正向互動機會。例如，在圖書角的小孩，可以到美勞角畫他們所讀過的故事及寫故事對話。在家庭扮演角，可以到積木角拿積木來當作扮演的道具，他們也可以到商店買食物回來煮飯，以增加整個

遊戲情節。

一個清楚界定及良好設計規劃的角落，可以鼓勵幼兒參與遊戲及適當使用玩物。例如，幼兒正在圖書角瀏覽書籍，在美勞角畫圖及製作黏土，在扮演角及主題角玩角色扮演遊戲。在此情境中，鮮少發現孩子有攻擊行為或玩狂野嬉鬧的遊戲，孩子基本上大都進行玩物遊戲及與同儕進行高品質之社會互動。

　　環境因子——適合遊戲的空間、空間布置及玩具和設備的選擇——皆可能對孩子的遊戲行為產生影響。情境布置更可能影響孩子遊戲活動之種類、數量、期間及品質（Frost, Shin & Jacobs, 1998; Petrakos & Howe, 1996; Smith & Connolly, 1980）。如本章前言所述之陳老師的課室環境就是能支持兒童產生高品質之遊戲行為。我們將在本章之後描述另一位老師，洪老師正經歷環境規劃不善之負面影響：她的教室情境受到孩子遊戲的破壞與干擾。
　　對老師而言，知道環境布置如何對孩子遊戲產生影響是很重要的，如此一來，老師才能利用情境布置與規劃誘導兒童進行高品質的遊戲，所以情境是扮演「增強」，而不是「干擾」的角色。McLean（1995）甚至更辯稱以兒童為中心的托育機構，環境之規劃與布置才是其課程的基石。在此種方案中，兒童被認為是主動學習者，其個人在自由環境探索，與玩物互動中建構自我知識，解決問題，並自在地與他人互動。老師主要在創造支持其正向學習的環境，例如，鼓勵幼兒主動探索、遊戲與實驗活動，並

徜徉與人的真實互動。McLean質疑現有教育情境中的物理與人為環境並不能達到此種建構教學的正面效應。老師應該要有系統及條理地提供孩子最大學習與發展的支持環境（McLean, 1995: 5）。

生態心理學家使用環境壓力（environmental press）這名詞代表情境中的壓力，此種壓力會塑化人在情境的行為（Garbarino, 1989）。漸進順從（progressive conformity）的原則，要求當時間推移，人的行為要受環境之情境所影響（Garbarino, 1989）。例如，遊戲角是被規劃於鼓勵單獨遊戲，那孩子應該在那角落進行單獨遊戲（Petrakos & Howe, 1996）。當一個遊戲情境是以書、書寫玩物及其它萌發讀寫能力之玩物，那麼孩子應該將讀寫行為整合到他的遊戲情境中（Neuman & Roskos, 1997）。兒童可能始先想要參與某種遊戲行為，但事實上卻因受到情境的影響而放棄原有的想法。Garbarino（1989: 21）則提出：孩子行為不應完全受環境所控制。

> 當環境壓力是環境對個體與環境之交換的貢獻時，個體將獨特個人資源整頓，將特定發展層次及其它歸因，帶至環境情境中。因此，不同之個體應在相同的環境有不同的行為反應。

Liddell及Kruger（1989）研究下一單元所要談的空間密度便是使用上列原則的最佳例子。研究者發現對於擁擠的課室遊戲角落區會因其在家裡的經驗不同而有不同的反應。因此，本章所提及的遊戲與環境之關係並不適用全部的兒童。

　　基於這些個別差異，情境的物理特徵與社會因素可能產生環境壓力。在前幾章，我們已描述遊戲如何被社會因素所影響，例如，成人參與（第七章）、同儕熟悉度（第八章）及環繞的文化影響（第五章）。

　　本章及第十章討論有關遊戲環境的物理層面的影響。本章主要在討論廣泛遊戲情境之物理特性之影響，例如，遊戲空間的多寡、空間之布置、設備之多寡及空間密度等等。下一章的主題是玩物，主要在探討遊戲如何受情境中玩物及玩物特性所影響。

　　本章共分為兩節，第一節在討論室內遊戲環境。相關文獻主要在討論課室之遊戲區域，包括空間密度、空間安排、設備多寡及活動角落。此外，我們也提供一些如何設計有效室內遊戲空間的指引。第二節則在討論戶外遊戲情境，其主要在討論室內與戶外遊戲的差異性、各種不同遊戲場與具高品質遊戲的遊戲場規劃。同樣地，我們也提供如何設計一安全及有效能的學校遊戲場的指引。也將社區遊戲場及自然遊戲區加進來討論。

室內環境

　　室內（不管是在家中或在學校）可以進行的兒童遊戲非常多，因此瞭解室內遊戲環境如何影響遊戲行為是很重要的。這一節我們將檢閱與室內環境有關的研究，包括空間密度、遊戲角落及空間安排等三個部分。在學校，室內遊戲是幼兒教育課程中很重要的要素，老師可藉著情境布置來提昇孩子的遊戲並藉遊戲來

延伸孩子的學習經驗及促進其發展。

空間密度

空間密度（space density）通常解釋爲每一個兒童在遊戲環境中所占的空間大小，也就是室內擁擠程度的指標。數值低（每位兒童20平方呎）顯示環境擁擠，數值高（每位兒童70平方呎）顯示較不擁擠。以動物做實驗發現：社會行爲在很擁擠的狀況下無法進行，也增加了空間密度會影響兒童遊戲的社會品質的可能性。

早期研究空間密度對學前兒童遊戲的影響的結果相當矛盾。根據某些研究指出，擁擠度增加會導致較多的攻擊行爲（Hutt & Vaizey, 1966），但有些研究卻認爲擁擠度增加反而會減少攻擊行爲（如Loo, 1972），而其他還有研究結果發現不會增加或減少孩子的攻擊行爲。對正向社會性互動的研究結果亦是異同摻半，有好幾個研究發現當擁擠度增加時，社會性遊戲的層次便降低（如Loo, 1972），但有些研究卻指出擁擠度提高社會性遊戲的層次並無改變（例如McGrew, 1972）。一個在荷蘭學前機構進行的研究發現，在較擁擠的環境下確實會出現更多的正向社會性互動（團體遊戲）（Fagot, 1977）。

Smith及Connolly（1980）指出這些矛盾的研究結果所造成的幾個問題。在某些研究報告中認爲，當環境設備保持不變，空間的大小以及孩子的人數改變時，每個孩子所擁有的設備多少會影響到孩子的遊戲。第二個是攻擊如何界定的問題，有些調查將狂

野嬉鬧遊戲（rough-and-tumble play）與眞正的攻擊行爲（true aggression）區分開來，但有些則將此兩種視爲同一種行爲（請參閱第三章之專欄：狂野嬉鬧遊戲：一些議題來討論此兩種行爲之區別）。

爲了實際瞭解擁擠所造成的影響，Smith及Connolly（1980）將空間、孩子人數、環境設備都當作變項，在有系統的控制下做了一個研究。他們將空間密度定爲每個孩子平均15、25、50及75平方呎來檢驗（這些數據是遊戲可使用的空間，被家具或其它物品所占的空間並不包括在內）。結果顯示：每個孩子平均空間越少，在遊戲時粗動作遊戲的活動量（跑、追趕、混戰）會減少。換句話說，愈擁擠，粗動作遊戲愈少。但是，每個孩子平均空間若降到25平方呎（擁擠增加），則會對孩子們的社會行爲產生影響。當每個孩子平均空間從25平方呎降至15平方呎時，攻擊行爲會顯著增加，團體遊戲也明顯的減少。

Smith及Connolly（1980）的發現，證明空間的密度會影響孩子的遊戲行爲，值得老師參考。度量空間密度（measuring spatial density）時必須說明如何度量教室中的空間密度。如果計算結果顯示出少於每個孩子平均25平方呎的有效可用空間，則應採取某些步驟來降低擁擠的程度。解決的方式包括：（1）重新安排家具，以便有更多空間供兒童遊戲；（2）減少教室中孩子的人數，或將他們分配到其它教室；（3）若無法有額外的空間則須限制參加的人數。

研究發現每個孩子平均可使用的空間愈低，粗動作遊戲也會降低，這有幾個涵義，如果老師發現教室中有太多追趕以及粗野

嬉鬧的遊戲，則可能是空間太大了，可增加一些家具或重新安排家具將大的開放區域隔開，可能對減輕這個問題有所幫助。當然，若老師想增加粗動作遊戲可以反過來安排。另有一種方式可以幫助孩子在小的區域中增加粗動作遊戲，那就是提供攀爬的設備。Smith及Connolly（1980）發現當使用空間愈少，孩子們愈常在攀爬架及滑梯上參與精力旺盛的遊戲。從Wardle（1980）的著作亦可發現，他在空間的設計上建議要有足夠的攀爬和滑梯的設施。這是為嬰幼兒設計的構造，但也可以很容易的增建以供較大孩子使用。

　　Liddell及Kruger（1989）在南非小城鎮針對托兒所執行的研究發現：幼兒對擁擠的反應是受家庭空間密度所影響。來自居處較擁擠的幼兒比起家裡較寬敞（擁擠對他們是一新鮮的經驗）的幼兒，在遊戲時較可能有負向之影響。研究者假設幼兒在家受到家庭資源排擠有較擁擠及多競爭之經驗，對於學校之擁擠環境會較容易受到傷害。有趣的是，Kruger及Liddell卻指出成人的經驗剛好與兒童相反，當成人曾住過較擁擠的家庭或社區，其較能經驗因應擁擠的困境。

　　減少每一小孩可以使用的空間也可以減少粗動作遊戲的發現有如下的教育意涵：（1）可以因為太多的可活動的空間，造成太多的追逐與狂野嬉鬧的遊戲；（2）如果空間太大，可以增加一些教室設備或將現有的空間重新安排、布置也可以減少上列的問題；（3）如果老師希望增加兒童之粗動作活動，可以按上述問題反向操作。

　　因為空間密度可能影響兒童的遊戲行為，所以老師可能很希

望能控制此一變項。專欄9-1（測量空間密度）將提供如何計算教室的空間密度。如果整個教室的空間密度低於每個孩子平均密度25平方呎，那老師應採取減少擁擠或減緩其負向影響。最簡單的作法當然是增加教室空間，但是有時教室的空間利用是超越老師的責任範圍，也不是老師可以控制。如果是如此情形，那麼老師應操弄有限的空間，加以安排及布置使用，使兒童之遊戲互動產生正面的效益（McLean, 1995）。至於教室的遊戲角落及空間安排將在下節加以闡述。

專欄9-1　測量空間密度

空間密度是指在遊戲環境中平均可供每個孩子使用的空間大小，可以用下列公式來算出：

$$空間密度 = \frac{房間大小-不可用的空間大小}{孩子的人數}$$

首先，測出房間的長、寬，並將兩者相乘，所得即為房間全部的大小。其次，同樣方法測出每件家具以及不適用於遊戲的空間（例如，在家具間的狹窄區域、保留給成人的區域、不能遊戲的安靜區），將所有不可使用的區域加在一起（單位平方呎）就是不可使用的空間大小。第三，從房間全部大小減去不可使用的區域大小，就是遊戲使用的空間總數。第四，將第三步驟所得的數除以班上孩子的人數。以下

這個例子，即是12個孩子在15×20呎的教室中，來示範如何運用公式：

房間空間大小	20×15 feet=300 Sq. Ft
不可使用區域	
桌1	5×3　　　　15
桌2	5×3　　　　15
桌3	2×4　　　　8
1、2桌子間的區域	1×5　　　　5
書架	1×9　　　　9
	所有不可用空間總數52

$$空間密度 = \frac{300-52 \text{sq. ft.}}{12}$$

$$= \frac{248 \text{sq. ft.}}{12}$$

$$= 21 \text{ sq. ft.}／每個孩子$$

　　Smith及Connolly（1980）發現，將每個孩子的平均密度從75降至25平方呎時會影響兒童粗動作遊戲。然而，將每個孩子平均密度從25呎降至15平方呎，會造成攻擊行為的增加，團體遊戲減少，都是負面的結果。在上面的計算例子中，每個孩子只有21平方呎的平均密度，因此環境對孩子說是太擁擠了，可以參考書上的建議去彌補這個情形。

遊戲角

通常學前機構的教室皆會劃分一些遊戲角（play areas）或學習區，每一個遊戲角或學習區有其獨特的玩物及玩法。在開放式以角落為布置的幼兒園教室中，兒童常會與教室情境中之玩物互動來獲得其知識與技巧。老師的角色是一輔助者（as a facilitator），布置教室環境，觀察兒童在情境中與玩物互動情形，對有需要的孩子提供支持與協助，以及有時還會介紹每一角落的新玩物及可能的玩法。假如教室情境可以有效地被布置及有好的管理系統，那教室環境可以取代老師扮演很多教導的角色。

有效的遊戲角落布置是以玩物為主要要素，玩物可以讓兒童自由探索及實驗的遊戲中獲得學習效果。以下是一般教室的遊戲角落或學習區的分法以及其所包含的遊戲素材：

1. 美勞角——顏料、畫架、白板架、刷子、剪刀、漿糊、壁紙、小塊的木皮或保麗龍、紙、毛筆、蠟筆、黏土、麵糰。
2. 積木角——標準積木，大型中空積木，小雕像（交通工具、人、動物）。
3. 地板遊戲角——大型交通工具、球、小布袋（內裝豆子）、空盒子、工藝玩具、鑲嵌組合積木。
4. 娃娃角——廚房的模型家具及設備、小桌椅、餐具、盤子、家庭用品、道具服裝、洋娃娃、洋娃娃床、嬰兒手推

車。

5.音樂角──風琴、錄音機、節奏樂器、豎琴、木琴。

6.圖書角──書、毯子、雜誌、書架、沙發或書本展示架。

7.桌上玩具角──樂高玩具、拼圖遊戲、插椿板、骨牌遊戲。

8.科學角──飼養在籠中的小動物、水族箱、採集物（種子、
石頭、貝殼）放大鏡、沙箱、水槽、種子的成長、螞蟻
窩。

9.木工角──工具、釘子、木頭、工作台、螺絲、虎頭鉗、
黏膠及顏料。

10.身體資源角──提供一些軟墊來促進孩子的感官知覺、促
進其感覺統合及身體功能遊戲的練習。

11.輪替的主題角──兒童所熟悉的道具或家具，例如商店、
餐廳、郵局、醫院或寵物店。

12.寫字角──鉛筆、馬克筆、紙、空白簿子、信封、信紙、
字母印章、白板及白板筆、字典、寫字夾、信箱、電腦及
個人工作簿。

13.數學角──數學操作用品（例如，數學寶盒或MPM數
學）、數學遊戲及拼圖。

　　幾乎沒有一間教室可以涵括上述所有的角落，因此，老師必
須決定教室要有那些角落，這些角落會影響兒童那些活動與遊
戲。許多老師常會依其課程需要，安排或布置六至七個固定的遊
戲角落，例如，娃娃扮演角、積木角、圖書角、美勞角、桌上寫
字角、數學角等等），有時還會增加一些暫時的遊戲角落來安排

一些主題遊戲（例如，交通、恐龍）以及依課程需要的角落（如木工角或音樂角）。

有研究比較在不同遊戲角中孩子的遊戲型態。例如，Shure（1963）發現學前兒童在不同的角落中，會表現出不同層次的社會性遊戲。很明顯地單獨遊戲常出現在桌上遊戲角（益智角）；而團體遊戲則很明顯地出現在積木角和娃娃角；平行遊戲則多出現於美勞角及圖書角。又如Pellegrini（1984）的研究顯示，當學前兒童在不同角落中做遊戲時，語言表達層次及內涵會有所不同，他發現孩子在娃娃角所用的語言，會比在積木角、美勞角、水箱、沙箱角所用的語言在詞句上更清楚、想像力更豐富及更有連貫性。而Rubin及Seibel（1979）發現積木角可以促進兒童的建構及戲劇遊戲，而這些遊戲也最能出現團體互動的機會。

總括來說，這些研究都指出娃娃角及積木角的重要性，這是兩個鼓勵較高層次的社會性遊戲的角落。娃娃角還具有更多的好處，它能刺激更成熟複雜的語言。當然，其它遊戲區也有其價值，也能鼓勵許多不同型態的遊戲活動（美勞、音樂、書、建構、粗動作運動、感官探索）。

還有一個值得提出討論的角落遊戲，稱為輪換主題角（rotating theme corner），它以各種戲劇遊戲的主題來設立（例如，雜貨店、辦公室、餐廳、麵包店、冰淇淋店、醫生辦公室），這些角落放置與主題有關的東西，例如，商店角應有一張桌子，桌上有收銀機、櫃子、空的商品盒子與罐頭及購物袋等。

Woodard（1984）說明在她的大學中如何為附設實驗幼稚園的小孩設置主題角，有些很有創意。她用冰箱的紙箱做入口，吸

引小朋友的注意及興趣，也利用它來將這個角落與房間其它地方區隔開來，像獸醫的辦公室包括有等候室（供接待員使用的一張桌子及數張病人坐的椅子）、檢驗室、狗屋、有用卡紙做成的籠子內放有動物造型的填充玩具。而冰淇淋店用圓紙球當作是冰淇淋。一次只介紹一個主題，每個主題持續幾週。每個主題角儘量靠近娃娃角，這樣孩子們可以將娃娃角的遊戲主題和主題角的遊戲做個統整。Woodard還發現孩子們，尤其是男孩，在主題角設立後開始參與更多社會扮演的遊戲。其他研究者的研究也有相似的結果：男孩比較喜歡在主題角玩而不是在娃娃扮演角玩（Dodge & Frost, 1986; Howe, Moller, Chambers & Petrakos, 1994）。

　　至於何種主題應該採用呢？Howe, Moller及Chambers（1994）便提出他們的研究看法，他們比較幼兒園學童進行熟悉（如娃娃家、麵包店、披薩店）及較不熟悉（藥局、醫院、海盜船）之主題遊戲時，發現孩子在熟悉之主題角有較多的戲劇遊戲行為。因此，這些研究者建議老師先提供一些參觀旅行、書籍或錄影帶讓兒童先瞭解主題內容以擴充孩子對不熟悉主題的瞭解及提昇其預先經驗知識。當然，孩子有個別差異，有些孩子對某些主題熟悉，而某些孩子則否，完全視孩子過去的經驗而定。表9-1列出相關的遊戲主題以及如何擴充孩子的預先經驗。

表9-1　社會戲劇遊戲的主題角

主題	道具	區域／遊戲室	操場／戶外遊戲場	相關活動
a.郵局	a.帽子、舊郵票、封信郵戳章、膠水、漿糊、郵袋、郵筒、信紙、信封、明信片、筆、包裹紙、繩子、紙鈔、錢幣、橡皮章、收銀機、電話、標誌、告示牌	a.靠近娃娃家的角落，或靠近大積木角，可和圖書館或辦公中心擺在一起	a.可推動的拉車、腳踏車、大箱子（當做家或辦公室）	a.製作帽子、寫信、製作印章、漆郵筒、作紙鈔圖書角故事時間──看影片、圖片、聽錄音帶、做卡片、拼圖參觀──郵局、信箱、寄信拜訪──郵差
b.食品雜貨店	b.食品雜貨店的模型、圍裙、小販的帽子、假鈔（遊戲用的錢）、收銀機、食品紙箱、籃子、筆、逛街用的袋子、貨架、塑膠或紙製的水果、蔬菜、小卡車、電話、真的水果或蔬菜	b.靠近娃娃家的角落，有水可以洗水果或蔬菜或是可以堆放水果蔬菜的地方，有刀子可切肉。一個大的四方形區域有一些裝扮用的衣服、袋子、玩具動物、嬰兒車等	b.有可移轉的平櫸車、腳踏車、有輪子的玩具車。提供可以開車、停車、買東西的空間。大盒子或懸掛的三角物	b.請幼兒協助把物品擺到貨架上，用紙黏土作水果和蔬菜。製作紙幣設計空罐的標籤，製作貨架的標示c.圖書角故事時間──圖片、錄音帶、書、拼圖參觀──到商店購物拜訪──收銀員、商店經理、出納員
c.警察局	c.帽子、徽章、車票、駕照、交通標誌、小卡片、筆和活頁簿、大汽車、卡車、電話	c.在小積木區的中央──提供小卡車和小的木頭人在大積木區域──大的汽車、卡車、可以滾動的輪子	c.有輪子的玩具車、畫板	c.製作徽章、製作車票、製作交通標誌、製作卡車和汽車的駕照圖書角故事時間──圖片、錄音帶、書、拼圖拜訪──警察局、或邀請警察到教室說明其勤務
d.太空探險	d.大紙張或有洞的積木、頭盔、畫板、繩子、食品罐和塑膠管	d.靠近大積木區域	d.有輪子的玩具車、凹管、繩子、水管、三角板、梯子、行動電話、呼叫器	d.利用冰淇淋紙盒製成頭盔、準備太空食物圖書角故事時間──影片、幻燈片、錄影帶、圖片、錄音帶、拼圖參觀旅行──太空展覽中心拜訪──太空人、飛行員

（續）表9-1　社會戲劇遊戲的主題角

主題	道具	區域／遊戲室	操場／戶外遊戲場	相關活動
e.消防隊	e.水管、車子、梯子、橡皮製的斧頭、帽子、長統靴、電話	e.布置一個小積木區域——提供小消防車、木偶人、街道、標誌、房庫等。布置一個大積木區——可以行駛車輛的	e.有輪子的玩具車、大型的箱子	e.製作帽子、梯子、徽章、斧頭 參觀旅行—— 消防隊 圖書故事時間—— 圖片、書、錄音帶 拜訪—— 消防人員
f.衛生工程師	f.牛皮紙袋、垃圾筒、車子、行動電話	f.布置一個小積木區——有小卡車、小木偶人	f.利用車子和有輪子的玩具車、打掃遊戲場	f.製作大掃除的海報 圖書角故事時間—— 圖片、書、錄音帶 參觀旅行—— 倒垃圾、參觀垃圾車、打掃遊戲場 拜訪—— 衛生工程師、垃圾處理廠的人員
g.麵包店	g.帽子、鍋子、餐刀、捍麵棍、木製湯匙、模型、圍裙、玩具烤麵包器、收銀機、紙幣、電話、塑膠碗	g.靠近娃娃家或是餐桌布置一個區域	g.沙箱——增加一些道具如水、盤子、桌子、椅子、服務台、小櫃子、小卡車、烤蛋糕鍋、餐刀、小石頭、貝殼等	g.替父母買麵包、寫食譜、製作標誌（介紹產品的圖片等）製作紙幣 圖書角故事時間—— 書、圖片、神話故事、畫板、聽故事和歌、手指遊戲 參觀旅行—— 去麵包店 拜訪—— 麵包師父
h.餐廳	h.桌椅、菜單、點菜簿、盤子、銀製餐具、圍裙、桌巾、餐巾、海綿、紙幣、廚具（爐子、水槽、桌子）、烤鍋、咖啡壺、冰箱、帽子、電話	h.靠近娃娃家或大積木區布置，可與麵包店結合	h.靠近沙箱的地方，可以與遊戲室聯結	h.製作菜單的圖片 製作餐墊、準備標誌 圖書角故事時間—— 圖片、錄音帶、紙板、連環故事、玩偶 參觀旅行—— 到餐廳—點菜、參觀廚房等 拜訪—— 服務生

（續）表9-1　社會戲劇遊戲的主題角

主題	道具	區域／遊戲室	操場／戶外遊戲場	相關活動
i.畫室	i.杯子、畫筆、顏料、圍裙、小拖鞋、清洗用毛巾、報紙、電話、水桶、顏料目錄、工作褲	i.布置一個中心——有大型的調色盤、顏料，以及調色用的罐子、大箱子或裝鞋的盒子（可用來塗色再當積木堆砌）	i.大盒子和水管或壁紙、漿糊、剪刀、刷子、水及水彩	i.調顏色 圖書角故事時間—— 圖片、色卡與遊戲 參觀旅行—— 工作中的畫家 拜訪—— 油漆工或畫家
j.建築工人	j.午餐盒、工作褲、帽子、測量尺、鎚子、釘子、線、砂紙、木箱、工具箱、電話	j.大積木區域——木片、壁紙板、紙條、木板、玩具等或布置修理店如舊烤麵包機、時鐘、打字機或收音機	j.有輪子的玩具車、大板子、釘子、線、鎚子、舊木頭、工作桌。	j.爲做好的產品上色、製作工具箱 圖書角故事時間—— 圖片、書、木製或塑膠製的建築物、故事書、樂高積木 參觀旅行—— 建築工地 拜訪—— 木匠（可以爲孩子表演或製造東西）
r.圖書館	r.書、錄音帶、書架、書桌、橡皮章、便條紙、書卡、椅子、電話	r.在靠近娃娃家的地方布置，要有枕頭、書架、燈、小書桌、錄音機		k.製作書、借書章 圖書角故事時間—— 在圖書館說故事，寫下旅行記趣 參觀旅行—— 去圖書館、借書 拜訪—— 圖書館員
l.洗衣店	l.塑膠的洗衣粉容器、洗衣籃、衣物、吊衣物的針和線、熨斗和燙衣板、衣架、收銀機、紙幣、紙和筆、水桶、大紙箱（分別標示洗衣機和烘乾機）、電話	l.在靠近娃娃家或大積木區——布置吊衣物的線和別針、收送衣服的卡車、水管，或設水龍頭及水槽可以用手洗衣服	l.兩條大水管、肥皂、吊衣物的線、大頭針、水、娃娃的衣物	l.用紙箱製作洗衣機和乾衣機的標示 圖書角故事時間—— 圖片、大紙板故事書、寫下過去參觀旅行的相關經驗 參觀旅行—— 到洗衣店觀察洗衣過程 拜訪—— 洗衣店店主或管理人員

（續）表9-1　社會戲劇遊戲的主題角

主題	道具	區域／遊戲室	操場／戶外遊戲場	相關活動
m.醫生、護士	m.護士帽、紗布、膠布棉花棒、筆、二個電話、袋子、護士帽、溫度計、太陽眼鏡（沒有鏡片的）、繃帶、藥瓶（不易破的材質）、聽診器、嬰兒身高器、體重器、白色襯衫、眼睛構造圖、檢查台、雜誌、椅子、電話	m.在靠近娃娃家的地方布置娃娃的床、小孩床 布置一個動物醫院——放置玩具動物、籠子、食物盤	m.有輪子的玩具車、車（急診用的）、交通工具、搬運工具、毛毯	m.製作一個急救用的擔架（積木或架子）、製作帽子、繃帶、眼睛構造圖、量體重、身高、幫娃娃包紮 圖書角故事時間——圖片、書、木偶或紙偶 參觀旅行——到醫院參觀、瞭解急救搬運過程與方法 拜訪——醫生、護士、急救人員及救護車司機
n.牧童	n.帽子、繩子、金屬圈、木馬、頸巾、木桶、睡袋、野營炊具、生火木材	n.與點心時間結合，用繩索當成營火圍在旁邊唱牧童歌	n.實地野營、生營火、野炊	n.製作帽子、背心等 利用三角板做馬 圖書角故事時間——書、圖片、大紙板故事書、唱歌、手指遊戲、錄音帶 參觀旅行——牧場 拜訪——馬販
o.洗車店	o.紙幣、有大輪子的玩具車、海棉、衣物、水桶、塑膠瓶、水、肥皂、衛生紙、橡膠清潔器、長統靴、電話、票	o.在大積木區布置，使用卡車和各種車子	o.讓戲劇自由的在戶外發展晴天時可以用真的水在戶外及溫暖的天氣裡，用水讓遊戲自由發揮	o.製作標示、玩具鈔票 圖書角故事時間——圖片、書、大紙板故事書、唱歌 參觀旅行——到洗車店、參觀洗車過程 拜訪——洗車業者
p.機場	p.帽子、盤子、駕駛盤（方向盤）、活動木板、機票、裝食物的器具、衣箱、工作褲、汽油罐、工具、售票機、地圖、旅行衣物、電話、布娃娃、毛毯、旅行地圖、時間表、機艙（用箱子堆成）	p.在大積木區布置一個機場、有大卡車可運用食物、皮箱	p.用箱子、大積木、玩具車等布置一個機場	p.製作帽子、徽章、機票、菜單、旅行地圖 圖書角故事時間——書、圖片、木製小人物、拼圖、旅行地圖、小機場 參觀旅行——機場—看飛機 拜訪——駕駛員、技工、空中小姐、少爺

（續）表9-1　社會戲劇遊戲的主題角

主題	道具	區域／遊戲室	操場／戶外遊戲場	相關活動
q.露營	q.帳篷、廚具（野炊用）、營火、木桶、手電筒、野營凳子、睡袋	q.大的空間或是戶外活動場所	q.增置一些小木炭、烤架、爐子、熱狗等或釣魚竿、魚桶，也可與牧童的遊戲結合	q.準備食物 做釣竿、用積木或紙箱、建造營地 圖書角故事時間—— 圖片、書、拼圖、說明書 參觀—— 販售器材的商店 在公園露營一天一夜 拜訪—— 營地管理員
r.加油站（補給站）	r.油罐、杯子、帽子、手電筒、繩子、海綿、水桶、塑膠製工具、收銀機、紙幣、打氣筒、電話、簽帳卡、橡皮管	r.布置一個小積木區——小汽車、街道標誌；大積木區—大卡車、汽車、小積木、小飛機、大積木和大飛機	r.玩具車 用大箱子、板子、三角板做火車、飛機、汽車	r.做街道標誌、簽帳卡、紙幣 做打氣筒、火車、飛機、汽車等 參觀旅行—— 到飛機、汽車等的補給站參觀 圖書角故事時間—— 圖片、書、錄音帶 拜訪—— 補給站工作人員

資料來源：摘自Johnson及Newman（1980）。

空間安排

　　與遊戲有關的，除了空間密度之外，還有空間的安排方式
（arrangement of space）。在這一節，我們將從一些研究空間規劃
安排的報告中，強調幾個重要的發現，尤其是空間如何的安排對
兒童遊戲模式之影響。主要的討論包括空間適宜用開放或小型區
隔區域，如何設計良好的遊戲空間，以及不同遊戲區域之遊戲關
係為何。

　　有一些研究在探討空間的開放與分隔（open vs. partitioned
space），開放的空間在設計上是使教室空間安排愈少障礙，以促
進兒童在課室遊戲活動之自由度，可以從一個遊戲活動，很快又
自由地轉移至另一個活動。相對地，分隔空間的教室也有一些好
處，例如，屏障或較小的分隔區域可以減少噪音及視覺干擾，可
使兒童較能集中注意力也增加課室在活動進行的安全性。此外，
較小的分隔區域可以減少大肌肉活動及狂野嬉鬧的遊戲，而且也
較能提供親密互動的氣氛、鼓勵幼兒間之社會互動與合作行為產
生。

　　有一些研究指出，小型分隔區域比大型開放區域更易產生有
高品質的遊戲。這些研究發現：將大型的托兒所分隔成較小的區
域，可以降低粗暴行為的發生，並增加在自由活動時合作性互動
和語言互動的機會，而且也會增加兒童的假裝遊戲與和教育性玩
物互動的機會（Field, 1980; Moore, 1987; Neil, 1982; Sheehan &
Day, 1975）。Field（1980）比較了幾個在不同的空間安排、師生

比例教室中，學前孩童的遊戲，她發現：在較小的分隔區域中，較有高層次社會性及認知性的遊戲，而在較寬大的區域中所進行的遊戲則層次較低，然而，師生比例的不同使她無法決定不同的遊戲型態是否單純的因空間安排而造成的。Moore（1987）、Sheehan及Day（1975）的研究也發現兒童在大型開放區域常有粗暴的退縮及隨機化行為出現。此外，小型分隔區域也會影響成人之參與兒童遊戲互動之行為，會鼓勵老師多與兒童互動，少與同事互動（Neil, 1982）。

空間的設計應使幼兒能很容易的看到玩具的所在。如果孩子的視野因櫃子或其它分隔物所阻擋，看不到遊戲設備，孩子便無法瞭解在教室中可以玩那些遊戲。Pollowy（1974）發現孩子愈能看見器材，愈會去使用器材。

將大型開放區域區隔成一些小遊戲區域有其正面效果，但是老師必須小心如何將空間做一區隔。Kinsman及Berk（1970）發現若將隔在積木角與娃娃家中的障礙物移開，將空間放大，學前幼兒的遊戲會有影響。尤其在娃娃家中，移開分隔物能使許多遊戲更容易進行。將兩個角落的玩物放在一起玩，也能增加遊戲的形式（如把積木當成道具在娃娃家使用），但這方式只適合較大的孩子。

顯然地，是否採開放的空間是很複雜的問題。研究支持將寬大開放的空間劃分成較小的區域，可以使粗動作活動減少（跑、追趕及粗野嬉鬧遊戲），鼓勵戲劇遊戲及建構遊戲。然而，有一點需注意的是這些分隔物或柵欄應放置的位置。在每個互補區（complementary area），如積木區和娃娃角之間，最好是開放

的，讓孩子的活動流暢，兩種遊戲也能統合一起玩。

開放vs. 區隔區域與空間的定義是必然有關的。Moore（1987）將精緻行為情境（well-defined behavior settings）定義為：「限制一個活動的區域，可以隔離其它行為情境之視覺、聽覺的干擾，並可以很清楚與其它活動作一區分」（P. 60）。Neuman及Roskos（1993）指出區域間的疆界應同時用物理提示（physical cues，半固定的區隔物）以及表徵提示（symbolic cues，如圖畫及照片）。例如，一個郵局的扮演遊戲角可以從某一區域用圖表架、書架或其它家具來加以區隔成為一主題角。可以利用大標示（郵局）、中華郵政總局及一些機動、零散的物品（郵票、信箱、郵筒等）來幫助兒童瞭解這是一扮演郵局的主題角落。Neuman及Roskos（1993: 106）進一步解釋：「當老師很慎重地使用具體之半固定之家具及使用高度視覺提示的物品來組織整個遊戲空間，老師無異已提供其意圖要如何引導及期望孩子在此區域玩那些種類的遊戲行為。」

Moore（1986）比較幼兒在許多不同幼兒園教室的遊戲行為，這些幼兒園教室被分類為三種層次的空間定義——從最差、中等到優等的定義行為情境。結果顯示兒童在愈精緻（優等）之行為情境，其有愈多的探索行為、社會互動與合作行為，而且對老師的參與也產生愈正面的效果，如果老師扮演著共同遊戲的角色，在愈精緻的遊戲情境中，孩子愈有正面之行為出現。

Walling（1977）的個案研究則針對其他有關空間的安排做分析。Walling帶了一班3歲以及4歲的學前階段幼兒，對在自由活動時發生的許多攻擊行為以及粗野嬉鬧的遊戲感到很困擾，她發現

孩子們很少使用娃娃家或者參與戲劇性遊戲,所以她開始感到教室的空間規劃有些問題(見圖9-1)以致影響孩子們的遊戲品質,在仔細的調查後,她發現幾點問題:

1. 教室中間太空了,使孩子跑來跑去、追打、嬉鬧。
2. 遊戲角落(積木角、圖書角、美勞角、娃娃角)設置不太好。例如,娃娃家是位於教室開放區的一角,使它看起來沒有家的感覺,也使娃娃家的器具變得散布在整個教室中。
3. 有些角落擺在一起會互相干擾。例如,積木角(吵鬧)以及圖書角(安靜)設置在一塊兒就不適當。
4. 教室中也沒有清楚的活動路徑,要從門到教室另一端,孩子們必須靠著積木角走(常會弄倒其他孩子的積木),又要穿越一排美勞活動用的桌子,這讓孩子們有吵架的機會。

Walling重新布置了教室,把桌子重新排放,增加了幾個分隔物,將廣大的開放空間隔起來,在教室中造出一條清楚的活動路徑。這些分隔物也同時將家事角及其它遊戲角落界定開來;再將幾個角落重新安排,使得每個角落與其他相鄰角落不產生衝突。例如,將積木角遠離圖書角,搬到接近娃娃角的區域。布置結果見圖9-2。

經過一個星期的適應,可看到孩子們的遊戲開始有所改變,使用娃娃家以及積木角的次數逐增,粗魯以及攻擊行為顯著減少。Walling發現她花在維持孩子們的紀律時間逐漸減少,較有時間在孩子們遊戲時與孩子積極互動。有時,環境情境之布置也可

以讓兒童有參與的機會（請參考專欄9-2：室內遊戲空間要投孩子的喜好），也可建立以兒童爲本位之課室情境。

　　記住，如果在娃娃家與積木角間保留開放，可鼓勵孩子在兩個區域間做整合的活動（Kinsman & Berk, 1979）。Walling對教室的安排並沒有什麼特別，只是改變玩具爐後面分隔物的位置，就輕鬆的達到目的。對空間安排的其他詳情，請參照Kritchevsky和Prescott的研究（1977）。

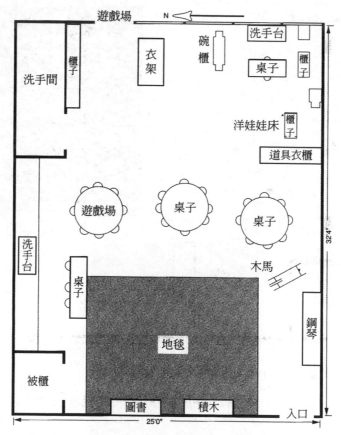

資料來源：Kritchevsky and Prescott（1977.P50）。

圖9-1　Walling的原始空間安排

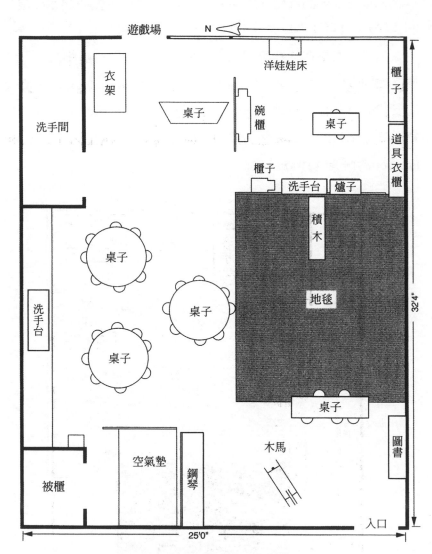

資料來源：Kritchevsky and Prescott（1977. p. 51）。

圖9-2　Walling修訂後的空間安排

專欄9-2　室內遊戲空間要投孩子的喜好

你曾想過如果你給幼兒們一個機會，他們會如何安排他們的遊戲空間嗎？有一個由Pfluger及Zola（1974）曾示範一個完全由孩子為中心的教室布置。

這兩位研究者將一個傳統學前教室中所有的設備及家具移出，放到走廊上，再讓孩子們將自己想玩的任何東西搬回教室內，也讓孩子有充分的自由去安排這些設備。

經過幾個星期，大部分的設備已被還原到教室內，留在走廊上的是一些桌椅及鋼琴，而這些是需要成人協助才能搬回教室的。大部分的器材都是靠著牆放，因此教室中央是一個很大的開放空間。孩子們盡情的使用這個開放空間，但並不只是進行粗動作活動，他們通常會帶適合的器材到這個區域，坐在地上進行美勞或建構活動。社會性的戲劇遊戲也常在這個區域中出現，孩子會從各個課程角落中取來玩具或補充玩具，建造出一個複雜的戲劇遊戲情境，例如，以太空冒險或醫院等主題的活動。

這個研究提出一個觀點，那就是孩子們喜歡的是什麼樣的世界，以及他們對於這個世界的看法，與他們所依賴的成人們的看法有何不同。你自己曾經嘗試過這樣的經驗嗎？你的疑慮是什麼？

這雖然只是一個個案研究，但是Walling的發現確實提供了在室內安排的方向，包括有：

1. 如果希望降低跑及粗野嬉鬧的遊戲，可以用分隔物或家具把廣大的開放空間阻隔起來。

2. 將有衝突的角落分開，例如，吵鬧的（如音樂角）及安靜的（如圖書角）角落分開來；將互補的角落（如娃娃家及積木角）放在一起。

3. 畫出教室內清楚的動線。

4. 運用分隔物及家具將不同的遊戲角落清楚地畫分範圍。

5. 使用物理提示（如家具、書架、圖表架、畫架、水族箱）及表徵提示（如相片、海報、動態藝術品、文字）清楚地定義或描繪不同之遊戲角落。

6. 將需要用水的角落，如美勞角、水箱靠在有水資源的附近。

7. 將可能髒亂的角落（如美勞角、點心角等）放在有磁磚的地板，將需要溫暖（團體討論時間）或會造成吵鬧的積木角舖地毯。

Sandra Lawing的教室（如圖9-3）即是一個應用空間特性的好圖例。注意活動角皆是很清楚意義及每一角落有其支援及互補的功用。安靜地、具學術功用之數學、科學、圖書及寫字角放在教室的一頭，而會吵鬧的遊戲及美勞角放在另一半的空間。活動的重疊則利用互補角落（如積木角、娃娃角，及咖啡廳主題角，而圖書角及寫字角則在旁邊）。

　　上述的指引對於有特殊需求之兒童則要加以調整與修正。例
如，上列之指引建議：寬廣的大空間應加以區隔成幾個小遊戲角
落及明確定義遊戲區域。但是，如有特殊兒童在教室，他們需要
較大的樓地板空間來助其自由移動（Winter, Bell & Dempsey,
1994），那麼指引就應調整如下：

1.提供較大空間的入口處，可以讓輪椅或推車進入遊戲角
　落。
2.可以將玩物放在桌子及地板上，以方便特殊兒童遊戲
　（Winter, Bell & Dempsey, 1994）。
3.使用較高的桌子以方便坐輪椅的兒童。
4.提供一不干擾的環境，例如安靜，不用太多視覺刺激的角
　落（參考Eddowes, 1993）。
4.使用空間提示，如用膠帶或有顏色的地毯，給一些有心智
　及視覺障礙之幼兒找到他們要玩的遊戲角落。

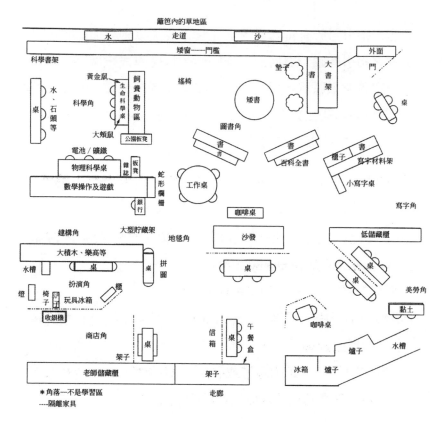

資料來源：Lester, L., Laminack & Sandra Lawing（1994）。

圖9-3　Sandra Lawing's教室地板計畫圖

◉ 專欄9-3　特殊需求學生的室內環境調整

by Francis wardle

　　教室家具、設備及教具一些皆是為一般兒童所設計及製作，鮮少考量到特殊兒童的生理發展、能力及行為。當每一兒童因其身體大小、能力、資賦、特定學習挑戰等等皆有所

不同時，課室中的教具（材）與設備就不能迎合每一位兒童的需求。幼兒園之教師至少要回應下列四個問題：（1）調整老師對幼兒回應的方式；（2）調整課程或活動；（3）使用調整後的教材與設備；及（4）重新建構課室環境。本專欄將一一檢驗調整過的教材與環境以及重新建構環境。務必牢記：在教室中有特殊需求之兒童，必須要牢記上列四項原則。

　　玩物與環境之改變端視兒童不同障礙而定。在本專欄，我們將討論一些身心障礙狀況，並給讀者如何調整環境來迎合兒童需求的一些想法。

過動兒

　　過動兒（ADD／ADHD）常常容易分心，喜歡對老師所訂定之常規討價還價，並可能容易對事情產生厭煩。因此，提供一免於分心的環境對這些兒童是很重要的——利用一定義清楚、小型分隔清楚的遊戲區域，儘量遠離窗戶與電話，以免孩子受到干擾。儘量提供可以讓孩子操作，以方案有關的活動，並確信完成一個活動之後，再給予孩子選擇下一個活動，最後一個活動轉移下一個活動時，遊戲區域不宜離開太遠，最好就在附近區域。要將遊戲規則標示清楚，並且儘量簡短。確信標示清楚、指示簡單且有連續性，而且容易依循。提供各種溝通方式，例如，口讀、書寫及視覺符號等方式。

視覺障礙兒童

對於這些兒童，任何可以加以分類的活動應可以讓他們可以觸摸、以增加觸覺表徵來分類玩物。任何視覺提示之物品，例如，圖畫、字母卡、教授計畫等皆可以加以用觸覺型式呈現。提供磁鐵給孩子進行活動所需；利用大畫筆來畫圖；利用大書作閱讀活動。當團體討論時，要讓孩子有機會做觸摸物品。將所有書寫的物品在較大的空間利用大字母來呈現。提供可以觸摸的表架及其它方法來給予孩子觸覺訊息。

如果環境有所變化（如增減玩物時或重新布置、安排課室環境等）要讓視覺障礙兒童瞭解這種變化及觸摸這些變化。

聽覺障礙兒童

使用圖表來給予孩子清楚的指示及規則。減少各種噪音，如交通，其他兒童在玩吵雜的活動等，以免干擾聽覺障礙兒童的學習。提供書寫單給兒童帶回家以增加非口語式的教導指示，儘量提供口語方式來教導聽覺障礙兒童並與其溝通。

身體障礙兒童

提供特製座位給身體障礙兒童參與活動，例如，玩水遊

戲、美勞、積木等。身體障礙兒童需要更大空間方便他們因身體不方便，例如，使用輪椅所需。同時，設備也要因其身體的限制加以調整。提供大刷子及壁畫紙以利美勞活動進行，使用中空積木來促進孩子大小肌肉活動。提供個人之沙及水桶以方便其不易接近沙、水資源來玩此類活動。美勞活動要提供大一點的筆刷及畫筆以方便活動進行。調整環境讓這些孩子的學習真正無障礙。

戶外環境

　　研究已證實：在室內與戶外，兒童參與的認知型態的遊戲會有所不同。顯然而知，粗動作遊戲，如跑、攀爬、跳，兒童大都會在戶外進行（Henninger, 1985; Roper & Hinde, 1978; Smith & Connolly, 1972），因此戶外遊戲區通常會比室內場地來得大，而且也允許有較多的空間來進行粗動作遊戲；此外，戶外遊戲場的空間也能容納較多的器材設備，例如，攀爬架、鞦韆、滑梯，以鼓勵進行粗動作的活動。相反地，建構遊戲則較常在室內場進行，因此在許多的幼稚園及學前機構的教室中可以發現備有一些豐富的建構材料（Henniger, 1985），這些建構玩具在傳統的學校遊戲場上則很少見到。

　　至於社會遊戲在室內與戶外的場地進行是否有差異存在？相關答案目前仍不清楚。Henniger（1985）指出學前兒童在戶外比

在室內從事較多的平行遊戲。其他尚有兩個研究則發現在室內及戶外場地進行的社會遊戲並無任何差異（Smith & Connolly, 1972; Tizard et al., 1976）。顯然，在下任何結論之前需要有更多相關研究來支持或驗證某一論點。

在室內與戶外遊戲情境之比較中，又有一些研究可以證實：年齡、性別及社經地位有差異存在。研究業已發現：在學校中，學齡前男童比女童喜歡戶外遊戲（Harper & Sanders, 1975; Sanders & Harper, 1976）。正如我們在之前所報告的，低社經地位的兒童較喜好戶外遊戲（Tizard et al., 1976）。另有研究指出，隨著兒童的性別及社會階級的不同，學校室內及戶外的環境對遊戲會有不同的影響，例如，學前男童在戶外從事較多的假裝（虛構）遊戲，而女童在室內的娃娃家有較多的假裝扮演遊戲（Sanders & Harper, 1976）。Tizard等人（1976）發現低階層的學前兒童，與中階層的學前兒童不同，他們在戶外遊戲場比在教室內更常從事戲劇遊戲，遊戲時間也較持久。

總而言之，這些研究強調提供兒童充裕的室內及戶外遊戲場地有其重要性。戶外遊戲讓孩子們參與適合生理發展所需粗動作的活動。此外，戶外遊戲可以鼓勵中層階級的家庭男孩以及低收入家庭的兒童進行假裝遊戲。另一方面，室內教室的環境傾向於刺激中層階級家庭的女孩進行戲劇遊戲。而對男女孩來說，室內環境最常玩的就是建構遊戲。為了平衡孩子的遊戲行為，室內和戶外的遊戲都有其必要性。

孩子們有相當多的時間是在戶外玩耍，而玩多久取決於一些因素，例如，地理位置、季節、時間以及天氣（Naylor, 1985）。

孩子在設計好的地方（如遊戲場）和未設計過的場地都一樣可以玩。

在本世紀開始以前，大多數的戶外遊戲都是在沒有規劃的鄰近場地或是原野上進行的。直到1880及1920年間，才真正致力於遊戲場網絡的建立，什麼場地提供什麼樣的遊戲。這是因工業革命期間，移民小孩除了在街道上玩耍外，沒有地方可供他們遊玩而引起的（Brett, Moore & Provenzo, 1993; Mergen, 1982）。支持遊戲場運動者皆相信貧窮的孩子在經過設計的遊戲設施（organized setting）中玩會更好。結果遊戲場設有鞦韆、跳箱、滑梯、攀爬架以及一些固定的大型設施的習慣一直延用至今。

可幸地是有愈來愈多遊戲場的改良與發展促進更好的發展與設計，並更能刺激各種遊戲環境。現在的遊戲場是用原木、有外皮包裝的金屬或塑膠製品、取代原先冰冷的鐵與不鏽鋼製品（Hartle & Johnson, 1993）。安全的表面，如木屑、沙、枯樹葉及塑膠等取代現有的瀝青、石頭、水泥的表面以減少意外及傷害。利用各種不同設施連接成為一遊戲區域，例如，將鞦韆、坡道、滑車及寬滑梯加以結合在一起來增加遊戲玩法，以取代原先個別的器材的擺設。許多現代化遊戲場也提供一些彈性的遊戲素材，如三輪車、木製及塑膠製的大型積木、沙箱玩具及碎木材。

接下來，我們將介紹現有遊戲場的種類，然後再討論可以擴充兒童遊戲之遊戲場設計特色，然後再建議設計及營造高品質遊戲場的指引。因為並不是所有的戶外遊戲皆發生在有組織的設計環境中，本章最後將以不加經心設計的鄰里遊戲場及自然遊戲情境做結論。

遊戲場的類型

　　美國一直是只有一種由傳統的鐵架及柏油所建造成的遊樂場，直到最近，由於深覺傳統遊戲場的不足，伴隨著歐洲遊戲環境的影響，導致有關遊戲場的相關研究增加，以及新型態遊戲場的發展。我們現在來檢視傳統遊樂場及其他兩種現代化及富冒險性的遊樂場，並指出個別的優劣。

傳統遊戲場

　　傳統遊戲場（traditional playgrounds）通常是舖著土壤、草地或大部分是柏油的廣大開放場地，其設施常是零星的散布在場地的鐵製器材，典型的有攀爬架（單槓）、鞦韆、滑梯、蹺蹺板，以及旋轉木馬，通常周圍都以鐵籬圍著，這種設計可回溯至1900年代早期，直到今天在美國仍然是最常見的遊戲場型態（Frost & Klein, 1979; Brett, Moore, & Provenzo, 1993）。

　　這種傳統式的設計，最大的好處在不需要太多的保養，因此受到許多城市及學校官員歡迎，同時這種遊戲場也提供了大空間以及設備，供孩子大肌肉的活動，這也使得大多數人相信在遊戲場應該讓孩子如此來玩。最後，許多人就相信傳統遊戲場是受大多數人歡迎，而使得地區性學校及鄰里都用如此的方式來設計兒童遊戲場（Brett et al., 1993）。

　　然而從孩子的觀點來看，傳統式的遊戲場有許多缺點，例如，這些固定的設施使用方法有限，會使人感到枯燥乏味，結果

是孩子們很少使用它，即使孩子們玩，也僅是玩一下就不玩了。在紐約市所作的研究發現，在遊玩的尖峰時間，傳統式的遊戲場有超過88％的時間是空著的，平均在傳統式遊戲場遊玩的時間僅有21分鐘（Hayward, Rothenberg, & Beasley, 1974）。Naylor（1985）引述了一些研究顯示，若給予選擇，孩子比較喜歡在街上玩，而不是在傳統遊戲場玩。

傳統遊戲場的第二個缺點是它僅能鼓勵孩子作大肌肉活動。Campbell及Frost（1985）發現在傳統式遊戲場進行的遊戲有77％以上都是大肌肉活動。相較之下，扮演遊戲比3％還少。在這種傳統遊戲場所進行的遊戲的社會層次也很低。Boyatzis（1985）報告在傳統式遊戲場的遊戲幾乎有60％都是非社會性的遊戲，即獨自或平行遊戲。

最後是安全上的問題，據估計，醫生及醫院每年都要處理200,000件遊戲場的意外傷害，而這些傷害70％至80％都發生在傳統式遊戲場（Frost & Henniger, 1981），主要是因堅硬的地表面及金屬的設施而造成傷害（U. S. Consumer Product Safety Commission, 1991）。（有關遊戲場的安全性可見美國消費者產品安全委員會、華盛頓特區，USA或向他們索取「玩得快樂，玩得安全：遊戲場設施指導手冊」。the U. S. Comsumer Product Safety Commission, Washington DC, 20207, "Play Happy, Play Safe: Playground Equipment Guide."）。傳統遊戲場造成意外傷害之主因是因為這些設施，例如，旋轉地球、翹翹板、搖椅等是用鐵製成的及容易旋轉、易動而造成頭、手、腳的碰撞成傷，加上天氣炎熱的燙傷及天冷的凍傷皆使得孩子在遊戲中容易受到傷害（Frost,

1992）。

　　這些缺點（低使用率、低層次的遊戲，及高意外傷害率）導致社會對傳統式遊戲場愈來愈不滿意，因此也刺激了現代化及具有探險性遊戲場的發展。

創造性／現代化遊戲場

　　創造性／現代化遊戲場（contemporary playgrounds）通常也稱為創造性或有規劃的遊戲場（creative playgrounds），提供孩子更多樣化的遊戲設施。它是由木材或經過挑選的金屬物件所組成的，通常這些遊戲設施包括木造攀爬台、圍起來供扮演遊戲的場地、梯架、輪胎陣、吊橋、滑輪纜繩、輪胎盪鞦韆、平衡木、隧道以及溜滑梯等，這些設施並非像傳統式遊戲場上的設施般是各自獨立和散布的，而是集中擺設，通常區分為三個區域：（1）堅固的地面或柏油地面，專供三輪車、四輪車及其他有輪子的遊戲器具行駛；（2）在遊戲設施底下或四周都鋪有沙土及木屑的柔軟區域；（3）有草地可供孩子遊玩或坐的區域（Wardle, 1997a）。沙箱、小池塘及花園通常也會被包括在內，以展示一些自然的生物，讓孩子探索。圖9-4及圖9-5即列出了結合這些設施的現代化遊戲場。有一點值得提醒的是，現代化遊戲場種類很多，並不一定都含有以上所列的各種設施（有時會有註冊的規定），雖然有些設備沒有，但現代化遊戲場仍比傳統遊戲場提供更多樣化的遊戲經驗給孩子。

　　現代化遊戲場可分為兩種型態：（1）商業化的遊戲場，如由Big Toy及Columbia Cascade所製造的木材組合及金屬架；（2）

利用廢棄物如輪胎、鐵軌枕木、纜繩軸或水管建造的社區遊戲場（Frost & Klein, 1979）。現成的商業產品是現成的，因此設立較為方便，但所費不貲，而社區所建造的遊戲場則較經濟，也比商業型態的遊戲場提供更廣、更多樣化的遊戲經驗。由於社區建造的遊戲場內部設施都是由孩子的父母及老師所建造的，孩子樂意使用它，而且這些遊戲場是社區所引以為傲的地方（參考專欄9-4巴西社區遊戲場之營建），這樣的驕傲會減少讓遊樂場頭疼的破壞、損毀問題。此外，這種遊樂場可以將各種特質如空間大小、氣候狀況及兒童的需要等一併加以考慮。社區遊戲場最主要的缺點在於許多保險條款內並沒有將遊樂場的安全包括進去，這類遊戲場的安全性考慮相當多，且要視其設計、設備種類及設計者有無安全知識而定。目前已有相當多的刊物在講授如何建造社區遊戲場（Frost & Klein, 1979; Wardle, 1984）。表9-2將摘要社區與商業遊戲場之優缺點。

現代化遊戲場設計提供孩子一個多樣化刺激環境。

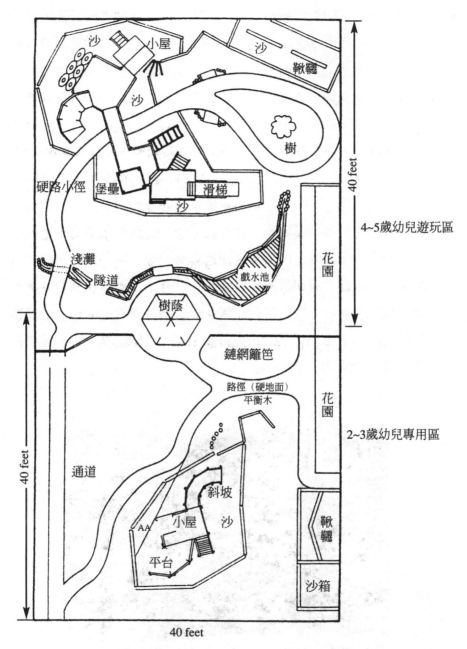

圖9-4　將2~3歲及4~5歲幼兒遊玩分區的現代化遊戲場

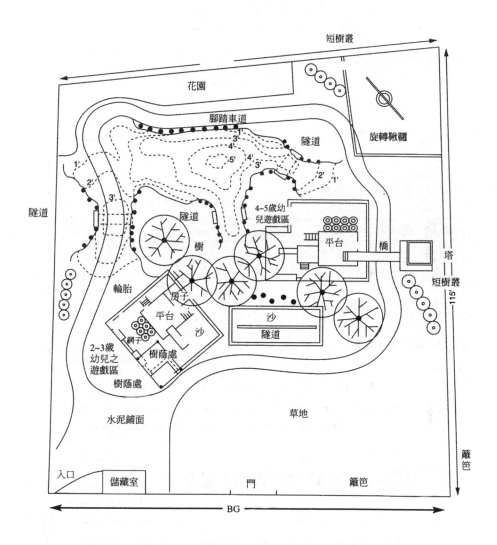

圖9-5　將2~3歲及4~5歲幼兒遊玩分區之創造性／現代化遊戲場

表9-2　社區與商業遊戲場設備之優缺點

優點	缺點
遊戲場是由志工與專家一起設計	
・社區的人、志工與專業人員一起參與。 ・迎合孩子的需求，每個地點有其特色。 ・可以隨需求來改變及革新。 ・使用社區資源。 ・便宜。 ・不是永遠一成不變。 ・以兒童為導向來加以設計。	・表面容易裂開。 ・不能維持很久。 ・很快就侵蝕、風化。 ・需要不斷維修。 ・視顧問及營造者之知識來決定是否安全。 ・容易受到別人的破壞。 ・對新來的家庭不具吸引力（因為他們未參與設計）。 ・容易受主管單位責難。
遊戲場是由商業公司營造的	
・營造公司負責安置與設計。 ・看起來有稱頭。 ・可以維持較久。 ・耐用、抗破壞。 ・有時需要指引（ASTM／CPSC或ADA）。 ・不需太多維修。 ・迎合責任負擔要求。	・設備是靜態及可預測性的。 ・較迎合成人的需求，而不是以兒童為本位來設計。 ・很像公園的遊戲場。 ・花費大。 ・有限的選擇。 ・不適合三歲以下的幼兒。 ・表面容易滑。 ・常只能滿足身體動作的需求。

注意：有一些商業化的遊戲場設計公司可提供義工自由設置。

資料來源：Francis Wardle（1997）. Playgrounds: Questions to consider when selecting equipment. Dimensions of Early Childhood.

◎ 專欄9-4　巴西社區遊戲場之營建

by Francis Wardle

　　當我諮詢地方上之啓蒙方案有關營建及設計遊戲場時，我彷彿又回到舊時孩提時代。這個挑戰是相同的：空間不夠、錢不夠，但是有很多志工可以幫忙，社區資源及有心人士的熱忱。這回的最大差別是——當我看到陽光直射到水泥地之一片土地時，它有八呎的矮牆，這是一既定遊戲場的基

地。我在巴西的中部，實際上我離Rio de Janeiro城市北邊350哩處。

在這裡我設計及營造遊戲場的第一個任務是檢查可用的空間，與學校行政人員討論有關他們的想法與需求，及瞭解預算和志工資源。這個遊戲場是為60個三至六歲的幼兒來設計，這些幼兒沒有任何遊戲設施及鮮少的學習用品。

在畫好遊戲場設計的草圖之後，來自Stete Lagoas的志工載我到Belo Horizonte（Minas Gerais的省會）買設備。我希望可找到一些可運到學校安裝的遊戲設備，我認為我應可找到像美國的遊戲場一樣的鐵製及塑膠製的設備，但我的希望落空了。我們找不到任何具安全性的翹翹板、鞦韆或溜滑梯。

所以，我們決定自己興建任何遊戲場的設施與設備，我們可以使用的資源是可用的素材、志工技巧與勞力（Wardle, 1997a, 1997b）。之後幾天，我們開車到城市去尋找興建遊戲場的材料，及決定地方上的技匠可以做什麼，及我們將為孩子興建什麼。有關興建的方法與社區為主的解決策略，我完全依賴我過去在美國為啟蒙方案所興建幼兒遊戲場的經驗（Wardle, 1987）。

在巴西，遊戲場的安全及訴訟，並不像美國一樣，一點也不受社會所重視。我決定儘量依美國消費者保護協會出版的書：*Handbook for Public Playground Safety*（U. S. Consumer Product Safety Commission, 1991）所規定的標

準，來興建一安全的遊戲場。有關遊戲場安全的指引請參考專欄9-5。我對於孩子的跳躍區域、場地的陷阱及突出物更特別小心與注意。

設備大小需要依巴西兒童之身材來加以調整，我們決定興建一旋轉鞦韆——有兩個座位的傳統鞦韆，有兩座椅子及溜滑梯的平台，及由地下道及陰溝所設計成的隧道。因為有限的空間及遊戲場的圖貌，我們在每一兒童的墜落區（在所有設備的下方）設置沙地，沙可以促進兒童做建構遊戲。

鞦韆的型架是由巴西常見的尤加利樹（一種喬木）所製成的。鞦韆中的五金製品也來自地方上的五金店，是一連鎖性汽車用品商店，鞦韆的座位是車輪胎製品並由汽車修理廠所提供，鞦韆的組成是焊接而成的。遊戲場之遊戲平台的結構取材於巴西常見的建築木材。完成的木材製品是很硬的而且容易分開。它的尺寸與美國標準尺寸不合（因為巴西是用米制為單位的國家），我們找不到可以放在梯子上的梯級，所以一地方上的木匠為我們製作一些標準的木工材料。

我們其中的一位志工——Luis Viera開了一間石板工廠，所以，他提供了沙、排水溝及貨車，同時他也提供石瓦來碾成石沙。我去過他家，他招待我吃一頓大餐，食物有水果、喝新鮮果汁、魚、肉和麵包。

遊戲場的營建工程進度有點緩慢。我喜歡和志工一起在炎熱天氣下工作，即使我們彼此不是很熟稔。我常常因木工尺寸不合而感到很挫折。在我最後一天營建遊戲場時，下著

一整天的雨。我無法完成整個遊戲場，但我知道志工們會完成它，除了那塑膠滑梯，因為我們找遍了巴西也找不到，所以我從美國寄一個塑膠滑梯給他們。

我在巴西的Stete Lagoas的訪問是一生中千載難逢的經驗。在Audre Luiz學校的孩子一定很喜歡我們所興建的遊戲場，志工們更一定會引以為傲，我們懷念我在那裡所交到的新朋友。

有些研究比較現代化遊戲場及傳統式遊戲場對孩子遊戲型態的影響，其中僅有少部分研究結果顯示，孩子在現代化的遊戲內會從事較多扮演遊戲以及團體遊戲，但功能性的遊戲則較常發生於傳統式遊戲場（Campbell & Frost, 1985）。Hart及Sheehan（1986）觀察幼兒在一遊戲場（一邊為傳統式，另一邊為現代式）的遊戲行為，結果發現：孩子在此遊戲場鮮少有建構及戲劇遊戲出現；在現代化的那一邊，研究者發現孩子有無所事事的行為，單獨遊戲，還有枯坐在一邊或站在那裡，但在傳統式的這一邊，孩子則出現較多的動作遊戲及攀爬活動。Hart及Sheehan認為現代化遊戲場之所以吸引成人乃是其造成「孩子形成被動及非活動之行為」（P. 668）。

這些研究發現是令人混淆的，可能因為每一個研究對傳統及現代化之遊戲場的定義不同。例如，在Hart及Sheehan的研究中，傳統性遊戲場包含一些彈性玩物，但在Campbell及Frost（1985）

的調查研究並不能包含有這些彈性玩物（loose items）。Campbell
及Frost的現代化遊戲場中的設施有一條船，有一像房子的圍籬，
以利孩子做扮演遊戲及一些彈性玩物供孩子做建構遊戲之用，但
在Hart及Sheehan的現代性遊戲場並不包含上列之設施與玩物。讀
者應注意彈性玩物在Hart及Sheehan（1986）的研究被當做傳統性
遊戲場，而在Campbell及Frost（1985）卻是現代化遊戲場的主要
玩物。因為在遊戲場分類之多樣性，所以當我們瞭解遊戲場設施
的主要特性之後，這些研究發現就不怎麼令人覺得驚訝。所以造
成行為之不同是孩子玩那些設施及這些設施如何被安排，而不是
光比較種類而已（Wardle, 1983）。關於遊戲場之設計特色，我們
將容後討論。

冒險性遊戲場

　　其遊戲場地是利用自然的環境及各式各樣的廢棄物所規劃成
的。這種遊戲場與前述遊戲場有許多重要的不同點，除了儲物架
或儲藏室之外，其上的設施都是臨時性的，由孩子們自己建築、
拆掉再建造他們自己要的結構物，孩子會使用更多的自然界的東
西如泥土、池塘、花園、消防洞，以及經常棲息在此地區的小生
物，另外有更多的材料供孩子們操弄如木材、條板、繩索、纜繩
軸、輪胎、鐵鎚、鋸子、釘子及其他舊的工具。在這個遊戲場內
可以進行更多樣的活動，包括建造、拆解、起火、炊事、挖掘及
在泥地上滑行。最後，在這種遊戲場上至少要有一個大人在場，
通常稱為遊戲指導員，來督導遊戲的進行。
　　冒險性的遊戲場（adventure playgrounds）起源於丹麥，並於

第二次世界大戰後受到英國各界的歡迎，突破城市的阻礙而爲這種「廢棄物」遊樂場找到了理想的場地（Frost, 1992）。在美國這種型態的遊戲場也慢慢地普遍起來，美國冒險式遊戲場協會也於1947年成立，到了1982年25個美國城市都有了這種遊戲場的設立（Vance, 1982）。

冒險式的遊戲場可做的遊戲種類非常多，主要是因各個設施都是單一的，可以有彈性的與別的設施配合，這種透過對自己環境的建造可使幼兒培養責任感和勝任感，並在建造過程中獲得許多技巧。因此，研究報告顯示孩子在冒險性的遊戲場內玩的遊戲活動更多樣化，此種遊戲場比傳統遊戲場更受孩子歡迎也就不足爲奇了（e. g., Hayward, Rothenberg & Beasley, 1974）。

不幸地，它仍有些缺點存在。首先，冒險式的遊戲場地不易覓尋，因爲常遭到場地旁住戶的反對，這個問題的解決方法通常就是在它的四周築起高牆。此外，冒險式的遊戲場的花費相當昂貴，至少長時間經營之下是如此，即使剛設立時的花費不大，但是遊戲領導者的薪水卻必須長期支付。這種遊戲場最令人詬病的就是安全問題，它開放的池塘、生火、鬆掉的釘子以及尖銳的工具，看起來相當危險。因爲擔心受傷而導致興訟，加上保險費用很高，使許多州政府並不熱衷設立這種遊戲場。不過這種情形已因爲來自美國、英國、歐洲的一些研究結果而有緩和的趨勢，這些研究證明冒險式的遊戲場並不會比傳統式的遊戲場更危險（Frost, 1992; Vance, 1982），無庸置疑地，這與遊戲領導者的督導品質有極大的關係。只要此類的遊戲場被認爲是危險的，則想在此城市建造這種遊戲場將相當困難。但無論如何，冒險式遊戲場

所能提供的益處絕對值得如此的投資。

遊戲場的設計特色

　　近來有人企圖找出那些吸引小孩子去做各式各樣遊戲的遊戲場，其特色在那裡，雖然這方面的研究尚在起步階段，但許多設計上的特點顯然與高層次的遊戲有關，包括設施的布置方式、可多方面使用的器材、程度不同的挑戰，以及產生多種不同的經驗。所有這些特點都跟遊戲場能提供多少的變化性及複雜性有關。所謂變化性，是指設備可以為孩子帶來不同型式的經驗，並且足以吸引孩子去玩；而複雜性表示因物體本身所引起的反應多寡及反應種類的不同（Ellis, 1984）。設備愈複雜，愈能讓孩子去使用它，複雜性可以決定孩子玩它的時間長短。

結合（linkages）

　　若要增加獨立器材的複雜度，最好的方法就是將它們布置在一起，像各自獨立擺放的平台、滑梯、輪胎，若把它們布置在一起，會增加許多的玩法。這種將器材布置在一起的另一項好處是可以讓孩子從這一項玩到那一項，持續的玩，同時將孩子聚集在一起，增加彼此的社會互動。這些好處業經研究證實，例如，Bruya（1985）發現學前的孩子花在各種設施布置在一起的木製平台上的遊戲時間，會比當它們各自獨立玩時來得長久。這種安排同時也提高了孩子間的社會接觸。

個別的大型遊具的可增加遊具的複雜性並鼓勵幼兒轉換活動。

　　大多數現代遊戲場也常將器材布置在一起，圖9-4及圖9-5顯示各種器材分別在不同的區域內布置在一起的方式，以及區域間以步道聯結的方式。而傳統式遊戲場的特徵則是廣而散布且各自獨立的設施。另外，冒險性遊戲場也不見得會將器材布置在一起，因為所有的布置都是孩子們自己去設計建造，但根據經驗，孩子們通常在建造自己的遊戲場時都會將它們擺置在一起（參考Frost & Klein, 1979書中209~214頁的相片）。

彈性器材（flexible materials）

　　廣義來說彈性就是指素材可以被操弄、組合及改造，素材越彈性，孩子越可玩出各種花樣。因此，有沒有彈性關係到器材的複雜性及是否能吸引孩子的興趣。

　　在傳統式遊戲場中靜態及單獨使用的設備在使用上彈性度很

低，而在現代化遊戲場以及冒險式遊戲場中的沙和水則具有最大的彈性，可以任意的操弄它。冒險性遊戲場另外還有一個好處，就是它有很多零件（木片、輪胎、繩子、工具、水管）能讓孩子隨心所欲的去玩它，因此在彈性器材上，冒險性遊戲場無疑是個中翹楚。至於現代化遊戲場中的沙、水以及其他一些零件也使它擁有的彈性度很高。依Nicholson（1974）的彈性玩物理論（theory of loose parts），「在任何環境中，發明與創造力的程度及探索的可能性皆含有某些變化（variable）」（P.223）。彈性玩物因結構性弱與玩法組織寬疏，不對孩子加以限制，所以會加以強制孩子的意義及結構於環境之中，而造成環境要對孩子有所回應。因為冒險性遊戲場有較多寬鬆的玩物，所以其彈性最大，而創造性／現代化之遊戲場因有沙、水及其他組織較寬鬆（loose parts）的玩物特徵，其彈性也被評為很高。

　　Weilbacher（1981）的研究更進一步闡明這個主題。她讓孩子玩同一種器材，只是有時讓器材可以移動，有時把器材固定住，看看孩子的玩法有什麼不同，雖然這個研究是在室內做的，但器材設備用的是在戶外遊戲場常見的大肌肉活動設施。固定的設備稱為「靜態的」，因為孩子不能操弄或改變任何一個零件；另一種可動的稱為「動態的」，因為孩子可以分解零件並在遊戲區中用不同方式去運用它。經錄影帶的分析顯示，在靜態環境玩的孩子通常只用一種方式來使用這個遊戲設施（如爬上或爬下梯子），而且會突然大家都不玩了，而改玩社會性的遊戲如搶椅子遊戲。相反地，在動態環境下的孩子們會將這些可移動的設施在扮演遊戲中做各種方式的運用（如把梯子擺平當作車子），因而

產生更多的合作行為。她驟此結論：在動態環境中的各個獨立的
器材造就了一個動態的環境，促使不同的社會戲劇遊戲的產生，
而這些遊戲是要依賴這些器材才能進行的，不像靜態環境下的社
會遊戲是不必依賴器材的。而她承認兩種環境都能提供很好的遊
戲機會。

漸進層次的挑戰性（graduated challenge）

　　漸進層次的挑戰性指的是每個活動中的困難程度有所不同。
它讓不同年齡的孩子在發展上有其適合的活動，對稚齡幼兒而
言，遊戲場的難度應較低及簡單，例如，低的攀爬架、斜坡、短
且斜度不大滑梯、階梯的高度較小、低的平台等，同樣地，對於
年齡層較高的兒童應有較高的平台和繩梯、較長且較陡的滑梯。
漸進層次的挑戰可讓每個孩子找出最適合他的難度，既不太難也
不會太容易。

　　缺少漸進程度的挑戰是傳統式遊戲場的主要問題，因為通常
它的每一種設備僅有一種尺寸大小，因此僅提供一個層次的挑
戰。對於有些孩子而言，它太難了，他們不是避免在上面，就是
會冒險去玩；而對另外一些孩子而言，它又太簡單了，讓孩子覺
得無聊，或在上面亂玩（例如，用旋轉方式玩鞦韆、向上爬滑
梯、在單槓上用走的）。所以若是遊戲場不提供有層次性的挑
戰，較長的兒童會藉對器材的不當使用來增加遊戲的挑戰性，因
而遭受到嚴重的傷害。

　　大多數現代化的遊戲場都具有漸進程度的挑戰性，在遊戲場
上結合兩種遊戲器材就至少提供了兩種不同程度的挑戰，例如，

在圖9-5中，標示了有兩個獨立的遊戲場，每個皆有其難度，其中一個的主要器材是專為2~3歲幼兒設計的，有矮平台、斜坡、矮階梯。另外一個，是為4~5歲幼兒建造的，有較高的平台、階梯、滑梯及較粗的攀爬網。而後者依然有為了經驗較不足者設計的斜坡及階梯。至於冒險式遊戲場亦有相當高的比例是具有不同程度的挑戰的，孩子會依自己的能力及需求作調整，來建造他們自己的遊戲場。

多樣化的經驗（variety of experiences）

多樣化指遊戲場中可提供多項不同的遊戲活動，才能吸引孩子的注意及引導遊戲開始，有各式各樣的活動才能讓孩子找出一種他有興趣的去玩。此外，多樣化可增進環境的學習潛能。Richard Dattner解釋為：

> 遊戲場應像個縮小的世界，世界上各種各樣的感官經驗這裡應都具備。每一種感官經驗都不可或缺，例如，要有粗糙及平滑的物品以供觀看及感覺；有輕重物品以供舉起；有乾及溼的東西，有可發聲的東西（如流水聲）或可敲擊、拍打、拉扯的東西，有各種氣味（如花、土、樹皮）等不勝枚舉，為了孩子環境應越多樣越豐富愈好。（摘自Frost & Klein, 1979, p. 196）

冒險式的遊戲場提供的多樣化經驗最多，但有流水、沙箱、花園的現代化遊戲場亦相去不遠（見圖9-5）。而傳統式遊戲則因為器材只有單一用法，能提供的多樣化有限。

在戶外空間中，類似像房子結構體可鼓勵幼兒社會戲劇遊戲。

可促進不同型態遊戲

　　理想上的遊戲場應能提供所有型態的遊戲，一項運動器材應能促進大肌肉遊戲及發展力量、平衡感及協調力（Wardle, 1988）。彈性玩物（loose parts）及自然器材如沙、小石子都是必需的，以鼓勵孩子玩建構遊戲，而建構成家的遊戲則又能鼓勵孩子玩戲劇遊戲（Wardle, 1990）。最後，要有些可增進社會互動及團體遊戲的設施。有三種器材是符合此理想的：（1）連接平台，可允許孩子整合及觀看其他人的遊戲；（2）像寬的滑梯、一排輪胎、鞦韆可以同時供許多孩子玩；（3）需要一人以上才能玩的設備如蹺蹺板。

　　傳統式遊戲場所提供的器材僅適於大肌肉活動遊戲，現代化遊戲場較好，能鼓勵精細動作活動及扮演遊戲。在圖9-5中的遊戲場顯示有三種封閉式的器材可鼓勵扮演遊戲，還有給較小兒童玩

的一幢房子，以及給較大兒童設計的房子外加上堡壘。此外，還
有一些運動器材組合，包括有鞦韆、梯子、平衡木、加有網子的
輪胎、單槓。有一點則需補充說明的：用這種分法來分的話，遊
戲場的種類很多，有些並不能提供兩種型態的遊戲。例如，
Beckwith（1982）提到一般市面賣的成品是用一些基本的零件如
平板、小的零件組合的，只有很少的運動功能，這種東西不能滿
足成長兒童的運動需要。而冒險式的遊戲場則能提供所有形式的
遊戲，不僅能讓孩子運動和玩戲劇遊戲，彈性區及工具也鼓勵建
構遊戲活動的進行。

　　表9-3摘要出每種遊戲場在上述各種特點上的評分。冒險式遊
戲場明顯地在這些指標上都占有極高的評價，現代化遊戲場則緊
跟在後。在美國，由於冒險式遊戲場有成立及維護上的困難，現

表9-3　鄰里遊戲環境

遊戲場設計特色	傳統式	現代化	冒險式
結合性	－	＋＋	＋
彈性器材	－	＋	＋＋
不同程度的挑戰性	－	＋	＋
經驗的多樣化	－	＋	＋＋
促進遊戲型態			
功能遊戲	＋	＋	＋
建構遊戲	－	－	＋＋
戲劇遊戲	－	＋＋	＋
團體遊戲	－	＋	＋

1.假定現代化遊戲場有所有本文所討論的正向特色（沙、不同的運動設備、
　戲劇遊戲、大而寬的溜滑梯和平台），否則，原有＋就變成－。

2.－表示缺點；＋表優點；＋＋表示極優。

代化遊戲場是較適合於學校及社區的需要。這些地方可以經由整合冒險式遊戲場的一些主要設備而讓遊戲場發揮更大功效，例如，增加彈性區域將可大大的增加環境的複雜度以刺激建構遊戲。另外，為了遊戲的安全，一直有遊戲指導員在場及監督也是必需的，任何種類的遊戲場皆如此，經常要有一位成人在場，幫助和鼓勵孩子去玩，並防止不當使用器材或不安全玩法的產生。

規劃最佳戶外遊戲環境的指標

良好設計的遊戲場可以增加兒童遊戲的強度及鼓勵大範圍的遊戲行為——身體遊戲、社會遊戲、建構遊戲及規則性遊戲（Wardle, 1997b）。冒險性遊戲場的設計理想上是要迎合上述之目標，但是精心設計的創造性／現代化之遊戲場也可能提供兒童一些豐富性及不同的遊戲經驗。下列的標準摘自Wardle（1988, 1990, 1997a, 1997b）的一些文章，詳加敘述一最佳戶外遊戲環境的要素：

表面

遊戲場應該具有如下的特徵來提增安全及不同型式的遊戲：

· 平坦、草地或泥土區——快速移動的活動，例如，跑、追逐及警察抓小偷的遊戲，需要一大片開放空間及相當柔軟的表面以防止跌倒。大的、開放的草地空間最為理想。開放的泥土區可以提供肢體動作的遊戲空間，但是孩子跌倒

或在跑時可能造成意外傷害。如果不能用草地，體操墊可以放在一些既定的區域來讓孩子有一些柔軟空間能滾、翻、跳。

· 堅硬表面區——腳踏車、拖車及三輪車可以在水泥及瀝青表面上快速移動。兒童可以在這些路上學會交通標誌。此堅硬表面也可以讓小朋友當人行步道、玩球、騎車或玩美勞活動。

墜落區域——在所有可以跳躍、墜落設備的地上舖上柔軟的表面（如沙、木屑、木頭纖維、枯樹葉、小細碎石、橡膠墊等）（請參考專欄9-5：遊戲場安全指南），這些柔軟表面至少要有6呎寬，但鞦韆、溜滑梯要更寬。

遊戲區域與設備

遊戲場應有各式各樣的設備及區域以提昇兒童不同種類之遊戲行為：

1.身體遊戲
· 攀爬架，例如用繩子及輪胎網、梯子、階級、單槓，及輪胎製成的鞦韆。
· 平衡區，例如平衡木及放在地上的椿柱及車輪胎。
· 抓握設備，例如鞦韆鏈、階梯環、欄杆扶手，以及沙箱任何可以抓握的玩物。
· 爬行區，例如隧道及涵洞。
· 推拉物，例如鞦韆、三輪車、手拖車、有輪子的沙箱玩

具等。

· 挖掘區,例如沙箱。

· 跳躍設備,例如環繞沙及低平台的平衡木及有柔軟物地
表的平台。

2.社會遊戲

· 可鼓勵或需要兩人或以上兒童一起玩的設備,如三輪
車、大拖車、球、跳躍、沙箱、旋轉鞦韆、傳統鞦韆及
大木製的箱子(可作裝扮遊戲用)。

· 可鼓勵兒童聚集談天的平台及安靜的區域。

3.建構遊戲

· 沙箱及玩沙玩物,如鏟子、水桶及耙子。

· 木工角,如木工桌、工具、木材及促進固著物(釘子、
螺釘及螺絲)。

· 彈性玩物,如輪胎、木或塑膠箱子、大木製或塑膠積
木、木板及電線輪軸。

· 美勞活動,包括在走道上的空間用水彩、畫圖、做黏
土、手工藝及用粉筆畫走道。

· 園藝角包括園藝工具及種子。

4.戲劇遊戲

· 可以用來當作房子、船、飛機、學校、商店或醫院的建
築物或籬笆。

· 可以從教室帶出來玩的道具(可攜帶型)(可參考第十章
的遊戲玩物),以及最好放在戶外的道具(例如木工的工
具)(可以儲放在戶外的儲藏室)。

5.規則性遊戲

　　‧球、跳繩，及其他可以玩規則性遊戲的設備。

　　‧可以玩規則性遊戲的硬表面（如打球或跳房子）。

　　‧用來塗鴉或畫畫的粉筆。

玩物

　　現代化遊戲場是由抗壓松木、紅木、壓層三夾板、聚乙烯塑膠、上漆或外表包皮的金屬、環保塑膠、纖維玻璃或上述材料的混合。表9-4將列出這些玩物的優缺點。

　　玩物與顏色有關嗎？有些孩子喜歡綠色，有些則喜歡粉紅色。研究（Campbell & Frost, 1985）指出兒童主要受某一設備可以用來做什麼（如何玩）所吸引。假使有一個孩子喜歡棕色，而他玩的設施並不是棕色的，那他很快會被這玩物的遊戲及如何來玩所吸引，並取代原先的興趣，所以這個問題對成人會有影響，但兒童不會（Wardle, 1997b）。

安全

　　因為高頻率的意外事件及訴訟的威脅，安全已變成設計戶外遊戲場的最高指導原則。除了州定的執照要求（各州不同），對於遊戲場之設計並沒有統一聯邦的安全約束。美國消費者產品安全協會（The Consumer Product Safety Commission, CPSC）及材料與檢驗協會（The American Society for Testing and Materials, ASTM）提供一些指引給許多方案及頒發執照的部門，而且這些指引也是製造廠商奉行不悖的（參考專欄9-5：遊戲場之安全指

引）。

下列遊戲場之安全指引是由CPSC（1991）及ASTM（1995）所頒訂的，主要是依一歲半至十二歲之兒童來加以規劃與考量：

· 在所有設備下面提供柔軟的表面。墜落區要以六呎為標準（滑梯及鞦韆要更寬）。

· 防止設施會夾到手。

· 注意一些有開口的設施（如環、網、窗戶、階梯、欄杆等），其開口應有三吋半至九吋之間，以避免可能夾到頭而窒息。

· 注意設施邊緣的尖銳度，不能低於55°，太尖銳會割到兒童身體。

· 所有"S"狀的突出鉤要做隱藏式處理。

· 鞦韆的材料要輕，以輪胎、木製最好，避免用金屬，重木頭或硬塑膠製成品。

· 在任何鞦韆區域不要同時使用兩個以上鞦韆。

· 所有的滑梯必須要有四邊，底端的角度要與地面平行。

· 每一設施避免有突出狀，如螺絲、金屬片、小管或螺栓等，尤其是進入滑梯的地方。

· 所有的角架儘量低於水平面。

· 除了出入口，不然超過地面2呎以上的表面宜設欄杆。

· 不要使用電纜、電線或繩子來栓住設施或樹。如果使用繩子，兩端必須要牢牢拴住，以防勒到小朋友。

· 不要在炎熱氣候區域使用金屬製的滑梯。

- 在交通區設有足夠的安全區域，以防兒童衝撞。
- 鞦韆必須要牢牢拴在設施上，例如平台。
- 兒童遊戲場只限兒童使用，太小的年紀會有危險，太大的年紀因設備不適用，也會造成受傷。
- 隨時維修。

當成人愈加重視安全的遊戲安全，兒童花更多的時間在設計良好的遊戲場遊戲，那安全道變成一重要的議題（Rivkin, 1995）。我們建議任何遊戲場必須要有遮蔭的結構體，樹蔭來減少孩子暴露過多日曬造成皮膚癌。孩子應避免在早上11點至下午2點間在戶外遊戲，如果皮膚更敏感的兒童則避免在早上10點至下午3點之間在戶外遊戲。

監督

遊戲場安全主要的因素在於是否有成人監督。CPSC曾對美國54座遊戲場之意外做深度調查，結果發現：當成人在場監督時，意外發生率只有4／54（Frost, 1992）。在美國幼教協會（NAEYC）在1996年出版的小冊子：如何讓戶外遊戲與學習更安全（Keeping Outdoor Learning Safe）就強調成人監督的需要性：

遊戲區應由成人監督來做一級預防及做緊急意外處理。成人的責任在於孩子進入遊戲前篩檢設備、門欄及地面，例如，流浪動物、破碎物或其它危險物。成人必須設定合理、適宜的遊戲規則來讓孩子遵循，例如，在滑梯上要坐下，在攀爬

架上要穿球鞋。

　　除了安檢設備及設定基本規則外，大人還要讓小朋友和平地玩、避免吵架或欺凌（bullying）行為（Rivkin, 1995）。如果不幸有上列行為發生，這也是一個機會教育（teaching for moment），要與孩子討論如何解決問題：和平、高興地玩。此外，要幫助孩子學習分辨無害的狂野嬉鬧遊戲與會使兒童受到傷害的真實攻擊行為之間的區別。

　　研究指出有時老師也難於區辨此兩種行為之不同，甚至高估學校遊戲場之攻擊行為（有時，只是孩子玩較野的狂野嬉鬧遊戲）（Schaefer & Smith, 1996）。結果，有些老師浪費時間及努力在阻止無害的狂野嬉鬧遊戲（對孩子社會行為有所助益）（Pellegrini, 1995）。有關此議題，可以參考第三章有關狂野嬉鬧遊戲的專欄。

　　有關孩子遊戲中之欺凌（bullies）及受害現象已漸漸受成人注意（Smith & Thompson, 1991）。這種不幸的結果可能是：（1）兒童具欺凌他人、攻擊傾向及缺乏社會技巧；（2）受害者非自我肯定的行為。成人有效的監督遊戲可以減少兒童攻擊或受害之問題發生。有一挪威Bergen的研究發現老師休息的密度與孩子攻擊事件呈負相關（-.45）（Olweus, 1993）。由於這個研究，挪威學校的老師發展一抗兒童欺凌行為的計畫，其步驟如下：

1.對有關欺凌的行為，訂定清楚的規則。
2.老師與欺凌者、受害者及其家長一起討論。

3.使用團體過程策略（group-process strategies），例如，班級討論、角色扮演及衝突解決方法，讓整個學校一起共同參與解決中止欺凌行為。

4.分派一些中立、行為良好的學生給予受欺凌者支持。

5.教導受欺凌者在班級使用自我肯定之社交技巧。

這個方案對於中止及減少欺凌／受害之問題很有效用。

遊戲場之監督者也需要有時不要介入兒童的遊戲。Frost（1992）提醒我們要區分正向之教師監督與可能造成抑制兒童遊戲的過度熱心的監督之不同。太多的規範及過多的教師介入可能導致兒童不去探索及成長的機會。因此，老師需要採取去除危險、減少危險活動及停止欺凌行為的方法與步驟，而且，有時要放手讓孩子自己探索與遊戲。一個精心設計的遊戲場可以減少制定規則的需求及過多監督。

Wardle（1990）建議遊戲場之設計應包括小丘與隧道的特色，以讓兒童可暫時逃離成人的監督。他解釋：

所有的遊戲場必須要讓成人很容易回應有困難或真正需要成人幫忙的孩子，孩子要儘量不受成人干預，自由徜徉其與同儕，玩物之互動，要有自由任其探索、冒險、犯錯、跌倒、瘋狂或幼稚地玩，嘗試錯誤，只要在安全範圍之內。所以，成人只需遠遠地觀察，在安全允許之下任其自由及自主地遊戲（P. 33）。

專欄9-4　遊戲場安全指引

by Francis Wardle

　　基於孩子真正安全的考量及責任保險額的花費，遊戲場的安全在美國是很重要的課題。目前，美國每年有超過20萬與遊戲場有關的意外事件發生。有一研究針對美國醫院急診室的紀錄，大部分的遊戲場之意外是孩子從遊戲設施掉落到堅硬的地面（Tinsworth & Kramer, 1990）。其它的意外事件，例如，被衣服或繩子絆住，頭被網子絆住或夾到，鞦韆打到、突出物、尖銳的表面、地面太燙，或遊戲場上的垃圾（U. S. Consumer Product Safety Commission, 1991）。這些意外是所有成人最大的關切，這也是讓所有兒童照顧的提供者、學校及遊戲場之製造商花最多的錢。訴訟事件也一直在依循深口袋規律（deep-pocket rule）：保險公司負擔額愈高，訴訟要求賠償的金額也愈高。

　　為了說明導致傷害、死亡及花費昂貴的法律訴訟處理之危險性，美國遊戲場之安全指引也在這情形之下被發展出來：

　　1.美國CPSC之手冊：這是使用頻率最高也最實用的安全指引，手冊涵括2~12歲的兒童，劃分為2~5歲及5~12歲兩個年齡層。遊戲場之設備包括有鞦韆、攀爬架、階梯、溜滑梯、旋轉木馬、小動物及高於上半身以上的設施等。同時，此指引也提及如何安置及維修，以及整體的設計及墜落區（在所有設備之下方提供安全的墜落區，至少寬6呎）。美國CPSC所堅持的指引，事實上也是大多數有執照的公司及法律訴訟的合法標準。

如你想到有關CPSC的指引，請你向主要提供遊戲場設備的公司索取或來電800-638-2772。

2. ASTM指引：美國檢視及材料協會（The American Society for Testing and Materials, 1995）已發展為公共使用之遊戲場設備的標準消費者安全表現說明書（the Standard Consumer Safety Performance Specifications for Playground Equipment for Public Use）。基本上，這比上述CPSC手冊之指引更詳盡且具技術面。如同CPSC手冊般，ASTM指引也涵蓋2至12歲之兒童。兩者之不同，ASTM是商業公司所發展，而CPSC是由政府制訂，所以ASTM比較受遊戲場設計的公司所喜好。現在也正發展室內兩歲以下之遊戲設備及場地。

3. 美國國家遊戲場安全綱領。美國國家遊戲場安全綱領（The National Program of Playground Safety）在1995年制定，主要是用來幫助社區倡導遊戲安全之課題。這是一全國性行動方案，促使全國包括各州、各郡要執行下列目標：（1）設計適齡之遊戲場；（2）在設備之下或周圍提供適當的表面；（3）提供適當的監督；及（4）有效地維修遊戲場設備。

此外，許多組織也非常關心兒童安全，例如，美國小兒科學院（the American Academy of Pediatrics, 1994）及國際兒童教育協會（the Association for Childhood Education International）（Frost & Drescher, 1995）已提供遊戲場安全小冊子給父母及老師。

表9-4　不同遊戲場材料之優缺點

優點	缺點
木頭（CCA松林、紅木）	
·容易使用。 ·很適合志工來建造。 ·自然、美觀。 ·容易修理。 ·容易與其它結構結合（例如，攀爬架、滑梯、方向盤）。 ·不昂貴。 ·富於創造性的設計。 ·容易被當作捐贈物。	·容易斷裂。 ·易燃。 ·容易看起來破舊。 ·需要維修。 ·不耐用。 ·看起來是過時的。
壓層三夾板（在商業上使用時有上漆）	
·顏色鮮艷，多種選擇。 ·適合用於平坦的表面結構。 ·適於用在嬰／幼兒的零件。 ·可以修理。 ·耐用之自然材。	·與塑膠及金屬材料相比，容易破舊及傷痕累累。 ·僅限於平坦的設計。 ·昂貴的。 ·只有光鮮顏色，不適於幽暗的設計。
聚乙烯製之塑膠用品	
·不導熱。 ·不會斷裂。 ·明亮顏色。 ·有各式各樣安全的形狀（可以作成曲線的滑梯）。 ·與金屬合用時，可增加結構強度。 ·平坦、易握。 ·耐用。	·時間一久會褪色。 ·濫用時，會把遊戲場商業化。 ·有限的使用及可能性。 ·昂貴。 ·會受製作方法的限制（種類及創新性）。
不鏽鋼或鋁製（有包外皮、上漆或不加特別處理）	
·耐用。 ·堅固。 ·有各種顏色的設計。 ·多種選擇。 ·不容易被破壞。	·可以在熱天使用、金屬容易導熱、造成燙傷。 ·欄杆及椿柱容易導熱、造成燙傷。 ·缺乏彈性，常導致孩子跌倒或碰撞時受傷。 ·不易維修或增加素材及結合。 ·昂貴。

資料來源：Wardle, F.（1997）Playgrounds： Questions to consider when selecting equipment. Dimensions of Early Childhood.

特殊需求兒童之調整

美國身心障礙法（The Americans with Disabilities Act, ADA）之意圖是讓身體障礙兒童有機會到遊戲場玩。身心障礙孩子應該與一般兒童一樣隨時享有遊戲的機會。基於身心障礙兒童身體特殊需求，所以遊戲場之設計應要考量他們的需求，而且要考量他們遊戲時的安全。

- · 門及走道至少要有44吋寬，儘量在設計上呈現：在接近任何設備中舖一些碎小石，以讓需要有輪椅或行走障礙的兒童可以接近遊樂設施（Goltsman, Gilbert & Wohlford, 1993）。
- · 走道要加導盲磚，以利視覺障礙兒童行走。
- · 在每一設備加欄杆以提供身心障礙兒童可以支撐使用。
- · 在墜落區放一些堅固的素材或放墊子以利需要輪椅的兒童也可以使用這些設施。
- · 設置一轉接點（15~17吋高度的階梯）以利坐輪椅的兒童移到設施上（Goltsman et al., 1993）。
- · 設置可以戲劇遊戲的設備，例如，戲劇遊戲區及駕駛盤（以水平面為基準），如此一來，坐輪椅的孩子也可以在設施上玩戲劇遊戲。
- · 安置讓坐輪椅的孩子可以玩的鞦韆。
- · 在平坦的表面放置單槓、繩子或金屬桿可讓坐輪椅的兒童也可做拉扯的動作活動。

‧設置30吋的沙箱，在桌下有足夠的空間讓坐輪椅的孩子有
旋轉移動的可能（Goltsman, et al., 1993）。

‧確信任何因特殊需求孩子所做的調整，也不可對一般孩子
產生安全危害的可能性。

鄰里與自然遊戲環境

一個引人注意的資料證明孩子們在未經設計的遊戲空間所遊
玩的時間，遠比在遊戲場上玩的時間來的多（Moore, 1985）。在
都市中，人行道、街道常是兒童遊玩的地方（Naylor, 1985），前
後院、空曠的地方、電話亭通常也是孩子愛玩的地方。這些鄰里
遊戲空間通常並沒有特別規劃出來，專供遊戲使用（Moore,
1985）。

有一些研究比較兒童在遊戲場及在鄰里遊戲的遊戲（Moore,
1985），一般來說，這些研究發現：孩子在冒險式遊戲場中，從
事大量的扮演及建構遊戲，而在傳統式遊戲場，以高層次的體能
活動最多。另一方面，鄰里地區的遊戲空間中，發現兒童有較多
的社會遊戲，特別是不同年齡、不同性別的兒童一起玩的時候。

這些發現促使Moore（1985）推測不管是什麼型態的遊戲場
——傳統式的、現代化的、探索式的以及鄰里地區的遊戲空間，
對兒童發展都有潛在的貢獻，他強調我們不僅要提供新式及改良
式的遊戲場，同時也要改善所有社會結構中都市、郊區及農村中
的兒童遊戲場。在鄰里遊戲地區應特別注意的事情包括：特別規
劃出的遊戲場、爲球類遊戲及非正式體能活動鋪上適當的地面、

所有年齡都可遊戲的草皮區域，及專門為嬰幼兒、幼兒、學齡兒童、成人等分別設計的遊戲區。他建議將所有遊戲環境聯結成一個網絡，在兒童的家和公園、遊戲場、學校及其他受孩子喜愛的遊戲場所間建築道路，使孩子隨時都有安全的遊戲場所可以玩。

最近幾年來，兒童可遊戲的環境已產生巨大的改變，從以往可以自由自在探索鄰里及自然環境，例如，抓泥鰍，挖地瓜，鄰里巷道好玩的地方（如森林、小河），到現在充滿懼害（如綁架、街頭暴力、巷道之交通），父母的精疲力竭，取而代之是組織化之規則遊戲（如運動、球賽）及被動性看電視（Rivkin, 1995; Wardle, 1995）。結果，孩子有愈來愈少的機會與時間接近戶外、社區及自然遊戲，也造成兒童罹患近視，形成孤立及缺乏尋根的趨向。

由於失去與自然環境的親近機會，今日的孩子對自己的社區自然環境愈來愈不瞭解，也愈來愈不認同自己的社區，甚至產生孤離（Rivkin, 1995）。都會地區減少鄰里遊戲的機會也要付出代價：

外在世界就是在外面所發生之真實事件。除了自然事件之外，外在世界也是救火車呼嘯而過，起重機挖大洞，社區中的高樓大廈、加油站、腳踏車步道等。這些是我們生活的點滴，讓我們外在真實世界，到商店買東西、花錢或到鄰居翻翻他們想要丟掉的寶藏……。這些點滴皆發生在戶外，也伴隨著我們過去的童年。而現代孩子花大多數的時間在車內，在家裡，他們完全不能體會這些戶外的體驗（P. 14）。

現在，各地方之社區花很大努力在為兒童重建戶外遊戲機會（例如社區之遊戲巷）。Rivkin（1995）描述一些重要的措施：

· 綠地——「保護自然開放區域的走廊」（corridors of pro-tected open space），這些區域包括公園、遊戲場、自然保留區、河流，及歷史古蹟，有時也涵蓋社區居民的住家。
· 都市更新方案——例如，巴爾地摩都市更新計畫即嘗試讓城市更安全、更適合居住與遊戲。
· 兒童本位之土地發展——將社區的一邊規劃一些未開發的自然區域讓孩子在那裡遊玩。
· 降低交通之影響——提供一些道路給兒童遊玩（遊戲巷），這些道路可以窄化、植樹、綠化或降低車速，來讓孩子在這些巷道安全及自由地遊戲。

此外，Wardle（1995）強調都會地區學校需要常帶兒童參觀戶外環境並允許兒童探索自然及從中學習有關自然世界的訊息。社區中有些地方，例如植物園或河濱公園皆可能在學校附近，步行就可到達。至於其它地方，例如，森林、沼澤地、農場或山邊景點、動物園等常需要車子運輸。

本章小結

這本書的主題是兒童的遊戲行為會受遊戲進行當時的環境布置所影響。之前，我們已討論了社會情境對遊戲的影響——成人

與兒童之間的人際互動。物理環境是指：這些社會交往進行時的環境設備及活動範圍（Wachs, 1985）。遊戲的物理環境是由具有無生命特徵的環境設備所組成，如遊戲進行時的空間、存在於空間中的器材設備，以及這些空間及器材設備的規劃安排。如我們將知道的，物理環境在兒童的遊戲行為上有其實質的影響，瞭解這些影響之後，可以幫助父母及老師設計建構遊戲環境，以促進更高層次社會性及認知性的遊戲型態。

在本章開頭就比較了室內與戶外遊戲之差異，證據顯示兩者各有其優點。學前機構之戶外遊戲場可促進男童及來自低社經家庭的孩子有較多一般性的大肌肉活動，以及較高層次的扮演遊戲；學前學校之室內遊戲環境，可促進女孩有較多一般性的建構遊戲，以及有較多扮演遊戲的機會。研究發現應同時鼓勵幼兒之室內及戶外遊戲行為。

研究並顯示有幾種室內遊戲環境的特色會影響遊戲的類型。空間密度會影響兒童遊戲的社會層次，尤其是每個孩子所擁有的空間在25平方呎以下時，這麼擁擠的情況應極力避免。另外一個重要的因素是空間的安排方式，將大而開放的空間隔成較小的區域較有利。然而，積木角及家居扮演角這樣的補充區還是應採開放式的。其它有關空間安排的建議包括將可能產生衝突的活動角落分開、清楚地區分區域角落、維持明確的教室動線。最後，設備太多會造成社會互動的降低，因此要增加社會遊戲就應減少室內或戶外遊戲場遊玩器材的數量，或是提供一些可刺激社會互動的遊戲器材。但這仍須要謹慎，因為如果遊戲設備太少也會引起攻擊性行為的產生。經由控制空間密度、房間安排、遊戲設備的

數量，老師與父母可以提供更多室內遊戲的刺激，協助高層次社會認知遊戲的發展。

　　許多遊戲場的設計特徵是為了要促進兒童遊戲的豐富化及多元化。這些促進高層次遊戲的特徵包括：設施的相互支援與連接，彈性器材，漸進的挑戰，多元經驗的遊戲及不同型式的玩法。冒險式遊戲場在上列的標準指標評分最高，也是被評比為最有價值及具有豐富遊戲的遊戲場，而創造性／現代化之遊戲場次之，最差的是傳統性遊戲場。但不幸的是，我們社會卻提供最多傳統化的遊戲場，每年依遊戲場之意外事故高達200,000件，大都是在傳統遊戲場發生。基於此，我們誠希望未來傳統化之遊戲場可以用現代化或冒險性遊戲場來取代。

　　本章最後討論有關自然戶外及鄰里之遊戲環境，由於都市化，現今社會有關自然及鄰里遊戲場之空間已大幅減少。現有之社會學家、都市景觀設計學者一直要挽回這種趨勢，應用增加綠地、都市計畫、兒童本位之土地發展，縮減巷道交通及多提供學生至社區的參觀旅行，來增加兒童對自己的社區展開尋根之旅。

10 遊戲玩物

小如，二歲二個月大，正在認真地玩拼圖。她選擇一六片形狀的拼圖，開始從大至小一序列地排開，然後她將每一片嵌入一形狀的空間。她以童語的方式說出「圓圈圈」。她做成這個拼圖，拼了三次，並為自己鼓掌，然後將拼圖放在拼圖架上（Maldonado, 1996: 4）。

　　想到遊戲，即想到玩具，因為任何一種遊戲，都與玩具（toy）或遊戲素材（play materials）有關。例如，功能遊戲：孩子利用感官去接觸環境，以打、擠、滾、跳、敲，及利用操弄物體的方式來玩，都與玩具有關；建構遊戲：使用各種玩具或遊戲素材去建構東西；戲劇遊戲：利用物體或道具來扮演或想像、假裝的故事。許多遊戲競賽：也用到一些玩的器具，如骰子，球、撲克牌等。英國的一項對幼稚園兒童的研究（Tizard, Philps, & Plewis, 1976），發現97％的自由活動中，孩子都是在玩某些玩物。

　　孩子會花較多的時間玩與玩具有關的活動。研究亦指出在家中，孩子大約平均花4小時在玩商業性玩具，與家庭有關的物體，如泥土與棒子等自然玩物（Giddings & Halverson, 1981）。在學校，玩物遊戲的時間會更長。

　　父母與教育者也承認，遊戲和玩具的關係很密切，並且每年也投下無數的金錢，使孩子生活在玩物的世界中。Sutton-Smith（1986）及美國玩具製造工會（Toy Manufacturers of America）（1996）發現，美國超過800家的玩具製造家以及外國的玩具商，每年至少產出5,000件新產品，而美國玩具製造工會主席最近曾估計，美國父母至少有150,000種不同的玩具可選擇給孩子，玩具銷

售金額總值在1996年約有二百億美金。這些公司僱用約60,000人及每年消耗250,000噸的塑膠及200,000噸的金屬（Sutton-Smith, 1986）。玩具不但對美國兒童遊戲有其重要性，而且對美國經濟也同樣重要。

　　本章開始先簡略討論玩物與兒童發展雙向關係，然後，我們將描述現有不同形式的玩物，再檢閱相關玩物對遊戲影響的相關研究，最後則討論爲兒童選擇玩具與玩物之考慮因子。本章也將涵括對電腦與電動玩具之電子媒體的討論。

◉ 專欄10-1　Damaia玩具圖書館

by Ana Maria Araujo Pessanha

　　Damaia（Amadora）玩具圖書館，它靠近葡萄牙里斯本的近郊，是一個很高的公寓建築，就在一些木造房子的貧窮區的旁邊。這個區域並沒有任何一個遊戲場、任何綠化空間或人行步道區。有兩種人住在此地區中：（1）低收入葡萄牙白人，大都住在小矮平房中，以及（2）來自Cape Verde島的原住民，是非常貧窮，大都是黑人，他們住在木製的矮房中，大都是由舊輪胎及廢物渣滓物蓋成。

　　在1987年由Damaia地方議會的Gulbenkian基金會提供經費興建一玩具圖書館，來滿足Damaia地區兒童遊戲的需求。此遊戲室提供的主要目的是藉著提供在自由、安全及豐富的環境的遊戲機會，來提昇兒童之心智、社會及認知發展。

　　玩具圖書館原先放在社區行政大樓的一間房間內，現在獨立設在新大樓的地下室，遊戲室提供各種不同的玩物，並且依其特性規劃一些遊戲角落：

‧娃娃角：娃娃、娃娃尺寸相稱的家具及裝飾品。

‧醫生角：剪刀、聽診器、膠帶、血壓計、導尿管等。

‧扮演角：大鏡子、舊服裝、手提袋、照相機、小衣櫃等。

‧遊戲角：紙片、骰子、拼圖、釣魚池（磁鐵）、彈珠、遊戲王卡等。

‧車庫角：汽油泵、加油站、模型汽車（轎車、計程車、公車、卡車、運動車、警察車、救火車、救護車、火車、拖車、載貨火車等）。

‧建構玩具角：不同尺寸的積木、樂高、木製有顏色的積木、三角形及圓柱形積木、積木車（汽車、卡車）、三角體、動物與人的模型等。

‧郵局主題角：字母、郵票、信封、貼紙、小信箱、小便條紙、玩具電話、筆、橡皮章等。

‧農場角：穀倉、馬廄、籬笆、農場車子、樹、人與動物模型、珊瑚製玩具等。

‧動物園：樹、小丘及人與動作模型。

‧雜貨店：收銀機、錢、小型推車、水果蔬菜、肉模型、麵包、乳酪、蛋、空蛋盒及容器等。

‧寵物角：各種寵物模型。

玩具圖書館提供孩子在遊戲室自由遊戲的機會，並讓各學校可在此戶外教學或借玩具回去玩。為了考量公共使用之需求，所以開放時間非常彈性化，時間表會盡早公告，並讓社區的居民與學校知道。三個月前接受預定參觀日期。一般上，老師每個月會帶學生前來參觀旅行。玩具圖書館也對遊客開放，每週二次，深受兒童歡迎。

十年來，我們發現孩子在此的遊戲行為與學校之遊戲行為有很多差異性。在這裡，遊戲較精緻、富想像力，及具社會性。因此，玩具圖書館提供孩子豐富、多元之遊戲經驗是無庸置疑的。此外，老師也有機會發現學生正向之行為特質。

玩物與兒童發展

玩物與兒童發展是呈現雙向之關係。玩物因造成孩子不同的遊戲行為及內容，而間接影響兒童的發展。不僅如此，玩物因提供兒童學習的機會而直接影響其發展。同時，兒童之年齡、發展層次及遊戲風格的個人特性也影響兒童在遊戲如何使用特定的玩物。

雖然現有的研究不足強烈支持玩具與玩物對兒童之發展有直接效果（Almqvist, 1994；Sutton-Smith, 1985），但是我們堅決相

信：某些玩物會導致孩子玩特定的遊戲，玩物的確可以刺激遊戲，並形成一種資源。例如，積木、樂高等玩具可以刺激孩子的建構遊戲；洋娃娃、裝扮衣物及家居的道具會刺激孩子的佯裝想像遊戲。然而，有些玩物會影響兒童的社會遊戲品質；有些玩物會增加單獨遊戲的機會，而有些則可以促進孩子社會群體的遊戲機會。因此，藉著玩物刺激孩子重要發展類型的遊戲，並間接影響他們的成長。

玩具與兒童發展的關係，不在於年齡、性別以及玩具的種類，而在於孩子在玩的過程中直接感受到的外在生理的經驗。

當孩子玩玩具和其他玩物時，同時他們很可能在學習重要概念。例如，一個嬰幼兒（toddlers）用重複性功能遊戲之方式在玩皮球，他／她將玩球的動作納入個人所擁有的動作基模（如滾球），同時，兒童也必須改變或順應這些動作來迎合這物體（球）的特性。在我們所舉的例子中，孩子必須以球的大小與重量來調整他們的活動，如同Piaget之理論，當認知適應發生時，孩子產生了認知成長。換句話說，孩子透過自己的經驗組織，得以使智力成長的過程。

上列玩物與兒童發展之關係，尤其因果關係是很難於被證實，主要因為這之中有很多因素（困擾變項）可以影響兒童的學習。例如，Bradley（1985）發現兒童的智商分數與玩具的可及性與使用性有中度相關存在。然而，這個相關關係部分是由家庭社經地位及父母的鼓勵所影響。儘管有這些困難存在於玩具與發展因果關係，但大家皆常認為如果兒童花時間玩玩具，那麼學習行為會產生（Sutton-Smith, 1986）。

　　相信玩具對發展的顯著影響，已導致各方建立玩具圖書館來協助特殊需求的兒童（請參考專欄6-1：Lekotek）及有學業困難和社交困難的兒童。專欄10-1：Damaia玩具圖書館就是在葡萄牙里斯本的貧窮社區設立玩具圖書館來協助他們促進遊戲品質及能力。

　　兒童的發展也影響兒童如何使用玩物。如1至2歲的幼兒正處於Piaget所指的感覺動作期的發展（參閱表1-3），他們的玩物遊戲常是練習性或功能性遊戲（重複性身體動作）。例如，一位三歲以前的嬰幼兒可能沿著房間滾動玩具車子（功能性遊戲）；而當兒童進入幼兒園，在之前操作期的發展中，他們的遊戲會從功能性玩法轉移成建構性及戲劇性。在轉移的過程中，玩物角色改變了。兒童開始使用玩物來假裝成某些東西，並從表徵的呈現來獲得寶貴的經驗。當孩子年齡漸長，其表徵能力也會大幅增加，雖然眼中被看到是某特徵物，因其有心理表徵能力，所以可將此

圖形（幾何）積木可促進幼兒手眼協調及給予幼兒一對一及部分對整體的概念。

特徵物假裝成他心中所要表達的物體。例如，一個三歲的幼兒使用玩具車子，假裝他在開車並扮演與車有關之扮演遊戲情節。但一位四或五歲的幼兒可能將玩具車當作太空船，而與星際大戰主題相連接，展開其太空大戰的扮演遊戲。所以說來，當孩子年齡漸長，玩具變成孩子遊戲的必需物（Sutton-Smith, 1986）。

玩物的種類

市面上玩物充斥，因此有必要對玩物加以系統化的分類、描述、辨別，幫助幼兒能有效去使用它，發揮玩物之特性及其功能。目前，市場上對玩物有很多的分類方法，包括：

1. 以年齡為標準是最方便的：如2歲適合重疊堆組玩具；3歲適合桌上積木；4歲適合建構玩具，如樂高。甚至有些玩具訂定適合年齡層很寬（3~6歲）。這方法產生的問題是忽略了個人差異及發展速率的不同，以年齡層區分，只提供部分的問題解決方式。所以，以年齡來分是錯誤的方法之一。

2. 以玩物外表及物理功能來分類（Matterson, 1965）：如臉盆、器皿或飄浮人偶、船一類的玩具，稱為水中玩具；洋娃娃、商店組合玩具為扮家家酒玩具。像這樣利用玩物可能的用途（即主要特徵或功能）來分類的方法，忽略了孩子對玩物使用功能的想像潛能，那可能與大人的分類會有

差異。例如，孩子可能把可穿衣服的芭比娃娃拿到積木區，做一個整合性的玩法。

3.利用孩子可能使用的動作肌肉模式來分類（Community Playthings, 1981；Krown, 1971），如大肌肉及小肌肉動作發展玩具。積木是最常被用來做如此分類的，大、小積木分別列屬於大、小肌肉功能玩物，而拼圖則屬小肌肉發展動作玩物。做這樣分類的理由是小肌肉的玩具提供幼兒小肌肉之動作練習，並增進小肌肉動作發展之技能，像手眼協調的動作。這些玩物有堆疊組合玩物、拼圖、釘木板玩具等。大肌肉的玩具則是用來激發幼兒全身或大肌肉動作功能，包括舉起、踢、跑、踏，以及手——眼、眼——腳協調。這類玩具有滾輪玩具、三輪車、踏板、跳板玩具等。這種分類也有問題，因動作發展是整合大肌肉、小肌肉之動作發展，以玩拼圖為例，在外表上好像是手——眼小肌肉的協調，但孩子要用肌肉去取拼圖，也需要大肌肉部分的動作。因此這種分類法會使像穿戴衣物或道具的戲劇扮演遊戲不知該如何區分了。

4.依上述三種缺失，最好的玩物分法為：依玩物本身來分類描述。主要是針對玩物一般的功能或目的，由玩具商自行區分（Hartley, Frank, & Goldenson, 1952；Yawkey & Trostle, 1982）。這種系統並沒有特定的指出玩物適用的年齡和功能，只給一般說明及使用方法，讓孩子透過遊戲來成長。通常只將玩物分為教育性玩物、真實體玩物、建構性玩物、複製玩具、粗動作玩具及規則性遊戲玩具等六

種。現在，我就分別介紹這六種分類所包括之玩物及其功能。

在本節，我們將描述現有的一些玩物種類。我們的分類並不是獨斷的，但是我們只是嘗試將現有在家裡及在學校常玩的玩物來加以分類。電子玩具及電動玩具並不在此節討論，我們將在本章結束前將關一節討論。其中的一些分類——例如，教育玩具、建構玩物、粗動作玩物等，象徵玩物可能及意圖使用的意義。如同前面我們已提過：兒童常忽略玩物之表徵意義，進而將玩物轉換成他們遊戲的目的。Sutton-Smith（1986: 251）警告我們：「儘管玩物最可能被設計者設計某些用途……，當孩子在玩時，這種象徵的意義常常被忘記或加以扭曲」。

複製玩具

所謂複製玩具（replica toys），是指那些依小孩生理環境和社會環境所設計的真實物品的縮小體。有些玩具是真實物體的縮影，如房子、車子、動物，或者是幻想事物的縮影，如太空船、明星、超級英雄及卡通人物（如忍者龜、可達鴨、皮卡丘），由於是縮小的模型，所以在玩時也十分方便操作及攜帶出門。此外，這些也可刺激玩戲劇扮演遊戲。概括來說，這類玩具可分為下列三種（Yawkey & Toro-Lopez, 1985）：

擬人化玩具

任何種類之動物，包括人、野獸、昆蟲的模型玩具。此玩具大部分都用塑膠做成，在模擬遊戲中常用到。其他如卡通人物玩偶、米老鼠、唐老鴨等。在這有個建議：眞實動物玩具對大一點的學前幼兒也有其必要的，因爲在遊戲行爲上，它是一種具有很好效果的玩物。學齡兒童有時仍在床上、桌上、地板上拿著一些擬人化玩具，或個人或與一些朋友在玩伴裝的遊戲。有時，小朋友拿著永遠不褪流行的泰迪熊，是由厚毛絨製成，小朋友很喜歡依偎著它。其他如電視、電影、卡通的玩偶也受小朋友歡迎，而小朋友常用他們來當作扮演遊戲的角色。

交通工具玩具　火車、汽車、卡車、拖車、挖土機、吉普車及船、飛機，還有一些鐵軌、飛機場、加油站等的配備玩具。此種複製交通工具的玩具常被小朋友與建構玩具及積木一起充當扮演遊戲的玩物。

扮家家酒玩具

爲室內型之人與物，一般幼兒園課室中都安排在娃娃家，玩具內容與家庭及其相關主題，孩子可用此來當作角色扮演及執行故事內容，這些玩具包括有：

· 洋娃娃和洋娃娃的配件。
· 廚房用具——鍋、碗、瓢、盤。
· 桌椅、爐子和冰箱。

· 電熨斗、燙板、掃把、畚箕。

· 娃娃車、搖籃、汽車、安全座椅。

· 玩具電話。

· 扮演服裝。

　　商業上所販賣的道具及扮演衣裝也常為小朋友所使用，例如，醫院、警察、救火員、郵局及便利商店。如同第九章所提及，這些社區上常見的助人者及職業主題擴展兒童的認知及促進其遊戲的可能性，而且也可以幫他們呼朋引伴一起玩扮演遊戲。

　　在此也要再提醒大家：許多生活上真實的物件也可以用來當作戲劇遊戲的道具。例如，破舊的真實電話會比玩具電話較能刺激孩子將玩物整合至其所玩的戲劇遊戲中。使用破損的真實玩物也可以減少擺設扮演角的花費。

教育性玩物

　　這種玩物常被商業機構生產來提昇孩子的學習與發展。玩物設計成可教導孩子特殊技巧和觀念，較其他類型之玩具富教導性，結構也較強，以達教導之成果為目標。在教學包括讀、寫、科學、算術及社會科學之教材〔如福祿貝爾（Frobel）、蒙特梭利（Montessori）教具〕即屬於此一類。內容有技巧和概念的教導，如瞭解物體的部分和整體之關係、穿珠、綁鞋帶等。此外，還包括認識顏色、形狀、各種物體之名稱、分類，並瞭解一對一之關係，如拼圖、穿線玩具、堆疊組合玩具、插樁板等。

拼圖

　　拼圖是很常見的玩具，它具有增加手眼協調、提供形狀及顏色、大小配對及發展一對一關係之技巧功能，並可進一步瞭解部分與整體之關係。在設計上常附加個圓鈕，使小孩的手指可拿、可操弄。正在學步的孩子以4~6塊輪廓外形明顯的拼圖為基礎，大一點的孩子，依年紀增加而漸漸增加片數，也較適合鋸齒狀的拼圖。鋸齒狀拼圖需要更好的小肌肉動作能力，還有概念性發展，對孩子言，困難度較高，所以一開始仍要從簡單的、片數3~8塊的起步。隨著年齡及能力之增長，慢慢可嘗試20片、40片及70片的拼圖。Maldonado（1996）針對不同年齡層之幼兒，提供一些玩拼圖之指南：

- 二歲幼兒——提供完整圖形之有圓鈕的拼圖。
- 三歲幼兒——提供5~8片的有圓鈕的拼圖。
- 四歲幼兒——提供12~18片無圓鈕的拼圖。
- 五歲幼兒——提供18~35片無圓鈕的拼圖。
- 六歲幼兒——提供35~62片無圓鈕的拼圖。

穿線玩具

　　如穿圓珠、蒙特梭利之日常生活訓練玩具等，其材料有木製、塑膠製及金屬製品，包括有打蠟的線加上小零件，可提供孩子因果次序及手眼協調的練習機會。

千層玩具

如大小可套疊在一起的千層盒，可用來幫助孩子發展順序技巧、瞭解大、小關係。當孩子在玩這種玩具時，他需要找一個大的，再找個次大的，並依序重疊；還可利用其它不同之形狀的東西，如蛋、球、積木等大小不同的東西做比較，或蓋住玩具，使之消失的遊戲。千層玩具（nesting toys）可以是四片以上，有各種不同形式（如蛋、袋鼠、娃娃等）。

插樁玩具

插樁玩具則是利用板子，刻挖不同的形狀、字，或者是其它的凹洞，讓孩子自己找到可插入的正確圖形。如此，小孩可由玩的過程中辨別不同的顏色、形狀、次序或插圖。

堆疊玩具

堆疊玩具（stacking toys）用來提供兒童練習按大小排列之序列，通常是從小至大或依顏色來排列，此類玩具可教導孩子序列及手眼協調之能力。

其他訓練玩物

此外，還有拉鍊、鈕釦、分類遊戲、開鑰匙、綁鞋帶及電腦遊戲等，都屬於這一類訓練遊戲。

建構玩物

　　建構玩物（constructional materials）是設計成讓孩子有多種不同玩法的玩物，它不同於有特別之教育目的及使用方式的教育性玩物，在運用上有很大的彈性，可利用不同的方式來呈現。例如，樂高（Legos）可以組合成不同的東西（車、船……），組合好的東西又可以拆掉重新組件成另外一種東西。而教育性玩物，如拼圖，一直要到最後一片拼圖拼上去後，才有完整的成品出來，且玩法是一成不變的。

積木

　　這裡指的積木包括各種顏色、形狀、大小及木頭、塑膠、卡紙板或布的各種素材的積木。傳統上把積木做這樣的分類：可在桌上玩的小積木、用來建構大型式的積木、有空洞的積木，以及有標準形式，由製造商或玩具商所製造的一般單位的積木（如圖10-1）。如果想多瞭解積木及其應用，可參考Hirsch（1974）的書，大多數為1 3／8×2 3／4×5 1／2的規格，可拼湊成任何形狀，而小的積木較少也不貴，一般對積木的保存及堆放有下列一些建議：

　　1.有足夠的空間，利用適合於孩子可拿取的高度的開放櫃或籃子等容器存放。

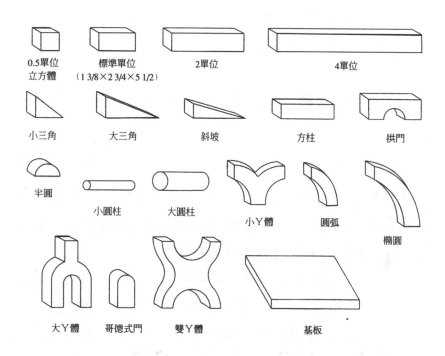

圖10-1　19種基本積木規格

大中空的積木可鼓勵孩子玩建構與戲劇遊戲。

2.運用靠近積木區存放，吸引孩子去玩耍。

3.積木以縱向堆放，使各形狀之積木清楚排列，便於整理辨別。

4.在櫃子下方劃上積木的輪廓，讓孩子能依樣歸還放置積木。

積木可以促進大、小肌肉發展，其中大積木以中空處理，方便孩子拿取。有研究指出，大型木塊積木所達到的效果最好，並可感受到它的重量。一般積木的大小規格多半由製造商自行設計，有多種顏色，但以原木色為最佳。

桌上積木比標準的大積木（一般單位）來得小及便宜。這些桌上的小積木隨著廠商不同而在形式、大小及素材上各有不同。有許多廠商甚至為小積木組合加上木製的房子如加油站、商店、停車場、車子等，以鼓勵幼兒玩戲劇的虛構遊戲。

大卡紙板、木頭及塑膠積木是幼兒園中常見的。幼兒必須用雙手拿這些大型積木，而以中空處理的便於幼兒攜拿。通常也有下列六種形式：標準單位（1 3／8×2 3／4×5 1／2）、半標準單位、雙標準單位、半雙標準單位（長度一樣，寬度切半）、對角線（如斜坡、大三角）及基板等六種。木材大都由相思木或松木塊所製成，或兩者合併。大都經去緣、磨光及防水處理過。

大卡紙張或塑膠積木較便宜但不耐久，也不堅固。例如，大卡紙板積木頂多可支撐200磅。這些積木常被漆成不同顏色，有家廠商即做成紅藍顏色的磚塊來鼓勵孩子從事建構遊戲。

建築組合玩具

這一類組合玩具是多片式的，它的特徵是這一類純粹是建構玩物。同積木一樣，它也有不同的大小規格及片數，隨著孩子年齡的增加，組合的塊數也增多，因為其組合的彈性及用途十分廣，可適合各種年齡的小孩，像樂高、雪花片、骨牌及鑲嵌組合積木或A-B-C木頭、布製積木皆屬這類玩具。

● 專欄10-2　如何儲存小操弄玩具（物）

儲存小操弄玩物方法不對，可能會增加空間及使用的問題，以下有一些建議你儲存這類玩具的參考：

1. 將有關類似的配件及零件組合在一起，可以增加孩子來玩的機會。
2. 利用分格架來收藏拼圖類玩物。
3. 利用抽屜、小籃子或堅固盒子來收拾小零件（配件）。
4. 利用大的洗碟用盆或堅固箱子來收藏大件玩具如Legos，超合金組合玩具、積木或其它建構玩物。
5. 將小型操弄玩物收藏在開放式架子上或在孩子視線可及之處，可鼓勵幼兒隨時可自我檢查及選擇。
6. 千萬不要將玩物籃一一疊放在一起，這樣幼兒看不到玩物會減少他們玩的機會。
7. 不要將不同年紀的玩具混合在一起。

粗動作玩具

粗動作玩具主要被用於促進大肌肉發展及協調能力。在 Bronson（1995）的書《零至八歲之幼兒的好玩物》（*The Right Stuff for Children Birth to 8*）就針對0~5歲幼兒提供一些粗動作玩具之建議：

1. 嬰兒
   - 抓握及觸摸球、敲敲球、揮動球。
   - 不用推桿的推玩具（車子，有輪子的玩具）。
   - 矮的攀爬架。
2. 一歲大之幼兒
   - 推有桿子的玩具。
   - 用線（繩子）拉玩具。
   - 柔軟的輕球及大球（如海灘球）。
   - 堅固的乘騎玩具。
   - 鞦韆（由大人來監督）。
3. 二歲大之幼兒
   - 簡單娃娃的搖籃及推車。
   - 推動模擬生活化的玩具。
   - 各式各樣、不同尺寸的球，特別是10~12吋的球讓孩子來丟及踢。
   - 堅固的騎乘玩具車（不用踏板），可以用腳來移動。

．矮的攀爬架及溜滑梯。

4.三歲幼兒

．小拖車或推車。

．三輪車。

．搖馬。

．固定的戶外攀爬設備。

5.四歲幼兒

．中空的塑膠軟球及輕的球棒（需有成人監督）。

．有欄杆及梯子的溜滑梯。

．繩子、單槓及鞦韆。

．攀爬設施。

．戶外的建構設備。

6.五歲幼兒

．拖車、腳踏車、玩具機車、滑板、直排輪。

．跳繩。

規則性遊戲

　　三至五歲之間的幼兒已可以有較長的注意力，學會輪流而且能依循規則。這些能力可幫助幼兒玩一些簡單的遊戲（Bronson, 1995）。學齡兒童的規則遊戲規則不多，只有簡單的計分系統，較重機會（率），不重謀略（Bronson, 1995）。在此年齡之適當的規則遊戲有賓果，及簡單的紙卡遊戲；到了幼稚園階段，許多孩子可以玩如野蠻遊戲等之紙板遊戲、記憶遊戲（猜猜我是誰）及

計算遊戲（Uno遊戲、骨牌遊戲或大富翁）；而到了八歲左右，他們可以玩一些謀略遊戲（如陸軍棋、西洋棋、象棋或圍棋）。

Isenberg及Jalongo（1997）建議老師可鼓勵兒童修訂商業上的規則或自己創造遊戲規則。孩子被鼓勵自己創造屬於他們的遊戲規則，發明或創造遊戲規則之過程可幫助他們提昇智力的自主及發展協調，與同儕達成共識之社會技巧的發展。

真實玩物

真實玩物（real materials）是一些在成人世界中，有特殊用途而不是用來玩的，但孩子卻將它用來遊戲，孩子想模仿大人並像大人一樣去使用這些東西，例如，木頭工具的使用。這一類的玩物包括了沙、水、木頭、泥、黏土等基本素材。

沙、水、泥巴

這些玩物沒有特定的形狀，可依容器不同而改變外形。這一類玩物不貴且可做多種應用，使得玩耍的可行性不受限制，也可與其它玩具（模型、風車、水車、管子）一起運用。透過真實玩物的操弄，孩子可以瞭解物體的前因後果，比如瞭解水跟泥混合可以做成泥土。而沙的用途很廣，它跟水都可以在室內沙箱、水箱，或室外使用，雖然容易造成髒亂，但也容易清洗，可帶給孩子有趣的經驗及無窮的樂趣。

沙與水的遊戲可以簡單添加一些玩物來豐富其遊戲的樂趣。Hill（1977）與Crosser（1994）提供一些玩沙遊戲的指引：

·玩沙遊戲：鏟子及提桶；漏斗及篩子；挖土機、水泥
車、大卡車、模型及餅乾切器、道路舖平車、磁鐵及磁
性鏡片。

·玩水遊戲：漏斗、塑膠管、可以擠壓的瓶子、大湯匙及
湯杓；廣口瓶、雞尾酒杯及其它容器；海棉、打蛋器及
廚房攪拌器、冰棒、軟木塞、人工色素及釣魚浮標等。

粗沙可做為建構遊戲的材料，通常稱為建材沙。與細沙比較
起來，細沙價格貴且不易清理，通常我們可在如白沙灣的沙灘看
到。泥巴也是很好玩的東西，雖然會造成髒亂，但它很容易模
塑、易乾，小孩會很喜歡玩它。至於幼稚園如何實際使用泥巴請
詳見Hill（1977）。

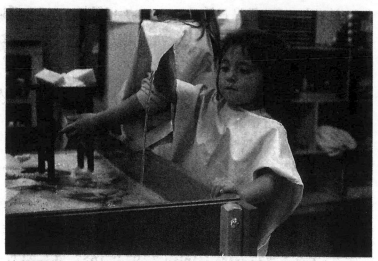

幼兒玩沙、水等自然的實物可提供他們許多學習的機會。

食物

不管食物的狀態如何，生的、熟的及冰凍的，孩子都可利用它來做為自然遊戲的物品。像以口舌來體認不同種類的食物（胡椒、醋、大蒜），也可讓孩子自己做食物，由大人在一旁指導，孩子的能力可以去經驗一些簡單餐點的做法，如爆米花、漢堡、果醬等類的食物。

木料及木匠工具

不同大小、形狀的木材可以從居家附近建材行獲得，是方便又不貴的玩物，木料以較柔軟、輕巧、沒有裂片的較好。

如果可能，還可為孩子做一張木匠桌，放置一些木匠工具讓孩子自己使用，這些工具包括：（1）鎚子和釘子；（2）螺絲起子、螺絲；（3）工作檯及鉗子；（4）鋸子；（5）螺釘、螺釘帽和板手。

為了避免孩子使用工具時受傷，使用時，一定要有大人在場，或者由大人就近指導小孩才行。

美勞素材

在幼兒早期，藝術美勞與遊戲常不可分，彼此有相互關連。當兒童玩一些美勞素材，他們也開始使用藝術或美勞當作自我表達的方式。Frank及Theresa Caplan（1974: 165）就有如下的解釋：

美勞玩物對兒童有非常特別的感覺，它可使兒童自發性地自
由創作。兒童所做的任何形體對兒童有其特別的意義。事實
上，幼兒的作品在幼兒眼裡與成人有很大的差異，幼兒享有
是他所進行美勞遊戲中的深刻印象……兒童可能藉著塗鴉或
塗色而令他覺得他在創造某些物體形象。他覺得他在發明、
創造顏色或混合不同的顏色對他是非常好奇、新鮮的點子。
他可能畫畫或塗上顏色，並鑑賞他所瞭解的事物。如果他
想，他可以給他所創造的物體一個名稱。當他繼續形成其它
物件，他的心智在成長，這也是他創意過程的萌發。

依Caplan的看法，廣告顏料對孩子所言是最好的顏料，溶於
水也容易清洗，而且也容易用筆畫在紙上。粉刷也和廣告水彩畫
一樣好用，它可以用水及顏料粉一起混合來使用，幼兒最好使用
長柄、短平之鬃毛筆。

黏土是一種適合孩子多方面遊戲的自然素材，它可搓、揉、
撒、撕或和其它玩物，如冰棒枝或餅乾切器來一起使用。
Caplan及Caplan（1974: 168）就提出真實黏土的好處有：

在所有三度空間的美勞玩物中，不昂貴、不堅固的黏土是所
有年齡層幼兒最好具可塑性的媒介。當它乾的時候，它是硬的，
可以上顏色……因為它容易模製及可容易用小手指來雕塑。濕黏
土可被幼兒享受擠、敲打，甚至拿來聞一聞……（當作探索它的
特性）。

塑性黏土及麵糰不像真實的黏土，不會變硬。Goldhaber（1992）指出黏土及其它容易塑化的素材是「讓孩子思考變化、創造及觀察的最佳媒介」。當孩子玩黏土時，他們常會不斷轉變素材的特性（從乾到黏）、顏色（從藍加黃變成綠色），及形體（從圓球變成扁平的薄餅）。這個玩物與遊戲可以擴大孩子對行動與事件之間關係的知識。

讀寫素材

如同在第十一章，我們將有對此主題做詳盡討論，我們可以透過增加與主題相關的讀寫素材來加以延伸兒童的遊戲經驗。例如，娃娃家的廚房可以包括空的產品容器（汽水罐、麥片盒、番茄醬瓶子），食譜、電話薄、食物優待券、便條紙及筆。餐廳角可以提供菜單、牆壁商標、鉛筆及點菜單。研究業已發現：在遊戲情境中增加一些讀寫素材，可以增加孩子讀寫活動（Christie, 1994b; Neuman& Roskos, 1997）。此外，讀寫道具可以延伸孩子遊戲的可能性，而造成更長時間及較複雜的戲劇遊戲情節（Neuman & Roskos, 1992）。

遊戲與玩物之研究

幼稚教育學者非常瞭解玩物可影響幼兒遊戲行為。這種想法使相關研究源源不斷，而早在1930年代即開始有人從事這類研究，迄今七十多年了，其研究種類可分為：（1）不同的玩物對

幼兒認知及認知層次的影響：（2）玩物的真實性與建構性對幼兒戲劇遊戲之影響。這些研究的結果已被廣泛應用，提供不同玩物的種類給幼兒，以促使他們從遊戲中獲取發展的好處（有關提供玩具的相關協會及安全請參考專欄10-3及專欄10-4）。

玩物之種類

在1930年代，早期研究者調查不同遊戲之玩物對幼兒的社會遊戲層次之影響（Parten, 1933; Van Alstyne, 1932）。他們的研究發現：某些玩物確可鼓勵社會及團體遊戲，然而有些玩物卻鼓勵單獨或平行活動。這些早期的研究發現，跟現在學者的研究結果類似（Hendrickson, Strain, Tremblay, & Shores, 1981; Rubin, 1977）。根據這些研究，結果皆指出娃娃家的遊戲道具組合、衣物服裝、洋娃娃、車子及各種交通運輸工具玩物與團體遊戲有關連。藝術建構玩具（剪刀、顏料及粉臘筆等）、教育玩具（穿珠、拼圖）及黏土，似乎與單獨及平行遊戲較相關。而玩積木似乎是分屬於社會及非社會種類之行為（請詳見表10-1）。

研究者亦發現，某些遊戲玩物之素材可同時鼓勵不同認知層次的遊戲（Rubin, 1977），如鼓勵團體遊戲的玩物（如娃娃家用品、衣物、娃娃及各種類型之車輛）也可促進幼兒戲劇遊戲；顏料、粉臘筆及剪刀也常被用在建構遊戲中；黏土、麵糰及沙水等玩物也經常被用於功能性遊戲中；至於積木則與建構及戲劇遊戲有關（Rubin & Seibel, 1979）（參見表10-1）。

成人如想鼓勵幼兒社會或認知層次的遊戲只須補充表10-1中

表10-1　玩物類別可增加兒童遊戲之類型一覽表

	社會層次		認知層次		
	非社會性	團體性	功能性	建構性	戲劇性
扮家家酒		ˇ			ˇ
洋娃娃		ˇ			ˇ
裝飾打扮衣物		ˇ			ˇ
交通工具（車子）		ˇ			ˇ
積木	ˇ	ˇ		ˇ	ˇ
拼圖	ˇ			ˇ	
串珠	ˇ		ˇ		
美勞建構（剪刀、顏料）	ˇ				
黏土、麵糰	ˇ		ˇ	ˇ	
沙、水	ˇ		ˇ		

＊非社會性遊戲為單獨／平行遊戲

打「ˇ」的玩物給幼兒即可。有時，還需要模塑及遊戲指導，以鼓勵幼兒按我們所期望的方式（如研究所指出的）來玩（詳見第二章）。例如，假如老師希望提昇幼兒的團體遊戲，那麼可提供娃娃家玩具、娃娃、扮演衣物、車子及積木等玩物。

玩物的真實性與建構性

真實性與建構性是玩具的兩個相關特性。真實性即指與真實情境中實物的相像性。芭比娃娃及其配件的真實性要遠比碎布娃娃為多。高真實性的玩具常被用來鼓勵做高度建構或特定的使用。例如，一警察車的複製模型只能被用來當警車。而較不真實的車子，如木頭積木，只有車身、輪子的玩具車卻可被使用成任

何種類的車。**圖**10-2詳細列出不同玩物其建構性之程度，如最無建構的沙、水到教育性玩具、綁鞋帶、穿珠等（只能依成人所指定的方式來玩的玩具）。

　　許多研究者已調查過遊戲眞實性與建構性對幼兒戲劇遊戲之影響（Jeffree & McConkey, 1976; Johnson, 1983; McLoyd, 1983; Olszewski & Fuson, 1982; Pulaski, 1973）。一般說來，研究發現，高眞實性、高結構性的道具可鼓勵嬰幼兒（2至3歲）的假裝、虛構遊戲，但對年紀較大的幼兒卻不具效果。年幼的幼兒，由於缺乏表徵技巧，所以需要眞實的複製品，或與主題有關的模型玩物，來開始或刺激其玩戲劇遊戲。當年紀漸長，孩子的表徵技巧日臻成熟，也較不需此類玩物的刺激，孩子即可玩想像、虛構或戲劇遊戲。但是Pulaski（1973）的研究卻指出太眞實的玩具反而干擾了幼稚園或小學低年級兒童的想像力。

泥	積木	較粗製或無特徵的玩具	細緻及有特徵的玩具	教育玩物
沙		洋娃娃（碎布）	如芭比娃娃，或仿造	
水		交通工具	原車廠的模型汽車	

無建構性				建構性

圖10-2　玩物之建構品質

專欄10-3　提供玩具或嗜好工廠的協會

下列協會可提供玩具或遊戲素材的資料，可用明信片去函要玩具的種類及說明書。

Bicycle Manufactures Association
1055 Thomas Jefferson St., N. W.
Washington, DC 20007

Electronic Industries Association
Consumer Electronics Group
2001 Eye Street, N. W.
Washington, DC 2006

Hobby Industry Association of
Northern California 4547
Mission Street San Francisco, CA
94112

Juvenile Products Manufacturers
Association
66 East Main Street Moorestown,
NJ 08057

Mid-Atlantic Craft and Hobby
Industry Association
P. O. Box 43 Fairless Hills, PA
19030

Midwest Toy and Hobby Association
100 East Ogden Avenue
Westmont, IL 60559

National Association of Doll
Manufacturers, Inc.
605 Third Avenue
New York, NY 10022

National Ornaments and Electric
Lights (NOEL) Christmas Association
15 East 26th Street
New York, NY 10010

British Toy and Hobby Manufacturers
Association Limited
80 Camberwell Road London,
England SES OEG

Licensing Industries Association
75 Rockefeller Plaza
New York, NY 10019

Hobby Industries of America
319 East 54th Street
P.O. Box 348
Elmwood Park, NJ 07407

Licensed Merchandisers' Association
200 Park Avenue, Suite 303 East
New York, NY 10166

Mid-American Craft-Hobby
Association, Inc.
P. O. Box 2188
Zanesville, OH 43701

Miniatures Industry Association of
America
1113 15th St., N.W., Suite 1000
Washington, DC 20005

New England Toy Representation
Association
200 University Avenue Westwood,
MA 02090

Rocky Mountain Toy Representatives
4526 West Northview Avenue
Glendale, AZ 85301

● 專欄10-4　玩具安全

玩具安全

　　玩具安全是一嚴肅的話題。在美國1995年，CPSC已記錄有21件死亡及超過150,000兒童因玩玩具而受傷，有60%在五歲以下〔健康資源及服務局（Health Resources and Services Administration），1996〕。兒童安全聯盟（SAFE KIDS Coalition）估計四歲以下幼兒因玩具安全事故在急診室診療費用高達三億八千五百萬美元（MCHD Online, 1996）。

　　孩子在玩玩具時，會有那些危險呢？一般說來，有兩種：第一種為因為玩具外形及品質，如太尖、邊緣太利及太小，讓孩子誤吞入口中或引起割傷、窒息等意外。此外熱力及電子類的玩具，可能會帶來灼傷；油漆及電池會造成鉛中毒。這些意外，可能是因孩子或大人踩到，或被玩具打到、跌倒撞到。也就是引起意外的原因並非因玩具的使用，而是因玩具本身之特質所造成的；第二種為孩子在玩會動的玩具（如三輪車、木馬）時跌倒受傷，特別是1~3歲的幼兒。在美國，因玩這種玩具而發生意外之情形正逐年下降，原因在(1)使用安全玩具的人增加；(2)政府嚴加監督製造商之產品需達政府之法令要求，如標明使用年齡層次安全限制如美國聯邦危險（物質法案，1973；顧客產品安全法案，1978）；消費者的控訴。

既然孩子可能會因玩玩具而受傷，我們該如何減低危險的發生？下面我們將說明如何去做：（CPSC, 1996; TMA, 1997）

1.以孩子的能力來選擇玩具，而非依孩子的喜好選擇。

2.確實閱讀玩具的標示及指導說明，並與孩子共同分享。

3.將塑膠的包裝紙丟棄，以免引起窒息的危險。

4.不要買有繩索或長線的玩具給較小的小孩，因一不注意會勒住小孩。避免玩具的零件會鬆脫而被孩子吞嚥下去。

5.定期檢查玩具是否有故障或危險，如不能維修，應立刻更換或丟棄。

6.確定孩子知道如何正確使用玩具。

7.為貯存較大孩子的玩具櫃子裝鎖，或將玩具放置在較高處，以免較小的幼兒拿去玩耍。

8.為預防玩具掉落下來，應教導孩子在從櫃子取用或放置玩具時，要將蓋子或門取下，或加上安全鎖。

9.避免幼兒接觸電器玩具。

10.依下列外表特質選擇玩具：無毒之外漆、安全玩具、不可燃燒物品、不會導電或不會有破隙，讓電流跑出來。

如果你需要更多有關玩具安全的資料可寫信至：the U.S. Product Safety Commission, Washington,　D. C. 20207，玩具投訴請打1-800-638-CPSC。

　　四至六歲幼兒玩真實性的玩具會抑制其想像遊戲，在最近幾年受到很大的爭議。Trawick-Smith（1990）指出早先的研究者已限制想像遊戲至層次二的玩物轉換（孩子可使用玩物來當作其假裝物，例如，使用玩具電話當作滅火器）。Trawick-Smith擴充想像之定義包括層次一的玩物轉換（孩子可使用玩物來當作其真實情境之脈絡，例如，用玩具電話當作真正的電話並假裝打電話）。他發現三至六歲的男童及超過五歲的女童，顯現使用真實玩具道具比用較不真實的玩具道具時有更多的想像遊戲。Smilansky、Robinson及Jackson（1987）發現四至五歲的幼兒使用較具體特徵的玩具車比不具體特徵之積木車有更多的想像遊戲。這兩個研究結果與之前的研究發現皆指出，二至六歲孩子玩高真實之玩具較不具真實特徵之玩具有更多的想像遊戲。

　　另一方面，研究亦發現較不具真實特徵之玩具似乎刺激四至六歲幼兒參與更多創造性想像遊戲的轉換。

　　Trawick-Smith（1990）及Robinson和Jackson（1987）皆發現較不具真實特徵的玩具，雖然沒有產生更多的想像遊戲，但卻產生更多非尋常性之層次二的玩物轉換（如使用玩具車當作飛機）。

　　使用較少結構性、低真實性的玩具也是一個哲學原因。這些玩物不能用來塑化兒童之遊戲行為，但卻被兒童控制及塑造其遊戲的目的。Wardle（1997: 9）解釋為何這個特徵在今日的社會有其重要性：

　　　幼兒需要不同的機會用於創造、想像及建構他們的現實——

控制他們的世界。加諸個人遊戲經濟意義之活動對其個人自我尊重發展是很重要的，以及建立學習是一有意義的經驗。正如我們控制愈多孩子的經驗──日程表、電視、電動遊戲，及錄影節目、結構式之學術經驗等，我們需比以前提供更多簡單、非結構化的玩物讓孩子自由探索與遊戲。

我們建議：學前機構應提供較小的幼兒多一點較眞實性的玩具來刺激其玩戲劇遊戲，而大一點的幼兒（如大班）則應提供眞實性較低或一些組合道具（如果幼兒仍需要），來鼓勵他們玩想像遊戲。這些玩物應適合各年齡層幼兒的表徵技巧。四至六歲之幼兒學校也應提供眞實玩具，因爲這類型的道具也刺激更多的想像遊戲。同時，這些教室也要提供一些較不具眞實特徵的玩具來鼓勵幼兒的創造性、非傳統性的想像轉換。

玩物及設備的數量

在情境中，玩物與設備的數量不能影響兒童之遊戲行爲。早期的研究中，Marguerite Johnson在1935年曾對三個學前機構的戶外遊戲場上改變設備的數量，增加其中一個遊戲場的設備，減少其他兩個遊戲場的設備，結果顯示：當設備的數量增多時，孩子們社會性遊戲較少，攻擊行爲也減少。當遊戲場的設備數量減少時，孩子間就會出現較多積極性的社會接觸，也會有較多攻擊行爲。Smith及Connolly（1980）在他們對於室內遊戲環境的研究中也有部分提到類似的發現，他們發現每個孩子所擁有的器材愈

少，結果呈現愈少單獨遊戲，平行遊戲較多，較多的分享，較多
的攻擊行為，但團體遊戲並未受到影響。然而，當每個孩子平均
擁有的器材數愈少，團體遊戲的人數反而增加了。

　　這些發現說明了不論是戶外或室內，設備可使用的數量跟孩
子遊戲社會互動的層次成反比，設備及玩物數量越少愈會帶來更
多的社會互動，包括了積極正向的（分享和良好的接觸）和消極
負向的（攻擊行為），但增加玩物則有相反的影響，攻擊行為及
社會接觸都會降低。

　　而玩物的型態也有關，Wardle（1983）發現，增加某些特定
的設備，會鼓勵團體的戲劇遊戲（如玩具屋），但不會減少社會
遊戲。Doyle（1977）調查單項及多項功能的設備對學前幼兒遊
戲的影響。

　　「活動範圍」（niche）這個名詞是由人類學來的，它的意思是
指環境中關乎人類生存的重要部分，如果在這個部分內有太多的
占有物，結果會形成敵對關係，甚至帶來滅亡。應用到遊戲設備
方面，單一活動項目器材僅供一位兒童活動使用（如搖木馬、三
輪車、玩具掃帚、短跳繩）；多重活動項目的器材可供好幾個孩
子活動（如蹺蹺板、長跳繩、叢林體育場）。Doyle發現多重活動
的器材跟孩子們的和好相處，以及表現正向積極的社會行為有關
聯。另一方面，單一活動的器材常會引起衝突及攻擊行為。
Doyle（1978）的追蹤調查發現，零件可互換使用的器材（如積
木、斧頭、工藝玩具）會比不可互換的器材（拼圖）造成更多反
社會行為，他解釋為：這些零件可互換的器材本身就有不同的想
法，可以讓孩子做各種不同的遊戲，而產生爭奪，但後者因為零

件不能替換,除了在使用它的孩子之外,沒有人能同時使用。

這些發現有好幾點應用。如果父母或老師希望在孩子的遊戲中增加一些社會性的互動,有一個方法就是:減少設備及玩具的數量。但必須謹慎的是不移走太多,否則可能會產生高度攻擊行為。另一方面,如果在遊戲時出現太多攻擊行為,就應增加設備,這可減少孩子爭遊戲器材的機會,減少攻擊行為。此外,成人必須考慮到器材本身的性質,那一種器材能鼓勵社會性互動(見表10-1),是單一或多功能的,零件是不是可以交換等等。這些方面都具有其相關性。

選擇適當玩物

在如此多種不同遊戲素材中,父母與老師應要扮演選擇及購買玩物的守門員。成人應提供現成、安全及適合孩子的能力與遊戲興趣的玩物。

在前一節中所檢閱的玩物文獻中已提出一些如何選擇適當玩物的指引。此外,下列有一些資源也可提供參考:

· Martha Bronson所寫的書:《零至八歲幼兒的好玩物》(*The Right Stuff for Children Birth to 8*)(NAEYC, 1995)。這本書提供一些不同年齡層之適齡玩物。這些玩物可促進幼兒之社會與幻想遊戲;探索與技巧專精的遊戲;音樂、藝術及律動遊戲;以及大肌肉動作遊戲。

‧Joan Moyer所編輯的書：《為學校與家庭選擇教育設備與教具》（*Selecting Educational Equipment and Materials for School and Home*）（ACEI, 1995）。這本資源手冊包括專門為零至十歲兒童所設計的各種型式的教育設備。除了這些一般的教育設備（如椅子、垃圾桶、拖把、繃帶等），以及學校教育材料（數學、科學、語文藝術等），此書以年齡為考量，提供適齡之教具來提增孩子功能性、建構性及戲劇性遊戲。

‧美國消費者安全協會（U. S. Consumer Product Safety Commission, 1993, 1994）所出版的：《零至五歲的幼兒玩具指南》以及《六至十二歲兒童玩具指南》（*Which Toy for Which Child: A Consumer's Guide for Selecting Suitable Toys: Ages Birth Through Five and Which Toy for Which Child: A Consumer's Guide for Selecting Suitable Toys: Ages Six Through Twelve*）。這些具價值的資源手冊提供基本玩具安全指引，並提供不同年齡層之適齡安全玩具做參考。這些書也考量兒童之生理、心智及社會能力。有關玩具安全可參考專欄10-4：玩具安全。

電子傳播媒體與遊戲

電子傳播媒體與印刷媒體（書、報章雜誌、漫畫等）不同，它包括以下的種類：電影、錄影帶、錄音帶、視聽影帶、電視、

收音機、電視遊樂器、電動玩具、電腦及電腦軟體。近幾年來，這種傳播媒體對孩子在學習與發展上的幫助已獲得父母及專家肯定，同時此媒體不論是在正式或非正式的情形下，常被運用在孩子之社會化及教育上。例如，老師可利用多媒體來教育孩子；孩子也可從課外的媒體，如電視的芝麻街來獲得學習的機會。電子傳播媒體不僅被用來增加遊戲效果，它也是一種遊戲的玩物。

工業技術的改進，直接或間接的都會影響社會，也帶給幼教領域一些新的議題。父母或老師需傳輸這些工業的觀念或技術給孩子，以便他們能獲取最好的利益。例如，及早讓孩子瞭解電腦及玩電腦遊戲，一方面增加手指的小肌肉操作，另一方面也讓孩子瞭解工業的新產品，如電腦的功能，以免孩子不瞭解新時代的產物，造成日後受同儕朋友的排斥，以致於對電腦排斥或產生電腦恐懼症（computer phobia）。

此外，現在一些視覺、真實的軟體也可提供兒童一些豐富的想像經驗，帶領兒童在飛船上探索戰場或帶領兒童划著獨木舟溯溪而上並衝激河流而下。兒童帶著特製的手套及護目鏡來改變個體的知覺與感覺，並使兒童覺得好像真正在探險一般的刺激（Shade & Davis, 1997）。

然而，這並不意謂著我們應鼓勵孩子一直玩這些，我們要有共識，那就是必須適度或正確使用這些電子媒體來促進孩子的遊戲行為。在孩子日常生活的情境中，過度或不適當的應用或濫用這些媒體，可能會對孩子造成不好的影響。

不僅於此，我們還必須避免因電子媒體不當之使用而造成「技術的兒童虐待」（technological child abuse）。例如，電子媒體

誘使不機警或不敏感的教育者用複雜，但一點也不生動的工具來讓孩子遊戲與學習。例如，以工作掩飾遊戲的電腦遊戲及其它相似且以記憶學習的軟體，如果過度使用，可能抑制兒童的想像能力。此外，電視可能透過不留意及被動娛樂的迷惑訴求來威脅兒童。而看過多的卡通及影集可以剝奪孩子可貴的遊戲經驗，加上暴露過多的電視、錄影帶及電影的暴力情節，也可能使其遊戲行為產生負向之影響。

電視

一般的影響

電視是所有電子傳播媒體中對幼兒遊戲及發展影響最大的。在美國有97%的家庭有電視，而三分之二之家庭有錄放影機，因此電視也可視為孩子社會化的代理人之一。電視周刊是全美最暢銷的周刊，每星期可銷售二千萬本（Levin & Carlsson-Paige, 1994）。幼兒平均每天看四小時的電視，而低收入家庭幼兒平均看六小時及以上。就有九個月大的幼兒每天看一小時半的電視（Spring, 1993）。在此我們應關心電視可能會減少兒童玩創造及想像的遊戲機會，而增加較低層次的模仿行為及增加高攻擊行為（Carlsson-Paige & Levin, 1990）。

在Marie Winn（1977）的《有插頭的藥》（*The Plug-In Drug*）書中，提及電視可能抑止孩子的幻想及創造性的行為。她甚至強調電視帶給孩子的是一種被動的認知，是一種「你演我看」或

「娛樂我」的導向。花在電視機前的時間（如看花車遊行）只是花費時間去看，而不是參與某種如做功課或遊戲等對孩子較有利的活動。電視甚至被懷疑是工業技術對兒童的虐待，有「獨眼怪獸」、「愚人箱」或「笨眞空管」等等綽號。

電視對遊戲之負向影響

有些研究支持了上述的說法，Jerome Singer和Dorothy Singer及其同僚的研究發現，看電視看得比較多的學前兒童，其遊戲行爲較少（Singer & Singer, 1979）。可能如Winn所認爲的，電視提增個人的被動性及依賴性，同時電視也干擾個人的創造力及內在形象思考的能力，而此能力卻是有助於人的想像遊戲（Sherrod & Singer, 1977）。其他研究也有相同的發現，例如，Huston-Stein與其同事的實驗研究證明：看大量的動作暴力卡通的孩子比少看這些節目的孩子，日後參與較少想像的遊戲（Huston-Stein, Fox, Greer, Watkins, & Whitaker, 1981）。

Singer和Singer在最近的研究調查中，觀察某些種類的電視節目和幼兒遊戲與其攻擊傾向之關係。他們發現孩子看電視的時候，暴力節目所占的百分比愈多，兒童的遊戲行爲愈少，而學前兒童卡通看得愈多，愈會有攻擊行爲（Singer & Singer, 1980）。有趣的是，在這研究中，他們發現兒童的遊戲並不會單獨因他是看3、4個鐘頭或看5、6個鐘頭而有所不同，反而是和兒童在學校中是否有愉快的情緒、能跟別人合作、是否有領導能力有關，也跟其他如兒童的社會地位及性別有關。雖然如此，這項研究也指出，在學校有較多的問題及較不成熟的社會行爲的孩子，他們平

常在家庭中看電視的時間都較長，而且，他們也較喜歡看大動作的暴力片，較不喜歡看正向社會訊息的節目，例如，《Rogers先生的鄰居》。

在Nancy Carlsson-Paige及Diane Levin的書：*The War Play Dilemma*（1987）及*Who's Calling the Shots*（1990）就討論到因為TV，孩子減少遊戲的時間。如同這些作者所見，問題源自雷根政府的聯邦通訊委員會不再對兒童電視下約束。從1984年後，美國就不再對兒童電視節目與產品有所關聯做任何處罰，並給予合法化。此種結果造成生產暴力玩具公司變成贊助廠商，製作暴力電視，甚至使產品大賣特賣。媒體與玩具廠商通力合作，共同以媒體相關產品淹沒玩具市場。例如，在1980年代忍者龜第一次出現在電視媒體中，馬上就有相關一千多樣的產品出現，可悲的是，這些做法卻不能由1990年的兒童電視法來加以規範，時至今

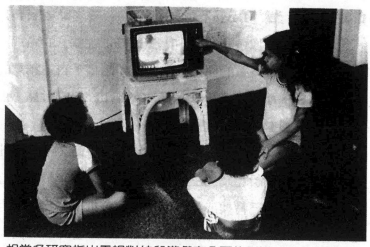

相當多研究指出電視對幼兒遊戲有負面的影響。

日，陸續還有更多類似忍者龜的產品，如X-men、皮卡丘、哈利波特、魔戒、金剛戰士、星際大戰等，在台灣也有類似Hello Kitty、酷企鵝、哈姆太郎、賤兔等產品大受小朋友歡迎。

就在政府解除對媒體之規範約束後，數以百計的父母與老師就抱怨電視媒體對孩子產生不利之負面影響（Carlsson-Paige & Levin, 1990）。根據對許多成人的訪問報告顯示：兒童模仿電視之攻擊腳本，並減少創意的遊戲。其他的研究者也記載相同的結果。在一幼兒園遊戲場，針對四歲幼兒的自然觀察研究中，Shin（1994）發現男孩大多很清楚星期六早上見攻擊性的卡通英雄角色，他們知道所有主角的名字以及他們所使用的武器，他們甚至還會模仿主角的攻擊行為。

這種模仿電視卡通主角之攻擊行為可能造成身體、心理安全的危險性。這也能干擾真正遊戲表達的好處。事實上，Levin及Carlsson-Paige（1994）已強烈提醒這種行為一點也不算是遊戲，而是單純的模仿行為。Levin及Carlsson-Paige要老師與家長分辨清楚「什麼是看起來像遊戲」與「什麼是真正遊戲」的區別。他們進一步解釋遊戲是兒童的同化與轉換，可讓孩子自由創意的表達及經歷舊經驗，而模仿的「像遊戲」（playlike）的行為，是順應和所看到電視腳本的複製行為。

Levin及Carlsson-Paige（1994）建議成人不能忽視或不能禁止這種低層次、高刻板化及與主題有關的攻擊行為。取而代之，成人應該尋求將其行為轉換成更建構性的遊戲形式。例如，老師可以建議超級英雄帶著家人到海灘參加一年一度的超級英雄野餐。更多有關處理超級英雄與攻擊遊戲可以參考Boyatzis

（1997）、Boyd（1997）、Greenberg（1995），及Kostelnick、Whiren及Stein（1986）。

　　然而，有一些研究者也提出強烈質疑Levin及Carlsson-Paige的說法。自1984年政府解除對電視媒體產體的規範約束以來，最近幾年來，孩子的遊戲變得愈來愈沒有創意，而且增加愈多的攻擊行為嗎？Sutton-Smith（1986, 1988）用過去的歷史觀點來回答這個問題。他提出：新世代的兒童從他們的流行文化中拿到新的玩具、腳本及角色，並將他們整合到他們的遊戲情節。兒童只是模仿這些行為以作為他們的遊戲目的。依Sutton-Smith的觀點，這不是如同Levin及Carlsson-Paige（1994）所說之無心的模仿（mindless imitation）。在一兒童玩打架與超級英雄遊戲的例子，兒童（特別是男生）常玩如傳統的過去歷史的遊戲——好人與壞人之間的追與逃、攻擊與防禦、接受與拒絕等的行為（Sutton-Smith, 1988: 66~67）。Sutton-Smith承認現今的大眾傳媒產業比以前讓幼兒看過多的攻擊幻想的節目。然而，這些雖然不同與過去歷史所受歡迎的「警察與強盜」和「牛仔與印第安人」。這些早期「好人VS.壞人」的遊戲也是根源自媒體——新聞中的壞人及西部電影與電視的英雄角色。

　　Goldstein（1995）也不同意Levin及Carlsson-Paige的說法。他辯稱成人常將玩打架遊戲與攻擊行為混淆，及缺乏證據支持現在與1984年相比，兒童會玩更少的想像幻想遊戲。回憶Carlsson-Paige及Levin（1990）的資料是來自成人二手的訪談，而不是實際的直接觀察或對兒童的訪談。研究需要除了從成人（老師與父母）的觀點，也要蒐集從兒童的觀點來瞭解對此問題的看法。

使用電視來促進孩子的遊戲

　　雖然有關電視與兒童遊戲行為的研究曾指出，電視會影響孩子負向行為，並且看電視時間愈長對孩子的創造力愈有害。但有一些研究者卻認為：電視可以被用來增進幼兒的遊戲能力。這些研究者所持的理由是：畢竟電視與想像虛構遊戲有一些共同的要素——視覺流暢力（visual fluidity）、時間與空間的彈性（time and space flexibility）及幻想與現實的區別（fantasy-reality distinction）。因此，某些特別的節目可以給予孩子在遊戲情節上的暗示，以刺激其幻想遊戲。

　　當然，兒童節目也可提昇兒童利社會行為與想像遊戲的發展。《Rogers先生的鄰居》就是一典型的例子，這個節目已上映超過25年了，每年有數以百萬計的兒童觀賞過，並滿足兒童希望、信任及想像力等之三元一體的需求（Collins & Kimmel, 1996）。身為主人，如伯父般的Fred Rogers幫助兒童以溫暖的眼神接觸及慢速度加上柔和語態的溝通方式來理解這個真實世界。有一半的情節是用真實模式（reality mode），包括Rogers先生個人親自招待訪客、參觀、解釋、音樂等方式來處理人生真實事件，其餘再用幻想模式（fantasy mode），包括紅色推車帶觀眾到Rogers的想像鄰里，是一群由King Friday所操控的木偶的家。整個劇的情節充滿社會情緒內容與學習，無庸置疑，這是充滿幻想與假裝的價值。

　　正如我們在第七章所討論的，成人可以利用一些特定的技巧來引導孩子做更多更好的遊戲行為。這些成人的引導會使電視的

負向影響加劇嗎？又父母或教師如何運用電視來提增幼兒的遊戲
能力呢？

　　早期使用電視節目，如《Rogers先生的鄰居》來做遊戲干預
的研究時，並未發現其可增加幼兒社會遊戲。例如，Singer及
Singer（1976）發現幼兒同儕互動主要是由於同儕之間的召喚或
求援，並不是只看《Rogers先生的鄰居》的電視節目就能產生。
但Singer及Singer的研究報告指出，成人調節兒童看電視的內容，
例如，老師加強孩子注意《Rogers先生的鄰居》節目中某些情
節，可以提昇孩子的自由想像的遊戲。而隨機抽樣並分派給不同
電視來教孩子玩想像遊戲的成人的孩子（視為實驗組），在遊戲
分數上的得分較高（Singer & Singer, 1976）。Friedrich及Stein
（1975）認為用一台電視，輔以一位能積極指導學生遊戲的老
師，對兒童遊戲有最好的影響。

　　最近Singer夫婦與耶魯大學同僚進行一個有關看《Rogers先
生的鄰居》的電視節目，與兒童戲劇遊戲分享及合作行為的相關
研究，同時他們也檢證Barney and Friends之另一幼兒所喜歡的電
視節目（主要用於考驗幼兒的伴裝遊戲）（Singer, 1995）。這些電
視節目顯然對幼兒有正面的假裝的遊戲價值，也證實電視媒體也
可促進幼兒的想像遊戲的正面效益。

電腦

　　電腦也是另一電子媒體的主要呈現方式，最近幾年來觸角已
伸到幼兒的生活中。目前，電腦在學校、圖書館、幼兒機構是非

常普及的；此外，美國也超過50％的家庭擁有個人電腦
（Edwards, 1993）。

自1970年及1980年代之後，電腦硬體已大幅革新，當時單色
銀幕及5.25吋的磁片已成為古董了。當時的軟體很難迎合今日的
標準，速度慢，不是用彩色及圖檔，最主要只是教學練習的功
能。

今日的電腦與過去相比，是日新月累，功能愈來愈強，速度
也愈來愈快。例如，高速CD-ROM硬碟、銀幕及具音效。硬碟的
記憶體已一直在擴充，現在的單位是1 giga（相當於800K的軟碟
的120萬倍）。目前的軟體皆已加強圖形檔的處理，並且不顯示真
實的影像和具彩色動畫，較不像以前只依賴內容文字。據此，目
前大多數的電腦軟體皆以適齡為考量，並能為幼兒獨立來使用，
特別是當以防止兒童錯誤操作為考量的介面方案，此種介面方案
主要是為幼兒與硬碟之存檔系統中提供一保護緩衝的功能，以避
免兒童以電腦知識之不足，錯誤的操作而影響硬碟之存檔功能
（Shade & Davis, 1997）。

目前，相關研究文獻對於瞭解幼兒使用電腦能力已大幅增
加，呈現大躍進的趨勢。之前，關心之焦點在於瞭解相關與電腦
活動相關表徵（非具體）之適齡發展能力，然而，在Clements及
Nastasi（1993）的研究所記載：「對兒童的具體事物可能要對他
具有意義及可能操作有關，而不是他所看到的物理特性」（P.
259）。熟悉性也是很重要，今日的兒童生於電腦紀元，長於與電
腦相關的時代中。兒童使用電腦滑鼠在電腦銀幕中操作一些表徵
內涵的事物，已變成他們日常生活必備的經驗，相對於往昔兒童

對眞實玩物的操作般相似。所以適合度（appropriateness）的問題已不是一問題，而是相對地被如何、何時及爲什麼電腦可以被用來支持遊戲、創造力及學習的問題。

但是，美國幼教專家David Elkind也提出警示：兒童如何電腦應該不能被當作測量其認知成熟度的工具（1996）。兒童可能在使用電腦會比他們實際上感覺較有能力。點一下滑鼠及操作電腦圖像並不是一種具體操作認知作爲（如保留概念之能力或解決分類的問題）。Elkind相信電腦並不能取代傳統的遊戲活動，例如，畫畫、假裝扮演及大肌肉動作活動，並且他們也不應被認爲可取代老師互動的角色。電腦及軟體只是與其它活動及玩物相等地位，伴隨孩子的成長。老師更應尋求可能的方法來整合電腦當作建構幼教課程的工具。

軟體品質

我們如何讓電腦提昇幼兒的遊戲與發展呢？這使我們聯想到另一個問題：什麼是適合幼兒的高品質電腦軟體？這可從許多層面來思考：第一，電腦課程應提供幼兒有機會依其好奇心去探索事情。而整個課程不應是過度閉鎖性的練習而限制兒童的進取心與決策能力。

第二，依美國幼教協會（NAEYC）對科技與幼兒的立場聲明，幼兒軟體應反映眞實世界與不同文化（多種語言、兩性、角色平等、不同種族、不同年齡與能力及不同家庭型態），並且儘量避免血腥暴力情節。儘量給予孩子正面影響，提供漸進複雜層次及挑戰性的學習。清楚的指導也是很重要，尤其對軟體與課程

連接的指引,例如,布偶、圖畫書等等(Haugland & Wright, 1997; Wright, Shade, Thouvenelle, & Davidson, 1989)。

第三,高畫質及視覺轉換的穩定度,前者係指彩色、眞實、擬人的圖案,並有音效效果,後者係指當孩子點圖案時的物體與情境的變化。這種視覺轉換帶給兒童看到在日常生活看不到隱藏事件的機會,以及學習因果關係的效果。發展性軟體評估量表(A Developmental Software Evaluation Scale)就是用來評量這些標準(Haughland & Shade, 1994)。

玩電腦

有一些軟體設計的特徵可助長遊戲。同樣的,有些老師的行爲也可讓電腦成爲一好奇的經驗或學習。例如,Henniger(1994)提出有些軟體可以刺激兒童的想像力及創意遊戲,尤其是有些軟體在設計上可以很簡單但在潛在性的使用上可以很複雜。教導必須要足夠清楚與簡易,以致於孩子可以不在成人參與下就可使用,以及兒童必須容易操作軟體——獨立進入、出來以及儲存檔案。

有些(並不是所有)電腦行爲可以稱爲遊戲。遊戲不用使兒童義務性使用電腦,這是一種外在動機(例如,使用由成人控制的練習性軟體)。另一方面,想想孩子使用像Logo的畫圖軟體。這種活動常可提昇探索與學習,以及也可以變成一種建構遊戲。此外,再想想模擬軟體課程,可以使用假設情境的學習,如賞鯨之旅(到花蓮賞鯨)或經營小商店(賣芒果冰)。

這些有創意的課程(方案)具有Malone(1984)認爲電腦對

兒童吸引的三大特點：挑戰、幻想與好奇。挑戰（challenge）係指這方案是適齡及刺激孩子思考超越其年齡能力不足的問題。Papert稱這是一種辛苦的樂趣（hard fun）。幻想（fantasy）係指此種方案具有一些想像的冒險或事件。好奇（curiosity）係指軟體可迷惑孩子。Malone是第一個提出電腦軟體方案的內在幻想（internal fantasy）應高於外在幻想（external fantasy）。外在幻想是人爲的且受外在影響，例如，一種練習遊戲要兒童殺死魔王來解決問題。相對地，內在幻想將活動與目標相聯接。例如，賣芒果冰可以由孩子透過開冰店來解決問題，包括開銷、收入及思考解決問題的策略。外在幻想的方案較類似將工作隱藏於遊戲之中（work-disguised-as-play），而內在幻想方案則是較屬於沈湎於遊戲之中。

依Papert（1996）的看法，當電腦蔓延到兒童的生活世界，父母與老師必須在新玩具中保留遊戲的潛能。他將眞實玩具之組成爲原子比擬電腦之組成爲位元（bits）。例如，一眞實的泰迪熊不能比電腦在銀幕上所虛擬的熊有較少的個性。即使有時兒童可能及常常在泰迪熊加諸一些個性，但是電腦玩具〔例如Nicky the Dragon in My Make Believe Castle（一種電子書）〕可能有較多的優勢。電腦世界的角色可以足夠開放以利有幻想的孩子可以做幻想投射及精心推思。技巧允許兒童使用以及改變角色，例如，Nicky the Dragon，以及甚至可以將角色轉換到不同的軟體。依Papert的看法，電腦可以提供極有價值具高層次之建構與幻想遊戲之本質。

很清楚地，電腦的遊戲潛能正急速發展中。幼兒教育的文獻

報告記載許多有關幼兒使用電腦的軼事記錄或非正式的討論。例如，Beaty及Tucker（1987）宣稱電腦為幼兒的玩伴（play-mate），可使幼兒透過探索式的操作，導致他熟練，然後成為有意義的遊戲或相關行為。兒童可藉著電腦之軟體使用來杜撰故事及練習語言及萌發讀寫技巧（可參考Facemaker或Picture軟體），或使用類似小畫家來做功能性或建構性繪畫、畫圖或塗色活動。現有許多軟體可供兒童使用。但是，至於對相關幼兒使用電腦之實微研究卻尚付闕如。

Davidson（1989）發現幼兒使用探索故事軟體（Explore a Story Software）來創造想像故事及進入扮演遊戲的形式。Wright and Samaras（1986）研究指出，電腦遊戲的行為有其一定的順序：功能遊戲→建構遊戲→戲劇遊戲。Silvern, Williamson, and Countermine（1988）當兒童第一次使用電腦時，出現較多的功能遊戲。這些電腦遊戲行為的順序與〈第三章：遊戲發展〉，所指出兒童在玩其它玩物也呈現有一致性的微視發生論（microgeneti-cally）。如同Sutton-Smith所說的，兒童的遊戲經歷下列幾個階段：檢驗，再檢驗，組合及轉換。

課室之應用

電腦在課程上的使用應放在具廣義之哲學目的之教育目標下所應用的手段。電腦需要與課程中其它教育輸送策略相整合來提昇教育遊戲功能。

現有三種軟體：教師版（tutor）、導生版（tutee）及工具（tool）（Taylor, 1980）。教師版的軟體是電腦化工作單，在此軟體

中，電腦是老師，讓兒童有不同的練習機會以熟練技巧（如 Reader Rabbit 2）。導生版之軟體允許兒童教授電腦。例如，Logo 讓兒童提供電腦指令，可允許兒童在電腦自由繪圖。兒童從使用此種軟體認識電腦的功能。工具軟體允許兒童使用電腦做其它的事，例如，使用資料搜尋、Word軟體、列印資料或其它功能（如 HyperStudio、Creative Writer、Kid Pix或Imagination Express Neighbor）。兒童使用此種軟體在玩電腦（Papert, 1993）。一般說來，遊戲的潛能在教師軟體最為受限（雖然原則上遊戲是可能的）。導生及工具型的軟體有最大的遊戲空間與機會。無獨有偶，這兩種類型的軟體也是美國幼教協會（NAEYC）所認為適齡的方案之一（1996）。

多媒體及多種模式的電腦學習中心常提醒我們：兒童可以透過電腦多媒體中心所提供的新奇活動（例如，掃描圖像、著色、聲效、圖像、文字及動畫等）來刺激及豐富他們的遊戲。

電子媒體可以幫助教師在自由遊戲、小組活動或結構自由遊戲中尋找整合電腦的機會。例如，Haugland（1995）建議老師在電腦角經常提供具體玩物的相關活動來幫助兒童從使用電腦中獲得正面效益。假如兒童使用俄羅斯方塊軟體時（可以用來做建構玩物的軟體），在電腦旁可以放置一些樂高積木，讓孩子在自由遊戲時也可以做一些建構遊戲活動。

電腦活動應與其它教育遊戲及學習活動合併一起使用，而不是僅當作玩遊戲的個別使用目的。電腦可幫助兒童調查及探索主題與方案。例如，Scali（1993）描述她在幼稚園將電腦與三隻小熊的故事書一起合併教學。兒童先開始討論三隻小熊的故事情

節，然後在扮演角做戲劇遊戲，再到美勞角畫圖，最後，從電腦繪圖，再由數位相機拍下名人的圖以做成故事。電腦繪圖及數位攝影之聯接，再製作成一大本多媒體故事書，這種產品可讓孩子敘說或記憶他們的合作過程。

畢竟，成人應幫助兒童瞭解電腦是好玩及具價值的，就像游泳教練要讓初學游泳者感受水，第一印象是很重要的。想想電腦可以做什麼以及如何使用電腦對幼兒教育之目標是同樣重要，但如何使用電腦更特別重要，孩子需要被教導如何將電腦成為他思考基模的主題。

最後，我們需要不斷設計更多的軟體並學習有關兒童使用電腦的經驗順序。相關活動計畫是很重要的。如此一來，我們將能獲得瞭解電腦使用的結果及電腦使用到底對兒童發展與福祉有何關聯。教導電腦的重要目標在於加強一般的發展和特定的遊戲技巧，以及描繪兒童玩電腦的各種方式。

其它電子大眾傳播媒體

收音機

一般父母或老師皆認為收音機不能提供幼兒一些正面的影響。學前兒童需要在心智上做些特別努力才能將耳朵聽到的化成視覺上的影像，從故事或散文的研究中瞭解，幼兒是很難形成形體影像的。而收音機不像電視，它不能提供畫面的。

自從電視產生之後，有關收音機對孩子遊戲行為影響的研究

很少，但是幼兒確實可以因聽收音機獲得好處。Greenfield（1982）透過電視及收音機對四及五歲的孩子說故事，並比較幼兒將故事重新講出來時所犯的錯誤，結果她發現：孩子對兩種媒體所傳輸的故事，在重新講時，其錯誤的內容大致相同。但透過收音機所聽來的故事，孩子在重講時會使用更多的音效、對話、誇張表達式的語言來敘述故事的內容。

當然幼兒難以瞭解或記得收音機媒體所傳輸的內容，可能是因為幼兒很少聽到這種媒體所致。為了彌補這種困難，Wisconsin教育電台幾年前設計一創新的收音機節目（Usitalo, 1981）。這節目有三十個專門為家中及在校的孩子設計的每個十五分鐘的冒險故事，家長或老師可以來信索取簡單的故事內容，及成人可針對此故事所做的相關的延伸活動。例如，有個故事是關於祖父掉了戒指，全家尋遍了當天祖父遺失東西的地方——飛機場，給成人建議的相關活動是畫飛機場，和孩子一起假裝自己是飛機，是塔台，並敘述有關飛機的故事內容。

有人認為收音機會比電視更能刺激幼兒的想像能力，因為收音機能留下視覺空間，以讓聽眾利用自己的想像力來填滿整個故事內容。但舊有的經驗對想像力的發展是不可或缺的，使用收音機（收、錄音機或唱機）當作增進孩子遊戲的工具時，必須先要幫助幼兒練習使用其想像力，並輔以相關活動及必要解釋，以彌補收音機只提供聽覺媒體的限制。

電影

跟電視及收音機一樣，電影也會影響幼兒遊戲及發展。對幼

兒來說，在日常活動中，畢竟看電影所花的時間還是少數。

有些電影是專門為孩子拍的，例如，愛心熊是培養孩子正向的社會行為，這種電影的情節很簡單，也是孩子以後的想像扮演遊戲很好的題材。當然，有一些冒險動作的電影，對孩子的想像力及遊戲也有很大的影響。電影中的好人（英雄）或壞人（反派角色）是孩子在角色扮演中最喜歡學的角色，成人應該主導或主控這些電影的內容。以符合社會文化可接受的遊戲模式。

看電影、電視或聽聽廣播節目，其實是種被動性的活動，它可幫助幼兒想像某些的情節來影響其遊戲。然而，我們必須承認這種看或聽的行為本身也是遊戲的形式，當兒童參與這種活動，他們不僅遠離現實，而且他們也能從中得到快樂。正如Mergen（1982）所說的：「在媒體中雲霄飛車、車子追逐、太空爭霸戰皆是生活中令孩子興奮的事。」這種從銀幕中看到的活動，跟遊戲場的體能動作一樣，皆可使孩子愉快，有時也會令孩子暈眩（Caillois, 1961）。

電視遊樂器

電視遊樂器〔如俄羅斯方塊、金牌瑪利、小精靈、三國志、真三國無雙（二）、天堂、獵魔者、CS等〕是電視與電腦結合下的產物。這種遊戲操作簡單，不需太多的學習，又可帶給孩子歡樂，不僅大朋友喜歡，小朋友也樂此不疲。電腦硬碟的革新，如CD-ROM的發現也使得兒童可以與真實世界的視覺影像互動。在真實世界的視覺影像與身體的感覺刺激整合合併並融合在高度真實的遊戲情境中。現有的平台有任天堂、Play Station 1 &2、X-

Box等。虛擬真實（virtual reality）是一種三度空間的電腦刺激的情節，兒童及成人可用特製的虛擬真實眼鏡及其它特製的搖桿來透視、移動及體驗人工繪製的圖像。雖然虛擬真實之軟體有教育用途，但大多數的軟體還是以娛樂用途居多。這種虛擬真實的電子媒體受很多成人、青少年及較大的兒童青睞，最近也廣受幼兒歡迎（Greenfield, 1994）。

電視遊樂器的遊戲（videogames）是電子傳播媒體中最先有互動效果的，而電視、電影或廣播節目僅是單向的溝通工具。電視遊樂器最大的吸引力是：孩子可以加以控制，例如，發射子彈、控制方向（Greenfield, 1984）。這種視覺的吸收和互動的可能是很吸引人的。電器用品往往讓孩子著迷，而電視遊樂器則讓孩子瘋狂。

很少有成人鼓勵學前兒童利用電視遊樂器來學習，研究者如Greenfield（1994）卻很鼓勵幼兒玩這類遊戲。她認為使用電視遊樂器可以增進孩子的手眼協調和空間知覺技巧，但這些論點卻未能有實驗證明支持，仍乎令人半信半疑。此外，有實驗證明暴力性質的遊戲軟體，可能對孩子的暴力行為產生減敏作用，使孩子對暴力情境泰然自若，其效果跟電視暴力節目是一樣的。Silvern和其同事發現，像太空爭霸站的遊戲軟體，會造成三歲幼兒暴力、攻擊行為的增加，而社會期望的行為會減少（Silvern, Williamson, & Countermine, 1983）。雖是如此，學前的幼兒常表示他們較喜歡電視遊樂器，較不喜歡教學用的電腦軟體（Johnson & Hoffman,1984）。基於這個理由，發展教育性、非暴力性、非性別歧視的娛樂錄影帶及虛擬真實的遊戲是有其必要的。此種軟

體可潛在豐富兒童的遊戲及學習。此類電子媒體尚未被納入幼兒教育課程發展的類別及資源,未來幼兒教育工作者或媒體製作廠商應可加以考量(Shade & Davis, 1997)。

電子玩具

電子玩具(electronic toys),例如,用電池操作的玩具或電動火車,很少在托兒所、幼稚園或家中的玩具箱中看到。幼兒如果沒有成人的監督,會因安全理由而被成人阻止玩這類玩具,但最近電子玩具有愈來愈流行的趨勢。然而有一種電動玩具的危險性較低,因此變成幼兒生活中不可或缺的東西,那就是電腦玩具。

Smith(1981)又將電腦玩具分為好幾類,其中包括可奏音樂和玩遊戲的玩具,這些玩具近來已充斥坊間。

電腦音樂玩具是透過電腦按鍵將程式化的音調重現。有時候孩子按完了鍵盤之後,整個音調才一次呈現,這會令孩子很困惑,但這也是電腦樂器不同於一般樂器(一按鍵立即有音效呈現)的地方。這種音樂活動可培養孩子的韻律感,它也很令孩子著迷,可增加孩子對音樂的鑑賞力及興趣。不過對某些孩子而言,這種電腦音樂玩具只是會製造聲音罷了。

電腦比賽遊戲包括手操作控制桿(鍵)、手指拍擊鍵盤之速度感、方向感、運動規則和才智。例如,運動比賽包括有棒球、足球、手球、曲棍球皆是用手操作(拍打)鍵盤的球法,或像電視遊樂器一樣的。這些遊戲比賽有不同層次之分,如初級、中級、高級,可以讓孩子自己選擇不同的層次。當然,這些遊戲對

較小的幼兒可能不適合，因為會給他們帶來挫折感，但對太大的孩子或技巧太熟練的孩子而言可能又太簡單了，他們可以一直玩且不會死（輸）。

程式化的電腦玩具

　　電腦紀元盛行的這幾年來，已經有無數的電腦玩具問世。程式化的玩具不像電視遊樂器或其它電子玩具已有預先之指令，它必須由成人或孩子先將程式輸入才能開始玩。例如，就電腦繪圖的軟體來說，兒童在瞭解基本操作之後，需要由他們自行設計，先畫圖樣，再選擇塗色的色彩，用鍵盤或控制桿來操縱方向及區位，最後構成整個彩色的圖樣。程式化的電腦玩具可以幫助想像，也是許多教育者都一致同意的很好的二度空間玩具。

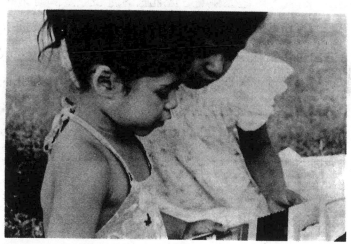

電腦化的玩具剛開始會吸引小孩的注意力，時間一久便不再具有吸引力了。

本章小結

　　玩具與其它玩物對幼兒遊戲扮演極重要的角色。研究已指出在教室情境各式各樣玩物之提供將有助於引發孩子的遊戲行為。此外，相關研究也證實玩具的真實與結構性的向度，和玩物的數量也會影響孩子的遊戲行為。父母或老師可以使用此研究資料以及一些資源，如Bronson（1995）的書：*The Right Stuff for Children Birth to 8* 及 Moyer（1995）的指引：*Selecting Educational Equipment and Materials for School and Home* 來幫助幼兒選擇適齡的玩物，以刺激孩子不同遊戲的挑戰。

　　電視、電腦及其它相關電子媒體愈來愈對兒童的遊戲產生鉅大的影響力。這些媒體如同刀子之兩刃，又如同水能載舟亦能覆舟，一方面可豐富孩子的遊戲，另一方面卻可抑制孩子遊戲的創造力。父母與老師必須要小心採用電子媒體對兒童產生正面效益之影響，例如，控制看電視的量、看有益的節目，與兒童共同觀賞，以及提供適齡的節目（分級制度的實施），同樣地，對電腦的管理亦同。

11 遊戲與教育

按照美國地方上的幼稚園數學課程，黃老師被要求要教會小
朋友從1數到20並認識數字。黃老師決定將扮演遊戲改變成
為商店主題角。除了有平衡秤之外，她還得到一具吊秤。她
也收集有一些數字的郵票，可以讓兒童數數及找零錢。她有
幾台電子計算機和一台從三年級老師那借來的舊型計算機。
她也擺設一些大小及形狀不同積木，可以充當商品。她很高
興拿到一些折價券（從超級市場每週過期的折價券），以及
行銷宣傳單（有關食物的圖案及價目表）。這間商店正在營
業中，在開幕的那天，顧客與店員發現黃老師忘了準備一件
重要的事：他們需要錢。此情形可讓大家趕緊製作紙鈔和銅
板（摘自 Van Hoorn, Nourot, Scales, & Alward, 1993：
125）。

　　黃老師的擴充數字的商店角是一課程導向遊戲的好例子。她
設計一遊戲情境，讓孩子有機會認識數字及數數——幼稚園數學
課程的重要目標之一。她使用遊戲角來代替傳統的教導型式，例
如用直接教導或數字卡。

　　遊戲倡導者宣稱如黃老師的故事角是以遊戲為取向的學習活
動比傳統的直接教導的教學，提供更好的學習優勢。與其被動吸
收訊息及記憶事實，兒童有機會建構他們自己的數學知識並從同
儕中獲得協助。因為數字與計算與好玩的遊戲相連接，兒童將對
數學產生正向的態度。也不用準備增強物或獎賞來讓兒童學習計
算或算數，遊戲本身是內在動機導向。

　　以遊戲為本位的教育概念並不是在二十一世紀的現代才有

的，源自最早的遊戲之先驅提倡者——法國的盧梭（Jean Jacques Rousseau）、瑞士的斐斯塔洛齊（Johann Pestalozzi）及德國的福祿貝爾（Friedrich Froebel），這些從十六世紀到十九世紀中的哲學及教育家的學說對現在的幼兒教育影響很深（Glickman, 1984）。在美國，與課程有關的遊戲也在主流與非主流的導向流盪。最早以遊戲本位的學校創立於1910年代，例如Carolyn Pratt所創立近紐約市的格林威治（Greenwich Village）的著名學校，此種趨勢在1920至1930年代加速擴展，尤其心理學對兒童研究的重視，激進主義的教育（progressive education）及杜威（John Dewey）的實驗教育哲學（Glickman, 1984；Varga, 1991）。在第二次世界大戰，遊戲漸漸式微並轉至教育保守主義，直到動盪的1960年代，遊戲導向的教學策略又復燃，皮亞傑理論及建構教學，例如問問題取向的科學（inquiry-based science）及新數學，想到1970後及1980年代，由於回到基礎教學（back-to-basics）的運動，遊戲教學又暫時消聲匿跡（Glickman, 1984），有關幼兒教育的演進及其影響，可參考表11-1。

　　今日，遊戲又回歸到幼兒教育課程的主流文化拜於兩個主要與遊戲地位上升之相關因素所賜：建構主義學習模式及適齡方案。建構主義學習模式（The constructivist model of learning）強調學習是孩子自己主動，在他自己的社會歷程中，根源其經驗是建立對事物的瞭解。Brede　Kamp及Copple（1997：13）解釋：

表11-1 當前教育上的重要事件及其影響

年代	社會背景	家庭背景	哲學及心理影響	歐洲的機構	美國的機構	專業組織	聯邦政府的參與
1700s	封建主義	兒童是人類的縮影（child labor）	宗教哲學及智能心理學，例如：笛卡兒、洛克、阿奎那				
1800	工業化（革命）	傳統核心家庭的擴展	理性主義，例如：康德。浪漫主義，例如：Rousseau、Pestalozzi、Frobel	幼稚園		美國福祿貝爾組織	
1900	都市化		實驗心理學，例如：馮德（Wundt）、杜威（Dewey）、蒙特梭利（Montessori）	Montessori school 國際幼稚園組織（IKV）後改成國際兒童會協會	托兒所（Day-care center）		兒童局
1910~1920	一次世界大戰		兒童研究行為學派；激進主義教育（progressive education）	保育學校（nursery school）	保育學校 革新學校		
1930	經濟大蕭條	孤立的核心家庭	成熟論，例如嘉塞爾（Gesell）		WPA保育所（Work Project Administration）	保育教育全國組織	社會安全法案 羅斯福的新政
1940	二次大戰 失業問題		心理分析（（psychoanalytic），I.e.：Freud、Erikson、沙利文、弗洛姆）	英國公布貝佛里奇報告書	工廠支援的托兒所	學前教育的世界組織（OMPE）	拉罕法案（國防廠員的托兒所）家庭津貼
1950	韓戰		皮亞傑、應海德（Piaget、Inhelder）	英國幼兒學校	Head Start（啓蒙方案）		
1960	蘇俄發射第一顆人造衛星 Sputnik的演說 越戰 社會抗議示威活動	分歧與孤立 離婚 單親父母 雙親都工作的家庭	人文主義（humanistic approach）、Bloom、Rogers、Maslow 道家哲學、瑜珈、存在主義		Follow Through（補償計畫）小學1~2	幼童教育的全國性組織（NAEYC）	對貧窮作戰 兒童發展局
1970	婦女運動 少年犯罪 藥物濫用 中途輟學		科學哲學 完形心理學 訊息處理論		主流學校（Main Stream School）parent-education（National Headstart Program）	兒童發展協會（CDA）兒童福利聯盟（CWLA）	PL94-142（公法 94-142）通過支持特殊教育
1980	經濟衰退 都市貧窮 住宅問題 兩性角色變遷 國家親職主義 人口與健康	不同的家庭型態 例如：同性戀家庭、志願無小孩、保持單身	後皮亞傑主義，例如：Flavell的 後設溝通理論（play as metacommunication）建構主義 生態理論 本土心理學		back-to-basic School 幼稚專業化 pre-kindergarden（幼兒園先修學校）AFDC（Aids to Family for Dependent Children）親師合作 強調適齡教育（DAP）	光點基金會 少年犯罪社區處遇	削減教育預算 非營利組織的成長 非政府托育照顧 增加幼兒照顧 鼓勵企業參與托育服務
1990	教育補助計畫 學前學校（preschool）托兒所及教育計畫	支持性的兒童福利—強化家庭功能	轉換理論（play as transformation）表現理論（play as performance）腳本理論（play as script）	羅吉歐（Rogio）之方案 教學			增加預算 投資兒童照顧 親職假 鼓勵兒童照顧
2000	投資未來幼兒 教育改革 強調三歲前的教育		發展幼兒腦力—閱讀與遊戲	教育強調動手作（DIY）教育改革 提昇科技與競爭力			

幼兒主動地從觀察、參與同儕及成人的互動中來學習。兒童
需要自己形成對事物的假設並從社會互動、生理操作中的嘗
試錯誤來加以觀察、提問，及尋找答案進而解決問題。當物
體、事件及其他人挑戰孩子心中現有的心理建構時，兒童被
迫要去適應結構或改變原來的認知結構，以順應外來新的訊
息。

因為遊戲活動提供這種主動及社會學習，所以遊戲策略變成
建構取向之課程的重要因素。如美國幼教學會（NAEYC）在影
響立場聲明已明確定義，適齡發展實務僅能在當老師依下列三種
訊息來提供學習環境與經驗之下才能達成（Bredekamp & Copple,
1997：9）：

1. 知道兒童發展與兒童學習——允許在相關年齡層做合理的預
   測並瞭解有關與年齡相關的兒童行為特徵的知識，有關活
   動、玩物、互動及經驗必須是安全、健康，迎合孩子興趣
   及可達成目標，並且可以讓孩子覺得有挑戰性。
2. 知道每個兒童的優點、興趣，及需求，在團體中能夠適應
   及因應孩子之個別需求。
3. 瞭解每個孩子成長的社會及文化脈絡，確信孩子的學習經
   驗是有意義的，能與互動的孩子及其家庭有關，以及受到
   應有的尊重。

我們相信遊戲能讓孩子有最好的適齡學習的經驗，不僅我們
認為如此。NAEYC之適齡發展實務之立場聲明的其中一條指引

也提及：「遊戲是兒童社會、情緒及認知發展的重要樞紐，而且遊戲也是他們發展的寫照。」（Bredekamp & Copple, 1997：9）NAEYC之立場聲明要求老師將遊戲當作教導策略以及用來評估兒童知識與學習的工具。

本章開始，我們將先討論遊戲與學術學習連接的好處，此種連接最主要的理由是遊戲是適齡發展實務的核心要素或要髓。接著，我們會描述遊戲與學習課程連接的方法，我們也會舉例說明以課程為導向的遊戲策略如何與語言、數學和科學相連接。之後，我們將介紹幼教遊戲導向課程與教導。本章最後將討論一些在幼兒園及小學以遊戲為本位之教育阻礙。

遊戲與學術科目連接的好處

在第一章中，我們已討論遊戲的一些特徵：正向情感、不重於言傳、過程重於結果的取向（可參考第一章的專欄）。在此，我們再增加一項特徵：遊戲經驗可能提供一廣泛的學習機會。我們相信遊戲的基本特徵為：（1）具體呈現遊戲與學習科目連結的好處；及（2）解釋為什麼遊戲是適齡發展實務的核心精髓。我們使用我們研究案中的一些例子（擴充讀寫能力之遊戲情境）來闡明這些好處（Enz & Christie, 1997）。

正向情感（positive affect）

　　遊戲最明顯的特徵可能是歡樂與好玩。微笑及大笑常伴隨著遊戲，也象徵孩子正進行遊戲。當孩子將遊戲帶到學科的技巧與內容時，在學習區一定會洋溢著歡樂心情，進一步他們也會對學習產生正向態度。

　　歡樂環繞著遊戲也會提供孩子願意參與學習活動的動機，那麼，孩子就不用一些增強或獎勵方式來鼓勵他們遊戲，因為遊戲具有歡樂的內在動機。

　　　小硯與他一些好朋友正在郵局主題角玩。小硯說：「我正在
　　寫信！」他拿起一空白信封並開始寫字。每當寫一個字母，
　　他都會按著順序唸：寫Ａ，唸Ａ；寫Ｂ，唸Ａ、Ｂ；寫Ｃ，
　　唸Ａ、Ｂ、Ｃ。他持續唸著他所寫的字母，不時的微笑、大
　　笑並常常拿給他的朋友看他所寫的字（嘿，看我寫的字！）
　　（很得意的樣子）。整個過程很費時（從Ａ寫到Ｚ，而Ａ唸了
　　25遍、Ｂ24遍……，一直到Ｚ），但小硯不覺得累與厭煩。
　　一直到他寫完了信（Ａ到Ｚ的字母），他寄給（親自送）一
　　位朋友，然後又是下一位朋友……。

　　假設這個寫字活動是由老師所支配的工作，小硯會像上述那麼有興趣及熱忱地在進行他的寫字活動嗎？他可能很快就厭煩了。但是，在上述的活動是小硯自己所選擇的，他覺得「好

玩」，而且與他郵局主題遊戲相連接，寫字／唸字母變成有趣、好玩及內在動機導向。

不重於言傳（nonliterally）

遊戲事件是由遊戲架構來給予象徵意義，遊戲者從外在實體中給予個人之意義。玩物的真正意義是被忽略的，遊戲者在遊戲時會對玩物取而代之給予新的意義，此種行為的意義與平時不進行遊戲時有所不同。

> 小均和他的一些朋友在幼兒園老師的協助之下，正進行一趟假裝坐飛機到法國旅行。在教室中有一塊隆起的高處，放了幾把椅子，假裝這是要飛往巴黎的班機，而在旁邊，有一主題角假裝是一票務中心。小均來到票務中心辦公室，拿了一隻筆並在紙上隨便塗鴉。老師假裝拿了行李要登機。小均說：「小如，這是你的機票，還有一些票哦。」老師回答說：「好棒哦！這是夢幻之旅！」小均用一張塗鴉的紙當作機票，也留一張票給自己（我也需要一張）。當他離開票務中心，他隨意在牆上塗鴉。之後，其他小朋友問他畫了什麼，他說他給字條讓公司的人知道他去法國旅行了。

這段軼事花絮記錄闡述遊戲的不用於言語的特徵，對兒童的語文學科的學習產生重要意義。小均所寫的塗鴉字條在大多數的情境是沒有意義的。在這個假裝的飛行之旅的脈絡中，小均的塗

鴉代表著機票，不僅對小均產生意義，對老師及其他的小朋友亦是。這種伴裝取向（make-believe orientation）使小均可以證實他所寫的文字的實際功能，他用塗鴉來代表他過去經驗的機票及留言。此外，他所做的塗鴉被他的同儕所接受，也使小均認為他自己是一成功的作者。

過程重於結果導向（process over product）

當兒童在玩時，他們只注意活動本身，而不是活動的結果或目標。換言之，過程重於結果。這也是為什麼在積木角堆了一堆積木之後就隨便扯掉了，而不是在積木角一定建構東西或要做一些角色扮演。所以，建構或扮演遊戲的行為才是最主要的目的，不要建構實體或執行那些角色扮演。

遊戲的特徵創造免除危機的環境，因為假如結果並不是重要的，那麼遊戲是允許犯錯的。所以，遊戲之中從找機會或嘗試新奇或困難的方法並不會帶給個人損失。小均使用塗鴉寫字來代表機票及留言的行為是安全的。只要這種塗鴉可以在遊戲情節中成功地代表某些功能，那就夠了。在非遊戲情境中，機票與留言變得很重要，也使得小均可能減少有個人的隨意塗鴉來代表機票及留言。與遊戲有關的讀寫活動可邀請兒童對其所萌發的讀寫進行實驗的好處，而促進兒童操控文字語言的功能。

廣泛學習機會數線（broad spectrum of learning opportunity）

　　適齡發展實務的重要特徵之一是老師應該依兒童之興趣需求及能力來加以調整學習活動。兒童有很大的個別差異，所以處理一大團體時更應要特別注意，所以傳統的大團體教學是不能迎合這個標準，因為對某些人而言可能太簡單（過去已有經驗），相對地對某些人來說可能太困難了。

　　遊戲取向之學習活動對因應兒童之個別差異並提供不同孩子之個別技巧與經驗之學習機會有極大的好處（見圖11-1）。此外，

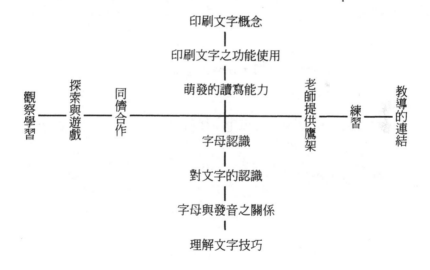

圖11-1　擴充讀寫遊戲的中心──廣泛的學習機會數線圖

遊戲可能提供兒童不同的方法以學習到生活能力與技巧。此種廣泛的學習結果與過程的數線圖已幫助我們確信所有兒童皆在發展適齡實務中學習到相關技巧的機會。

　　為了闡述連接遊戲與學習科目之特徵，我們使用擴充讀寫能力之遊戲角，其策略會在之後的課程導向遊戲章節中來加以討論。這個策略包含在社會戲劇角增加與主題相關的閱讀與寫作材料。例如，下列的讀寫遊戲道具可以和開披薩店之商店角一起做連接：

- 披薩的紙盒。
- 披薩的材料（番茄醬、辣香腸、黑橄欖、洋蔥等）。
- 筆、鉛筆、馬克筆。
- 點菜單。
- 菜單。
- 牆上的告示牌（例如，在此點菜）。
- 雇員名牌。
- 有公司名稱及商標的紙巾、紙杯。
- 食譜。
- 報紙及折價券。

學習不同技巧的機會

　　擴充讀寫之披薩商店情境提供兒童學習重要印刷文字概念的機會。基本上，讀寫之道具說明印刷之文字有其溝通的意義。兒

擴充讀寫遊戲的情境，例如披薩商店提供孩子許多閱讀
與寫作的機會。

童用手指的菜單或牆上的告示並問其他同儕或老師：「上面寫什
麼？」這些印刷文字道具此時就提供兒童學習更高層次的概念之
機會，例如，字母與文字之間的差異。讀寫能力之名詞，例如，
字母與文字常被成人與兒童在印刷文字擴充的角落中進行遊戲時
所使用。

　　披薩商店情境就提供許多用印刷文字之功能使用的例子。印
刷文字在菜單及披薩盒中被使用來傳輸訊息、標示，例如「在此
點菜」（order here）或「請在此排隊」（line on here）就說明印刷
文字的規則功能。

　　披薩商店情境也和讀寫途徑（literacy routines）—— 一組代
表一般文化練習的讀寫行為（Neuman & Roskos, 1997）。這些途
徑指出印刷文字的工具功能及為兒童呈現使用萌發的讀寫（emer-

gent literacy）形式的機會：顧客可以在點菜時閱讀或假裝閱讀菜單。侍者及櫃檯人員可以使用記事單寫下所點的菜單，以便等一下讓廚師決定要烤那一型的披薩。一旦披薩烤好了，顧客可以使用從報紙剪下的折價券來打折，並在櫃檯付錢。

　　當兒童重複暴露在這種印刷文字的道具中，他們就有機會發展對字母及所看到文字的認識：有一些兒童可能先學會認識P，因為披薩（pizza）的第一個字母是P。其他人可能學會認識整個字洋蔥（onions）、菜單（menu）、乳酪（cheese）或辣香腸（pepperoni）。

　　更進一步，兒童可能學習字母發音內容，例如他們注意披薩（pizza）、辣香腸（pepperoni）及百事可樂（pepsi）皆以P開頭，而且也發同一"P"音。他們可能在字母與發音中做一連接。

　　此種機會也可以學會理解文字技巧。Neuman及Roskos（1997）已詳細指出一印刷文字擴充的遊戲情境，如何引導兒童發展許多理解文字技巧的策略知識，例如，在一披薩商店情境中，兒童有機會做：

1. 尋找訊息——兒童可能問同伴認識在披薩菜單中的文字。
2. 探討自己的猜測或假設是對的嗎？——兒童可能問老師：「披薩（pizza）是不是這樣子拼字的？」
3. 自我訂正錯誤——當兒童將披薩寫成「piza」時，他可能會說：「唉啊！pizza有兩個z哦！」

　　探討及自我訂正的機轉可促進兒童在閱讀時增加認知監督的動作。

多重學習方法

　　披薩商店呈現許多觀察學習的機會。這個主題角提供不同的
印刷文字給兒童觀察與學習，例如，標示、菜單、名牌、披薩盒
上的文字及食譜。當遊戲者沿著主題遊戲展開讀寫途徑——從菜
單點菜，寫下點菜單，用支票付錢等，這是由其他兒童所創造用
印刷文字的功能。

　　當兒童扮演與餐廳有關之讀寫途徑，讀寫能力之探索與實驗
於是就開始展開了：兒童可能嘗試他們已萌發的讀寫能力並看看
是否有效。顧客可以看菜單，使用記憶，對文字的認識或從圖片
中來對內容給予最好的猜測。侍者可能用塗鴉、圖畫、寫字母或
整個拼字，寫下顧客所點的菜。此種想像遊戲模式允許孩子用個
人化之腳本來代表文字及假裝閱讀，兒童根本不需要對整個文字
內涵都要瞭解才能玩。

　　兒童在擴充文字角落中的遊戲具同儕一起合作的社會與創造
性的活動。亦有研究指出，兒童在此種學習角落中會使用各種不
同的策略——例如，模塑（modeling）、指派（designating）及指
導（coaching），來互相幫助參與和遊戲有關的讀寫活動
（Neuman & Roskos, 1991；Stone & Christie, 1996）。

　　如同本書第一章所指出，Vygotsky（1978）已描述成人與兒
童的互動如何創造一「近似發展區域」（zone of proximal develop-
ment），來允許兒童參與兒童自己不能完成的活動。此種老師提
供鷹架可在擴充讀寫活動的情境之自然遊戲歷程中展開許多學習
的機會（Enz & Christie, 1997；Roskos & Neuman, 1993）。例

如，老師可以幫兒童製作披薩店招牌，協助他看菜單中的文字，或當兒童要求時可協助他們做傳統的拼字練習。兒童在遊戲活動中，因為具高度興趣且可立即使用到文字技巧，所以他們會融入整個遊戲情境而造成老師的教導很有效果。

擴充讀寫能力之遊戲情境讓兒童有機會練習他們剛萌發的讀寫技巧，例如，一位兒童才開始從披薩商店認識幾個字，如pizza、pepperoni、sausage、cheese、olives and mushrooms，然後他們很高興在菜單上或利用點菜機會一直重複使用他們所熟悉的字，直到他們熟練為止。這種看到文字再加以練習（sight-recognition practice），而且又可以在遊戲活動中加以使用，會比簡單在傳統課程隨機從字卡找出一些字來練習來得有意義。

最後，老師也可以在與學術課程相關的遊戲活動中提供教導的機會，例如，假設一位老師正在教導學生有關字母——發音之關係（語音學），他可以利用在遊戲中相關的文字，例如，pizza、pepsi、pepperoni等有關P開頭的發音。這種戲劇遊戲可讓兒童與字母——發音的關係之間產生個人經驗的連結，而使得他對發音的規則產生意義並讓他容易記得。

遊戲與課程

遊戲在學術課程中具多層面的關係。Van Hoorn、Nourot、Scales及Alward（1993）在課程導向遊戲（curriculum-generated play），及遊戲導向課程（play-generated curriculum）之中提出一

些可能的連接,分述如下:

· 課程導向遊戲——老師從課程角落中提供一些可讓兒童學
  習概念與技巧的遊戲經驗,例如,讀寫活動、數學與科
  學。在本章開頭黃老師在擴充數字的商店角落遊戲的軼事
  花絮記錄中就是一典型的例子。兒童可以在遊戲角落中學
  習認識數字及數數。此種課程導向遊戲較類似我們所用的
  主題學習或角落學習的開放教學,老師依原先所設計之主
  題,輔以用遊戲活動來提昇孩子有關數、科學及語文能
  力。

· 遊戲導向課程——老師可從孩子在遊戲中所展現的主題與
  興趣中再組織學習經驗。例如,假如兒童表達他們在遊戲
  中對海洋生物有興趣(例如,假裝是鯨魚或鯊魚),老師
  可利用自然觀察之優勢,再設計一具科際整合的海洋生物
  角落。在此學習區,兒童有機會學習有關海洋生物的技巧
  與概念,包括讀寫能力、數學及科學。此種遊戲導向課程
  較為開放,老師要先瞭解孩子的興趣及能力,再依他們的
  興趣來架構主題學習區。

如有可能,可以兼具此兩種導向,一方面利用課程導向遊戲
經驗,另一方面也可以從孩子的遊戲經驗來架構主題學習,至於
何時使用何種導向,則端賴老師要教導的功能而定(參考圖11-
2)。

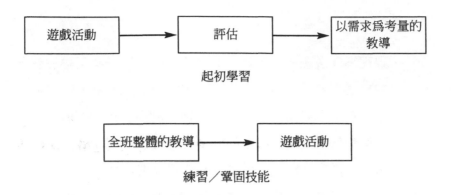

圖11-2　課程導向遊戲：兩種功能

課程導引遊戲

· 起初學習──遊戲活動在教導之前，提供兒童最原始的機會學習技巧與概念。在兒童有遊戲的機會之後，老師評估他們對特定技巧的獲得與瞭解，然後再透過遊戲提供技巧來熟練兒童的教導。例如，老師先利用自由遊戲的觀察，瞭解孩子的興趣與能力，再利用個人或小組活動給予教導，然後再利用結構性的自由活動來瞭解孩子是否獲得技巧，個人建議老師先使用前述方法，如沒有效用，再利用後者的方法。

· 練習與鞏固技巧──遊戲在教導之後，提供一些歡樂性、有意義的練習老師所教導的技巧，例如，本土的當代教學大都採取此種方式，而且大都應用到小組教學之後的自由

遊戲。

上述的例子可在相似的遊戲活動中進行，但是其功能大大不同，例如在本章開頭黃老師在擴充數字的遊戲角落的軼事花絮記錄中，就是使用起初學習的例子提供學生學習認識數字及數數技巧的機會。當然，李老師也可以先在小組活動教導一些數數技巧及提供認識數字的教導之後，再用商店主題角落來讓兒童練習認識數字及數數技巧。

這兩種功能可使老師因學習及教育哲學的不同來應用遊戲活動。提倡建構主義信念的老師，例如李老師，會使用遊戲活動當作起初學習的機會。而比較傳統式的老師則較依賴老師直接的教導，也可能從提供遊戲活動來練習老師所教導的技巧中，獲得教育利益與功能。

我們希望強調在課程導向遊戲之起初學習功能中的評估與需求為考量教導的重要角色。遊戲活動可能提供兒童學習廣泛學術概念與技巧的適齡發展過程。然而，強調學習機會是很重要的，不管其學習有多豐富或不同，誰也不能保證學習一定會產生。兒童在李老師擴充數字的學習區中遊戲，也很可能忘記數字及數數的技巧。基於這個緣故，評估有需要執行以決定兒童在所教教導的課程導向遊戲的活動中，是否獲得應有的技巧與概念。假如有些兒童不能從遊戲中獲得應有的概念與技巧，那麼老師可能再使用較直接的教導方式來幫助這些特定學生學習這些概念與技巧。注意，需求為考量之教導只有對那些提供遊戲經驗後失敗的兒童來學習這些概念與技巧（這與完整之課堂團體教學不同，因為完整之課堂教學是針對全部的學生，而需求為考量之教導是針對特

定的學生）。

接下來的幾節，我們將對專門用來提昇兒童學習語文、數學、科學與社會學科技巧之課程導向遊戲之活動做一些範例說明，這些現成的例子僅提供您做為參考之用。

擴充學術學區之遊戲區

在之前的章節中，我們已討論過社會戲劇遊戲角如何提供兒童發展口頭語言、社會及社會技巧的機會。此種適合年齡發展之高度刺激遊戲角之基本要素是良好規劃的場地（第九章）、與主題有關的道具（第十章）、足夠遊戲時間（第七章）及在遊戲時適當的老師介入（第七章）。

社會戲劇遊戲角的學習潛力可以由增加另一種要素——與學術相關的道具與玩具，來加以延伸。在本章開頭的軼事花絮記錄中的黃老師所設計擴充數字的商店主題角便是一很好的例子。除了一般的商店主題遊戲道具外，黃老師又增加了許多磅秤——可以轉數字的橡皮圖章、電子計算機、加法的機器、折價券及超級市場廣告單。增加這些與數學有關的道具可將整個主題角帶入適合學生學習數字及數數的理想環境。

大多數在擴充學術的遊戲情境之研究報告皆與讀寫能力有關。主要是受萌發讀寫能力之觀點的影響（McGee & Richgels, 1996；Sulzby & Teale, 1991）。依此觀點，文字語言之獲得與口語是很相像的。讀寫能力之學習在早期即呈現並且可見於每日之社會活動脈絡中。依讀寫能力萌發之觀點，幼兒最早接觸讀寫應是從自然社會互動中，而且是對每日實際的印刷文字的功能中。

擴充讀寫能力之遊戲角落為兒童提供最佳的方法來促使兒童發展讀寫能力（Christie, 1991, 1994）。這是最簡單的策略不過：只要在遊戲角增加與主題有關的讀寫材料，創造一可組合幼兒每日所處之家中和社區所發生之讀寫環境的情境，之前所提及擴充讀寫能力之披薩商店主題角就是一好例子。

在幼兒園所執行的研究皆顯示：擴充讀寫能力之遊戲情境造成兒童在此情境遊戲時增加很多萌發性之讀寫活動（Christie & Enz, 1992；Morrow & Rand, 1991；Neuman & Roskos, 1992；Vukelich, 1991）。圖11-3指出一四歲在動物醫院角落玩時所寫的處方箋。小豪扮演一獸醫，為一生病的泰迪熊開了藥方。他寫下一劑：蘋果果汁（apple juice）（從垃圾桶找到一空瓶子）。但是他不會拼盤尼西林（penicillin）這個字，所以他只有使用他對字母有限的瞭解，創造一個字（PHOLH ᔕ）（參見圖11-3）。雖然他的拼字不是傳統的寫法，他開頭用P，然後用他自己的方式創造一個字（他不知有多少字母）。

除了增加大量的讀寫活動，也有一些證據顯示兒童在擴充的印刷文字的遊戲情境玩時，可以學習一些有關讀寫能力重要的技巧與概念。例如，Vukelick（1991）發現兒童可能獲得寫字之功能使用的知識，而且Neuman及Roskos（1997）也記載兒童可以獲得自我調節機轉（self-regulatory mechanisms），例如，檢查及自我校正以增加閱讀時的認知監督的基礎。

擴充讀寫能力之遊戲角色已被發現可增強兒童戲劇遊戲品質。在Neuman及Roskos（1992）所用錄影帶記錄遊戲情節的分析研究中也顯示：兒童在擴充讀寫能力之遊戲角落的遊戲時間，

圖11-3　小豪對泰迪熊的藥方：盤尼西林加蘋果汁

比在其它角落的兒童有十倍以上，而且遊戲也比較複雜。這些效果也持續七個月以上，這也指出讀寫能力之道具的新奇效果並不是影響因素。

　　表11-2呈現如何建構讀寫能力角落的玩物，並可配合一些不同的戲劇遊戲主題。請注意這些玩物皆是便宜並且容易取得。將傳統的遊戲角落轉換成讀寫遊戲角至少需要一些資源及花一些功夫。但是，兒童的遊戲選擇卻可大大提增，而且他們可在有意義的學習機會中去探索、實驗各種不同讀與寫的形式遊戲。

　　遊戲角可以在其它課程角落中加以擴充以提增學習機會，例如，科學角及社會學習角。Roskos（1994）曾幫助兩所幼稚園教師發展與大團體教導的學科內容有關的遊戲情境。例如，在一多天六週的單元中，老師教導兒童如何判讀溫度計及如何使用刻度

來衡量溫度度數。為了將此教導單元與遊戲連接，老師在數學及科學實驗遊戲角提供各式各樣的溫度計，記錄紙及筆以用來記錄資料，在各種不同情境下來測量水的溫度、實驗服及有關此主題的印刷文字與標示。

　　兒童在這些與教導有關的遊戲角落中的遊戲都被加以錄影及分析，結果顯示：兒童在這些角落中所提供與主題（單元）有關的活動，有很多的互動（例如，使用溫度計）。最令人印象深刻的是兒童對活動的吸引力及其注意力皆有穩定地增加。也就是說，兒童不會因遊戲的吸引而來進行與主題有關的活動，例如，與朋友玩或玩另類（與活動無關）的活動。Roskos於是對此研究作一結論：「布置提示（例如，實驗室）、玩物（例如，實驗、紙及寫字工具），及同儕互動機會的合併，只要是創造歡樂情境來讓兒童堅持與主題有關的遊戲活動。」（P.10）

　　Jarrett（1997）描述一些專門設計讓科學與數學之概念變得好玩的社會戲劇遊戲角落，她列出一些道具來布置與科學和數學有關的醫院診所、超級市場、動物園及博物館的戲劇角。其中我們最喜歡的是將修理店舖和發明者商店一起合併，玩物建議如下：

‧簡單功具（螺絲起子、鐵鎚、鉗子、調整式扳手）。
‧繫結物（釘子、螺絲母、螺釘、黏膠）。
‧舊家電（烤麵包機、錄音機、門鈴、吹風機、電動馬達）。
‧廢棄物（蛋盒、木屑、紙杯）。
‧電池及鐵絲。
‧低伏特的電燈泡（從手電筒拿出來的燈泡）。

表11-2 擴充讀寫能力遊戲角落的道具

家庭角	辦公室
鉛筆、筆、馬克筆	鉛筆、筆、馬克筆
記事紙	記事紙
3M貼紙	電話留言紙
電話簿	日曆
保母教導表格	打字機
電話留言紙條	購物單
訊息板	文具、信封、郵票
圖畫書	檔案夾
雜誌、報紙	牆上告示
食譜及料理盒	
舊信件或廣告信	
娃娃家的食物容器	
餐廳	**郵局**
鉛筆	鉛筆、筆、馬克筆
記事紙	文具與信封
菜單	郵票
牆上告示（在此付錢）	郵筒
支票簿	住址條
食譜	牆上告示（在此排隊）
裝食物容器	
雜貨店／超級市場	**獸醫店**
鉛筆、筆、馬克筆	鉛筆、筆、馬克筆
記事紙	預約簿
支票簿	牆上告示（接待處）
牆上告示（超級市場）	寵物名條
食物架上標示（肉）	患者名單表
食物容器	處方單
	雜誌（等待室看）
機場／飛機	**圖書館**
鉛筆、筆、馬克筆	筆
機票	書
支票簿	書架標示（ABCs、動物）
行李條	牆上告示（安靜）
雜誌（飛機上用）	圖書卡
嘔吐袋（用印刷文字寫上）	借書單
標示（行李區）	

資料來源：Christie, Enz and Vukelich（1997）：151。

上列的玩物可以設計相關的活動，（1）將舊家電插開，尋求磁鐵或其它有用的部分，（2）設計或連結電線線路及（3）可讓身心障礙者用來創造物件。Jarrett警告老師因為有危險存在，所以在此角落玩要特別小心。她建議在孩子玩舊電器之前，要先確信是否仍插電，或將電線完全拆除，例如插電視或照相機的閃光燈。

規則遊戲

規則遊戲（games）是「個人或一群個體的遊戲或在相互同意的規則、有限的時間及計分方法的競爭」的活動（Clegg, 1991）。從兒童發展的觀點，「規則遊戲是在正式學校與兒童遊戲之間的理想交集」（Fernie, 1988）。規則遊戲常讓兒童獲得高歡樂習得學習技巧的過程，而且也可練習已教過的技巧。

Casberque及Kieff（1988）提出一些傳統的遊戲，例如撲克牌和彈珠如何提供兒童學習數學與科學的機會，例如，當孩子玩撲克牌時，有一些學習機會產生：

> 當兒童在玩撿21點時，他們知道兩個人要發12張牌，三個人發8張牌，而四個人玩則發6張牌。……他們在玩時可以辨別花色（方塊、紅心、黑桃、梅花）、顏色（紅與黑）及加法、減法。結果兒童可以瞭解數字概念及顏色概念（P.145）。

Casberque及Kieff解釋：骨牌遊戲將兒童的遊戲玩具放在一對一的關係，高低數字的概念及基本數數技巧。彈珠遊戲提供兒童

學習科學概念的機會,例如,彈道彈射及彈射速度。Casberque及Kieff指出這些規則的競賽(遊戲)也可能需要兒童依循規則或對規則妥協以提增其社會發展。為了有效地玩此類規則遊戲,兒童必須分享、輪流、合作,對別人觀點要有敏感性及延容自我滿足。

　　除了傳統性之競賽外,老師也可以加以設計一些規則遊戲來訓練某些學科技巧。Constance Kamii(1985, 1989)以自我建構主義的觀點設計數學課程,利用團體遊戲的方法及技巧來提增兒童的數學能力。例如,Constance Kamii(1989)用百位表格(The Hundred Board)來教小學二年級的數學,特別要特定之數字,它多1、少1(當個位數),多10、少10(當十位數)。這個表共有1到100的數字碼,開始時,每一個數字都顛倒放,然後,每一遊戲者選擇一個數字,將它擺正。例如68這個數字,6是顛倒,而8是正數,遊戲者必須要68擺正,然後57、58、59、67、69、77、78及79。如果某位孩子沒有將號碼擺對,它就被處罰,將一擺正的數字放顛倒,看那一位兒童先將8個格子都擺正,他就贏了。

　　Kammi及Lewis(1992:90~91)解釋使用這種遊戲比傳統的數字練習單的好處:

1.在此種遊戲中,兒童握有選擇權(內在動機)。兒童會要求玩遊戲(也是一種學習)。相反地,大多數兒童完成工作練習單,因為是愛貼紙,害怕不能下課(出去玩)的外在動機。

2.在此種遊戲中,兒童創造達成目標的策略與方法。假如兒
童在玩骰子的紙板遊戲,他丟了第一顆骰子,然後我們丟
第二顆骰子,看他們要做什麼(自我選擇)……,但是在
加法的數學工作單,兒童一再地重複加法,工作單只是讓
孩子增加機械重複性的練習及提增心理的被動性。

3.在此種遊戲中,兒童相互監督及糾正。假如有一兒童正在
玩21點,他已經超過21點,就不能再補牌了,而當其他小
朋友如果瞭解這項規則,便會禁止他不能再補牌,而結束
遊戲。同儕的立即回饋比老師在工作單的糾正來得有效。
工作單常在隔天由老師改完後,再交給幼童,幼童已忘記
或根本不關心昨天做了什麼。

在Kamii的課程中,玩規則遊戲的自然活動與學科課程相連
接。但不幸的是在以工作為取向的小學中,許多本意上打著教育
性的遊戲卻實際違反了遊戲,玩的原則。David Fernie(1988:
7~8)就舉井字遊戲的例子:

老師已準備一些井字遊戲格子的工作單,井字的每一格都是
用一數字來代替原先的○或╳。這個遊戲要孩子在直線、橫
線或對角線之數字加起來不等於9,並要孩子將此線圈起
來,然後交給老師訂正並打分數。

另一個類似遊戲的數學棒球賽(math baseball)無意中被
Kammi書中的其中一位作者用來教四年級的數學。老師先將教室

分為兩個團隊，並安排四把椅子當作一棒球場，然後擲銅板決定誰先攻，另一隊則先防守。老師提出數學問題（例如9×4＝？），如果答對則前進一壘，如答錯則算一人出局，如果四個人答對則算得分，三人出局則結束一局，換場攻守。

Fernie（1988）指出這些看起來像遊戲的活動，其實不能算是遊戲，因為：

1.這些規則不是由遊戲者訂定或協調出來的。
2.同儕互動由單人填答工作單（第一個例子）及公開表現（第二個例子）所取代。
3.輸贏的遊戲張力是由成人的對錯標準所取代。

同時，是否這些活動會讓大多數兒童自我選擇或覺得有趣，也是值得可疑。King（1979）從兒童的觀點來定義遊戲的研究也顯示幼稚園兒童常將數學及拼字遊戲當作工作，而老師卻常認為這些活動是遊戲。

虛擬遊戲

虛擬遊戲（simulations）是源於真實情境模式之特別形式的遊戲，專門設計來教導兒童在那情境的一些操作原則（Clegg, 1991）。角色扮演被用於增加學生參與活動。在真正的虛擬遊戲中，遊戲者扮演精心設計的角色並要求他們從指派的角色中選擇決策情境。也有一些結構較低的虛擬遊戲可以讓遊戲者在其所選擇的角色及行動上有更多的控制。

誠如在第十章所提及：許多好品質的電腦虛擬遊戲在最近幾

年來非常盛行，其中有一些可以用來幫助兒童學習學科技巧與內容。例如，Sim城市的虛擬遊戲可以幫助學生學習各種不同學科的概念，包括政府與經濟。遊戲者可以先設定他們所選擇的城市——買土地、蓋馬路、建設施、開公司、處理環保問題、執行選舉等等，以及遭遇日常生活的各種情境問題。

當然，虛擬遊戲並不局限於電腦，也可以用在傳統的模擬情境的遊戲活動中：

1. 拓荒者（pioneers）——這是一個高結構性的虛擬遊戲，學生可以成為坐著四部運貨火車，在1846年前往奧端崗州拓荒（Wesley, 1974）。在選擇其中一家庭的身分之後，學生必須選擇帶到火車上前往西部的補給品，一路上必須要做一些重要的決策，例如，當到一條分叉路時，他們要依所給的訊息來決定走那一條路。命運卡可以模擬一些不可控制的事件，例如毒蚊、風暴。學生必須要寫下每天所遭遇的事件，再依遊戲者所作的決策來評分，而那一部火車走得最快，分數愈高，那一座車先到奧端崗，誰就是贏家。

2. 即席戲劇單元——學生假裝是一南美洲巴西的原住民，他們住的地方有巴西的工程師正計畫蓋一水壩（Wagner, 1983）。兒童即興扮演有關原住民生活的戲劇，並寫下他們的生活經驗。當學生開始扮演原住民時，老師一連出一些狀況題：例如，工程師攔水建水壩而造成他們的土地被水淹沒。兒童要解決原住民與工程師之間的衝突情境，兒童面臨思考巴西原住民的生活問題及與建水壩產生衝突的理

由。因此，他們必須閱讀及收集相關知識來回答這個問
題。整個活動的高潮就是全班要依所閱讀的知識來扮演原
住民的生活，使得他們的即興扮演要有眞實性及正確性。

3.其它的虛擬遊戲如大富翁或野蠻遊戲，也是可以讓兒童虛
擬買土地投資房地產，以及在叢林中遇到各種虛擬情境。

遊戲導引課程

　　遊戲導引課程（play-generated curriculum）常發生在自由遊
戲或自發性遊戲情境中。在許多幼兒園教室中，遊戲與課程同
義。老師布置空間、安排時間、提供玩物來邀請兒童主動參與活
動，並產生有意義的學習經驗。此種情境規劃最大的用意是爲兒
童在自然情境中提供豐富的刺激。遊戲被當作學習的媒介，並且
相等於卓越品質且是適齡實務。

　　評估視爲課程中高品質之遊戲的重要指標是決定能回應兒童
連續經驗的課室環境規劃（Cuffaro, 1995）。連續的經驗（contin-
uum of experience），來自John Dewey的教育哲學，意指連接兒童
熟悉及記憶猶新的過去，發展活生生的現在，及期望可預見及未
能預見的未來，來延伸孩子現有的經驗。教育的謬論（education-
al fallacy）是我們在自由遊戲中給予孩子經驗。經驗是來自孩子
所擁有（had），並不是來自成人的給予（given）。情境應不能在
時間上或空間布置上帶給孩子任何壓力，並提供適齡之玩物及社
會期望來促進兒童對課程與學習之發明與創意的發揮。

　　高品質之教育性遊戲的第二重要指標是互動。當兒童有了遊

戲腳本，老師應在其一旁鼓勵其在主、客觀因素中得到平衡（在現實和社會之阻礙中與其幻想、感受和個人的獨特需求之間的平衡）。

　　在第七章我們已討論過，教師在幼兒教育情境擴充兒童遊戲有許多參與方式。老師需要對每一位兒童單獨在玩時，和在不同情境中與別人如何一起玩做仔細觀察。敏感的老師仍扮演一決定性角色，透過互持及當作鷹架來延伸孩子的舊經驗，提昇其新經驗。除了提供足夠適宜的時間、空間和玩物，老師更要透過建議、模塑、指導及提供經驗延伸的主題來輔助兒童學習（Bodrova & Leong, 1996）。

　　將遊戲視爲學習與課程發展的資源無啻會產生最佳學習點（entry points）。Cuffaro（1995）就提出有關學習的一些問題：在兒童遊戲中對老師而言，是否有最佳學習切入點？我們是否要在兒童遊戲時介紹主題？我們是否要透過問、討論及參觀旅行來引導／塑化兒童遊戲？……我們要如何引用遊戲來瞭解社會個體的潛在特價，發展社區感及浮現個人之問題及興趣（P.82）。老師的選擇要基於嘗試將教育連接兒童的經驗，依循之前所提過杜威的連續與互動的原則。依Cuffaro的看法，尋求及使用兒童興趣爲遊戲導向的課程會比老師進一步爲兒童尋求遊戲主題來得有挑戰性。

　　Cuffaro（1995：86）舉例說明兒童與其遊戲如何在河畔街幼稚園方案中建構課程。在學期中，兒童遊戲已漸漸褪色，變成重複日常生活之固定行爲模式。老師詢問兒童參與他們以前沒有玩過的遊戲來企圖吸引孩子的注意。其中有一位兒童想到要整個教

室變成海洋！

　　老師：我想——如果我們的積木角變成一條河，那我們將會

變得怎樣？

　　小如：那我們怎麼辦，整天游泳？

　　小晏：你也可能釣魚。

　　小如：我不想釣魚，我想到建學校。

　　小晏：你可以建學校啊。

　　小如：（用懷疑的口氣）在河裡？

　　安安：等一下！我有一個辦法。海洋，海洋，整個教室都變

成海洋。

　　安安的想法被老師及其他小朋友所接受，然後他們最後將戲
劇遊戲延伸成爲一島國的生活，水中交通，颱風的形成，以及與
海洋有關的主題。在這個例子，兒童發展一些與遊戲主題有關的
社會科目的概念。

　　課程導向遊戲與遊戲導向課程之區隔線在上列的例子是模糊
的。當老師較注視兒童之社會情緒目標，而不是將注重認知及學
習目標上，他們比較可能會將遊戲融入其學習課程中。然而，當
老師是以認知學習爲目標時，他們較常從兒童之自由遊戲中抽離
出一些想法並加以延伸到日常生活時程所安排之有關學習活動。
這是遊戲與課程的並列程式（a juxtaposition model）。除此之
外，老師可在兒童自由遊戲當一事實的代言人（spokespersons of
reality），並掌握可教育時刻（teachable movement）的優勢（例

如，引導自我探索）。這是遊戲與課程的整合模式（integration model）。而休閒遊戲只允許在下課時間，而且也不會特別安排教育性遊戲，這是一分離模式（segregation model）。

許多老師與課程混合使用整合與並列模式。他們在運用這兩種模式也不絕然對立。例如，在高瞻式（High/Scope）之皮亞傑式的認知導向之課程使用計畫——執行——回憶（plan-do-recall）的遊戲與學習循環（Weikart & Schweinhart, 1993）。兒童思索並說出他們在自由遊戲中要做什麼（他們將使用那些遊戲或活動角落），參與他們所想做的行為（在安全範圍下及考量適齡發展），然後在團體時間集合再討論自由遊戲的情節（過去的經驗），並翻新自由遊戲的事件（延伸新的經驗）。計畫（planning），再建構（reconstruction）及溝通技巧（communication skills）因此就被發展出來。這種循環模式的使用在執行（do）層面幫助老師協助兒童遊戲與學習。

另外一個老師在自由遊戲時間，將兒童的經驗當作討論與學習基礎的例子，則包括全班（大團體時間）在遊戲時間中所發生問題的討論。Vivian Paley（1997）建議老師仔細觀察兒童在自由遊戲的情形，以及應該將兒童在自由遊戲所發生之問題在團體討論中加以回顧與討論。例如，可能有一位兒童對於使用某一玩具或參加團體或用畫架使用棕色色彩等產生困難。Paley認為：未加以創新的課程比沒有檢驗的課程來得糟（Paley, 1997）。從她的某位學生（Reeny）的幫忙或啓示，Paley將一整年的課程環繞在Leo Lionni的故事書的情節相關的主題，而這個主題也是由Reeny與他的同學在遊戲中探發故事書主角的情節所萌發出生的。

方案模式（The Projects Approach）（Katz & Chard, 1993）便是使用自由遊戲與方案，或持續對課程的非正式部分加以調查與探索。方案根源於兒童的興趣，如同由老師觀察兒童在遊戲中所推測般。方案模式也舉例說明遊戲如何萌發出課程以及遊戲，學習與教學如何產生互動並激發兒童在此種幼教課程中與老師共同決策及建構知識。世界聞名義大利羅吉歐（Reggio Emilia）也就是採用方案模式的課程之一。

整合性或主題單元（integrated or thematic units）也可以設計來延伸兒童在遊戲中所展現的興趣。讀者對此主題有興趣可再進一步參閱Neuman及Roskos（1993）的以兒童為本位的活動規劃（discussions of child-centered activity planning），及Christie、Enz及Vukelich（1997）規劃科際整合性課程活動指引（directions for planning integrated, interdisciplinary curriculum activities）。

學校遊戲阻礙

我們已描繪一些用遊戲來支持及加強學科課程的方法。很不幸地，當老師想要在教室使用遊戲時，他們常徘徊在十字路口，尤其在小學，這種情形是很普遍的現象，除此之外，也有許多幼兒園老師同樣在應用遊戲導向的課程也有其困難與限制。

幼兒園

　　幼兒教育長期的傳統是利用遊戲來促進幼兒的學習與發展。然而，最近在英國（例如，Moyles, 1989）及在美國（例如，Polito, 1994）的觀察研究，已顯現出在許多幼兒園的課室中遊戲的角色在理論或現實之間存在一些矛盾與差距。在這些研究上，老師皆認為遊戲很重要，而且應在課程中扮演重要的角色，但是實際上，老師卻採用最多督導與指導的活動，其次才是孩子自由所選擇的遊戲。

　　Bennett、Wood及Rogers（1997）針對英國幼兒學校的九名教師執行一整年的縱貫研究來調查遊戲為何在現實與實務有如此大的落差，其影響因素為何？研究執行步驟如下：老師在做遊戲觀察前先填有關遊戲活動目的的問卷，然後錄製所有兒童的遊戲活動，最後再訪問看完錄影帶有關遊戲的問題。

　　老師表示他們應該將遊戲加以整合成為課程的一部分，他們堅信遊戲可以提供兒童理想學習的情境。然而，從實際的行為觀察中發現老師忘記他們所認為遊戲的好處，實際上卻非常著重較正式，類似工作的學習活動。而事後的訪談中，老師解釋他們沒有使用遊戲是因為時間、空間、師生比率及課程強調必須要教導基本技巧，和老師不應該介入兒童遊戲為因素的限制。此外，老師常常有一些不切實際的假定：兒童應會對遊戲有所回應、高估或低估兒童實際能力，或實際兒童在遊戲的挑戰程度。這些假定將會漸漸腐蝕老師使用遊戲當作學習媒介的信心。

Bennett et al.（1997）發現最成功的遊戲活動是老師的介入。老師介入似乎可減少這些限制遊戲及提昇學生學習的影響。當老師列舉他們對遊戲的期望及協助兒童聯結遊戲與學習時，兒童的學習被協助。下列是Bennett等人（1997：130）對提增學校遊戲品質的建議：

1. 透過清楚地訂定目標及目的來將遊戲整合至課程。
2. 找出高品質互動時間透過遊戲來加強學習。
3. 透過遊戲來給予兒童機會學習，而不是光給予兒童自發性的學習。
4. 提供一些討論的機會，讓兒童知道時間結構，如此一來，兒童才會清楚知道他們在遊戲時可以做什麼，什麼是他們要達到學習的目標。

小學

遊戲阻礙在小學時期是相當令人沮喪與生畏。美國的國小一向是工作爲取向，小學是一教育機構，主要的責任是爲兒童準備日後成人社會的角色及適應。其目的是強調讀、寫、算之學科技巧及工作習性（Fernie, 1988）。直接教導而不是遊戲被認爲是最好達成上列目的之方法（Glickman, 1984）。所以，遊戲頂多被認爲是非主流的活動。

Klugman（1990）針對國小校長使用問卷調查他們對遊戲的看法，結果發現遊戲被認爲不是重要的，89％的校長認爲遊戲是

幼兒園的課程之一，只有9％的校長認為遊戲在國小三年級應扮演很重要的角色。上述校長的論點：幼兒園是遊戲的地方，而小學應強調真正的學習（real learning）（Bowman, 1990）。

除了這不贊成遊戲哲學之外，幼兒教育課程之另一阻礙因素是缺乏時間，不是空間、師生比率太高，及課程強調教導讀、寫、算之基本技巧，也是現有小學的困難。例如，Goldhaber（1994）解釋現有小學的時間表有一些短時間的時段但卻有太多不同課程領域。這些短時間（通常一節是40分鐘）卻夾雜一些特別活動（例如，體育、美勞與音樂），使得整個課程無法設計時間較長，且不會受其他活動干擾的課程導向遊戲的活動。此外，許多應在遊戲活動所準備的玩物卻無法出現在小學的課室中。Goldhaber解釋「沙與水太髒、導管膠帶太黏及天花板的瓷磚支架太脆弱了。」（P.24）

儘管環境不能配合，但在美國小學兒童還是照常遊戲。在King（1987）的研究文獻檢閱中，她辨別三種在小學會玩的遊戲型式：

1. 工具性遊戲（instrumental play）——這也是之前所提的課程導向遊戲。遊戲被使用為幫助兒童學習學科技巧與知識的媒介。

2. 休閒遊戲（recreation play）——這是發生在上課前或放學後、下課時在教室外的自由遊戲。這種遊戲主要是規則性遊戲（例如下棋、撲克牌、跳房子）、運動（踢球、足球、躲避球）及狂野嬉鬧活動。這種形式的遊戲以工作為取向的小學的閒暇活動，因此也不要太驚訝小學最近想要在日

常生活時程中刪減休息時段（Johnson, 1998），其目的在於刪減無意義的遊戲時間來增加有意義的工作學習時間。

3.惡劣的遊戲（illicit play）──這是一種在老師背後，看不見的玩笑或禁止的遊戲，例如，傳紙條、射橡皮筋（飛鏢、紙球）、做鬼臉、假裝咬口香糖、扮小丑或故意遲到等。老師很想禁止這類活動（遊戲），但從來沒成功過。惡劣（禁止）的遊戲在國小高年級很盛行，可能是對老師減少他們休閒遊戲的機會（Everhart, 1987）。

King（1987）辯稱此種惡劣（禁止）的遊戲可以提供兒童一種在成人所控制情境中的自主與控制感。老師愈以課程為導向，學生愈可能產生更多的惡劣遊戲。取而代之，這也促使老師將遊戲視為「敵人」（the enemy），並懷有負向的看法（Perlmutter & Burrell, 1995），並使老師禁止所有在教室各式各樣的遊戲。

休閒遊戲是發生在上課前、放學後、在休息時間、教室外的自由遊戲。

從正向的觀點，研究指出老師為小學學童在教室提供休閒或工具遊戲的機會，孩子可以回報高品質的遊戲。Perlmutter及Burrell（1995：16）觀察小學學童的遊戲比幼兒園之幼兒較有焦點及簡明。

在沙池玩二年級的學童想要很清楚地擁有一些地盤及玩物。
建構動作與行為愈為複雜而兒童的能力與經驗也得以延伸。
在戲劇遊戲中，相同的兒童可以為一複雜的故事玩很久（超過數週），並且情節可以加以延伸。

當在一學科課程為取向之擴充遊戲角落中玩時，小學學童比幼兒更常參與較有深度的讀寫與數學活動。例如在Hall及Abbott（1991）的書（*Play in the Primary Curriculum*）的章節，就圖例許多在英國小學學童在擴充讀寫能力之角落（例如旅行社及機場）的一些相片，顯示出學童參與很多文字的活動。

課程導向遊戲也提供社會互動與共同學習的機會——可利用在混齡情境，更是混齡的優點之一。Stone及Christie（1996）就指出一年長、有經驗的兒童如何幫助年齡較小、新生的幼兒（同學），在幼稚園至小學二年級的混齡教室的擴充讀寫能力之家庭角落中來進行讀寫活動。

在列舉所有小學使用課程導向遊戲的好處之後，教育者如何反制在本節之前所提抗討論遊戲的壓力及限制呢？Stone提出一些有用的建議，臚列於后：

1. 老師需要瞭解遊戲的價值並與其他人溝通此訊息。

2. 老師應是遊戲的倡導者,並在教室明顯的地方明列遊戲的
   價值,並標明兒童可學習到各種特殊技巧與概念的遊戲
   角。

3. 老師應鼓勵親師合作,可用聯絡簿或其他方式告知父母課
   程導向遊戲活動的值與理念。同樣地,在親職日或親師會
   議中,老師可描述提昇兒童成長之遊戲經驗。父母也有機
   會可以幫忙老師規劃及布置課室的遊戲角落。

此外,老師可在早上團討時間,讓兒童描繪戲劇故事情節,
或用相片記錄兒童的遊戲建構的成品等方法,鼓勵兒童談論他們
的遊戲活動,並給予兒童遊戲表現加以讚許(Polito, 1994)。

Cohen(1997)也倡導利用兒童遊戲中的相片來做為經驗的
延伸。底片及沖洗的花費可能有些昂貴,所以她也建議可以由父
母當作贊助者來幫助兒童延伸學習經驗(最近可用數位相機,並
利用電腦圖片存檔,可以節省一些沖洗費用)。對孩子參與教育
性遊戲的情節的相片展示,可以在日常教室的明顯處加以展示,
尤其是在親師座談日或懇親會。相片下的標題應是要簡明及粗字
印刷,而且要傳輸遊戲活動的特質,解釋兒童可以在遊戲中學到
什麼。老師、行政者、父母及兒童因此可以從課程中共獲遊戲的
重要性及剩餘價值。遊戲的相簿可以讓兒童帶回家展示他們在學
校玩什麼及學到什麼。

老師也可能在其課室中做遊戲主題的行動研究。與其他老
師、行政者、學術專家、父母,甚至兒童一齊合作皆可導向大家
對學習課程中瞭解遊戲重要性的相關知識。例如,老師透過詢問

父母與兒童有關在家與在學校的相關遊戲，進行調查，並澄清家中與學校不同情境中，兒童進行遊戲的區分。老師的行動研究也可以與課程鑑定與評估加以混合來加以設計課程活動。一方面是有關兒童遊戲研究的製作者，另一方面也是兒童遊戲研究的消費者，老師最能夠同化其研究成為他們技匠知識，來提增理論（概念瞭解）及實務（掌握如何執行之know-how）的結合。

本章小結

本章先討論遊戲與學術課程連結的好處：

1. 正向情感——當兒童整合學科技巧與內容到遊戲中，遊戲所伴隨的正向情感也因此附著到學術學科領域中。
2. 不重於言傳——遊戲的伴裝成分可使學術活動變得有意義，及對兒童產生重要性。
3. 過程重於結果——當兒童進行遊戲，他們注意的焦點在活動本身，而不是活動背後的目標與結果。遊戲的特性給予兒童一低危機的環境，可鼓勵兒童嘗試錯誤及進行新且困難的情境，透過遊戲以達到經驗的專精與鞏固（mastering and consolidation）。
4. 提供寬廣學習機會的數線——遊戲為本的學習活動可提供學習各種不同技巧與概念的機會。此外，遊戲提供兒童多元學習各種技巧的方法。

接著，我們提供三種課程導向遊戲的例子來幫助兒童學習及練習讀寫能力、數學、科學及社會學科的技巧。

1. 擴充學科的遊戲角落——老師利用與學科相關的道具及玩具，擴充各種社會戲劇遊戲之學習潛力。

2. 規則遊戲——傳統及學科為導向的規則遊戲，為兒童提供學習及練習新技巧的好玩媒介。

3. 虛擬遊戲——允許兒童角色扮演的虛擬遊戲，可讓兒童在類似人生真實的情境做決策，提供兒童學習複雜概念及原則的機會。

本章最後討論在幼兒園及小學中運用遊戲活動到現實教育課程中的一些阻礙與限制來當作結語。不僅是老師要克服對遊戲的負向情感，而且也必須與缺乏時間、不足遊戲空間、高師生比率及要教育基本讀寫算技巧之阻礙兒童遊戲的因子奮戰。為了要克服這些阻礙，老師必須要鼓吹遊戲，教育父母及行政人員有關遊戲的學術價值及重要性。

參考書目

Almqvist, B. (1994). *Approaching the culture of toys in Swedish child care: A literature survey and a toy inventory.* Uppsala, Sweden: Uppsala University.

American Academy of Pediatrics. (1994). *Playground safety: Guidelines for parents.* Elk Grove Village, IL: Author.

American Society for Testing and Materials. (1995). *Safety performance specifications for playground equipment for public use.* West Conshocken, PA.: Author.

Ammar, H. (1954). *Growing up in an Egyptian village.* London: Routledge & Kegan Paul.

Angell, D. (1994). Can multicultural education foster transcultural identities? In K. Borman & N. Greenman (Eds.), *Changing American Education.* Albany, NY: State University Of New York Press.

Athey, I. (1988). The relation of play to cognitive, language, and moral development. In D. Bergen (Ed.), *Play as a medium for learning and development: A handbook of theory and practice* (pp. 81–102). Portsmouth, NH: Heinemann.

Axline, V. (1947). *Play Therapy.* New York: Ballantine.

Axline, V. (1964). *Dibs: In search of self.* New York: Ballantine.

Bagley, D., & Chaille, C. (1996). Transforming play: An analysis of first-, third-, and fifth-graders play. *Journal of Research in Childhood Education, 10,* 134–142.

Bakeman, R., & Brownlee, J. (1980). The strategic use of parallel play: A sequential analysis. *Child Development, 51,* 873–887.

Barnett, L. (1990). Playfulness: Definition, design, and measurement. *Play and Culture, 3,* 319–336.

Barnett, L. (1991). Characterizing playfulness: Correlates with individual attributes and personal traits. *Play and Culture, 4,* 371–393.

Barnett, L., & Kleiber, D. (1984). Playfulness and the early play environment. *Generic Psychological Monographs, 144,* 153–164.

Barnett, L., & Storm, B. (1981). Play, pleasure, and pain: A reduction of anxiety through play. *Leisure Sciences, 4,* 161–175.

Baron-Cohen, S. (1997). Autism and symbolic play. *British Journal of Developmental Psychology, 5,* 139–148.

Bateson, G. (1955). A theory of play and fantasy. *Psychiatric Research Reports, 2,* 39–51.

Beaty, J., & Tucker, W. (1987). *The computer as paintbrush: Creative uses for the personal computer in the preschool classroom.* Columbus, OH: Merrill.

Beckwith, J. (1982). It's time for creative play. *Parks and Recreation, 17*(9), 58–62, 89.

Beizer, L., & Howes, C. (1992). Mothers and toddlers: Partners in early symbolic play: Illustrative study # 1. In C. Howes (Ed.), *The collaborative construction of pretend* (pp. 25–43). Albany, NY: State University of New York Press.

Belsky, J., & Most, R. (1981). From exploration to play: A cross-sectional study of infant free play behavior. *Developmental Psychology, 17,* 630–639.

Bennett, N., Wood, L., Rogers, S. (1997). *Teaching through play: Teacher's thinking and classroom practice.* Buckingham, United Kingdom: Open University Press.

Bergman, A., & Lefcourt, I. (1994). Self-other action play: A window into the representational world of the infant. In A. Slade & D. Wolf (Eds.), *Children at Play: Clinical and developmental approaches to meaning and representation* (pp. 133–147). New York: Oxford University Press.

Berlyne, D. (1960). *Conflict, arousal and curiosity.* New York: McGraw-Hill.

Bishop, D., & Chace, C. (1971). Parental conceptual systems, home play environment, and potential creativity in children. *Journal of Experimental Child Psychology, 12,* 318–338.

Black, B. (1989). Interactive pretense: Social and symbolic skills in preschool play groups. *Merrill-Palmer Quarterly, 35,* 379–395.

Blehar, M., Lieberman, A., & Ainsworth, M. (1977). Early face-to-face interaction and its relation to later mother-infant attachment. *Child Development, 48,* 182–194.

Bloch, M. (1989). Young boys' and girls' play at home and in the community: A cultural-ecological framework. In M. Bloch & A. Pellegrini (Eds.), *The ecological context of children's play* (pp. 120–154). Norwood, NY: Ablex.

Bloch, M., & Walsh, D. (1983, April) *Young children's activities at home: Age and sex differences in activity, location, and social context.* Paper presented at the biennial meeting of the Society for Research in Child Development, Detroit, MI.

Bodrova, E., & Leong, D. (1996). *Tools of the mind: The Vygotskian approach to early childhood education.* Englewood Cliffs, NJ: Prentice-Hall, Inc.

Bornstein, M., & O'Reilly, A. (1993). *The role of play in the development of thought. New directions for child development. No. 59.* San Fransisco: Jossey-Bass.

Bornstein, M., Vibbert, M., Tal, J., & O'Donnell, K. (1992). Toddler language and play in the second year: Stability, covariation, and influences of parenting. *First Language, 12,* 323–338.

Boutte, G., Van Scoy, I., & Hendley, S. (1996). Multicultural and nonsexist prop boxes. *Young Children, 52*(1) 34–39.

Bowman, B. (1990). Play in teacher education: The United States perspective. In E. Klugman & S. Smilansky (Eds.), *Children's play and learning: Perspectives and policy implications* (pp. 97–111). New York: Teachers College Press.

Boyatzis, C. (1985, March). *The effects of traditional playground equipment on children's play interaction.* Paper presented at meeting of The Anthropological Study of Play, Washington, DC.

Boyatzis, C. (1997). Of Power Rangers and v-chips. *Young Children, 52* (7), 74–79.

Boyd, B. (1997). Teacher response to superhero play: To ban or not to ban? *Childhood Education, 74,* 23–28.

Bradley, R. (1985). Play materials and intellectual development. In C. Brown & A. Gottfried (Eds.), *Play interactions: The role of toys and parental involvement in children's development* (pp. 129–140). Skillman, NJ: Johnson & Johnson Baby Products.

Bredekamp S., & Copple, C. (1997). *Developmentally appropriate practice in early childhood programs* (rev. ed.). Washington, DC: NAEYC.

Brett, A., Moore, R., & Provenzo, E. (1993). *The complete playground book.* Syracuse, NY: Syracuse University Press.

Bricker, D., & Criple J. (1992). *An activity based approach to early intervention.* Baltimore: Paul Brooks.

Bronson, M. (1995). *The right stuff for children birth to 8.* Washington, DC: National Association for the Education of Young Children.

Brown, N., Curry, N., & Tittnich, E. (1971). How groups of children deal with common stress through play. In N. Curry & S. Arnaud (Eds.), *Play: The child strives towards self-realization* (pp. 26–38). Washington, DC: NAEYC.

Brown, S. (1994). Animals at play. *National Geographic, 186*(6), pp. 2–35.

Bruner, J. (1972). The nature and uses of immaturity. *American Psychologist, 27*, 687–708.

Bruner, J. (1974). The nature and use of immaturity. In K. Connolly, & J. Bruner (Eds.), *The growth of competence*. London: Academic Press.

Bruner, J. (1983). Play, thought, and language. *Peabody Journal of Education, 60*(3), 60–69.

Bruner, J. (1996). *The culture of education*. Cambridge, MA: Harvard University Press.

Bruner, J., & Sherwood, V. (1976). Peekaboo and the learning of rule structures. In J. Bruner, A. Jolly, & K. Sylva (Eds.), *Play: Its role in development and evolution* (pp. 603–608). New York: Basic Books.

Bruya, L. (1985). The effect of play structure format differences on the play behavior of preschool children. In J. Frost & S. Sunderlin (Eds.), *When children play* (pp. 115–120). Wheaton, MD: Association for Childhood Education International.

Burns, S., & Brainerd, C. (1979). Effects of constructive and dramatic play on perspective taking in very young children. *Developmental Psychology, 15*, 512–521.

Buysse, V. & Bailey, D. (1993). Behavioral and developmental outcomes in young children with disabilities in integrated and segregated settings: A review of comparative studies. *Journal of Special Education, 26*, 434–461.

Caillois, R. (1961). *Man, play, and games*. New York: The Free Press.

Caldera, Y., Huston, A., & O'Brien, M. (1989). Social interactions and play patterns of parents and toddlers with feminine, masculine, and neutral toys. *Child Development, 60*(1), 70–76.

Campbell, C. (1993). Play, the fabric of elementary school counseling programs. *Elementary School Guidance and Counseling, 28*, 10–16.

Campbell, S., & Frost, J. (1985). The effects of playground type on the cognitive and social play behavior of grade two children. In J. Frost & S. Sunderlin (Eds.), *When children play* (pp. 81–89). Wheaton, MD: Association for Childhood Education International.

Caplan, F., & Caplan, T. (1974). *The power of play*. New York: Anchor Press/Doubleday.

Carlsson-Paige, N., & Levin, D. (1987). *The war play dilemma: Balancing needs and values in the early childhood classroom*. New York: Teachers College Press.

Carlsson-Paige, N., & Levin, D. (1990). *Who's calling the shots? How to respond effectively to children's fascination with war play and war toys*. Philadelphia: New Society.

Carpenter, C., Stein, A., & Baer, D. (1978). *The relation of children's activity preference to sex-type behavior.* Paper presented at the twelfth annual convention of the Association for Advancement in Behavior Theories, Chicago.

Carter, D., & Levy, D. (1988). Cognitive aspects of early sex-role development: The influence of gender schema on preschoolers' memories for sex-typed toys and activities. *Child Development, 59*(3), 782–792.

Casberque, R. & Kieff, J. (1998). Marbles, anyone? Traditional games in the classroom. *Childhood Education, 74*, 143–147.

Cazden, C. (1976). Play with language and meta-linguistic awareness: One dimension of language experience. In J. Bruner, A. Jolly, & K. Sylva (Eds.), *Play and its role in development and evolution* (pp. 603–608). New York: Basic Books.

Cheyne, J. (1982). Object play and problem-solving: Methodological problems and conceptual promise. In D. Pepler & K. Rubin (Eds.), *The play of children: Current theory and research* (pp. 79–96). Basel: Karger.

Christie, J. (1983). The effects of play tutoring on young children's cognitive performance. *Journal of Educational Research, 76*, 326–330.

Christie, J. (Ed). (1991). *Play and early literacy development.* Albany, NY: State University of New York Press.

Christie, J. (1994a). Academic play. In J. Hellendoorn, R. van der Kooij, & B. Sutton-Smith (Eds.), *Play and intervention.* Albany, NY: State University Of New York Press.

Christie, J. (1994b). Literacy play interventions: A review of empirical research. *Advances in Early Education and Day Care, 6,* 3–24.

Christie, J., & Enz, B. (1992). The effects of literacy play interventions on preschoolers' play patterns and literacy development. *Early Education and Development, 3,* 205–220.

Christie, J., Enz, B., & Vukelich, C. (1997). *Teaching language and literacy: Preschool through the elementary grades.* New York: Longman.

Christie, J., & Johnsen, P. (1983). The role of play in social-intellectual development. *Review of Educational Research, 53,* 93-115.

Christie, J., & Johnsen, P. (1985). Questioning the results of play training research. *Educational Psychologist, 20,* 7–11.

Christie, J., & Johnsen, P. (1987). Preschool play. In J. Block & N. King (Eds.), *School play* (pp. 109–142). New York: Garland.

Christie, J., Johnsen, P., & Peckover, R. (1988). The effects of play period duration on children's play patterns. *Journal of Research in Childhood Education, 3,* 123–131.

Christie, J., & Wardle, F. (1992). How much time is needed for play? *Young Children, 47*(3), 28–32.

Clegg, A., Jr. (1991). Games and simulations in social studies education. In J. Shaver (Ed.), *Handbook of research on social studies teaching and learning* (pp. 523–529). New York: MacMillan.

Clements, D., & Nastasi, B. (1993). Electronic media and early childhood education. In B. Spodek (Ed.), *Handbook of research on the education of young children* (pp. 251–275). New York: Macmillan.

Coates, S., Lord, M., & Jakabovics, E. (1975). Field dependence–independence, social–nonsocial play and sex differences in preschool children. *Perceptual and Motor Skills, 40,* 195–202.

Cohen, L. (1997, November/December). Documenting play. *Child Care Information Exchange* (Issue No. 118), 61–64.

Cohen, L., & Spenciner, L. (1994). *Assessment of young children.* White Plains, NY: Longman Publishers.

Collins, M., & Kimmel, M. (1996). *Mister Rogers' neighborhood: Children, television, and Fred Rogers.* Pittsburgh, PA: University of Pittsburgh

Connolly, J., & Doyle, A. (1984). Relation of social fantasy play to social competence in preschoolers. *Developmental Psychology, 20,* 797–806.

Connolly, J., Doyle, A., & Reznick, E. (1988). Social pretend play and social interaction in preschoolers. *Journal of Applied Developmental Psychology, 9*(3), 301–313.

Creasey, G., Jarvis, P., & Berk, L. (1998). Play and social competence. In O. Saracho and B. Spodek (Eds.), *Multiple perspectives on play in early childhood education* (pp. 116–143). Albany, NY: State University Of New York Press.

Crick, N., & Grotpeter, J. (1995). Relational aggression, gender, and social-psychological adjustment. *Child Development, 66,* 710–722.

Crosser, S. (1994). Making the most of water play. *Young Children, 49*(5), 28–32.

Cuffaro, H. (1995). *Experimenting with the world: John Dewey and the early childhood classroom.* New York: Teachers College Press.

Cunningham, C., Jones, M., & Taylor, N. (1994). The child-friendly neighborhood: Some questions and tentative answers from Australian research. *International Play Journal, 2*(2), 79–95.

Curry, N. (1971). Consideration of current basic issues on play. In N. Curry & S. Arnaud (Eds.), *Play: The child strives towards self realization.* Washington, DC: National Association for the Education of Young Children.

Damast, A., Tamis-LeMonda, S., & Bornstein, M. (1996). Mother-child play: Sequential interactions and the relation between maternal beliefs and behaviors. *Child Development, 67,* 1752–1766.

Dansky, J. & Silverman, I. (1973). Effects of play on associative fluency. *Developmental Psychology, 9,* 38–43.

Dansky, J. & Silverman, I. (1975). Play: A general facilitator of associative fluency. *Developmental Psychology, 11,* 104.

Dansky, J. (1980a). Cognitive consequences of sociodramatic play and exploration training for economically disadvantaged preschoolers. *Journal of Child Psychology and Psychiatry, 20,* 47–58.

Dansky, J. (1980b). Make-believe: A mediator of the relationship between play and creativity. *Child Development, 51,* 576–579.

Dattner, R. (1974). *Design for play.* Cambridge, MA: MIT Press.

Davidson J. (1989). *Children and computer together in the early childhood classroom.* Albany, NY: Delmar Publishers.

Dawson, G., & L., Galpert L. (1990). Mothers' use of imitative play for facilitating social responsiveness and toy play in young autistic children. *Development and Psychopathology, 2,* 151–162.

Day, D. (1983). *Early childhood education: A human ecological approach.* Glenview, IL: Scott, Foresman.

Deklyen, M., & Odom, S. (1989). Activity structure and social interactions with peers in developmentally integrated play groups. *Journal of Early Intervention, 13,* 342–352.

deMarrais, K., Nelson, P., & Baker, J. (1994). Meaning in Mud: Yup'k Eskimo girls at play. In J. Roopnarine, J. Johnson, & F. Hooper (Eds.), *Children's play in diverse cultures.* Albany, NY: State University Of New York Press.

Derman-Sparks, L. (1989). *Anti-bias curriculum: Tools for empowering young children.* Washington, DC: National Association for the Education of Young Children.

DeVries, R., & Kohlberg, L. (1987). *Constructivist early education: Overview and comparison with other programs.* Washington, DC: NAEYC.

Diamond, K., & Hestenes, L. (1996). Preschool children's conceptions of disabilities: The salience of disabilities in children's ideas about others. *Topics in Early Childhood Special Education, 16,* 458–475.

Diamond, K., LeFurgy, W., & Blass, S. (1993). Attitudes of preschool children toward their peers with disabilities: A year-long investigation in integrated classrooms. *Journal of Genetic Psychology, 154,* 215–221.

Dickinson, D. (1994). Features of early childhood classroom environments that support development and literacy. In J. Duchan, L. Hewitt, & R. Sonnenmeier (Eds.), *Pragmatics: From theory to practice* (pp. 185–201). Englewood NJ: Prentice-Hall.

Dockett, S. (1994). *Pretend play and young children's developing theories of mind.* Unpublished doctoral dissertation, University of Sydney.

Dodge, M., & Frost, J. (1986). Children's dramatic play: Influence of thematic and nonthematic settings. *Childhood Education, 62,* 166–170.

Doyle, A., Ceschin, F., Tessier, O., & Doehring, P. (1991). The relation of age and social class factors in children's social pretend play to cognitive and symbolic ability. *International Journal of Behavioral Development, 14(4),* 395–410.

Doyle, A., Connolly, J., & Rivest, L. (1980). The effect of playmate familiarity on the social interactions of young children. *Child Development, 51,* 217–223.

Doyle, P. (1977). The differential effects of multiple and single niche play activities on interpersonal relations among preschoolers. In D. Lancy and B. Tindall (Eds.), *The study of play: Problems and prospects* (pp. 199–207). West Point, NY: Leisure Press.

Doyle, P. (1978). The effect of preschool play activities on children's antisocial behavior. In M. Salter (Ed.), *Play: Anthropological Perspectives* (pp. 145–156). West Point, NY: Leisure Press.

Dunn, J., & Dale, N. (1984). I a daddy: 2-year-olds' collaboration in joint pretend with sibling and mother. In I. Bretherton (Ed.), *Symbolic play: The development of social understanding* (pp. 131–158). Orlando, FL: Academic Press.

Dunn, J., & Wooding, C. (1977). Play in the home and its implications for learning. In B. Tizard & D. Harvey (Eds.), *Biology of play*. London: Heinemann.

Dunn, L., & Herwig, J. (1992). Play behaviors and convergent and divergent thinking skills of young children attending full-day preschool. *Child Study Journal, 22*(1), 23–37.

Ebbeck, F. (1973). Learning from play in other cultures. In J. Frost (Ed.), *Revisiting early childhood education*. New York: Holt, Rinehart, & Winston.

Eddowes, A. (1993). Providing retreats for solitary activity in day care. *Day Care and Early Education, 20*(3), 27–29.

Edwards, C. (1993). Life-long learning. *Communications of the ACM, 36*(5), 76–78.

Elkind, D. (1981). *The hurried child: Growing up too fast too soon*. Menlo Park, CA: Addison-Wesley.

Elkind, D. (1994). *Ties that stress: The new family imbalance*. Cambridge, MA: Harvard University Press.

Elkind, D. (1996). Young children and technology: A cautionary note. *Young Children, 51*(6), 22–23.

El'Konin, D. (1971). Symbolics and its functions in the play of children. In R. Herron & B. Sutton-Smith (Eds.), *Child's play*. New York: Wiley.

El'Konin, D. (1978). *The psychology of play*. Moscow: Pedagogica.

Ellis, M. (1973). *Why people play*. Englewood Cliffs, NJ: Prentice-Hall.

Ellis, M. (1984). Play, novelty, and stimulus seeking. In T. Yawkey & A. Pellegrini (Eds.), *Child's play: Developmental and applied* (pp. 203–218). Hillsdale, NJ: Erlbaum.

Enz, B., & Christie, J. (1997). Teacher play interaction styles: Effects on play behavior and relationships with teacher training and experience. *International Journal of Early Childhood Education, 2*, 55–75.

Erikson, E. (1940). Studies and interpretation of play. Part I: Clinical observations of play disruption in young children. *Genetic Psychology Monograph, 22*, 557–671.

Erikson, E. (1963/1950). *Childhood and society*. New York: Norton.

Erikson, E. (1972). Play and actuality. In M. W. Piers (Ed.), *Play and development*. New York: Norton.

Erikson, E. (1977). *Toys and reasons*. New York: Norton

Erwin, E., Carpenter, E., & Kontos, S. (1993, April). *What preschool teachers do when children play*. Paper presented at the meeting of the American Educational Research Association, Atlanta.

Everhart, R. (1987). Play and the junior high adolescent. In J. Block & N. King (Eds.), *School play* (pp. 167–192). New York: Garland.

Fagot, B. (1977). Variations in density: Effect on task and social behaviors of young children. *Developmental Psychology, 13*, 166–167.

Fagot, B. (1981). Continuity and change in play styles as a function of sex of child. *International Journal of Behavioral Development, 4*, 37–43.

Fagot, B. (1983). Play styles in early childhood: Social consequences. In M. Liss (Ed.), *Social and cognitive skills: Sex roles and children's play.* New York: Academic Press.

Fagot, B., & O'Brien, M. (1994). Activity level in young children: Cross age stability, situational influences, correlates with temperament, and the perception of problem behavior. *Merrill Palmer Quarterly, 40*(3), 378–398.

Fantuzzo, J., & Sutton-Smith, B. (1994). *Play Buddy Project: A preschool-based intervention to improve the social effectiveness of disadvantaged, high-risk children.* Washington, DC: U.S. Department of Health and Human Services.

Fantuzzo, J., Sutton-Smith, B., Coolahan, K., Manz, P., Canning, S., & Debnam, D. (1995). Assessment of preschool play interaction behaviors in young low-income children: Penn Interactive Peer Play Scale. *Early Childhood Research Quarterly, 10,* 105–120.

Farran, D., Silveri, B., & Culp, A. (1991). Public school preschools and the disadvantaged. *New Directions for Child Development, 53,* 65–73.

Farver, J. (1993). Cultural differences in scaffolding pretend play: A comparison of American and Mexican mother-child and sibling-child pairs. In K. MacDonald (Ed.), *Parent-child play: Descriptions and implications* (pp. 349–366). Albany, NY: State University of New York Press.

Farver, J., Kim, Y., & Lee, Y. (1995). Cultural differences in Korean- and Anglo-American preschoolers' social interaction and play behaviors. *Child Development, 66,* 1088–1099.

Fein, G. (1975). A transformational analysis of pretending. *Developmental Psychology, 11,* 291–296.

Fein, G. (1997, April). *Play and Early Childhood Teacher Education: Discussant Remarks.* Symposium presented at the annual meeting of the Association for the Study of Play meetings, Washington, DC.

Fein, G., & Fryer, M. (1995). Maternal contributions to early symbolic play competence. *Developmental Review, 15,* 367–381.

Fein, G., Johnson, D., Kosson, N., Stork, L., & Wasserman, L. (1975). Stereotypes and preferences in the toy choices of 20-month boys and girls. *Developmental Psychology, 11,* 527–528.

Fein, G., & Stork, L. (1981). Sociodramatic play: Social class effects in integrated preschool classrooms. *Journal of Applied Developmental Psychology, 2,* 267–279.

Feitelson, D. (1959). Aspects of the social life of Kurdish Jews. *Jewish Journal of Sociology, 1,* 201–216.

Feitelson, D. (1977). Cross-cultural studies of representational play. In B. Tizard & D. Harvey (Eds.), *Biology of Play* (pp. 6–14). Philadelphia: Lippincott.

Feitelson, D., & Ross, G. (1973) The neglected factor—play. *Human Development, 16,* 202–223.

Fenson, L., Kagan, J., Kearsley, R., & Zelazo, P. (1976). The developmental progression of manipulative play in the first two years. *Child Development 47,* 232–239.

Fernald, A., & O'Neill, D. (1993). Peekaboo across cultures: How mothers play with voices, faces, and expectations. In K. MacDonald (Ed.), *Parent-child play: Descriptions and implications* (pp. 259–285). Albany, NY: State University of New York Press.

Fernie, D. (1988). Becoming a student: Messages from first settings. *Theory into Practice, 27,* 3–10.

Fewell, R., & Rich, J. (1987). Play assessment as a procedure for examining cognitive, communication, and social skills in multihandicapped children. *Journal of Psychoeducational Assessment, 2,* 107–118.

Field, T. (1980). Preschool play: Effects of teacher/child ratios and organization of classroom space. *Child Study Journal, 10,* 191–205.

Fiese, B. (1990). Playful relationships: A contextual analysis of mother-toddler interaction and symbolic play. *Child Development, 61,* 1648–1656.

File, N. (1994). Children's play, teacher-child interactions, and teacher beliefs in integrated early childhood programs. *Early Childhood Research Quarterly, 9,* 223–240.

File, N., & Kontos, S. (1993). The relationship of program quality to children's play in integrated early intervention settings. *Topics in Early Childhood Special Education, 13*(1), 1–18.

Finley, G., & Layne, O. (1971). Play behavior in young children: A cross-cultural study. *The Journal of Genetic Psychology, 119,* 202–210.

Fishbein, H., & Imai, S. (1993). Preschoolers select playmates on the basis of gender and race. *Journal of Applied Developmental Psychology, 14,* 303–316.

Fisher, E. (1992). The impact of play on development: A meta-analysis. *Play & Culture, 5,* 159–181.

Franklin, M. (1985, March). *Play and the early evolution of social life: Views of two-year-olds at school.* Paper presented at the annual meeting of the Anthropological Association for the Study of Play, Washington, DC.

Freud, S. (1961). *Beyond the pleasure principle.* New York: Norton.

Freyberg, J. (1973). Increasing the imaginative play of urban disadvantaged kindergarten children through systematic training. In J. L. Singer (Ed.), *The child's world of make-believe* (pp. 129–154). New York: Academic Press.

Friedrich, L., & Stein, A. (1975). Prosocial television and young children: The effects of verbal labeling and role playing on learning and behavior. *Child Development, 46,* 27–38.

Friend, M., & Cook, L. (1996). *Interactions: Collaboration skills for school professionals* (2nd ed.). New York: Longman.

Fromberg, D. (1995) Politics, pretend play, and pedagogy in early childhood preservice and inservice education. In E. Klugman (Ed.), *Play, policy, and practice.* St. Paul, MN: Redleaf Press.

Fromberg, D. (1997, November/December). What's new in play research? *Child Care Information Exchange.* Issue 118, 53–56.

Frost, J. (1992). *Play and playscapes.* Albany, NY: Delmar.

Frost, J., & Dreschler, N. (1995) *A parents guide to playground safety.* Wheaton, MD: Association for Childhood Education International.

Frost, J., & Klein, B. (1979). *Children's play and playgrounds.* Boston: Allyn and Bacon.

Frost, J., & Shinn, D. (in press). Physical environments and play. In B. Spodek & O. Saracho (Eds.), *Play in Early Childhood Education.* Albany, NY: State University of New York Press.

Frost, J., & Shinn, D., & Jacobs, P. (1998). Play environments and children's play. In O. Saracho & B. Spodek (Eds.), *Multiple perspective on play in early childhood education.* Albany, NY: State University of New York Press.

Garbarino, J. (1989). An ecological perspective on the role of play in child development. In M. Bloch & A. Pellegrini (Eds.), *The ecological context of children's play.* Norwood, NJ: Ablex.

Gardner, H. (1983). *Frames of mind: The theory of multiple intelligences.* New York: Basic Books.

Garvey, C. (1974). Some properties of social play. *Merrill-Palmer Quarterly, 20,* 163–180.

Garvey, C. (1977). *Play.* Cambridge, MA: Harvard University Press.

Garvey, C. (1979). An approach to the study of children's role play. *The Quarterly Newsletter of the Laboratory of Comparative Human Cognitiot 4 1(4)*, 69–73.

Garvey, C., & Berndt, R. (1977, September). *The organization of pretend play.* Paper presented at the annual meeting of the American Psychological Association, Chicago.

Gaskins, S., Miller, P., & Corsaro, W. (1992). Theoretical and methodological perspectives in the interpretive study of children. *New directions in child development, 58,* 5–23.

Gibson, M., & Ogbu, J. (Eds.) (1991). Minority status and schooling: A comparative study of immigrant and involuntary minorities. NY: Garland Publishing.

Giddings, M., & Halverson, C. (1981). Young children's use of toys in home environments. *Family Relations, 30,* 69–74.

Giffin, H. (1984). The coordination of meaning in the creation of a shared make-believe reality. In J. Bretherton (Ed.), *Symbolic play: The development of social understanding* (pp. 73–100). Orlando, FL: Academic Press.

Gilligan, C. (1982). *In a different voice: Psychological theory and women's development.* Cambridge: MA: Harvard University Press.

Gleason, T., Sebanc, A., McGinley, J., & Hartup, W. (1997). *Invisible friends and personified objects: Qualitative differences in relationships with imaginary companions.* Washington, DC: SRCD.

Glickman, C. (1984). Play in public school settings: A philosophical question. In T. Yawkey & A. Pellegrini (Eds.), *Child's play: Developmental and applied* (pp. 255–271). Hillsdale, NJ: Erlbaum.

Golden, D., & Kutner, C. (1980). *The Play Development Progress Scale.* Unpublished manuscript.

Goldhaber, J. (1992). Sticky to dry; red to purple: Exploring transformation with play dough. *Young Children, 48*(1), 26–28.

Goldhaber, J. (1994). If we call it science, then can we let the children play? *Childhood Education, 71,* 24–27.

Goldstein, J. (1992). Sex differences in aggressive play and toy preference. In K. Bjorkqvist & P. Niemela (Eds.), *Of mice and women: Aspects of female aggression.* New York: Academic Press.

Goldstein, J. (1995). Aggressive toy play. In A. Pellegrini (Ed.), *The future of play theory: Multidisciplinary inquiry into the contributions of Brian Sutton-Smith* (pp. 127–159). Albany, NY: State University of New York Press.

Golomb, C., & Cornelius, C. (1977). Symbolic play and its cognitive significance. *Developmental Psychology, 13,* 246–252.

Goltsman, S., Gilbert, T., & Wohlford, S. (1993). *The accessibility checklist: An evaluation system for buildings and outdoor settings* (2nd ed.). Berkeley, CA: MIG Communications.

Goncu, A. (1993). Development of intersubjectivity in the dynamic play of preschoolers. *Early Childhood Research Quarterly, 8,* 99–116.

Goncu, A., & Kessel, F. (1984). Children's play: A contextual-functional perspective. In F. Kessel & A. Goncu (Eds.), *Analyzing children's play dialogues* (pp. 5–22). San Francisco: Jossey-Bass.

Goodman, J. (1992). *When slow is fast enough: Educating the delayed preschool child.* New York: The Guilford Press.

Goodson, B., & Bronson, M. (1985). *Guidelines for relating children's ages to toy characteristics.* Contact No. CPSC-85-1089. Washington, DC.: U.S. Consumer Product Safety Commission.

Gould, R. (1972). *Child studies through fantasy.* New York: Quadrangle Books.

Gould, S. (1995). *Full house: The spread of excellence from Plato to Darwin.* New York: Harmony Books.

Gowen, J. (March, 1995). The early development of symbolic play. *Young Children, 50*(3) 75–81.

Greenberg, J. (1995). Making friends with the Power Rangers. *Young Children, 50*(5), 60–61.

Greenfield, P. (1984). *Mind and media: The effects of television, video games and computers.* Cambridge, MA: Harvard University Press.

Greenfield, P. (1994). Video games as cultural artifacts. *Journal of Applied Developmental Psychology, 15,* 3–12.

Greenfield, P., & Cocking, R. (Eds.) (1994), *The cross-cultural roots of minority child development.* Hillsdale, NJ: Erlbaum.

Grief, E. (1976). Sex role playing in preschool children. In J. Bruner, A. Jolly, & K. Sylva (Eds.), *Play: Its role in development and evolution.* New York: Basic Books.

Griffing, P. (1983). Encouraging dramatic play in early childhood. *Young Children, 38*(4), 13–22.

Grinder, B., & Johnson, J. (1994, April). *Gender-related teacher behavior and interventions and their consequences for preschool children at free play in day care settings: Preliminary results.* Paper presented at the annual meeting of the American Educational Research Association, New Orleans.

Guerney, L. (1983). Client-centered play therapy. In C. Schaefer & K. O'Connor (Eds.). *Handbook of Play Therapy.* New York: John Wiley & Sons.

Guerney, L. (1984). Play therapy in counseling settings. In T. Yawkey & A. Pelligrini (Eds.), *Child's play: Developmental and applied* (pp. 291–321). Hillsdale, NJ: Erlbaum.

Guralnick, M. (1990). Social competence and early intervention. *Journal of Early Intervention, 14,* 3–14.

Haight, W., & Miller, P. (1993). *Pretending at home: Early development in a sociocultural context.* Albany, NY: State University of New York Press.

Hall, N., & Abbott, L. (Eds.). (1991). *Play in the primary curriculum.* London: Hodder & Stoughton.

Hall, N., & Robinson, A. (1995). *Exploring writing and play in the early years.* London: David Fulton.

Harper, L., & Sanders, K. (1975). Preschool children's use of space: Sex differences in outdoor play. *Developmental Psychology, 11,* 119.

Harragan, B. (1977). *Games mother never taught you.* New York: Rawson Associates.

Hart, C., & Sheehan, R. (1986). Preschoolers' play behaviors in outdoor environments: Effects of traditional and contemporary playgrounds. *American Educational Research Journal, 23,* 668–678.

Hartle, L. (1996). Effects of additional materials on preschool children's outdoor play behaviors. *Journal of Research in Childhood Education, 11,* 68–81.

Hartle, L., & Johnson, J. (1993). Historical and contemporary influences of outdoor play environments. In C. Hart (Ed.), *Children on playgrounds: Research perspectives and applications* (pp. 14–42). Albany, NY: State University of New York Press.

Hartup, W. (1983). The peer system. In E.M. Hetherington (Ed.), P. Mussen (Series Ed.), *Handbook of child psychology: Vol. 4. Socialization, personality, and social development.* New York: Wiley.

Haugland, S. (1995). Classroom activities provide important support to children's computer experiences. *Early Childhood Education Journal, 23*(2), 99–100.

Haugland, S., & Shade, D. (1994). Software evaluation for young children. In J. Wright & D. Shade (Eds.), *Young Children: Active learners in a technological age* (pp. 63–76). Washington, DC: National Association for the Education of Young Children.

Haugland, S., & Wright, J. (1997). *Young children and technology: A world of discovery.* Needham Heights, MA: Allyn and Bacon.

Hay, D., Ross, H., & Goldman, B. (1979). Social games in infancy. In B. Sutton-Smith (Ed.), *Play and learning* (pp. 83–107). New York: Gardner.

Hayward, G., Rothenberg, M., & Beasley, R. (1974). Children's play and urban playground environments. *Environment and Behavior, 6,* 131–168.

Health Resources and Services Administration. (1996). *CPSC releases toy safety tips for holiday shoppers* [on-line]. Available: http://158.72.85.159/cpsc/cpsc27.htm.

Hendrickson, J., Strain, P., Tremblay, A., & Shores, R. (1981). Relationship between toy and material use and the occurrence of social interactive behaviors by normally developing preschool children. *Psychology in the Schools, 18,* 500–504.

Henniger, M. (1985). Preschool children's play behaviors in an indoor and outdoor environment. In J. Frost & S. Sunderlin (Eds.), *When children play* (pp. 145–150). Wheaton, MD: Association for Childhood Education International.

Henniger, M. (1994). Computers and preschool children's play: Are they compatible? *Journal of Computing in Childhood Education, 53*(4), 231–239.

Hill, D. (1977). *Mud, sand, and water.* Washington, DC: National Association for the Education of Young Children.

Hirsch, E. (Ed.). (1996). *The block book* (3rd ed.). Washington, DC: National Association for the Education of Young Children.

Hodapp, R., Goldfield, E., & Boyatzis, C. (1984). The use and effectiveness of maternal scaffolding in mother-infant games. *Child Development, 55,* 772–781.

Holmes, R. (1992). Play during snacktime. *Play and Culture, 5,* 295–304.

Howe, N., Moller, L., & Chambers, B. (1994). Dramatic play in day care: What happens when doctors, cooks, bakers, pirates and pharmacists invade the classroom. In H. Goelman & E. Jacobs (Eds.), *Children's play in child care settings* (pp. 102–118). Albany, NY: State University of New York Press.

Howe, N., Moller, L., Chambers, B., & Petrakos, H. (1993). The ecology of dramatic play centers and children's social and cognitive play. *Early Childhood Research Quarterly, 8,* 235–252.

Howes, C. (1980). Peer play scale as an index of complexity of peer interaction. *Developmental Psychology, 16,* 371–372.

Howes, C. (1988). Peer interaction of young children. *Monographs of the Society for Research in Child Development, 53* (Serial No. 217).

Howes, C., & Clements, D. (1994). Adult socialization of children's play in child care. In H. Goelman & E. Jacobs (Eds.), *Children's play in child care settings.* Albany, NY: State University of New York Press.

Howes, C., & Matheson, C. (1992). Sequences in the development of competent play with peers: Social and social pretend play. *Developmental Psychology, 28,* 961–974.

Howes, C. & Smith, E. (1995). Relations among child care quality, teacher behavior, children's play activities, emotional security, and cognitive activity in child care. *Early Childhood Research Quarterly, 10,* 381–404.

Howes, C., Unger, O., & Seidner, L. (1989). Social pretend play in toddlers: Parallels with social play and solitary pretend. *Child Development 60,* 77–84.

Hughes, M., & Hutt, C. (1979). Heart-rate correlates of childhood activities: Play, exploration, problem-solving and day dreaming. *Biological Psychology, 8,* 253–263.

Humphreys, A., & Smith, P. (1984). Rough-and-tumble play in preschool and playground. In P. Smith (Ed.), *Play in animals and humans,* (pp. 241-270). London: Blackwell.

Hutt, C. (1966). Exploration and play in children. In *Play, exploration and territory in mammals. Symposia of the zoological society of London, 18,* 61–81.

Hutt, C. (1971). Exploration and play in children. In R. Herron & B. Sutton-Smith (Eds.), *Child's play* (pp. 231–251). New York: Wiley.

Hutt, C., & Vaizey, M. (1966). Differential effects of group density on social behaviour. *Nature, 209,* 1371–1372.

Hutt, S., Tyler, S., Hutt, C., & Christopherson, H. (1989). *Play, exploration, and learning: A natural history of the pre-school.* London: Routledge.

Hyun, E., & Marshall, D. (1997). Theory of multiple/multiethnic perspective-taking ability for teachers' developmentally and culturally appropriate practice (DCAP). *Journal of Research in Childhood Education,* 11(2), 188–198.

Irwin, D., & Bushnell, M. (1980). *Observation strategies for child study.* New York: Holt, Rinehart and Winston.

Isaacs, S. (1930). *Intellectual growth in young children.* London: Routledge & Kegan Paul.

Isenberg, J., & Jalongo, M. (1997). *Creative expression and play in early childhood* (2nd ed.). Columbus, OH: Merrill.

Istomina, Z. (1977). The development of voluntary memory in preschool-age children. In M. Cole (Ed.), *Soviet developmental psychology.* White Plains, NY: Sharpe. (Original work published in 1948.)

Jackowitz, E. & Watson, M. (1980). The development of object transformations in early pretend play. *Developmental Psychology, 16,* 543–549.

Jacobson, J. (1981). The role of inanimate objects in early peer interaction. *Child Development, 52,* 618–626.

Jarrett, O. (1997). Science and math through role-play centers in the elementary classroom. *Science Activities, 34*(2), 13–19.

Jeffree, D., & McConkey, R. (1976). An observation scheme for recording children's imaginative doll play. *Journal of Child Psychology and Psychiatry, 17,* 189–197.

Jennings, K. (1975). People versus object orientation, social behavior, and intellectual abilities in preschool children. *Developmental Psychology, 11,* 511–519.

Jipson, J. (1991), Developmentally appropriate practices: Culture, curriculum, connections. *Early Education and Development, 2,* 120–136.

Johnson, J. (1978). Mother-child interaction and imaginative behavior of preschool children. *Journal of Psychology, 100,* 123–129.

Johnson, J. (1983). Context effects on preschool children's symbolic behavior. *Journal of Genetic Psychology, 143,* 259–268.

Johnson, J. (1986). Attitudes toward play and beliefs about development. In B. Mergen (Ed.), Association for the Study of Play, *Cultural dimensions of play, games, and sport* (Vol. 10, pp. 98–102), Champaign, IL: Human Kinetic Publishers.

Johnson, J. (1990). The role of play in cognitive development. In E. Klugman & S. Smilansky (Eds.), *Children's play and learning: Perspectives and policy implications* (pp. 213–234). New York: Teachers College Press.

Johnson, J. (1998). Sequence and stages of play development: Ages four to eight. In D. Fromberg & D. Bergen (Eds.), *Play from birth to twelve: Contexts, perspectives, meanings.* New York: Garland.

Johnson, J., Ershler, J., & Bell, C. (1980). Play behavior in a discovery-based and a formal education preschool program. *Child Development, 51,* 271–274.

Johnson, J., Ershler, J., & Lawton, J. (1982). Intellective correlates of preschoolers' spontaneous play. *Journal of General Psychology, 106,* 115–122.

Johnson, J., & Hoffman, T. (1984, November). *Incorporating microcomputers into the early childhood curriculum.* Paper presented at the annual meeting of the National Association for the Education of Young Children, Los Angeles.

Johnson, J., & Roopnarine, J. L. (1983). The preschool classroom and sex differences in children's play. In M. Liss (Ed.), *Social and cognitive skills: Sex roles and children's play.* New York: Academic Press.

Johnson, M. (1935). The effect on behavior of variation in the amount of play equipment. *Child Development, 6,* 52–68.

Jones, E. & Reynolds, G. (1992). *The play's the thing: Teacher's role in pretend play.* New York: Teacher's College Press.

Kamii, C. (1985). *Young children reinvent arithmetic.* New York: Teachers College Press.

Kamii, C. (1989). *Young children continue to reinvent arithmetic, 2nd grade: Implications of Piaget's theory.* New York: Teachers College Press.

Kamii, C., & Lewis, B. (1992). Primary arithmetic: The superiority of games over worksheets. In V. Dimidjian (Ed.), *Play's place in public education for young children* (pp. 85–103). Washington, DC: National Education Association.

Katz, L. & Chard, S. (1989). *Engaging children's minds: The project approach.* Norwood, NJ: Ablex.

Katz, L. & Chard, S.(1993). *Engaging children's minds: The project approach.* Norwood, NJ: Ablex.

King, N. R. (1979). Play: The kindergartners' perspective. *Elementary School Journal, 80,* 81–87.

King, N. R. (1982). Work and play in the classroom. *Social Education, 46,* 110–113.

King, N. (1986). When educators study play in school. *Journal of Curriculum and Supervision, 1*(3), 223–246.

King, N. (1987). Elementary school play: Theory and research. In J. Block & N. King (Eds.), *School play* (pp. 143–165). New York: Garland.

Kinsman, C., & Berk, L. (1979). Joining the block and housekeeping areas: Changes in play and social behavior. *Young Children, 35*(1), 66–75.

Kitson, N. (1994). "Please Miss Alexander: Will you be the robber?" Fantasy play: A case for adult intervention. In J. Moyles (Ed.), *The excellence of play* (pp. 88–98). Buckingham, United Kingdom: Open University Press.

Klugman, E. (1990). Early childhood moves into the public schools: Mix or meld. In E. Klugman & S. Smilansky (Eds.), *Children's play and learning: Perspectives and policy implications* (pp. 188–209). New York: Teachers College Press.

Kostelnick, M., Whiren, A., & Stein, L. (1986). Living with He-Man: Managing superhero fantasy play. *Young Children, 41,* 3–9.

Kritchevsky, S., & Prescott, E. (1997). *Planning environments for young children: Physical space* (2nd ed.). Washington, DC: National Association for the Education of Young Children.

LaFreniere, P., Strayer, F., & Gauthier, R. (1984). The emergence of same-sex affiative preferences among preschool peers: A developmental ethnological perspective. *Child Development, 55,* 1958–1965.

Lamb, M. E. (1977). The development of parental preferences in the first two years of life. *Sex Roles, 3,* 495–497.

Lamb, M. E., Easterbrooks, A., & Holden, G. (1980). Reinforcement and punishment among preschoolers: Characteristics, effects, and correlates. *Child Development, 51,* 1230–1236.

Lamorey, S., & Bricker, D. (1993). Integrating programs: Effects on young children and their parents. In C. Peck, S. Odom, & D. Bricker (Eds.). *Integrating young children with disabilities into community programs* (pp. 249–270). Baltimore: Paul H. Brookes.

Landreth, G. (1993). Child-entered play therapy. *Elementary School Guidance and Counseling, 28*, 17–29.

Lasater, C. & Johnson, J. (1994). Culture, play, and early childhood education. In J. Roopnarine, J. Johnson, & F. Hooper (Eds.), *Children's play in diverse cultures*. Albany, NY: SUNY.

Leslie, A. (1987). Pretense and representation: The origins of "theory of mind." *Psychological Review, 94*, 412–426.

Levin, D. (1995). Media, culture, and the undermining of play in the United States. In E. Klugman (Ed.), *Play, policy, and practice*. St. Paul, MN: Redleaf.

Levin, D., & Carlsson-Paige, N. (1994). Developmentally appropriate television: Putting children first. *Young Children, 49*, 38–44.

Levin, H., & Wardell, E. (1971). The research uses of doll play. In R. E. Herron & B. Sutton-Smith (Eds.), *Child's play* (pp. 145–184). New York: Wiley.

Levine, R. & Levine, A. (1963). Nyansongo: A Gusii community in Kenya. In B. Whiting (Ed.), *Six cultures: Studies in child rearing* (pp. 190–202). New York: Wiley.

Levy, A., Wolfgang, C., & Koorland, M. (1992). Sociodramatic play as a method for enhancing language performance of kindergarten age students. *Early Childhood Research Quarterly, 7*, 245–262.

Liddell, C., & Kruger, P. (1989). Activity and social behavior in a crowded South African township nursery: A follow-up study on the effects of crowding at home. *Merrill Palmer Quarterly, 35*, 209–226.

Liebermann, J. (1977). *Playfulness: Its relationship to imagination and creativity*. New York: Academic Press.

Lillard, A. (1998). Playing with a theory of mind. In O. Saracho and B. Spodek (Eds.), *Multiple perspectives on play in early childhood education* (pp. 11–33). Albany, NY: SUNY Press.

Linder, T. (1990). *Transdisciplinary play-based assessment*. Baltimore: Paul H. Brookes.

Lindquist, T., Lind, J., & Harvey, D. (1977). Play in hospital. In B. Tizard & D. Harvey (Eds.), *Biology of play*. Philadelphia: Lippincott.

Liss, M. B. (1981). Patterns of toy play: An analysis of sex differences. *Sex Roles, 7*, 1143–1150.

Loo, C. (1972). The effects of spatial density on the social behavior of children. *Journal of Applied Social Psychology, 2*, 372–381.

Lowe, M. (1975). Trends in the development of representational play in infants from one to three years: An observational study. *Journal of Child Psychology and Psychiatry, 16*, 33–47.

Maccoby, E. (1990). Gender and relationship: A developmental account. *American Psychologist, 45* (4) 513–520.

Maccoby, E., & Jacklin, C. N. (1974). *The psychology of sex differences*. Stanford, CA: Stanford University Press.

MacDonald, K. (1987). Parent-child play with rejected, neglected, and popular boys. *Developmental Psychology, 23*, 705–711.

Malone, T. (1984). Toward a theory of intrinsically motivating instruction. In D. Walker & R. Hess (Eds.), *Instructional software: Principles of design and use*. Belmont, CA: Wadsworth.

Maltz, D. & Borker, R. (1982). A cultural approach to male-female miscommunication. In J. Gumperz (Ed.), *Language and social identity* (pp. 196–216). New York: Cambridge University Press.

Manning, K., & Sharp, A. (1977). *Structuring play in the early years at school*. London: Ward Lock Educational.

Marston, D. (1996). A comparison of inclusion only, pull-out only, and combined service models for students with mild disabilities. *Journal of Special Education, 30,* 121–132.

Martin, P. & Caro, T. (1985). On the functions of play and its role in behavioral development. In J. Rosenblatt, C. Beer, M. Busnel, & P. Slater (Eds.), *Advances in the study of behavior* (Vol. 15, 59–103). New York: Academic Press.

Matthews, W. S. (1977). Modes of transformation in the initiation of fantasy play. *Developmental Psychology, 12,* 211–236.

Matthews, W. S. (1981). Sex-role perception, portrayal, and preferences in the fantasy play of young children. *Sex Roles, 1* (10), 979–987.

McChesney Johnson, K. (1994). *Teacher directiveness in the free play of young children with diverse abilities*. Department of Curriculum and Instruction. Unpublished doctoral dissertation: The Pennsylvania State University.

McClune-Nicolich, L. (1980). *A manual for analyzing free play*. New Brunswick, New Jersey: Douglas College, Rutgers University.

McConkey, R. (1994). Families at play: Intervention for children with developmental handicaps. J. Hellendoorn, R. van der Kooij, and B. Sutton-Smith (Eds.), *Play and Intervention* (pp. 123–132). Albany, NY: SUNY Press.

McCormick, L., & Feeny, S. (1995). Modifying and expanding activities for children with disabilities. *Young Children, 50*(4), 10–17.

McGee, L., & Richgels, D. (1996). *Literacy's beginnings: Supporting young readers and writers* (2nd ed.). Boston: Allyn & Bacon.

MCHD Online. (1996). *Toy safety guidelines released at Indianapolis SAFE KIDS coalition event* [on-line]. Available: http://www.mchd.com/toy2.htm.

McLane, J. (1984). *Lekotek evaluation*. Chicago: Erikson Institute, Loyola University.

McLean, S. (1995). Creating the learning environment: Context for living and learning. In J. Moyer (Ed.), *Selecting educational equipment and materials for school and home* (pp. 5–13). Wheaton, MD: Association for Childhood Education International.

McLoyd, V. C. (1980). Verbally expressed modes of transformation in the fantasy play of black preschool children. *Child Development, 51,* 1133–1139.

McLoyd, V. (1982). Social class differences in sociodramatic play: A critical review. *Developmental Review, 2,* 1–30.

McLoyd, V. (1983). The effects of the structure of play objects on the pretend play of low-income preschool children. *Child Development, 54,* 626–635.

McLoyd, V., Morrison, B., & Toler, B. (1979). *The effects of adult presence vs. absence on children's pretend play*. Paper presented at Hampton-Michigan Research Exchange, Hampton Institute, Hampton, VA.

McLoyd, V. (1990). Minority children: Introduction to the special issue. *Child Development, 61,* 263–266.

McNeilly-Choque, M., Hart, C., Robinson, C., Nelson, L. & Olsen, S. (1996). Overt and relational aggression on the playground: Correspondence among different informants. *Journal of Research in Childhood Education, 11,* 47–67.

Mead, M. (1975). Children's play style: Potentialities and limitations of its use as a cultural indicator. *Anthropological Quarterly, 48,* 157–181.

Meisels, S. (in press). Charting the continuum of assessment and interventions. In S. Meisels & E. Fenichel (Eds.), *New visions for the developed assessment of infants and young children*. Washington, DC: Zero to Three: National Center for Infants, Toddlers, and Families.

Mergen, B. (1982). *Play and playthings: A reference guide*. Westport, CT: Greenwood Press.

Miller, B. C., & Gerald, D. (1979, July). Family influences on the development of creativity in children: An integrative review. *The Family Coordinator*, 295–312.

Miller, S., Fernie, D., & Kantor, R. (1992). Distinctive literacies in different preschool play contexts. *Play and Culture, 5*, 107–119.

Monigham-Nourot, P., Scales, B., Van Hoorn, J., & Almy, M. (1987). *Looking at children's play: A bridge between theory and practice*. New York: Teachers College Press.

Monighan-Nourot, P. (1995). Play across curriculum and culture: Strengthening early primary education in California. In E. Klugman (Ed.) *Play, Policy, and Practice*. St. Paul, MN: Redleaf Press.

Montagner, H. [as reported by Maya Pines] (1984, December). Children's winning ways. *Psychology Today*, 59–65.

Moore, G. (1986). Effects of the spatial definition of behavior settings on children's behavior: A quasi-experimental study. *Journal of Environmental Psychology, 6*, 205–231.

Moore, G. (1987). The physical environment and cognitive development in child-care centers. In C. Weinstein & T. David (Eds.), *Spaces for children: The built environment and child development* (pp. 41–72). New York: Plenum.

Moore, N. V., Evertson, C. M., & Brophy, J. E. (1974). Solitary play: Some functional reconsiderations. *Developmental Psychology, 10*, 830–834.

Morrow, L., & Rand, M. (1991). Preparing the classroom environment to promote literacy during play. In J. Christie (Ed.), *Play and early literacy development* (pp. 141–165). Albany, NY: State University of New York Press.

Moyer, J. (Ed.). (1995). *Selecting educational equipment and materials for school and home*. Wheaton, MD: Association for Childhood Education International.

Moyles, J. (1989). *Just playing? The role and status of play in early childhood education*. Milton Keynes, England: Open University Press.

Mueller, E., & Lucas, T. (1975). A developmental analysis of peer interaction among toddlers. In M. Lewis & L. Rosenblum (Eds.), *Friendship and peer relations*. New York: Wiley, 1975.

Murphy, L. (1972). Infants' play and cognitive development. In M. Piers (Ed.), *Play and development*. New York: W. W. Norton.

National Association for the Education of Young Children. (1996). Playgrounds: *Keeping outdoor learning safe*. Washington, DC: Author.

National Association for the Education of Young Children. (1996). Position statement: Technology and young children—ages three through eight. *Young Children, 51*(6), 11–16.

National Council on Disability (1993). *Study on the functioning of assistive technology devices and services for individuals with disabilities*. A report to the President and the Congress of the United States. Washington, DC.

National Program for Playground Safety. (1995). *So Andrew can go out to play*. Cedar Falls, IA: Author.

Naylor, H. (1985). Outdoor play and play equipment. *Early Child Development and Care, 19*, 109–130.

Neill, S. (1982). Experimental alterations in playroom layout and their effect on staff and child behaviour. *Educational Psychology, 2*, 103–119.

Nelson, C. A., & Bloom, F. E. (1997). Child development and neurosciences. *Child Development*.

Nelson, R. (1996). *Play in child life programs*. Unpublished manuscript. The Pennsylvania State University, University Park, PA.

Neuman, S., & Roskos, K. (1991). Peers as literacy informants: A description of young children's literacy conversations in play. *Early Childhood Research Quarterly, 6*, 233–248.

Neuman, S., & Roskos, K. (1992). Literacy objects as cultural tools: Effects on children's literacy behaviors during play. *Reading Research Quarterly, 27*, 203–223.

Neuman, S., & Roskos, K. (1993). *Language and learning in the early years: An integrated approach*. New York: Harcourt Brace.

Neuman, S., & Roskos, K. (1997). Literacy knowledge in practice: Contexts of participation for young writers and readers. *Reading Research Quarterly, 32*, 10–32.

Nicholson, S. (1974). The theory of loose parts. In G. Coates (Ed.), *Alternative learning environments* (pp. 370–381). Stroudsburgh, PA: Dowden, Hutchinson, and Ross.

Nourot, P. (1997). Playing with play in four dimensions In J. Isenberg & M. Jalongo (Eds.), *Major trends and issues in early childhood education: Challenges, controversies, and insights*. New York: Teachers College Press.

Novick, R. (1993). Activity-based intervention and developmentally appropriate practice: Points of convergence. *Topics in early childhood special education 13*(4), 403–417.

O'Connell, B., & Bretherton, I. (1984). Toddler's play alone and with mother: The role of maternal guidance. In I. Bretherton (Ed.), *Symbolic Play* (pp. 337–366). Orlando, FL: Academic Press.

Odom, S. & Brown, W. (1993). Social interaction skills intervention for young children with disabilities in integrated settings. In C. Peck, S. Odom, & D. Bricker (Eds.), *Integrating young children with disabilities into community programs* (pp. 39–64). Baltimore: Paul H. Brookes.

Ogbu, J. (1991). Immigrant and involuntary minorities in comparative perspective. In M. Gibson & J. Ogbu (Eds.), *Minority status and schooling: A comparative study of immigrant and involuntary minorities*. New York: Garland.

Olszewski, P., & Fuson, K. C. (1982). Verbally expressed fantasy play of preschoolers as a function of toy structure. *Developmental Psychology, 18*, 57–61.

Olweus, D. (1993). Bullies on the playground: The role of victimization. In C. Hart (Ed.), *Children on playgrounds: Research perspectives and applications* (pp. 85–128). Albany, NY: State University of New York Press.

Orellana, M. (1994). Appropriating the voice of the superheroes: Three preschoolers bilingual language use in play. *Early Childhood Research Quarterly, 9*, 171–193.

Ostrosky, M. M. & Kaiser, A. P. (1991). Preschool classroom environments that promote communication, *Teaching Exceptional Children, 23*(4), 6–10.

Paley, V. (1984). *Boys and girls: Superheroes in the doll corner*. Chicago: University of Chicago Press.

Paley, V. (1990). *The boy who would be a helicopter: The uses of story telling in the classroom*. Cambridge, MA: Harvard University Press.

Paley, V. (1992). *You can't say you can't play*. Cambridge, MA: Harvard University Press.

Paley, V. (1997). *The girl with the brown crayon*. Cambridge: Harvard University Press.

Pan, H. (1994). Children's play in Taiwan. In J. Roopnarine, J. Johnson, & F. Hooper (Eds.), *Children's play in diverse cultures*. Albany, NY: SUNY.

Papert, S. (1993). *The children's machine: Rethinking school in the age of the computer*. New York: Basic Books.

Papert, S. (1996). *The connected family: Bridging the digital generation gap.* Atlanta, GA: Longstreet.

Parten, M. B. (1932). Social participation among preschool children. *Journal of Abnormal and Social Psychology, 27,* 243–269.

Parten, M. B. (1933). Social play among preschool children. *Journal of Abnormal and Social Psychology, 28,* 136–147.

Partington, J. T. & Grant, C. (1984). Imaginary companions. In P. Smith (Ed.), *Play in animals and humans* (pp. 217–240). New York: Harper & Row.

Peck, C., Carlson, P., & Helnstetter, E. (1992). Parent and teacher perceptions of outcomes for nonhandicapped children enrolled in integrated early child programs: A statewide study. *Journal of Early Intervention, 16,* 53–63.

Pellegrini, A. (1980). The relationship between kindergartners' play and achievement in prereading, language, and writing. *Psychology in the Schools, 17,* 530–535.

Pellegrini, A. (1984). The effects of classroom ecology on preschoolers' functional uses of language. In A. Pellegrini & T. Yawkey (Eds.), *The development of oral and written language in social contexts* (pp. 129–141). Norwood, NJ: Ablex.

Pellegrini, A. (1991). A longitudinal study of popular and rejected children's rough and tumble play. *Early Education and Development, 2(3),* 205–213.

Pellegrini, A. (1995a). Boys' rough-and-tumble play and social competence: Contemporaneous and longitudinal relations. In A. Pellegrini (Ed.), *The future of play research* (pp. 107–126). Albany, NY: SUNY Press.

Pelligrini, A. (1995b). *School recess and playground behavior.* Albany, NY: State University of New York Press.

Pellegrini, A. (1996). *Observing children in their natural worlds: A methodological primer.* Mahwah, NJ: Erlbaum.

Pellegrini, A. & Galda, L. (1982). The effects of thematically fantasy play training on the development of children's story comprehension. *American Educational Research Journal, 19,* 443–452.

Pellegrini, A. & Galda, L. (1993). Ten years after: A reexamination of symbolic play and literacy research. *Reading Research Quarterly, 28(2),* 162–177.

Pellegrini, A., Galda, L., Dresden, J., & Cox, S. (1991). A longitudinal study of the predictive relations among symbolic play, linguistic verbs, and early literacy. *Research in the Teaching of English, 25(2),* 219–235.

Pellegrini, A. & Jones, I. (1994). Play, toys, and language. In J. Goldstein (Ed.), *Play, toys and child development* (pp. 27–45). New York: Cambridge University Press.

Peller, L. (Ed.). Models of children's play. *Mental Hygiene, 36,* 66–83.

Pepler, D., & Ross, H. (1981). Effects of play on convergent and divergent problem solving. *Child Development, 52,* 1202–1210.

Perlmutter, J., & Burrell, L. (1995). Learning through "play" as well as "work" in the primary grades. *Young Children, 50(5),* 14–21.

Petrakos, H., & Howe, N. (1996). The influence of the physical design of the dramatic play center on children's play. *Early Childhood Research Quarterly, 11,* 63–77.

Phillips, A. (Ed.) (1996). *Topics in early childhood education: Playing for keeps.* Vol. 2. St. Paul, MN: Redleaf.

Piaget, J. (1962). *Play, dreams and imitation in childhood.* New York: Norton.

Polito, T. (1994). How play and work are organized in a kindergarten classroom. *Journal of Research in Childhood Education, 9,* 47–57.

Powlishta, K., Serbin, L., & Moller, L. (1993). The stability of individual differences in gender typing: Implications for understanding gender segregation. *Sex Roles, 28* (11–12), 723–737.

Pulaski, M. (1973). Toys and imaginative play. In J. Singer (Ed.), *The child's world of make-believe: Experimental studies of imaginative play* (pp. 74–103). New York: Academic Press.

Pulaski, M. A. (1970). Play as a function of toy structure and fantasy predisposition. *Child Development, 41*, 531–537.

Ramsey, P. (1995). Changing social dynamics in early childhood classrooms. *Child Development, 66* (3), 764–773.

Rheingold, H., & Cook, K. (1975). The contents of boy's and girl's rooms as an index of parents' behavior. *Child Development, 46*, 920–927.

Rhodes, L., & Nathenson-Mejia, S. (1992). Anecdotal records: A powerful tool for ongoing literacy assessment. *The Reading Teacher, 45*, 502–509.

Rivkin, M. (1995). *The great outdoors: Restoring children's right to play outside.* Washington, DC: National Association for the Education of Young Children.

Robinson, C., & Jackson, R. (1987). The effects of varying toy detail within a prototypical play object on the solitary pretend play of preschool children. *Journal of Applied Developmental Psychology, 8*, 209–220.

Roopnarine, J., Johnson, J., & Hooper, F. (Eds.), (1994). *Children's play in diverse cultures.* Albany, NY: SUNY Press.

Roper, R., & Hinde, R. (1978). Social behavior in a play group: Consistency and complexity. *Child Development, 49*, 570–579.

Rosen, C. E. (1974). *The effects of sociodramatic play on problem-solving behavior among culturally disadvantaged preschool children. Child Development, 45*, 920–927.

Rosenblatt, D. (1977). Developmental trends in infant play. In B. Tizard & O. Harvey (Eds.), *The biology of play.* Philadelphia: Lippincott.

Roskos, K. (1994, April). *Connecting academic work and play at school: Preliminary observations of young children's content-oriented interaction and talk under conditions of play in kindergarten.* Paper presented at the meeting of the American Educational Research Association, New Orleans.

Roskos, K. (in press). Through the bioecological lens: Some observations of literacy in play as a proximal process. In K. Roskos & J. Christie (Eds.), *Literacy and play in the early years: Cognitive, ecological, and sociocultural perspectives.* Mahwah, NJ: Erlbaum.

Roskos, K., & Neuman, S. (1993). Descriptive observations of adults' facilitation of literacy in play. *Early Childhood Research Quarterly, 8*, 77–97.

Roskos, K. & Newman, S. (1998). Play as an opportunity for literacy. In O. Saracho and B. Spodek (Eds.), *Multiple perspectives on play in early childhood education* (pp. 100–115). Albany, NY: SUNY Press.

Roskos, K., Vukelich, C., Christie, J., Enz, B., & Neuman, S. (1995). *Linking literacy and play: Facilitator's guide.* Newark, DE: International Reading Association.

Ross, H. S., Goldman, B. D., & Hay, D. F. (1979). Features and functions of infant games. In B. Sutton Smith (Ed.), *Play and learning.* New York: Gardner Press.

Ross, H. & Lollis, S. (1987). Communication within infant social games. *Developmental Psychology, 23*, 241–248.

Rubin, K. (1977). The social and cognitive value of preschool toys and activities. *Canadian Journal of Behavioral Science, 9*, 382–385.

Rubin, K. (1980). Fantasy play: Its role in the development of social skills and social cognition. In K. H. Rubin (Ed.), *Children's play* (pp. 69–84). San Francisco: Jossey-Bass.

Rubin, K. H. (1982). Nonsocial play in preschoolers: Necessarily evil? *Child Development, 53*, 651–657.

Rubin, K. H., Fein, G. G., & Vandenberg, B. (1983). Play. In P. H. Mussed (Ed.), *Handbook of child psychology: Vol. 4, Socialization, personality, and social development* (4th ed., pp. 693–774). New York: Wiley.

Rubin, K. H., & Hayvern, M. (1981). The social and cognitive play of preschool-aged children differing with regard to sociometric status. *Journal of Research and Development in Education, 14,* 116–122.

Rubin, K. & Maioni, T. (1975). Play preferences and its relation to egocentrism, popularity, and classification skills in preschoolers. *Merrill Palmer Quarterly 21,* 171–179.

Rubin, K. H., Maioni, T. L., & Hornung, M. (1976). Free play behaviors in middle- and lower-class preschoolers: Parten and Piaget revisited. *Child Development, 47,* 414–419.

Rubin, I., Provenzano, F., & Luria, Z. (1974). The eyes of the beholder: Parents' views of sex of newborns. *American Journal of Orthopsychiatry, 44,* 512–519.

Rubin, K., & Seibel, C. (1979, April). *The effects of ecological setting on the cognitive and social play behaviors of preschoolers.* Paper presented at the annual meeting of the American Educational Research Association, San Francisco.

Rubin, K., Watson, K., & Jambor, T. (1978). Free play behavior in preschool and kindergarten children. *Child Development, 49,* 534–536.

Russell, B. (1967). *The problems of philosophy.* New York: Oxford University Press. (Original work published 1912)

Sachs, J. (1987). Preschool boys' and girls' language use in pretend play. In S. Philips, S. Steele, & C. Tanz (Eds.), *Language, gender, and sex in comparative perspective* (pp. 178–188). New York: Cambridge University Press.

Sackett, G., Sameroff, A., Cairns, R. & Suomi, S. (1981). Continuity in behavioral development: Theoretical and empirical issues. In K. Immelmann, G. Barrow, L. Petrinovich, and M. Main (Eds.), *Behavioral development* (pp. 23–57). New York: Cambridge University Press.

Safford, P. (1989). *Integrate teaching in early childhood: Starting in the mainstream.* White Plains, NY: Longman.

Saltz, E., Dixon, D., & Johnson, J. (1977). Training disadvantaged preschoolers on various fantasy activities: Effects on cognitive functioning and impulse control. *Child Development, 48,* 367–380.

Saltz, E., & Johnson, J. (1974). Training for thematic-fantasy play in culturally disadvantaged children: Preliminary results. *Journal of Educational Psychology, 66,* 623–630.

Sanders, K., & Harper, L. (1976). Free-play fantasy behavior in preschool children: Relations among gender, age, season, and location. *Child Development, 47,* 1182–1185.

Sapon-Shevin, M. (1992). Cooperation activities in inclusive classrooms: Learning to become a community. *Rethinking Schools,* Jan/Feb, 18–19.

Saracho, O. (1991). Social correlates of cognitive style in young children. *Early Childhood Development and Care, 76,* 117–134.

Saracho, O. (1995). Relationship between young children's cognitive style and their play. *Early Childhood Development and Care, 113,* 77–84.

Saracho, O. (1998). What is stylish about play? In O. Saracho & B. Spodek (Eds.). *Multiple perspectives on play in early childhood education.* Albany, NY: SUNY Press.

Sawyer, R. (1997). *Pretend play as improvisation: Conversation in the preschool classroom.* Mahwah, NJ: Erlbaum.

Scali, N. (1993, Sept/Oct.). Goldilocks and the three bears. *The Writing Notebook: Visions for Learning,* 14–15.

Schaefer, C. (Ed.). (1993). *Therapeutic use of child's play.* New York: Jason Arnason.

Schaefer, C. & O'Connor, K. (Eds.) (1983). *Handbook of play therapy.* New York: John Wiley & Sons.

Schaefer, M., & Smith, P. (1996). Teachers' perceptions of play fighting and real fighting in primary school. *Educational Research, 38,* 173–181.

Schlosberg, H. (1947). The concept of play. *Psychological Review, 54,* 229–231.

Schrader, C. (1990). Symbolic play as a curricular tool for early literacy development. *Early Childhood Research Quarterly, 5,* 79–103.

Schwartzman, H. B. (1978). *Transformations: The anthropology of children's play.* New York: Plenum.

Schweder, R. (1990). "Cultural psychology—what is it?" In J. Stigler, R. Schweder, & G. Herdt (Eds.), *Cultural psychology: Essays on comparative human development.* Cambridge: Cambridge University Press.

Segal, M., & Adcock, D. (1981). *Just pretending: Ways to help children grow through imaginative play.* Englewood Cliffs, NJ: Prentice-Hall.

Segal, M., Montie, J., & Iverson, T. (1991). Observing for individual differences in the social interaction styles of preschool children. In C. Schaefer, K. Gitlin, & A. Sandgrund (Eds.), *Play diagnosis and assessment* (pp. 579–607). New York: Wiley.

Segoe, M. (1971). A comparison of children's play in six modern cultures. *Journal of School Psychology, 9,* 61–72.

Selman, R. L. (1971). The relation of role-taking to the development of moral judgment in children. *Child Development, 42,* 79–92.

Serbin, L. A., Connor, J. A., Burchardt, C. J., & Citron, C. C. (1979). Effects of peer presence on sex-typing of children's play behavior. *Journal of Experimental Child Psychology, 27,* 303–309.

Serbin, L. A., Tonick, I. J., & Sternglanz, S. H. (1977). Shaping cooperative cross-sex play. *Child Development, 48,* 924–929.

Shade, D. & Davis, B. (1997). The role of computer technology in early childhood education. In J. Isenberg & M. Jalongo (Eds.), *Major trends and issues in early childhood education: Challenges, controversies, and insights* (pp. 90–103). New York: Teachers College Press.

Sheehan, R., & Day, D. (1975). Is open space just empty space? *Day Care and Early Education, 3,* 10–13, 47.

Shell, R. & Eisenberg, N. (1990). The role of peers' gender in children's naturally occurring interest in toys. *International Journal of Behavioral Development, 13,* (1), 373–388.

Shin, D. (1994). *Preschool children's symbolic play indoors and outdoors.* Unpublished doctoral dissertation, University of Texas at Austin.

Shure, M. (1963). Psychological ecology of a nursery school. *Child Development, 34,* 979–992.

Siegle, B. (1991). Play diagnosis of autism: The ETHOS play session. In C. Schaefer, K. Gitlin, & A. Sandgrund (Eds.), *Play diagnosis and assessment* (pp. 331–365). New York: Wiley.

Silvern, S., Taylor, J., Williamson, P., Surbeck, E., & Kelley, M. (1986). Young children's story recall as a product of play, story familiarity, and adult intervention. *Merrill-Palmer Quarterly, 32,* 73–86.

Silvern, S., Williamson, P., & Countermine, T. (1983, April). *Video game playing and aggression in children.* Paper presented at the annual meeting of the American Educational Research Association, Montreal.

Silvern, S., Williamson , P., & Countermine, T. (1988). Young children's interaction with a microcomputer. *Early Child Development and Care, 32,* 23–35.

Simmons, B. (1976). Teachers, beware of sex-stereotyping. *Childhood Education, 52,* 192–195.

Simmons, D. (1996). *Play Therapy.* Unpublished manuscript. The Pennsylvania State University, University Park, PA.

Simon, T., & Smith, P. (1983). The study of play and problem solving in preschool children: Have experimenter effects been responsible for previous results? *British Journal of Developmental Psychology, 1,* 289–297.

Simon, T., & Smith, P. (1985). Play and problem-solving: A paradigm questioned. *Merrill-Palmer Quarterly, 31,* 265–277.

Singer, D., & Singer, J. (1977). *Partners in play: A step-by-step guide to imaginative play in children.* New York: Harper & Row.

Singer, D. & Singer, J. (1990). *The house of make-believe: Children's play and the developing imagination.* Cambridge, MA: Harvard University Press.

Singer, J. L. (1961). Imagination and waiting ability in young children. *Journal of Personality, 29,* 396–413.

Singer, J. L. (1973). *The child's world of make-believe: Experimental studies of imaginative play.* New York: Academic Press.

Singer, J. (1994). The scientific foundations of play therapy. In J. Hellendoorn, R. van der Kooij, & B. Sutton-Smith (Eds.), *Play and Intervention* (pp. 27–38). Albany, New York: SUNY Press.

Singer, J. (1995). Imaginative play in childhood: Precursors to subjunctive thought, daydreaming, and adult pretending games. In A. Pellegrini (Ed.), *The future of play theory* (pp. 187–219). Albany, NY: State University of New York Press.

Singer, J., & Singer, D. (1976). Can TV stimulate jissaginative play? *Journal of Communication, 26,* 74–80

Singer, J. L., & Singer, D. G. (1980). A factor analytic study of preschoolers' play behavior. *Academic Psychology Bulletin, 2,* 143–156.

Singer, J., Singer, D., Desmond, R., Hirsch, B., & Nichol, A. (1988). Family mediation and children's cognition, aggression, and comprehension of television: A longitudinal study. *Journal of Applied Developmental Psychology, 9,* 329–347.

Sinker, M. (1985). More than play: Lekotek. *Topics in Early Childhood Special Education, 5*(3), Fall, 93–100.

Slade, A. (1987). A longitudinal study of maternal involvement and symbolic play during the toddler period. *Child Development, 58,* 367–375.

Slaughter, D. & Dombrowski, J. (1989). Cultural continuities and discontinuities: Impact on social and pretend play. In M. Bloch & A. Pellegrini (Eds.), *The ecological context of children's play* (pp. 282–310). Norwood, NJ: Ablex.

Smilansky, S. (1968). *The effects of sociodramatic play on disadvantaged preschool children.* New York: Wiley.

Smilansky, S. (1988). Sociodramatic play: Its relevance to behavior and achievement in school. In E. Klugman & S. Smilansky (Eds.), *Children's play and learning: Perspectives and policy implications* (pp. 18–42). New York: Teachers College Press.

Smilansky, S. & Shefatya, L. (1979). Narrowing socioeconomic groups in achievement through kindergarten reading instruction. *Journal Studies in Education, 21,* 4–68. University of Haifa.

Smith, A. & Inder, P. (1993). Social interaction in same- and cross-gender pre-school peer groups: A participant observation study. *Educational Psychology, 13*(1), 29–42.

Smith, D. (1991). Parent-child play assessment. In C. E. Schaefer, K. Gitlin, & A. Sandgrund (Eds.), *Play diagnosis and assessment* (pp. 463–492). New York: Wiley.

Smith, P. (1978). A longitudinal study of social participation in preschool children: Solitary and parallel play reexamined. *Developmental Psychology, 14,* 512–516.

Smith, P. (1981). The impact of computerization on children's toys and games. *Journal of Children in Contemporary Society, 14,* 73–83.

Smith, P. (1997, October). *Play fighting and fighting: How do they relate?* Lisbon: ICCP.

Smith, P., & Connolly, K. (1972). Patterns of play and social interaction in preschool children. In N. Blurton-Jones (Ed.), *Ethological studies of child behaviour* (pp. 65–95). Cambridge, England: Cambridge University Press.

Smith, P. & Dodsworth, C. (1978). Social class differences in the fantasy play of preschool childrewn. *Journal of Genetic Psychology, 133,* 183–190.

Smith, P., & Thompson, D. (Eds.). (1991). *Practical approaches to bullying.* London: David Fulton.

Smith, P. & Vollstedt, R. (1985). On defining play: An empirical study of the relationship between play and various play criteria. *Child Development, 56,* 1042–1050.

Smith, P. & Whitney, S. (1987). Play and associative fluency: Experimenter effects may be responsible for previous positive findings. *Developmental Psychology, 23,* 49–53.

Smith, P. K., & Connolly, K. J. (1980). *The ecology of preschool behavior.* Cambridge, England: Cambridge University Press.

Smith, P. K., Dalgleish, M., & Herzmark, G. (1981). A comparison of the effects of fantasy play tutoring and skills tutoring in nursery classes. *International Journal of Behavioral Development, 4,* 421–441.

Smith, P. K., & Syddall, S. (1978). Play and non-play tutoring in preschool children: Is it play or tutoring which matters? *British Journal of Educational Psychology, 48,* 315–325.

Sponseller, D., & Lowry, M. (1974). Designing a play environment for toddlers. In D. Sponseller (Ed.), *Play as a learning medium* (pp. 81–106). Washington, DC: National Association for the Education of Young Children.

Spring, J. (1993, March). Seven days of play. *American Demographics,* 50–53.

Stainback, W. & Stainback S. (Eds.). (1990). *Support networks for inclusive schooling: Interdepartment integrated education.* Baltimore, MD: Paul H. Brookes.

Stone, S. (1995). Wanted: Advocates for play in the primary grades. *Young Children, 50*(6), 45–54.

Stone, S., & Christie, J. (1996). Collaborative literacy learning during sociodramatic play in a multiage (K-2) primary classroom. *Journal of Research in Childhood Education, 10,* 123–133.

Strain, P. (1990). LRE for preschool children with handicaps: What we know, what we should be doing. *Journal of Early Intervention, 14,* 291–296.

Strayer, J., Mosher, M., & Russell, C. (1981, April). *Social-cognitive skills and play behaviors of toddlers.* Paper presented to the meetings of the Society for Research in Child Development, Boston.

Stremmel, A. (1997). Diversity and the multicultural perspective. In G. Hart, D. Burts, & R. Charlesworth (Eds.), *Integrated curriculum and developmentally appropriate practices: Birth to age eight.* Albany, NY: SUNY Press.

Sulzby, E., & Teale, W. (1991). Emergent literacy. In R. Barr, M. Kamil, P. Mosenthal, & P. D. Pearson (Eds.), *Handbook of reading research* (vol. 2). New York: Longman.

Super, C. & Harkness, S. (1986). The developmental niche: A conceptualization at the interface of child and culture. *International Journal of Behavioral Development, 9,* 545–569.

Sutton-Smith, B. (1967). The role of play in cognitive development. *Young Children, 22,* 361–370.

Sutton-Smith, B. (1972). *The folkgames of children.* Austin, TX: The University of Texas Press.

Sutton-Smith, B. (1977). Towards an anthropology of play. In P. Stevens (Ed.), *Studies in the anthropology of play.* West Point, NY: Leisure Press.

Sutton-Smith, B. (1979a). Epilogue: Play as performance. In B. Sutton-Smith (Ed.), *Play and learning* (pp. 295–320).

Sutton-Smith, B. (1979b). The play of girls. In C. B. Kopp & M. Kirkpatrick (Eds.), *Becoming female: Perspectives on development*. New York: Plenum.

Sutton-Smith, B. (1980). Piaget, play and cognition revisited. In W. Overton (Ed.), *The relationship between social and cognitive development*. New York: Erlbaum.

Sutton-Smith, B. (1983). One hundred years of change in play research. *TAASP Newsletter, 9*(2), 13–17.

Sutton-Smith, B. (1985). Origins and developmental processes of play. In C. Brown & A. Gottfried (Eds.), *Play interactions: The role of toys and parental involvement in children's development* (pp. 61–66). Skillman, NJ: Johnson & Johnson Baby Products.

Sutton-Smith, B. (1986). *Toys as culture*. New York: Gardner Press.

Sutton-Smith, B. (1988). War toys and aggression. *Play and Culture, 1*, 57–69.

Sutton-Smith, B. (1990). Playfully yours. *TASP Newsletter, 16* (2), 2–5.

Sutton-Smith, B. (1998). *The ambiguity of play*. Cambridge, MA: Harvard University Press.

Sutton-Smith, B., Gerstmyer, J. & Meckly, A. (1988). Playfighting as folkplay amongst preschool children, *Western Folklore, 47*, 161–176.

Sutton-Smith, B., & Heath, S. (1981). Paradigms of pretense. *Quarterly newsletter of the Laboratory of Comparative Human Cognition, 3*, 41–45.

Sutton-Smith, B., & Sutton-Smith, S. (1974). *How to play with your child (and when not to)*. New York: Hawthorn.

Swadener, E. B. (1986). *Implementation of education that is multicultural in early childhood settings: A case study of two day care programs*. Unpublished doctoral dissertation, University of Wisconsin-Madison.

Swadener, E. B. & Johnson, J. (1988). Play in diverse social contexts: Parent and teacher roles. In M. Block and A. Pellegrini (Eds.), *Ecological contexts of play* (pp. 214–244). Norwood, NJ: Ablex Publishing.

Sylva, K., Bruner, J. S., & Genova, P. (1976). The role of play in the problem-solving of children 3–5 years old. In J. S. Bruner, A. Jolly, & K. Sylva (Eds.), *Play: Its role in development and evolution* (pp. 244–257). New York: Basic Books.

Sylva, K., Roy, C., & Painter, M. (1980). *Childwatching at playgroup & nursery school*. Ypsilanti, MI: High/Scope Press.

Tamis-LeMonda, C., & Bornstein, M. (1991). Individual variation, correspondence, stability, and change in mother and toddler play. *Infant Behavior and Development, 14*, 143–162.

Tamis-LeMonda, C., & Bornstein, M. (1993). Play and its relations to other mental functions in the child. In M. Bornstein & A. O'Reilly (Eds.), *The role of play in the development of thought: New directions in child development, Number 59*, San Francisco: Jossey-Bass, pp. 17–27.

Tarullo, L. (1994). Windows on the social worlds: Gender differences in children's play narratives. In A. Slade & D. Wolf (Eds.), *Children at Play: Clinical and developmental approaches to meaning and representation* (pp. 169–187). New York: Oxford University Press.

Taylor, M., Cartwright, B. & Carlson, S. (1993). A developmental investigation of children's imaginary companions. *Developmental Psychology, 29*, (2), 276–293.

Taylor, R. (Ed.). (1980). *The computer in the school: Tutor, tutee, tool*. New York: Teachers College Press.

Tegano, D., & Burdette, M. (1991). Length of activity period and play behaviors of preschool children. *Journal of Research in Childhood Education, 5*, 93–98.

Tegano, D., Lookabaugh, S., May, G., & Burdette, M. (1991). Constructive play and problem solving: The role of structure and time in the classroom. *Early Childhood Development and Care, 68,* 27–35.

The State of America's Children Yearbook (1997). Washington, DC: Children's Defense Fund & National Association for the Education of Young Children.

Thompson, H., & Stanford, G. (1981). *Child life in hospitals.* Springfield, IL: Charles C. Thomas Publisher.

Thompson, R. (1995). Documenting the value of play for hospitalized children: The challenge in playing the game. In E. Klugman (Ed.), *Play, policy, and practice.* St. Paul, MN: Redleaf Press.

Thornburg, H. (1979). *The bubblegum years.* Tucson: HELP Books.

Tinsworth, D., & Kramer, J. (1990). *Playground equipment related injuries and deaths.* Washington, DC: U.S. Consumer Product Safety Commission.

Tizard, B., Phelps, J., & Plewis, L. (1976). Play in preschool centres (l) Play measures and their relation to age, sex and IQ. *Journal of Child Psychology and Psychiatry, 17,* 251–264.

Tizard, B., Phelps, J., & Plewis, L. (1976). Play in preschool centres (II). Effects on play of the child's social class and of the educational orientation of the centre. *Journal of Child Psychology and Psychiatry, 17,* 265–274.

Tobin, J., Wu, D., & Davidson, S. (1989). *Preschool in three cultures.* New Haven, CT: Yale University Press.

Tomkins, S. (1962). *Affect, imagery, consciousness.* New York: Springer.

Toy Manufacturers of America. (1996). *Toy industry annual sales 1986–1995* [on-line]. Available: *http://www.toy-tma.com/STATISTICS/is chart1.html.*

Toy Manufacturers of America. (1997). *Ten toy hazards to avoid* [on-line]. Available: http://www.toy-tma/NEWA/hazards.html.

Trageton, A. (1997, October). *Play in lower primary school in Norway.* International Council for Children's Play, Lisbon.

Trawick-Smith, J. (1990). The effects of realistic versus non-realistic play materials on young children's symbolic transformation of objects. *Journal of Research in Childhood Education, 5,* 27–35.

Truhon, S. A. (1979, March). *Playfulness, play, and creativity: A path-analytic model.* Paper presented at the biennial meeting of the Society for Research in Child Development, San Francisco.

Truhon, S. A. (1982). Playfulness, play and creativity: A path-analytic model. *Journal of Genetic Psychology, 143*(1), 19–28.

Udwin, O. (1983). Imaginative play as an intervention method with institutionalized preschool children. *British Journal of Educational Psychology, 53,* 32–39.

Udwin, O., & Shmukler, D. (1981), The influence of socio-cultural economic and home background factors on children's ability to engage in imaginative play. *Developmental Psychology, 17,* 66–72.

Urberg, K. & Kaplan, M. (1989). An observational study of race-, age- and sex-heterogeneous interaction in preschoolers. *Journal of Applied Developmental Psychology, 10*(3), 299–312.

U.S. Consumer Product Safety Commission. (1991). *Public playground handbook for safety.* Washington, DC: U.S. printing office.

U.S. Consumer Product Safety Commission. (1993). *Which toy for which child: A consumer's guide for selecting suitable toys—Ages birth through five.* Washington, DC: Author.

Van Alstyne, D. (1932). *Play behavior and choice of play materials of pre-school children*. Chicago: University of Chicago Press.

Van Hoorn, J., Nourot, P., Scales, B., & Alward, K. (1993). *Play at the center of the curriculum*. New York: Macmillan.

Vance, B. (1982). Adventure playgrounds: The American experience. *Parks and Recreation, 17* (9), 67–70.

Vandenberg, B. (1990). Play and problem solving: An elusive connection. *Merrill-Palmer Quarterly, 36*, 261–272.

Vandenberg, B. (1998). Real and not real: A vital developmental dichotomy. In O. Saracho and B. Spodek (Eds.), *Multiple perspectives on play in early childhood education* (pp. 295–305). Albany, NY: SUNY Press.

van der Kooij, R. (1998). Spiel (play). In D. H. Rost (Ed.), *Handworterbuch Padagogische* [Dictionary of Educational Psychology]. Weinheim: Psychologie Verlags Union.

van der Kooij, R., & de Groot, R. (1977). *That's all in the game: Theory and research, practice and the future of children's play*. Groningen, Netherlands: Schindele-Verlag Rheinstetten.

Varga, D. (1991). The historical origins of children's play as a developmental task. *Play and Culture, 4*, 322–333.

Vukelich, C. (1991, December). *Learning about the functions of writing: The effects of three play interventions on children's development and knowledge about writing*. Paper presented at the annual meeting of the National Reading Conference, Palm Springs.

Vukelich, C. (1995). Watch me! Watch me! Understanding children's literacy knowledge. In J. Christie, K. Roskos, B. Enz, C. Vukelich, & S. Neuman (Eds.), *Readings for linking literacy and play*. Newark, DE: International Reading Association.

Vygotsky, L. S. (1976). Play and its role in the mental development of the child. In J. S. Bruner, A. Jolly, & K. Sylva (Eds.), *Play: Its role in development and evolution* (pp. 537–554). New York: Basic Books.

Vygotsky, L. (1978). *Mind in society: The development of higher mental processes*. Cambridge, MA: Harvard University Press.

Wagner, B. (1983). The expanding circle of informal classroom drama. In B. Busching & J. Schwartz (Eds.), *Integrating the language arts in the elementary school* (pp. 155–163). Urbana, IL: National Council of Teachers of English.

Walling, L. (1977). Planning an environment: A case study. In S. Kritchevsky & E. Prescott (Eds.), *Planning environments for young children: Physical space* (pp. 44–48). Washington, DC: National Association for the Education of Young Children.

Wardle, F. (1983). *Effects of complexity, age, and sex on the social and cognitive level of young children's play in an outdoor setting*. Unpublished doctoral dissertation, University of Kansas.

Wardle, F. (1987). Outdoor play: One Head Start's solution. *Children Today, 16*(2), 16–19.

Wardle, F. (1988). Is your playground physically fit? *Scholastic Pre-K Today, 27*(7), 21–26.

Wardle, F. (1990). Are we taking the fun out of playgrounds? *Daycare and Early Education, 18*(1), 30–34.

Wardle, F. (1991). Are we shortchanging boys? *Child Care Information Exchange, 79* (May/June), 48–51.

Wardle, F. (1995). Bruderhof education: Outdoor school. *Young Children, 50*(3), 68–73.

Wardle, F. (1997). *Community Playthings catalog*. Rifton, NY: Community Playthings.

Wardle, F. (1997a). Outdoor play: Designing, building and remodeling playgrounds for young children. *Early Childhood News, 9*(2), 36–42.

Wardle, F. (1997b). Playgrounds: Questions to consider when selecting materials. *Dimensions of Early Childhood,* March/April, 36–42.

Watson, M. M., & Jackowitz, E. R. (1984). Agents and recipient objects in the development of early symbolic play. *Child Development, 55,* 1091–1097.

Weikart, D. & Schweinhart, L. (1993). The High/Scope cognitively oriented curriculum in early education. In J. Roopnarine and J. Johnson (Eds.), *Approaches to early childhood education* (2nd ed.). Columbus, OH: Merrill.

Weilbacher, R. (1981). The effects of static and dynamic play environments on children's social and motor behaviors. In A. T. Cheska (Ed.), *Play as context* (pp. 248–258). West Point, NY: Leisure Press.

Weinberger, L. & Starkey, P. (1994). Pretend play by African American children in Head Start. *Early Childhood Research Quarterly, 9* (3 & 4), 327–344.

Weiner, E. & Weiner, B. (1974). Differentiation of retarded and normal children through toy-play analysis. *Multivariate behavioral research, 9,* 245–252.

Weir, R. (1962). *Language in the crib.* The Hague: Mouton.

Weisler, A., & McCall, R. B. (1976). Exploration and play: Resume and redirection. *American Psychologist, 31,* 492–508.

Wertsch, J. (1985). *Culture, communication, cognition.* New York: Cambridge University Press.

Wesley, J. (1974). *Pioneers.* Lakeside, CA: Interact Company.

Whaley, K. (1990). The emergence of social play in infancy: A proposed developmental sequence of infant-adult social play. *Early Childhood Research Quarterly, 5,* 347–358.

White, M. (1987). *The Japanese educational challenge: A commitment to children.* New York: Free Press.

Whiting, B. (Ed.) (1963). *Six cultures: Studies in child rearing.* New York: Wiley.

Whiting, B. (1980). Culture and social behavior, *Ethos, 2,* 95–116.

Wiltz, N., & Fein, G. (1996, March). Evolution of a narrative curriculum: The contributions of Vivian Gussin Paley. *Young Children,* 61–68.

Winnicott, D. W. (1971). *Playing and reality.* Harmondsworth, England: Penguin.

Winter, S., Bell, M., & Dempsey, M. (1994). Creating play environments for children with special needs. *Childhood Education, 71,* 28–32.

Witkin, H. A., Lewis, H. B., Hertzman, M., Machover, K., Meissner, P. B., & Wapner, S. (1954). *Personality through perception.* New York: Harper & Row.

Wittgenstein, L. (1958). *Philosophical investigations.* New York: Macmillan.

Wohlwill, J. (1973). *The study of behavioral development.* New York: Academic Press.

Wolf, D., & Gardner, H. (1979). Style and sequence in early symbolic play. In M. Franklin & N. Smith (Eds.), *Symbolic functioning in childhood.* Hillsdale, NJ: Erlbaum.

Wolf, D., & Grollman, S. H. (1982). Ways of playing: Individual differences in imaginative style. In D. J. Pepler & K. H. Rubin (Eds.), *The play of children: Current theory and research* (pp. 46–63). Basel, Switzerland: Karger.

Wolfberg, P., & Schuler, A. (1993, March). *A case illustrating the impact of peer play on symbolic activity in autism.* Paper presented at the Biennia Conference of the Society for Research in Child Development, New Orleans.

Wolfgang, C. (1974). An exploration of the relationship between the cognitive area of reading and selected developmental aspects of children's play. *Psychology in the Schools, 11,* 338–343.

Wood, D., McMahon, L., & Cranstoun, Y. (1980). *Working with under fives.* Ypsilanti, MI: High/Scope.

Woodard, C. (1984). Guidelines for facilitating sociodramatic play. *Childhood Education, 60,* 172–177.

Worley, M., Strain, P., & Bailey, D. (1992). Reaching potentials of children with special needs. In S. Bredekamp & T. Rosegrant (Eds.), *Reaching potentials: Appropriate curriculum and assessment for young children.* Washington, DC: NAEYC.

Wright, J. & Samaras, A. (1986). Play worlds and microworlds. In P. Campbell & G. Fein (Eds.), *Young children and microcomputers* (pp. 74–86). Englewood Cliffs, NJ: Prentice Hall.

Wright, J., Shade, D., Thouvenelle, S., & Davidson, J. (1989). New directions in software development for young children. *Journal of Computing in Childhood Education, 1* (1), 45–57.

Yawkey, T. (1986). Effects of dramatic play as a basis of a parent instructional model for home intervention programming for hispanic parents of preschool children. In B. Mergen (Ed.) *Cultural dimensions of play, games, and sport.* The Association for the Anthropological Study of Play. Vol. 10. Champaign, IL: Human Kinetics Publisher, Inc., 137–151.

Youngblade, L. & Dunn, J. (1995). Individual differences in young children's pretend play with mother and sibling: Links to relationships and understanding of other people's feelings and beliefs. *Child Development, 66,* 1472–1492.

Zimiles, H. (1993). The Bank Street Approach. In J. Roopnarine and J. Johnson (Eds.), *Approaches to Early Childhood Education* (2nd ed.) (pp. 261–274). New York: Macmillan.

兒童遊戲-遊戲發展的理論與實務

作　　　者/ J. E. Johnson / J. F. Christie/ T.D.Yawkey

譯　　　者/ 吳幸玲、郭靜晃

出 版 者/ 揚智文化事業股份有限公司

發 行 人/ 葉忠賢

總 編 輯/ 林新倫

執行編輯/ 黃美雯

地　　　址/ 台北市新生南路三段 88 號 5 樓之 6

電　　　話/ (02)23660309

傳　　　真/ (02)23660310

網　　　址：http://www.ycrc.com.tw

E-mail：service @ycrc.com.tw

郵政劃撥/ 19735365　戶　名/ 葉忠賢

登 記 證/ 局版北市業字第 1117 號

印　　　刷/ 鼎易印刷事業股份有限公司

法律顧問/ 北辰著作權事務所 蕭雄淋律師

ISBN：957-818-488-3

二版四刷/ 2005 年 3 月

定　　　價/ 650 元

原文書名：Play and Early Childhood Development

國家圖書館出版品預行編目資料

兒童遊戲：遊戲發展的理論與實務／James E. Johnson,
James F. Christie, Thomas D. Yaw Key 著；
　吳幸玲，郭靜晃譯. --二版. --
　臺北市：揚智文化，2003[民 92]
　　面；　公分
　　參考書目：面
譯自：Play and Early Childhood Development, 2nd ed.
　ISBN 957-818-488-3　（平裝）

　1.兒童遊戲　　2.兒童發展

　523.13　　　　　　　　　　　92001916